RWANDA
Les angoisses d'Adélaïde
1994

Arthémon Rurangwa

RWANDA 1994
Les angoisses d'Adelaïde

Copyright © 2020, Arthémon Rugangwa.

All rights reserved. No part of this publication may be reproduced, stored in a retrieval system, or transmitted in any form or by any means, electronic, mechanical, photocopying, recording, or otherwise, without written permission of the author and publisher.

Published by Arthémon Rugangwa, Edmonton, Canada

www.noublionsjamais.ca

Cover photo by Jared Adam Cole

ISBN   978-1-77354-186-0 Paperback
           978-1-77354-187-7 eBook

Rwanda 1994 : Les Angoisses d'Adélaïde *est un roman assez particulier; contrairement à beaucoup d'autres romans sur le génocide des Tutsi, il nous transpose dans une dimension qui n'avait pas été suffisamment explorée : le degré de violences faites à la femme Tutsi pendant le génocide de 1994 qui n'avait été atteint dans les génocides antérieurs. Le récit d'Adélaïde nous arrive comme un poignard au cœur, il témoigne du courage et la témérité d'une jeune fille défiant un tabou millénaire autour du sexe au Rwanda. Cette parole d'Adélaïde tire de l'ombre un grand nombre de voix de femmes qui ont été violées par les miliciens-interahamwe. Cette tradition ancienne avait toujours voulu que la femme se taise quand elle était victime de violence sexuelle, car le silence était le seul moyen de préserver l'honneur personnel et familial. Avec cet accablant témoignage, la fiction d'Arthemon Rurangwa pose une brique de baume dans le mur épais du viol et encourage les victimes de cette cruauté à sortir du silence, dont les effets traumatiques sont mortels, de moyen à long terme. Merci pour Rwanda 1994 : Les Angoisses d'Adélaïde.*

Charles M. Rutonesha,
Docteur of Juridical Science (S.J.D)
Indiana University Robert H. McKinney, School of Law

Le livre d'Arthemon Rurangwa, **Rwanda 1994 : Les Angoisses d'Adélaide***, plonge le lecteur dans le monde tortueux et inqualifiable du génocide contre le Tutsi en 1994. Le roman mêle témoignage et fiction pour explorer l'un des aspects les plus traumatisants du génocide : l'exploitation sexuelle, l'humiliation, le viol et le meurtre des femmes Tutsi. Soumettre ce traitement horrible au domaine de la fiction permet à l'auteur de juxtaposer l'histoire, la psychologie, la religion et autres domaines, ainsi que l'imagination, pour dire l'indicible. Ce palimpseste permet également de placer le génocide dans son contexte historique et de parler de la souffrance extrême d'autres personnes, hommes et femmes Tutsi. En fin de compte, Adélaïde triomphe du mal extrême en affirmant avec force le désir de vivre à nouveau et de pardonner pour son propre bien et pour le bien de sa patrie qui a besoin de réconciliation pour se refaire.*

Aimable Twagilimana
Professeur titulaire et Enseignant/Chercheur Fulbright
State University of New York/Buffalo State

DÉDICACE

À tous les miens :

Ceci est une pierre tombale que je n'ai pas pu donner à

Ernest Musanganira, mon père;

Athanasie Mukarubuga, ma mère; Gratien Bisamaza
et Pierre Munyarubuga, mes frères;

Mon cousin et meilleur ami, Onesphore Sekanyambo, son
épouse et leurs deux enfants dont j'étais le parrain;

Mes nombreux neveux, tantes et cousines;

Ma belle-soeur Chantal et sa famille; mes
anciens voisins et collègues de travail;

Je pense, avec une mémoire attristée, à vous qui êtes encore
enfouis dans des ossuaires et latrines non-encore-identifiés!

Que votre âme repose en paix ! Je penserai toujours
à vous, c'est un devoir de mémoire!

Toute ma gratitude va à mon épouse, Christine Umutoni.
N'eût été sa patience et ses encouragements constants,
je n'aurais jamais été au bout de mon rêve.

Arthémon Rurangwa,
Edmonton, Alberta, Canada
Été 2020

Chapitres

INTRODUCTION	5
FAUT-IL CROIRE AUX REVENANTS	8
DIFFICILE À CROIRE MAIS BEAU À VOIR	49
J'AI VOMI LE QUART DU VENIN QUI EMPOISONNAIT MA VIE	58
J'AI ÉTÉ ADOPTÉE PAR UN FUGITIF	99
MA DEUXIÈME VIE DANS UN CAMP MILITAIRE DU ZAÏRE	114
MON PREMIER VOYAGE EN AVION	164
LE REMORDS DE SURVIVRE AU GÉNOCIDE	185
QUEL EST LE VRAI SENS DE LA VIE	249
MON PÈRE A ÉTÉ LAPIDÉ DEVANT MOI	273
QUAND LA RUMEUR DE GÉNOCIDE SE CONFIRME	292
UNE SCÈNE TROUBLANTE	335
JE N'AI JAMAIS SU NAGER	364
FAUT-IL CROIRE AUX ANGES-GARDIENS	382
UNE JOURNÉE INTERMINABLE	407
QUE FAIRE QUAND NOTRE DERNIER ESPOIR S'ÉVAPORE	426
L'HOMME ET SON DESTIN (URWANDIKO)	443

Remerciements

Je tiens à faire part de ma sincère gratitude pour la contribution de **BELVISTA Homes Ltd.** Sans leur précieuse contribution, cette œuvre n'aurait jamais vu le jour.
Que Dieu bénisse les entreprises de *Belvista Homes Ltd.*
La différence est claire!

AVANT-PROPOS

Ceci n'arrive probablement pas souvent, mais ce livre se veut à la fois un témoignage et un roman. L'auteur tenait à vous faire vivre une histoire réelle, telle qu'elle a été vécue par une adolescente rescapée du génocide contre les Tutsi du Rwanda : Adélaïde ! Le choix de faire parler cette jeune fille de sa propre tragédie sous forme de fiction a deux buts :

L'auteur voulait se donner la flexibilité de mettre plus d'un visage sur cette mésaventure, parce que des milliers de jeunes filles et de femmes Rwandaises ont subi ce même sort pendant toute la durée du génocide, à des moments et des endroits différents ; malheureusement nombreuses sont mortes sans en avoir jamais parlé. Celles qui ont miraculeusement survécu, qui ont été sexuellement abusées, en parlent peu ou pas du tout. En effet, l'éducation socioculturelle qui était donnée à la fille du Rwanda ne parlait pas ouvertement des affaires de sexe, même pas entre adultes !

Comment, dès lors, pensez-vous que les victimes de ce crime pouvaient témoigner quand elles en ont personnellement été affligées, de près ou de loin ? Adélaïde n'aurait pas fait d'exception à la règle s'elle n'avait pas eu l'opportunité de grandir ailleurs, sous d'autres cieux, côtoyer des gens d'autres mœurs, ce qui a remodelé sa façon de voir les choses.

S'elle a compris qu'elle devait résoudre ses problèmes, même les plus difficiles à avouer pour une Rwandaise, comme ceux liés aux abus sexuels, l'auteur de ce livre s'est dit que le cas d'Adélaïde servirait de modèle aux autres femmes du Rwanda et témoigneraient. Parfois il ne suffit que d'un peu de courage, d'oser briser un mythe pour s'enlever un poids de sa conscience et revenir au soleil. Ce n'est pas une mince affaire pour ces femmes, mais ce n'est pas impossible. C'est ce raisonnement qui a motivé l'auteur à aller de l'avant dans ce projet, car il espère encourager, voire vulgariser cette expérience d'Adélaïde. Certaines gens ne pourraient pas comprendre cette approche s'elles ignoraient à quel point il est difficile de convaincre une fille Tutsi de parler d'agression sexuelle, qu'elle soit la sienne ou celle des autres. Cela reste généralement son jardin le plus secret qu'elle entretient dans son quotidien toute la vie. Elle y fait pousser des rosiers qui grandissent lentement en donnant plus d'épines que de roses, qui finissent malheureusement par la blesser mortellement.

C'est une invitation lancée à toutes les femmes Rwandaises qui ont été victimes de ces horreurs, elles devraient voir en Adélaïde non seulement un symbole de courage mais une clé qui ouvrirait la lourde porte secrète de ces jardins meurtriers, derrière laquelle vivent encore un grand nombre de survivantes du génocide contre les Tutsi. Elles ne doivent pas rester prisonnières de ce douloureux passé, car elles donnent raison aux génocidaires sans s'en rendre compte. La colère, la douleur et les angoisses silencieuses sont des tueurs insidieux. C'est exactement ce que visait notre ennemi. Ce venin lent et mortel serait dilué si nos sœurs, nos mères et nos filles acceptaient de témoigner! Ne dit-on pas, dans la belle langue de chez nous : (*ntabisanganwa nk'amagambo – cause même si tu n'avais rien à offrir*)!

Jusqu'à ce jour, peu sont celles qui soient arrivées à faire ce pas, que ce soit vers leurs proches, *s'il leur en reste*, moins encore vers des professionnels de santé, ce qui fait d'elles doublement victimes des faits et du silence! Je n'ai pas besoin de vous dire que le viol a été utilisé comme une arme de génocide à grande échelle, non seulement pour assouvir l'instinct sexuel bestial des *miliciens-hutu* mais surtout pour humilier ces femmes sur le plan émotionnel dans le but de ruiner leur capacité de procréation, d'en finir ainsi avec les Tutsi. Tel était l'un de leurs objectifs, ils en avaient reçu l'ordre des architectes de ce génocide. Cet appel s'adresse à toutes ces femmes sans voix, celles qui souffrent à l'ombre du temps qui passe, imperturbable, qui ont des séquelles de viol visibles et invisibles; il est temps qu'elles sortent de ce silence qui torture et tue.

Il faut que le monde revoit ce merveilleux sourire sur leur visage, qu'elles comprennent qu'elles ont survécu pour une mission, qu'elles peuvent changer le monde... Les jeunes générations ont besoin de leur voix, car la puissance de leur témoignage est d'or; il prouverait aux génocidaires qu'ils ont eu tort d'écouter la seule voix du diable, on s'en souviendra toujours : il y a eu plus d'un million de morts, à raison de dix mille victimes par jour, chaque jour pendant cent jours, un record qui donne le vertige, que même les pires Hitlériens Nazis n'avaient pas atteint lors de l'Holocauste juif. De rares Hutu *(car il faut faire la différence entre Hutu et hutus-miliciens)*, reviennent peu à peu à la raison. Ils portent et porteront longtemps ce lourd fardeau du remords, mais tant mieux car il n'est jamais trop tard pour regretter ses torts et changer sa vie.

Nous ne pouvons pas reculer le temps, mais nous avons la capacité de redevenir une nation forte comme avant, et tout indique que nous sommes sur la bonne voie; ce n'est même plus un rêve mais une réalité. Le peuple Rwandais a eu une chance rarissime en Afrique d'avoir un leader qu'il leur fallait à ce moment précis, un leadership qui favorise, entre-autres, l'estime de soi et donne à cette nation l'opportunité de redevenir un peuple digne, comme avant l'arrivée du colon, *Abanyarwanda buzuye - les Rwandais sans complexe!* Il nous appartient d'y travailler personnellement et collectivement, c'est la seule façon d'apprendre de nos erreurs, de rebâtir ce beau pays. Nous en avons les capacités et de bonnes chances de réussir, il suffit de commencer.

Je crois fortement en l'énoncé du thème de la célèbre conférence donnée à la Sorbonne par un écrivain Français, *Joseph Ernest Renan*, au milieu du 19ᵉ siècle, je cite *: Qu'est-ce qu'une nation? – Une* *nation est celle qui est plus fondée sur la volonté d'association que sur des caractères ethniques, linguistiques ou historiques.* Ce Français n'avait pas connu le Rwanda pour parler de ses ethnies. De plus, même s'il n'avait pas vécu à une époque assez lointaine, il n'en aurait pas parlé car il n'y avait pas d'ethnies au Rwanda avant l'arrivée du colon et des hommes en soutane! Notre société était composée de trois groupes sociaux-économiques *(les agriculteurs hutu, les éleveurs tutsi et les potiers twa – Abahinzi, Aborozi, Ababumbyi)*, que l'occupant colonial a dangereusement transformés en groupes ethniques, et a appris à se mépriser les uns-les-autres, ce qui a amené le groupe supérieur en nombre à décimer la minorité Tutsi, au point d'en arriver à un des génocides les plus cruels de notre temps.

INTRODUCTION

Les Tutsi ont longtemps vécu comme des roseaux. Comme tels, ils ont appris à résister à tous les vents, même aux cyclones génocidaires systémiques qui leur ont été infligés pendant plusieurs décennies. Comme des roseaux, ils avaient appris à se coucher quand la tempête passait et se redresser quand le calme revenait. Hélas, peu sont ceux ou celles qui se sont relevés en avril 1994, car la haine avait atteint la démesure! Des familles entières ont été décimées au vu et au su de ce monde sans pitié pendant cent jours, jusqu'à ce que les libérateurs du Front Patriotique Rwandais (FPR) parviennent à stopper le génocide et sauver ce qui pouvait encore l'être.

Les rares Tutsi qui restaient, qui n'en finissaient pas de mourir dans cet enfer rwandais ont été secourus pendant que les plus anciens réfugiés de la région des Grands-Lacs rentraient massivement de leur long exil, sans avoir aucune idée de l'étendue de l'horreur qui les attendait. Personne ne pouvait s'imaginer qu'un carnage d'une telle ampleur, en si peu de temps, était possible. Les cadavres jonchaient les rues et les grands blessés pourrissaient au soleil. Il y en avait tellement que même les chiens errants et les vautours du ciel n'en voulaient plus! Les survivants de cette longue agonie allaient quand même recouvrer leurs droits et cesser d'être méprisés en courant le monde au gré du vent. Il était temps; ils essayent, depuis leur retour, de prendre des racines dans ce pays, leur patrie, ils s'en tirent plutôt bien.

Des grands-parents aux arrière-petits-fils, ils avaient toujours entretenu ce rêve : rentrer dans ce pays de toutes les légendes, retrouver leur droit inaliénable qui leur avait été enlevé brutalement depuis les années soixante. Il est très regrettable que le sacrifice ait été à ce point extrême, sinon les lendemains sont très prometteurs.

Comme tout le monde, Adélaïde retourne dans ce pays qu'elle connaît très peu, car elle l'avait quitté très jeune, à sept ans, en 1994! Je vous invite à suivre cette jeune fille, pas à pas, son histoire est très riche en événements tragiques qui nous interpellent tous, qui rappellent à tous les Tutsi leur vie incertaine d'hier, qui n'est plus qu'un mauvais souvenir, mais qui nous dicte aussi de demeurer très vigilants.

Il va falloir se serrer les coudes, se servir de cette malheureuse expérience d'hier comme une courroie de transmission qui fait avancer ce peuple renouvelé vers des sommets à une vitesse exponentielle, qui avancerait toujours plus vite, plus haut, et plus loin, sans se laisser distraire ni être oublieux de son passé, car le diable est toujours dans les détails, *dit-on!* Il faut colmater toutes les failles susceptibles de ramener ce peuple en arrière, de retomber dans des erreurs maudites du passé.

Le parcours et la détermination de cette jeune femme sont très remarquables et ont été payants, car ils ont abouti à des résultats plutôt inattendus. Elle vit et mène aujourd'hui une vie paisible et plus ou moins heureuse à Kigali, sa ville natale qu'elle avait quittée il y a un peu plus d'un quart de siècle à ce jour. Sa mésaventure ne vous laissera pas indifférents, même si vous n'aviez aucune raison de chausser les souliers de cette femme qui a bourlingué autour de la terre à la recherche de la paix.

Quand vous aurez tourné la dernière page de ce *roman-témoignage,* vous aurez compris que le plan d'extermination des Tutsi ne date pas d'hier, les chefs d'État Rwandais qui se sont succédé au pouvoir depuis l'assassinat du roi Mutara-III, *Rudahigwa,* en 1959, n'ont fait qu'entretenir la haine, ce mal qui a rongé notre peuple et conduit à la solution finale de 1994.

Les Tutsi ont été traités comme des bestioles et non comme des êtres humains pendant plus d'un demi-siècle. On leur disait NON à tout ce qui valorise la race humaine : *le droit à l'éducation, le droit au travail, au passeport, au crédit financier, etc....*, le tout s'ajoutant au mépris quotidien, jusqu'au refus du droit à la vie; la solution finale de 1994 était attendue depuis toujours, on savait que son menu mijotait dans les marmites du *mal-rwandais,* comme une fatalité! Chaque année qui passait nous rapprochait du jour « J », le jour où le couvercle de cette marmite a sauté, ce jour est tombé le 7 avril 1994.

C'était l'apocalypse qui avait été annoncé par le colonel Théonest Bagosora.

Bonne lecture

I

FAUT-IL CROIRE AUX REVENANTS

La mésaventure d'Adélaïde commence quand elle arrive au Rwanda après vingt-six ans d'exil forcé, après avoir survécu au génocide des Tutsi de 1994. Elle rencontre un oncle dont elle ignorait l'existence, Lionel. Ils se sont retrouvés dans une vallée où elle était arrivée d'aussi loin que les États-Unis d'Amérique; elle revenait spécifiquement à cet endroit pour s'y recueillir, c'était son vieux rêve, puisque c'était dans cette vallée, au milieu de nulle part, qu'elle avait survécu, après avoir perdu toute sa famille.

À la fois bouleversé et démonté par l'émotion, Lionel qui trouve une si belle femme, non-accompagnée à un tel endroit pour une femme seule, était confus et se posait beaucoup de questions: qui est cette femme? D'où vient-elle et que fait-elle dans cette région? Vues son allure et sa tenue vestimentaire, Lionel avait plus ou moins compris qu'elle venait de loin, mais sa présence à cet endroit l'intriguait; il voulait en savoir un peu plus sur elle. Comment mon œil, pourtant si vigilant, aurait pu passer à côté de cette merveille de la nature, s'elle habitait dans notre ville? On la remarquerait même au marché mais moi je ne l'avais jamais vue?

C'était un après-midi plutôt tranquille, on n'aurait dit que même les oiseaux de la plaine avaient convenu de ne pas perturber la quiétude de ce grand moment de découverte! Perplexe, Lionel se mit à laisser vagabonder son imagination : serait-elle ici pour se noyer dans ce fleuve, mettre fin à une longue peine d'amour? Tout doucement et à pas feutrés, il constata que cette femme tenait un objet dans ses mains, quelque chose qui ressemblait à un morceau de carton en papier. Elle tournait et retournait passionnément cet objet entre ses mains, et de grosses perles de larmes dégoulinaient de ses yeux. Elle pleurait... Lionel s'approcha de quelques pas tout en évitant de l'effrayer; il arriva à une distance qui lui permettait de jeter un coup d'œil sur cet objet, celle-ci n'avait toujours pas détecté sa présence. Ce qu'il croyait être un morceau de papier n'allait pas tarder à livrer d'étonnants secrets.

C'était une vieille photo déjà jaunie par le temps, probablement une photo de famille. Vu la façon dont elle l'observait, cette photo devait représenter une valeur inestimable pour cette femme, encore plus mystérieuse pour Lionel qui n'en revenait pas. Elle s'essuyait les larmes qui ne tarissaient pas, on n'aurait dit qu'il y avait en elle une rivière débordante, ce qui confirmait pour Lionel qu'il devait y avoir une longue et malheureuse histoire derrière tout ça, probablement une mémoire atroce dont cette femme était hantée.

Grâce à son obstination, Lionel va nous amener dans des chemins les plus ténébreux du génocide contre les Tutsi. Avec Adélaïde, nous allons patiemment remonter le temps et découvrir ensemble pourquoi cette femme était revenue à ce lieu, et ce qu'elle y avait vécu. Vous allez découvrir que cette mystérieuse femme est sa nièce, la fille de sa sœur qui avait été supposément été tuée à cet endroit, en avril 1994. Ils sont de proches parents mais l'ignorent encore... Cela ne va plus tarder, ils vont le découvrir et ce sera le délire total.

Pour ce qui est du parcours d'Adélaïde depuis le premier jour du génocide, j'aime autant vous prévenir; c'est un voyage qui ne sera pas de tout repos. Vous avez besoin d'avoir un cœur bien accroché, car il y aura des secousses intenses.

Dans toute cette confusion, Lionel avait une quasi-certitude que cette fille était d'origines rwandaises, même s'ils ne s'étaient pas encore adressé un seul mot. Lionel se trompait-il? Il attendait avec fébrilité le moment où il pourrait lui parler pour en avoir le cœur net, mais vous aussi, je présume…

Malgré toute la prudence dans ses mouvements, il avait fini par attirer son attention et l'avait effrayée. Dès que celle-ci flaira sa présence, elle se retourna brusquement et se retrouva face à face avec ce géant intimidant qui avait envahi son espace. Elle ne savait pas qu'elle avait été observée depuis un certain moment, à son insu. À la grande surprise de Lionel, cette femme n'avait pas l'air d'être effrayée, elle était tout simplement dérangée dans sa méditation. Plus surprenant encore, ce fut elle qui brisa le silence en saluant cet intru, *en kinyarwanda* (la langue du Rwanda): *Muraho? Murifuza iki* – Bonjour, comment puis-je vous aider?

Elle faisait quand même quelques grimaces qui cachaient mal son inconfort, sans toutefois se laisser envahir par la panique. Elle ne voulait certainement pas laisser voir à cet étranger une quelconque vulnérabilité ou une panique. Elle esquissa un sourire splendide pour se donner un peu de contenance, une réaction courante et instinctive qui témoigne généralement un embarras ou une anxiété chez certaines femmes de l'âge d'Adélaïde. Lionel était très calme mais pétrifié devant la beauté de cette jeune fille! Il était si impressionné qu'il n'avait même pas retourné le sourire qui lui était adressé, une simple civilité manquée qui pouvait être un signe de mauvais augure. Adélaïde avait probablement pris ça pour une insolence même s'elle n'avait pas fait de commentaires; l'attitude de cet imposteur qui ne souriait même pas aux femmes n'inspirait absolument pas confiance.

Elle s'en était rapidement désintéressé et s'était replongée dans sa méditation, tournant et retournant indéfiniment son objet dans ses mains. Cette réaction plutôt déconcertante avait piqué au vif la curiosité de Lionel qui était impatient d'en savoir plus sur cette femme mystérieuse, mais surtout la vraie nature de cet objet qui accaparait toute son attention. Il avait fait quelques progrès dans ses déplacements futés et était arrivé presque à la hauteur de l'épaule d'Adélaïde. Il pouvait voir un peu plus distinctement cet objet. Ce n'était pas qu'un simple morceau de papier mais une photo, il s'en était un peu douté.

Dès le premier coup d'œil, il eût une impression d'avoir aperçu des visages qui lui étaient quelque peu familiers, mais trouvait cela absolument invraisemblable.

Comment est-ce possible?

Lionel en était si bouleversé qu'il croyait que son imagination lui jouait des tours! Il essaya, en vain, de chasser cette sorte d'hallucination de sa tête mais celle-ci s'imposait comme une loi. Il n'arrivait pas à accepter qu'il pouvait s'agir d'une erreur visuelle; il persista à se convaincre qu'il avait vraiment vu des visages qu'il connaissait, mais n'arrivait pas à comprendre comment cette photo aurait pu se retrouver dans les mains de cette femme qu'elle voyait pour la première fois. Il se demandait ce qui lui arrivait, qu'il vociférait des jurons à haute voix sans s'en rendre compte. Cette étrange femme l'écoutait, ébranlée mais calme.

Elle observait attentivement cet homme qu'elle trouvait plutôt beau, élégant, mais elle était aussi stupéfiée, se demandant ce qui pouvait se passer dans sa tête à ce moment-là. Elle prit son courage à deux mains et lui demanda pour la seconde fois, dans son kinyarwanda approximatif : *niko, mushobora kumbwira icyo mwifuza ko nabafasha? Nigeze kubibaza ariko nta gisubizo nabonye. Ndabona usa n'uwatakaye cg hari ibyakuyobeye. Ese nibeshye?* - *Monsieur, en quoi puis-je vous être utile? Je vous ai déjà posé cette question et je n'ai pas eu de réponse! Vous semblez être perdu ou vous inquiétez de quelque-chose. Est-ce que je me trompe? Pourquoi dites-vous que c'est absurde? Qu'est-ce qui est absurde?*

Pris au dépourvu par cette question, Lionel se mit sur la défensive car il ne savait pas quoi dire. Il n'en croyait pas ses oreilles de ce qu'il venait d'entendre ni si sûr de ce qu'il pouvait répondre, mais il avait au moins la confirmation que cette femme était d'origine rwandaise.

Perdu, moi? Et comment je me perdrais? C'est ma région ici? Ce serait plutôt l'inverse, chère madame, vous ne trouvez pas?

Pourtant si. Je vous ai parfaitement bien entendu dire que c'est absurde!

Non, je ne crois pas avoir rien dit de tel; je ne sais pas de quoi vous parlez!

Oui vous l'avez dit, et pas une fois, mais deux fois!

Si c'est le cas, je m'excuse; je m'excuse aussi de vous avoir importunée, vous m'en voyez désolé et je m'en vais.

Lionel lui tourna le dos et fit quelques pas pour partir, mais il était encore sous le choc, obstinément convaincu d'avoir aperçu des visages familiers sur cette photo remplie de mystères, mais se demandait encore comment cette femme l'aurait obtenue. Adélaïde le regardait s'éloigner sans rien dire, comme s'elle regrettait de l'avoir poussé à partir sans rien apprendre de lui. Elle aurait voulu changer d'avis, le rappeler pour causer un peu plus mais n'avait pas osé. À sa grande surprise, cet homme qui affirmait lui-même qu'il s'en allait, fit volte-face et revint sur ses pas, *comme s'il avait lu dans les pensées d'Adélaïde!* Il s'arrêta à la hauteur de ses yeux et lui dit calmement :

– Pardonnez-moi, chère madame, mais j'ai une petite faveur à vous demander!

Me demander une faveur, moi? Et quelle est cette faveur?

Je voudrais voir cette photo, de plus près; c'est important!

Quoi? Et pourquoi donc voudriez-vous regarder cette photo?

Je vous expliquerai après, mais il faut que je la regarde plus attentivement et je pourrais ainsi vous expliquer pourquoi je disais tout à l'heure que tout ceci est absurde; un petit coup d'œil rapproché devrait suffire à éclaircir ce flou dans ma mémoire.

Non, monsieur! Oubliez ça, je ne vous donnerai pas cette photo! Pourquoi cherchez-vous à vous mêler dans des affaires qui ne vous regardent pas?

Je suis désolé, chère Madame, mais je dois insister. Pardonnez mon intrusion mais comme je vous ai dit, j'ai l'impression d'avoir vu des visages qui me sont familiers sur cette photo et cela me bouleverse énormément; peut-être me suis-je trompé comme vous le dites, c'est pour cela que je dois en avoir le cœur net.

C'est une impression, en effet, mais elle est tout à fait fausse; c'est vous qui le dites, je ne fais que vous le confirmer. Il n'y a aucune chance pour vous de connaître des gens sur cette photo, car ils ne sont pas d'ici.

Écoutez-moi bien, chère madame, que ma première impression soit fausse ou pas fausse, cela ne vous fait quand même rien de me laisser vérifier si ce n'était qu'une illusion d'optique ou une erreur de jugement, c'est probable que je me sois trompé.

Comme je vous le dis, ne perdez pas votre temps et le mien, cette photo ne vous dirait absolument rien même si je vous la donnais, mais vous ne l'aurez pas.

Je sais que ma mémoire me joue parfois des tours, mais dans ce cas-ci je douterais; il faut absolument que je vérifie; je n'aurais même pas besoin de la prendre dans mes mains, vous n'avez qu'à la tenir au niveau de mes yeux pour que je la voie, je saurai alors si je rêvais ou si je deviens fou! Pour la énième fois je vous demande de ne pas insister, je suis vraiment désolée!

Vous faites erreur, cette photo ne vous aiderait en rien. Adélaïde commençait à perdre patience, mais aussi à s'inquiéter devant l'impertinence de cet individu, tout en s'efforçant de garder son calme, ce qui n'était pas facile dans ces circonstances.

S'il vous plaît, chère madame, je vous demande de faire un effort..., il le faut.

Ne m'obligez surtout pas à être impoli et désagréable, car je sens que je peux le devenir! On ne devrait pas en arriver là pour si peu!

Eh bien, je ne vois sincèrement pas en quoi cette photo vous intéresse à ce point; mais puisque vous insistez et que j'aimerais avoir la paix, tenez...! Regardez-la mais faites très attention, elle est vieille et fragile.

Avec ses grosses mains tremblantes, Lionel prit cette photo dans ses mains, l'observa pendant un quart de minute, puis se sentit vaciller; il était terrifié par des images qu'il voyait s'enfuir à l'horizon à toute vitesse et crût que la terre se dérobait sous ses pieds; il perdit l'équilibre et s'effondra de tout son long, au grand étonnement de cette jeune fille. Il se mit à pleurer et à crier si fort qu'Adélaïde fut saisie d'une grande frayeur, ne sachant plus quoi faire. Elle commençait à se convaincre qu'elle avait affaire à un malade mental, probablement un survivant du génocide contre les Tutsi qui hallucinait sur tout, car les survivants de génocide arrivent à confondre tout et tout le monde. C'est l'un des symptômes connus par les experts, surtout que c'est encore si frais dans le cas du Rwanda. Ces pauvres gens n'ont pas encore compris, ni accepté que leurs parents et amis soient partis si vite, pour toujours!

Elle se sentit coupable d'être la source de ce problème; si je ne lui avait pas donné cette photo, rien ne serait arrivé, j'ai eu tort de m'engager dans ce genre de conversation avec un inconnu, ce que je ne fais pas d'habitude.

Adélaïde se parlait elle-même. Pour elle, soit cet homme avait d'autres motifs derrière cette mascarade, ou alors il était vraiment malade! Elle l'a observé pendant qu'il était allongé par terre avec l'air d'un chien battu, humilié de pleurer devant une fille, qui plus-est, une étrangère, ce qu'il n'était pas supposé faire. Normalement un homme ne peut pas pleurer devant une femme selon la culture rwandaise!

À terre et à demi-conscient, Lionel avait hâte de se relever pour poser une multitude de questions qui avaient germées dans sa tête, son cerveau bouillait dans son crâne, il ne savait pas par quel bout il allait relancer la conversation qu'ils avaient commencée. Il craignait déjà que son histoire ne soit prise comme une risée aux yeux de cette fille. Allait-elle me croire ou me prendre pour un fou ou un play-boy maladroit? Comment vais-je m'y prendre, introduire adéquatement mon histoire auprès d'elle sans la frustrer, car mon histoire est l'une des plus invraisemblables? Dans quels mots pourrais-je lui dire que nous sommes parents, qu'elle est ma nièce, qu'elle est la fille de ma propre grande-sœur plus précisément? Est-ce que je rêve et je l'ignore moi-même?

Tant bien que mal, il parvint à s'asseoir mais n'avait pas encore totalement recouvré ses esprits. Il cherchait les mots plus ou moins équilibrés avec lesquels il expliquerait cette incroyable coïncidence, ces retrouvailles plutôt miraculeuses! Adélaïde l'observait avec circonspection et ne voyait pas l'issue de ce qu'elle considérait comme un piège, convaincue que cet homme avait d'autres motifs derrière cette farce.

Après un moment de silence long et pénible, Lionel réussit à mettre un peu plus d'ordre dans ses pensées; il regarda Adélaïde droit dans les yeux et l'invita poliment à s'approcher. Il voyait qu'elle n'était pas du tout rassurée, qu'elle était confuse mais pas très effrayée. Hésitante, elle s'approcha quand même de Lionel; ce dernier l'observait, inquiet, en retenant son souffle. Sans détours ni hésitation, il l'interpella par son prénom : *uraho Adelaï - Imana Ishimwe cyane - mbega ukuntu usa na so Mana y'i Rwanda – Bonjour Adélaïde; tu es encore en vie? Que Dieu soit loué! Oh Seigneur, que tu ressembles donc à ton père!*

De quoi on se mêle encore? Vous dites que je ressemble à qui?

À votre père, ai-je dit!

Je ne sais pas ce qui vous prend, dit-elle en s'éloignant.

Je le savais, il est dingue ce mec (marmonnait-elle)!

Comme s'il n'avait pas remarqué qu'Adélaïde était contrariée, il enchaîna dans ses observations de ressemblance avec son père : - à *part les quelques traits que tu as pris de ta mère, ma grande-sœur, tu es ton père tout craché!*

C'était un moment très intense pour lui, mais plus encore pour Adélaïde. Il se sentait comme transposé dans une autre dimension. Retrouver sa nièce, vingt-six ans plus tard, cette petite fille que tout le monde croyait morte, et la rencontrer en ce lieu étrange, c'était inouï! Personne n'avait jamais su ce qui était arrivé ni à Adélaïde ni à sa mère, ce qui était un insupportable traumatisme pour Lionel. Tout le monde savait que toute la famille des Ngabo avait fui ensemble, par conséquent qu'ils auraient pu périr ensemble, mais cela n'avait pas été le cas. Ils avaient appris que le père et les deux frères d'Adélaïde avaient été tués, mais personne n'avait rien su au sujet d'Adélaïde ni sa mère depuis le génocide. C'est pour cela que les rares survivants de leur famille élargie étaient arrivés à la conclusion de tout oublier, quand bien-même les dépouilles de ces deux-là n'avaient pas été retrouvées.

Seul Lionel avait gardé des doutes... Il avait maintenu ce brin d'espoir qu'il retrouverait sa sœur, sa nièce ou tout au moins leurs restes. Il avait effectué des recherches actives à travers tout le pays, car il ne voulait pas accepter qu'elles ne fussent pas mortes sans laisser de traces. Il s'était investi corps et âme dans ces recherches, et avait juré qu'il continuerait tant et aussi longtemps qu'il n'aura pas trouvé la preuve de leur mort. C'était évident que ses recherches avaient peu de chance d'aboutir, mais rien ni personne ne pouvait empêcher Lionel de s'accrocher à ce mince espoir qu'un jour, quelqu'un ou quelque chose lui parlerait de sa sœur, sa nièce ou des deux, qu'il trouverait tout au moins des morceaux d'habits qu'elles portaient ce jour-là, qu'il ensevelirait pour tourner la page sur cette sombre époque de sa vie. Il avait fait fouiller tous les dépotoirs de la ville, retourner les charniers de sa région, sans succès. Malgré la rumeur des gens autour de lui, qui disait entre-autre, qu'il était devenu fou, rien n'avait réussi à ralentir son effort dans sa recherche de signe qui l'aiderait à faire son deuil.

Il s'accrochait désespérément à l'adage populaire qui veut que *pas de nouvelles = bonnes nouvelles,* et voilà que la magie du destin fait des choses, à sa manière! Au lieu de trouver les restes de sa sœur ou sa nièce, ce qui était devenu une obsession pour lui, il retrouve Adélaïde, en chair et en os, après plus de vingt-ans d'intenses recherches. C'était un grand moment de bonheur, mais un grand choc aussi.

Lionel avait toujours su que *les miliciens-hutu* repentis de leur crime avaient menti au sujet de sa sœur et sa nièce, car il n'arrivait pas à comprendre comment ces individus pouvaient avoir tout vu et tout dit sur tout le monde, et rien au sujet de sa sœur, ni d'Adélaïde, sa nièce!

Elles ne se seraient quand même pas volatilisées, ces deux-là! Malgré toutes les recherches qu'il avait menées pendant toutes ces années, le résultat était resté le même, mais l'espoir aussi. Pour ce faire, ses voisins le considéraient comme un malade, qu'il fantasmait à cause du syndrome du traumatisme sévère dont il était affligé. Les *miliciens-hutu* graciés, remis en liberté, qui se permettent parfois d'en rire, narguer les survivants souffrant de trauma était en vogue, *(gushinyagura kubaca-cumu)*!

Même ses proches amis voyaient en son obsession une maladie et le conseillaient d'accepter la dure réalité des choses qu'on ne peut pas changer, comme la plupart des rescapés l'avaient fait, mais il disait toujours non. Il devait s'efforcer d'oublier et passer à autre chose, la seule solution possible, mais n'y arrivait pas! Ceux qui étaient plus proches de Lionel, qui pouvaient oser aborder ce sujet avec lui ne manquaient pas de le lui rappeler amicalement, d'abandonner ces malheureuses recherches qui aggravaient son état, année après année, mais il n'était pas de leur avis.

Je voudrais bien abandonner les recherches car je sais que vous avez probablement raison, disait-il, elles ont pu être tuées sans laisser de traces comme beaucoup d'autres Tutsi, mais je n'arrive pas à croire ce qu'en disent ces miliciens repentis. Ils ne peuvent pas ne pas savoir où et comment elles ont été tuées. Quelque chose me dit qu'ils savent quelque-chose et je n'exclue pas qu'ils soient coupables de leur assassinat; ils finiront par se mettre à table, me dire où ils les ont enfouies. C'est pour cette raison que je n'arrive pas à arrêter les recherches. L'espoir de les retrouver vivantes est très mince, ça je le sais, mais on ne peut jamais dire jamais! Ne voit-on pas ce genre de chose au cinéma? Et pourquoi cela n'arriverait pas dans la vraie vie?

Nous savons tous que le papa d'Adélaïde a été tué en essayant de protéger sa petite famille, qu'il avait confronté les escadrons de la mort avec un courage exceptionnel, devenu aujourd'hui une légende; on a appris aussi comment les deux frères d'Adélaïde avaient été tués, mais rien du tout au sujet de ma sœur et sa fille, pourtant on sait qu'ils étaient ensemble. Nous savons tout ça par la bouche des *hutu-miliciens* qui ont confessé leur crime aux procès gacaca, *(des juridictions traditionnelles du Rwanda)* qui ont été absous de leurs péchés, pourtant mortels, le crime de génocide.

Pourquoi donc ces miliciens racontent-ils toute la tragédie des Tutsi de toute notre région, inclue celle de la famille Ngabo *(le papa d'Adélaïde)* mais prétendent ne rien savoir de Margo et sa fille? Où ont-ils mis leurs corps après les avoir massacrées? Pourquoi devrions-nous les croire? Cette famille avait quitté leur domicile au même moment, au milieu de la nuit du 6 avril, on le sait, mais que s'est-il passé après?

C'était sur ce constat d'incohérence des faits que Lionel avait compris que ces miliciens tissaient une toile de mensonges pour échapper à la justice. Inversement, c'est sur ces mêmes mensonges qu'il avait bâti l'espoir de retrouver ces deux femmes ou leurs restes malgré ce qu'en pensaient ses amis. Ces miliciens savent des choses qu'ils ne nous disent pas, mais vous verrez, ils finiront par livrer certains secrets, car le temps arrange bien de choses. Vous savez ce qui arrive quand on persiste à frapper sur la tête du même clou? On finit toujours par l'enfoncer.

Adélaïde avait évasivement écouté cet individu, accepté aussi de prendre place auprès de lui comme il le lui avait demandé; ce prétendu oncle qui lui tombait du ciel n'avait rien de rassurant dans ce qu'il racontait, elle ne croyait pas un seul mot de ce qu'il avait dit; elle se demandait plutôt comment elle allait sortir de cette histoire rocambolesque que cet individu semblait avoir tissée de toutes pièces.

Lionel, lui, était aux anges. Il savait qu'il s'agissait de sa nièce, la photo ne trompe pas, toute la famille Ngabo était sur cette photo

: *Claver Ngabo (son beau-frère), Margo (sa sœur), Marc et Pierre*, ses neveux, *(les frères d'Adélaïde)* et Adélaïde elle-même quand elle avait six ans. Cette photo avait été prise quelques semaines avant le génocide; il tremblait comme une feuille et parlait assez péniblement. Adélaïde le regardait, terrifiée, essayant de ne pas montrer sa terreur à cet imposteur.

Elle observait attentivement ce géant de plus six pieds qui était incapable de tenir une conversation cohérente, même s'il faisait un effort assez remarquable de trouver les mots justes pour expliquer clairement son mensonge! Elle n'avait pas de doute qu'il s'agissait de mensonges. Plus il s'expliquait, plus il mêlait les choses!

Est-ce un mirage ou réellement, Adélaïde?

Non, ce ne peut être un mirage, c'est elle. Mais alors, d'où viens-t-elle et qu'est-ce qu'elle fait dans cette vallée dangereuse? Comment expliquer une telle coïncidence?

Il se préparait silencieusement, essayant d'ajuster le contexte dans lequel il allait aborder la conversation avec sa nièce retrouvée. Ce sont des choses qui n'arrivent que dans un rêve ou au cinéma, mais Lionel n'était ni dans l'un ni l'autre.

Quand je sais que tout le monde pense encore en ce moment que je perds la tête et leur temps en parlant de la disparition de ma sœur et ma nièce, et voilà qu'elle apparaît de nulle part comme dans un rêve! Tous les membres de ma famille directe et indirecte ont été massacrés, ils n'ont pas nécessairement été tués au même moment ni au même endroit, c'était pour cela qu'il était facile de penser que ces deux-là avaient été tuées chacune de leur côté, mais voilà qu'Adélaïde nous revient de nulle part, c'est indiscutablement un miracle! Faut-il désormais croire aux revenants?

Comment cet enfant a-t-elle pu survivre, toute seule, en 1994? Je me rappelle qu'on fuyait en désordre, qu'on pouvait se séparer sans le vouloir, qu'il était donc facile de mourir seul ou survivre au milieu des inconnus. Pour Adélaïde, elle était trop jeune pour survivre une fois séparée de sa famille. Je me rappelle encore que nous nous étions cachés et avions attendu du secours qui n'était jamais venu, jusqu'à ce que les soldats du *FPR-Inkotanyi* s'emparent victorieusement de la capitale. C'est à ce moment qu'ils ont réussi à arrêter le génocide, trois longs mois plus tard, mais tout le mal était fait.

Dieu est Bon, ces jeunes rebelles ont réussi où les forces de l'ONU avaient lamentablement échoué; ils sont parvenus à forcer les remparts de l'armée Rwandaise appuyés par les commandos Français et Congolais; c'est facile à dire mais c'était un réel un coup de maître! C'était au mois de juillet quand nous sommes sortis chacun de notre trou pour constater l'ampleur des dégâts, je m'en rappelle comme si c'était hier, pourtant il y a plus d'un quart de siècle.

Peu à peu on a ramassé les restes des nôtres, morceau par morceau, parfois et même souvent, on ne trouvait qu'un morceau d'habits qu'ils portaient au dernier moment de leur vie, qu'on enterrait à défaut de mieux, pour avaler notre colère et accepter notre destin. Dans notre famille, nous avons pratiquement retrouvé les morceaux de tout le monde *(pas toujours au complet)*, seules Margo et Adélaïde manquaient à l'appel. Mes cousins avaient arrêté les recherches, ils n'espéraient plus de miracle, j'étais le seul qui ne voulait pas lâcher. Tant que la liste n'aura pas été complétée, il était difficile pour moi de planter une croix, signer une épitaphe sur cette génération perdue, et apprendre à vivre sans eux!

Ma sœur et ma nièce me manquaient beaucoup, mais voilà qu'Adélaïde nous arrive de la mer comme une sirène des contes de fées. Lionel repensait à tout cela; revenu à lui, il n'arrivait pas encore à parler directement à Adélaïde qui était assise à ses côtés. Pour un miracle, c'en était un, il est trop beau pour y croire; mais comment vais-je faire pour la convaincre? Je vois qu'elle pense encore que je ne suis qu'un intru qui vient d'envahir sa vie en disant n'importe quoi.

De son côté, Adélaïde avait de bonnes raisons de douter de l'état de santé mentale de cet étrange individu: en voilà un qui a touché le fond, se disait-elle! Il doit souffrir très gravement des séquelles de génocide! Comment vais-je sortir de cette histoire?

Sur la photo, Adélaïde était une belle petite fillette dodue. Claver, son père et ses deux fils défunts paraissaient nettement comme ils étaient au moment du génocide. Ivre d'émotions, Lionel ressemblait à un ivrogne en état d'ébriété avancée, tandis qu'Adélaïde, elle, cherchait encore à comprendre ce qui lui arrivait. Elle commençait à perdre patience devant l'insolence de cet individu, visiblement perturbé.

Lionel faisait d'énormes efforts pour se lever et se maintenir en équilibre, Adélaïde ne trouvait pas ça drôle du tout. C'est alors qu'elle décida de l'aider, ce qui n'était pas une affaire facile, car Lionel avait plus de deux fois le poids d'Adélaïde. Elle tenait quand même à essayer, et sans surprise, ils sont tombés tous les deux. Elle se releva assez rapidement et essaya de nouveau. À la troisième tentative, elle était vidée de toutes ses forces et tomba la première, en échappant le sac à mains qu'elle portait en bandoulière, et Lionel tomba très lourdement sur elle, pauvre petite fille...!

Ce fut la panique dans la tête de Lionel, il craignait l'avoir écrasée sous son poids; ce regain de lucidité fut bénéfique à leur dialogue, duquel allait jaillir une histoire extraordinaire. Lionel avait réalisé qu'Adélaïde n'avait rien de cassé, c'était plus de peur que de mal, elle s'était même relevée toute seule. À quelque chose malheur est bon, comme on dit; Lionel était complètement sorti de son état de choc émotionnel et avait retrouvé ses esprits. Adélaïde n'était pas blessée mais avait redoublé de méfiance vis-à-vis de cet homme; elle trouvait son comportement très inquiétant. Puis, elle n'avait aucune raison de croire à ce qu'il lui racontait.

En échappant son sac à main, ses effets personnels s'étaient éparpillés par terre et en était embarrassée. Instinctivement Lionel s'était mis à les ramasser, un à un, et les remettait dans leur sac, *galanterie oblige!* Il était très étonné de voir tous ces objets, *futiles aux yeux de villageois comme les siens;* il ne savait pas grand-chose aux effets personnels des femmes modernes comme Adélaïde! Celle-ci n'avait pas du tout apprécié cette initiative, elle aurait préféré qu'il n'ait pas eu à toucher à l'intimité de son sac à mains! Il n'y a pas de fille que je connaisse qui aimerait que cela lui arrive; elles tiennent toutes à leur sac à main.

Arrêtez..., je vous demande d'arrêter...! Je vous interdis de toucher à mon sac, s'écria-t-elle presqu'en hurlant sur Lionel, mais celui-ci faisait semblant de ne pas l'entendre; il se sentait le devoir de ramasser ses objets et les ranger dans leur sac sans faire attention aux hurlements d'Adélaïde. Il y avait toutes sortes d'affaires : *des peignes, des flacons de parfum, des cubes de savon, des chiffons de toutes les couleurs, des miroirs ronds et triangulaires, des pinceaux à colorier, des ciseaux et des limes, des crayons à mine et des stylos à bille, des lunettes de soleil, des bric-à-brac , des photos*, et que sais-je encore! Il rangeait tout ça avec précaution dans ce sac, qu'il a ensuite remis à son propriétaire, qui le regardait, émue et encore plus méfiante qu'avant!

Du haut de sa carrure imposante et à travers son regard intimidant, Lionel cherchait à comprendre ce qui pouvait se passer dans la tête de cette fille. Il la regardait droit dans les yeux comme s'il cherchait à lire dans ses pensées, ce qui effrayait forcément Adélaïde, mais quel fut son étonnement quand elle constata que ce géant pleurait...! Des larmes torrentielles coulaient dans sa barbe sans qu'il ne prenne même pas la peine de les essuyer.

Dans un élan de compassion, il se rapprocha d'Adélaïde et essaya de l'attirer dans ses bras; ce fut un geste de trop, presqu'une goutte d'eau qui a fait déborder l'océan de sa peur. Adélaïde était sur le point de se mettre en colère, mais que pouvait-elle faire devant ce géant? Elle s'en était méfié depuis le début, mais ce geste de vouloir la serrer dans ses bras en était un de trop. Elle le repoussa poliment mais assez vigoureusement pour lui faire sentir son embarras, comme si elle voulait marquer son territoire; elle reprenait le poil de la bête. Elle avait tout supporté, mais ce manque du minimum de civilité à l'égard des femmes lui était insupportable, surtout qu'elle avait peur.

Elle recula tout en s'efforçant de garder son calme et ne pas montrer sa colère. Elle dit encore à Lionel de ne plus jamais essayer de la toucher ni de s'approcher de trop près.

Son insistance n'eût aucun effet et ne découragea pas l'effort de Lionel. Au contraire, ses émotions devenaient encore plus vives et encore plus irrésistibles malgré l'intransigeance de cette fille atterrée, exacerbée par l'attitude de cet inconnu! Tout laissait penser qu'elle se serait mise en colère si elle n'avait pas, elle aussi, ressenti quelquechose qu'elle n'arrivait pas à s'expliquer, une sorte d'attirance affective mal déguisée qu'elle ressentait pour ce pauvre homme *qui perdait la boule...!* Elle ne savait pas s'elle avait pitié de lui ou si c'était autre chose... Elle se demandait surtout comment tout ça allait se terminer. Vraisemblablement, elle n'avait pas cru un seul mot de ce que disait cet homme, elle soupçonnait même le pire, qu'il s'agissait de diversion qui risquait de se terminer en viol sexuel.

Au chat échaudé craint l'eau froide, elle savait quelque-chose!

Lionel n'avait pas arrêté pas de pleurer. Voyant son état, Adélaïde fut saisie d'une vague d'émotions irrésistibles, sans s'y attendre, et se mit à pleurer aussi; évidemment elle ne pleurait pas pour les mêmes raisons que cet individu encombrant, elle se rappelait ce qu'elle avait vu à cet endroit, plus de vingt-cinq ans plus tôt! Elle était troublée par la mémoire de toutes ces scènes terrifiantes auxquelles elle avait assistées, dont le viol de sa propre mère à cet endroit précis. Elle avait doublement raison de craindre ce qu'elle voyait. Vais-je subir le même sort, ici-même? Seigneur prend pitié! Elle piqua une crise de colère et somma cet imposteur de partir, mais celui-ci ne semblait pas vouloir écouter; il pleurait comme un enfant gâté, inconsolable pour un refus de gâterie!

C'était à la fois pitoyable et étrange pour un homme comme celui-là, de pleurer devant une femme!

Monsieur... pourriez-vous, s'il vous plaît, me dire plus clairement ce qui vous tourmente ou me laisser tranquille? Combien de fois devrais-je vous le demander? Vous m'avez confondue avec quelqu'un d'autre, j'en ai la certitude! Je ne suis pas la personne que vous pensez que je suis... Vous m'avez dit que je ressemble à mon père, mais je n'ai pas de père; vous dites aussi que j'ai les traits de ma mère, mais je n'ai pas de mère non plus! C'est fatigant tout ça, vous ne trouvez pas? J'en ai assez maintenant. Si vous pensiez faire une blague, vous l'avez manquée, elle est très désagréable, votre blague!

Écoute-moi bien Adélaïde, ceci n'est pas une blague et je ne t'ai confondue avec personne! Tu es Adélaïde Ngabo, la fille de Claver Ngabo, ma nièce.

À ces mots, Lionel s'effondra de nouveau, avant même de compléter ce qu'il s'apprêtait à clarifier pour mieux convaincre Adélaïde.

Crois-le ou non, mais je suis à ta recherche depuis le mois d'avril 1994, et voilà que tu surgis de nulle part, au moment où je commençais à perdre l'espoir, abandonner les recherches comme tout le monde, mais voilà que tu rentres dans ma vie comme si c'était dans un rêve, dans des circonstances les plus insoupçonnables.

Adélaïde le regardait, stupéfaite, mais cette fois-ci avec un peu d'intérêt; elle ressentait une profonde tristesse pour ce charmant jeune homme perturbé par les séquelles de génocide; un si bel homme qui perdait la tête! *Oh Seigneur, que soit maudit les miliciens-hutu!* Lionel s'approchait de quarante ans, soit un peu moins de dix ans de différence par rapport à l'âge d'Adélaïde; elle commençait à s'intéresser davantage à son histoire, si abracadabrante soit-elle! Elle avait de moins en moins peur de cet homme, car elle s'étonnait de certaines précisions dans ce qu'il disait.

Cela n'allait plus tarder, le rideau opaque qui séparait leurs deux mondes allait bientôt tomber et laisser place à une histoire absolument extraordinaire, mais belle aussi, faut-il le souligner! Malgré ses peurs, Adélaïde se sentait piquée au vif par certaines révélations qui touchaient directement à sa famille par cet inconnu.

C'est bien évident qu'il en sait des choses sur moi et ma famille, mais je ne pense pas qu'il soit réellement l'un des nôtres comme il le dit. C'est alors qu'elle prit la décision de prendre part à ce jeu, de poursuivre cette conversation pour voir jusqu'où l'acharnement de cet homme pouvait mener; elle commença par lui poser une série de questions très directes et concises, car elle voulait détecter la faille : Ainsi donc, cher monsieur, vous êtes mon oncle...! Dans ce cas, dites-mois : où sont ces gens avec qui vous me confondez, car je suis toujours persuadée que vous me confondez avec d'autres gens! Il faut commencer par admettre qu'on est dans la confusion totale, non? Où sont-ils en ce moment si votre histoire a un certain sens?

À quoi rime ton petit jeu?

Je ne joue à aucun jeu, chère Adélaïde, je te l'ai déjà dit. Il faut que tu me croies, je ne t'ai dit que la vérité depuis le début, je ne sais pas comment te le dire autrement! Tu me demandes de partir mais je n'ai pas l'intention d'aller nulle part, sans toi...! Ça, c'est hors de question...! Plus rien ne pourra jamais nous séparer désormais, toi et moi!

Que vous êtes donc compliqué, cher Monsieur! Et si vous me disiez plus clairement ce que vous voulez au lieu de conter des histoires, de tourner indéfiniment autour du pot? La vérité est que vous m'avez dit n'importe quoi, je ne vous crois pas.

Lionel s'avança lentement vers elle et se jeta littéralement dans ses bras sans prévenir! Il serra Adélaïde si fort dans ses bras et pleura si longtemps qu'il en était étourdi. Surprise par l'intensité de cette étreinte, Adélaïde n'avait le choix que de se laisser aller dans cette étrange et douce violence; soit qu'elle avait trop peur pour se débattre dans les bras de ce géant, ou tout simplement qu'elle voulut se laisser faire pour en savoir plus sur les vrais motifs de cet homme. Elle n'avait plus qu'à attendre qu'il se calme et décide, de lui-même, de la relâcher, et poursuivre cette conversation.

Après un long moment de bonheur et d'émerveillement évidents pour Lionel, il la relâcha et recula sans la quitter des yeux, puis dit avec assurance : Mon nom est *Lionel, Lionel Ntalindwa!* Je te répète que je suis ton oncle, le frère cadet de ta mère, Margo, le beau-frère de ton père, Claver Ngabo. Ne cherche pas à comprendre tout ça tout de suite, tu n'y arriverais pas. Tu étais trop jeune avant et pendant le génocide pour comprendre tout ce que je m'apprête à te raconter!

Pétrifiée devant cette lourde révélation, Adélaïde eut la chair de poule. C'étaient des révélations-massues mais difficiles à accepter telles quelles, même s'elles suscitaient davantage d'intérêt. On était dans l'irréel absolu, mais que pouvait-elle faire d'autres que d'attendre la suite des choses, et un peu plus d'éclaircissements.

Quiconque se trouverait dans cette situation aurait peur. Comment aurait-elle pu deviner qu'elle se retrouverait un jour devant un homme aussi obstiné, affirmant être son oncle? Elle avait beau penser qu'elle avait affaire à un schizophrène, un individu qui souffrirait du syndrome traumatique post-génocidaire sévère, mais elle était en même temps touchée par toutes ces révélations qui ouvraient brutalement la porte métallique qui avait toujours fermé l'entrée interdite de son jardin secret.

Mais quelle journée, quelle audace...!

Les mauvais souvenirs de sa jeunesse, ceux du génocide en particulier étaient jalousement gardés derrière ce portail de métal, mais voilà qu'un nouveau jour semble pointer à l'horizon, que ce nuage commence à s'éclaircir même s'il y avait encore plein de zones d'ombres et d'ambiguïtés. Elle était encore persuadée qu'il s'agissait d'une forme d'arnaque, que ce type avait une autre mission derrière la tête; elle ne voulait pas s'y attarder encore plus longtemps avant de démasquer ces mascarades. Oui, cet homme est malade, c'est difficile à en douter, mais alors, comment peut-il savoir tout ce qu'il vient de dire au sujet de ma famille? Il faut que je trouve un moyen ou une astuce de connaître la vérité. Et que qu'arriverait-il s'il s'avérait qu'il soit réellement mon oncle, le frère de ma mère? Non; on n'en arrivera pas là, je ne pense pas que cela soit le cas! J'en aurais eu au moins un petit pincement au cœur, mais je n'ai rien senti de tel.

Adélaïde était très nerveuse, elle se sentait à l'étroit et presque nue devant cet homme! Elle avait été injustement envahie dans son espace et se sentait blessée dans son amour-propre, mais l'impertinence de cet individu était insupportable, mais impossible à éviter. Tant bien que mal, elle réussit à soutenir ce regard intimidant et lui dit : monsieur, dis-moi franchement ce qui vous fait croire que vous êtes mon oncle?

Moi, je n'ai jamais dit que je le croyais... Je t'informais parce que je sais que tu l'ignorais... Dois-je répéter ce que je vous ai dit plus d'une fois déjà?

Vous vous trompez lourdement; je vous avais dit que je n'ai ni père ni mère, je ne comprends pas comment j'aurais un oncle dans ces conditions.

Je sais que tu ne les as plus, mais tu les as eus, les parents, oui ou non?

Il me semble que vous n'écoutez pas, cher monsieur! Vous me confondez depuis le début de notre rencontre, ce que vous ne voulez toujours pas admettre. Maintenant, je voudrais vous faire comprendre une chose, une fois pour toutes : - je ne suis pas ce genre de ces femmes qui se laissent rouler dans toutes sortes de farine. Détrompez-vous, je ne tomberai pas dans votre piège et vous n'avez pas réussi à m'impressionner. Vous connaissez, à mon grand étonnement, les gens que j'ai eu le bonheur de connaître dans mon enfance, mais cela ne suffit pas! Et d'ailleurs quand on y pense bien, ce n'était pas si compliqué! Pourquoi n'y ai-je pas pensé plutôt?

Vous avez vu ces noms dans mes affaires quand vous vous êtes permis d'envahir ma vie privée en perçant les confidences de mon sac à mains contre mon gré. Pour qui me prenez-vous? Pour une idiote qui gobe n'importe quelle sottise ou une *Anne-Marie couches-toi-là*? D'accord, vous êtes Lionel puisque vous le dites, mais pourquoi je devrais croire tout ce que vous me dites? On ne s'était jamais rencontrés avant aujourd'hui, tu ne pourrais le contester, d'autres ajouts ne sont que des mensonges que vous tissez atour de notre plan, mais ils ne suffisent pas pour me convaincre que je viens de tomber miraculeusement dans les bras d'un oncle qui arrive du ciel. C'est trop gros pour être vrai. Ça m'étonnerait si j'avais un oncle dont j'ignorais l'existence depuis plus de vingt-cinq ans, mais ça suffit maintenant. Il faut me laisser tranquille.

Lionel l'observait, anéanti par le portait que cette femme venait de tracer de lui; il cherchait dans son for-intérieur pour trouver des mots encore simples qui lui feraient comprendre qu'il est réellement son oncle, le petit-frère de sa mère!

Écoute, chère Adélaïde : ceci n'a rien d'un piège, je n'ai aucun intérêt à te tendre un piège. Je suis vraiment le jeune frère Mado, ta mère, et crois-moi, je suis sain d'esprit. Claver Ngabo, ton père, était non seulement mon beau-frère, il était aussi mon meilleur ami. Ce fut avec consternation que nous avons appris ce qui lui était arrivé, lui et ses deux fils, tes grand-frères, Pierre et Marc, dès le premier jour du génocide! Ça a été un grand choc pour tout le monde mais pour moi en particulier, surtout qu'on était resté sans nouvelles de toi et Margo! Pardonne-moi si ça te vexe que je te tutoie, mais si tu penses vraiment que j'ai vu ces noms dans tes effets de voyage que j'ai ramassés tout à l'heure, alors dis-moi comment je connaîtrais aussi les noms de tes frères, *Marc et Pierre?* Sont-ils aussi dans tes papiers de voyage? Est-ce que j'ai à ce point une gueule de menteur? Oui, je le reconfirme : tu es Adélaïde, ma nièce!

Aussi, tu es le plus beau cadeau que je pouvais avoir en ce moment, il est le plus beau jour de ma vie! Tu me tombes dans les bras de nulle part, dans des conditions les plus énigmatiques que le monde ait connues, mais rien n'est impossible à Dieu. Si cela ne te suffisait pas, je ne sais pas comment te le faire comprendre autrement. Je n'avais jamais arrêté de vous rechercher, ta mère et toi, je ne pense qu'à vous depuis le génocide des nôtres et je ne voulais pas perdre l'espoir; on me prend pour un malade mental dans mon quartier, et toi aussi tu fais comme eux. Mais voilà que mon obstination vient de payer; je me demande ce que les gens vont dire à présent, dès qu'ils te verront!

Pour être honnête, je n'espérais plus vous retrouver vivantes;

je ne cherchais plus que vos restes pour passer à autre chose mais te voici, en chair et en os! Comme Dieu fait donc des choses à sa manière! Je vous ai tellement cherchées jusqu'à me faire traiter de tous les noms; j'ai fouiné dans tous les décombres, ouvert toutes les latrines et fosses communes, j'en étais devenu la risée du monde mais qu'importe désormais ce que les gens peuvent penser…! Plus personne ne va se payer ma tête ni murmurer dans mon dos quand je passe! Y en a même qui devront fuir mon regard désormais!

Ces explications étaient sans équivoque mais n'ont pas suffi pour convaincre Adélaïde; elle était restée pantoise et inquiète aussi. Elle trouvait qu'il y avait encore trop de zones d'ombre, l'histoire de cet oncle ne tenait pas la route, c'était trop beau pour être vrai, mais trop tard pour regarder ailleurs. Elle était partagée entre deux sentiments très violents et contradictoires : allait-elle se décider à sauter dans les bras de ce mystérieux oncle ou fuir au plus vite et plus loin possible? Et s'elle fuyait, où irait-elle dans cette vallée de mauvaise mémoire? Quelque-chose lui disait tout bas à l'oreille de faire très attention, qu'il devait y avoir un mauvais esprit en l'air; est-ce que cet homme est vrai, il existe, il existe pour de vrai ou ce lieu est hanté? Ce Lionel serait-il une réincarnation de l'un des membres de notre famille? J'ai entendu que cela existait…

Devait-je crier au secours? Qui entendrait ma voix au milieu de cette jungle?

Devrais-je plutôt me battre contre cet homme qui s'obstine? *Hell non!*

Tout était trop compliqué, il ne me reste qu'à me résigner et attendre la suite des choses; attendre le dénouement de cette histoire invraisemblable est le moindre mal et je n'ai pas de choix. C'est quand même étonnant ce qu'il est en train de me raconter-là…

Lionel avait gardé ses distances et observait sa nièce, se demandant quelle stratégie il pourrait utiliser pour la convaincre, car il lui semblait avoir fait le tour de tous les outils et ne savait plus quoi faire. Lui-aussi n'avait plus qu'à attendre la décision finale, même si cela lui semblait peu probable; c'était l'impasse. Adélaïde était restée longtemps debout, faisant des cent pas, Lionel remarqua qu'elle vacillait, qu'elle allait tomber. Effectivement Adélaïde était étourdie et venait de perdre pied, victime d'un vertige très violent. Ses yeux se brouillaient, elle s'évanouissait tranquillement. Lionel l'avait remarqué à temps et avait fait un bond rapide et empêché qu'elle ne s'effondra.

Elle aurait pu se blesser; elle s'est laissée échouer dans les bras de son oncle et avait totalement perdu connaissance, ce qui ne facilitait pas les choses pour Lionel; la situation risquait même de se dégrader. Elle resta ainsi dans ses bras pendant de très longues minutes, Lionel ne savait pas comment il allait se sortir de cette situation.

Que pouvait-il faire? Il était seul avec ses vaches, loin de la ville, il ne pouvait pas s'occuper de sa découverte miraculeuse et de son bétail en même temps. Qu'allait-il faire si l'état de cette fille s'aggravait? Comment l'amènerait-il à l'hôpital? Sur ses épaules? Allait-il abandonner son troupeau, sans surveillance?

Après de longues heures d'angoisses, Adélaïde reprit tranquillement connaissance; elle réalisa que cet homme était en train de la bercer affectueusement dans ses bras; pour elle qui pensait qu'elle courrait le risque d'être violée de nouveau, c'était énorme. Elle était désespérément blottie dans la poitrine de cet homme mystérieux, morte de peur, mais cette peur a cessé quand elle a réalisé comment elle avait été si bien traitée pendant son état comateux. L'animal enfoui en elle avait été dompté, *Hallelujah!*

Lionel lui faisait boire de l'eau à petites gorgées, comme Sylvain, vingt-cinq ans plutôt, non loin de ce lieu. Il continuait à lui donner à boire à petite gorgée, lui versait aussi quelques gouttes dans les cheveux pour stimuler son réveil. Un peu plus rassurée, Adélaïde estimait que c'était le moment propice pour reprendre leur conversation; elle était plus disposée à écouter son oncle, elle y croyait déjà, même s'elle était à moitié réveillée. Elle ne voyait plus en cet homme, ni un menteur ni un prédateur sexuel.

S'il avait voulu me faire du mal, il l'aurait fait quand j'avais perdu connaissance, je n'ai plus aucun besoin de me méfier ne douter de son honnêteté. De toute évidence son histoire corrobore tous les souvenirs de mon enfance, puis il me semble que ce n'est pas un homme méchant! Sur un ton beaucoup plus convivial qu'avant, ils reprirent leur conversation où ils l'avaient laissée, celle-ci prit rapidement des allures de conte de fée!

Adélaïde essayait de digérer l'invraisemblable réalité de retrouver un oncle au milieu de nulle-part, convaincue, cette fois-ci, qu'il était réellement le frère de sa mère. Elle avait hâte de tout savoir sur cet oncle, absolument tout ce qui s'est passé avant, pendant et après le génocide. Il y avait beaucoup d'appréhension et de suspens en l'air, des deux côtés, mais beaucoup moins de méfiance, ce qui facilitait les choses.

Lionel lui raconta brièvement comment ils avaient été attaqués au matin du 7 avril, comment les *hutu-miliciens,* leurs voisins proches et lointains étaient arrivés et massacré toute sa famille devant lui. Il lui raconta les circonstances de sa propre survie, comment il s'était caché en-dessous d'une pile de cadavres, qu'il avait survécu grâce aux gouttes du sang chaud qui suintaient de ces corps. C'est épouvantable, je le sais, mais je me rappellerais toujours de ce goût salé, ce sang des miens qui m'avait permis de tenir le coup, de survivre…! J'étais devenu un cannibale sans le vouloir, c'était tragique mais et abominable, mais c'était ça l'histoire des Tutsi à cette époque.

Adélaïde s'était tue, elle avait écouté cette histoire de son oncle sans broncher. Ce chemin de croix de son oncle lui rappelait une autre histoire qu'elle avait lue au sujet des naufragés de hautes mers, le célèbre *Crash des Andes du vol 571,* un accident d'avion qui a eu lieu exactement le 23 décembre 1972 : il y avait à bord de cet avion des jeunes gens, amis entre-eux. Les recherches n'avaient pas été capables de localiser le lieu de leur crash pour les secourir, ils ont été obligés de se nourrir de la chair de leurs meilleurs amis qui mouraient, l'un après l'autre. Vous qui lisez ceci, ne jurez pas, s'il vous plaît; ne dites pas que vous ne le feriez pas, vous ne pouvez pas savoir ce que vous feriez avant que cela ne vous arrive.

Ceux qui sont restés de ces jeunes gens, sont-ils restés les mêmes? Je l'ignore, je ne peux pas répondre pour eux, même si j'ai regardé ce film plus d'une fois, mais je ne pense pas qu'on resterait tout à fait indemne après une telle chose!

Le sang chaud de mes propres frères et sœurs coulait à flot, disait Lionel; ils avaient été mutilés et n'en finissaient pas de mourir, empilés sur moi mais je ne sentais pas leur poids, seul le goût de ce liquide salé m'intéressait. Je suffoquais, non pas de leur poids qui était plutôt mon bouclier, mais à cause de cette puanteur cadavérique, car ils pourrissaient au fur et à mesure que le temps passait. Je n'étais pas mort, mais j'avais l'impression de pourrir aussi, en même temps que ces corps. J'avais tellement eu peur de mourir en pièces détachées, dépiécé à la machette, malheureusement c'était ça qui était arrivé à tout ce monde au-dessus de moi. Au bout de cinq jours, il n'y avait plus de gouttes de sang qui suintait, tous les corps avaient commencé à se putréfier, et je savais que c'était mon tour de mourir, mais au moins j'allais mourir en une seule pièce. L'odeur de la mort était si forte que je ne pouvais presque plus respirer, elle était infecte et indicible! J'ai commencé à chercher comment me dégager et sortir de cette pile macabre, sinon j'allais carrément pourrir, *mourir vivant*, si je peux le dire ainsi...

Adélaïde était horrifiée d'entendre toutes ces choses!

Elle qui pensait avoir été la seule personne au monde qui aurait vécu des situations épouvantables lors de sa cavale, elle trouvait que son oncle avait vécu pire que ça! Elle n'avait rien oublié de ce qu'elle avait vécu, précisément à cet endroit, mais l'histoire de son oncle l'avait sérieusement secoué. Elle le trouvait très courageux et très admirable de pouvoir raconter de telles choses, presque sans difficultés.

Où cet homme trouvait-il cette force? On penserait qu'il parlait d'une histoire lue dans un roman, mais c'est son histoire à lui...!

Comment on se sent quand on dit avoir survécu en léchant le sang des morts, qui plus-est, le sang des siens?

Mais quelle horreur! Ceci est-il arrivé à d'autres gens que lui, dans ce pays?

Comment vivent-ils maintenant avec cet affreux souvenir?

Lionel se demandait, lui-aussi, ce que pouvait penser sa nièce de cette anthropophagie involontaire; il ignorait encore tout d'elle et avait hâte de le savoir, lui poser toutes les questions qui lui brûlaient la gorge, savoir ce qu'elle avait vécu de son côté! Il était encore trop tôt de s'aventurer sur cette voie, mais il savait qu'ils finiraient par trouver un bon moment pour parler de tout ça. Lionel était conscient qu'Adélaïde était bien trop jeune, en 1994, il était donc possible qu'il aurait pu tout oublié de cette époque; il espérait qu'elle se rappellerait au moins des circonstances de la mort de sa mère, Lionel tenait beaucoup à le savoir.

La science a prouvé qu'on peut se rappeler ce qu'on a vu quand on avait cinq ans, soixante-quinze ans après.... C'est étonnant un cerveau humain!

Adélaïde était la seule personne, encore en vie, qui pouvait apporter un peu plus de lumière dans le dilemme qui traumatisait Lionel depuis plus de vingt-cinq ans, soit depuis la disparition ou la mort de Mado, sa grande-sœur. Il trouvait sa nièce assez intelligente, il espérait qu'elle ne pouvait pas avoir tout oublié de ce qu'elle a vécue à cette époque-là, même s'elle était aussi jeune. Cela m'étonnerait qu'elle aurait oublié les étapes tragiques de sa jeunesse, surtout les moments qui ont précédé l'assassinat de son père, qui m'intéressent le plus.

Avant le génocide, poursuivit Lionel, j'avais pris l'habitude de venir chez vous à chaque une de mes vacances, car j'étais à l'internat; je passais de bons moments dans votre famille, c'est ainsi que j'ai lié d'amitié avec ton père, mon beau-frère! Claver était un homme hors du commun, d'une gentillesse et d'une dextérité d'esprit sans égal, tout ça avec humour. En plus d'être propriétaire d'une belle moto, une Kawasaki japonaise de dernier cri à cette époque, qu'il ne refusait jamais de me prêter quand je le lui demandais. C'était aussi lui qui m'avait appris à piloter cet engin, il était ce genre de beau-frère dont tous les jeunes pouvaient rêver, un homme que tous les gens de mon âge considéraient comme un *role-model!* En grandissant, c'était à lui que je voulais ressembler. Notre amitié était à ce point profonde que j'étais devenue la seule personne à qui il pouvait faire confiance, s'agissant de sa bicyclette comme il l'appelait! Cela pourrait vous paraître anodin aujourd'hui, mais à cette époque-là, c'était un immense privilège pour un jeune étudiant que j'étais d'avoir un beau-frère comme ton père!

Je l'aimais plus que tout et l'admirais énormément; mes parents l'aimaient tout autant, il était notre fierté dans la famille et ma sœur, ta mère, était heureuse avec lui. Tout a basculé en une nuit, plus rien ne sera jamais comme avant! Vingt-cinq longues années ont passé, mais le temps n'arrive pas à cicatriser les plaies; elles sont encore béantes, même si on essaye de passer à autre chose dans notre quotidien.

Mais qu'est-ce que tu as grandi, Adélaïde! C'est vraiment difficile pour moi de croire que c'est bien toi! La différence d'âge entre toi et moi est grande, je comprends pourquoi on ne s'était pas reconnus spontanément. Ce qui compte à présent, c'est qu'on est ensemble de nouveau; tu es l'enfant de ma sœur, de mon ami et beau-frère, cela signifie pour moi que j'ai de nouveau de la famille, Dieu soit loué! Il me semble que je continue à te tutoyer, j'espère que cela ne te fait rien; je te l'avais signalé même avant, tu n'avais rien dit et j'ai conclu que ça ne te dérange pas; c'est un réflexe qui vient tout seul et j'aimerais qu'on prenne l'habitude de nous tutoyer, c'est beaucoup moins lourd.

Adélaïde approuva par un hochement de tête avec un petit sourire dans un coin!

Quand je pense que j'aurais pu passer à côté de toi si ma curiosité obstinée n'avait pas pris le dessus sur mon caractère. Ce sentiment m'effraye, je tremble quand je pense que cela aurait pu arriver. D'habitude je suis du genre plutôt courtois, timide même, c'est pour cela que j'ignore ce qui m'a poussé à agir presque violemment pour obtenir ce que je voulais, l'objet qui avait déclenché toute notre histoire : ta photo.

À présent je ne le regrette pas; j'espère que toi non plus !

Je t'ai quasiment tordue le bras pour regarder cette photo après avoir envahi ton espace, mais ça a été payant pour nous deux, « *tout est bien qui finit bien* ».

Maintenant, si tu en as la force, j'aimerais que tu me parles un peu de ton père, mon ami ! Je ne sais pas par quel bout je pourrais commencer à te poser des questions qui m'affligent à son sujet, mais saches que mon amitié pour lui n'a pas changé et ce, malgré le temps qui a passé depuis sa mort. Claver était très différent de tous les hommes que j'ai connus ! Quand j'ai appris les circonstances de sa mort, je n'ai pas été étonné d'apprendre qu'il est mort en essayant de résister à ses tueurs, qu'il s'était engagé dans un corps-corps contre ces dangereux coupeurs de tête pour protéger sa famille, qu'il avait refusé de donner son cou à couper, comme le faisaient 90% des Tutsi. Ils n'avaient pas de choix, mais rares sont les Tutsi qui auraient tenté de résister à ces mangeurs d'enfants. On penserait qu'ils avaient des pouvoirs maléfiques qui hypnotisaient leurs victimes, c'est la seule façon de comprendre comment des miliciens peu armés, rien que de machettes et de massues, avaient pu hypnotiser avant de massacrer des milliers de gens, sans qu'ils essayent d'opposer une quelconque résistance !

Je ne voudrais pas avoir l'air d'en rire, loin de là, je sais aussi qu'il n'y avait pas grand-chose à faire face à tel déferlement de tueurs impitoyables, mais c'était quand même assez étrange qu'il n'ait pas eu de résistance ! J'ai appris qu'il y avait eu certaines gens qui se sont mis ensemble pour se défendre, ici et là, comme à *Bisesero-Kibuye*, au *Bugesera aussi je crois*, sinon le tissu avec lequel le plan de ce génocide avait été cousu était impénétrable; aucun Tutsi ne devait survivre à moins d'un miracle, et c'est exactement ce qui est arrivé. La bravoure et la fin tragique de ton père ont fait l'objet de mon admiration quand je l'ai su, de même que tous ceux qui l'ont connu de son vivant!

Mais, dis-moi, mon oncle; comment as-tu appris tout ça? Je croyais être le seul témoin vivant de la tragédie de mon père et des derniers moments de ma famille. Qui vous a raconté tout ça?

Les miliciens eux-mêmes! Nous l'avons appris des *interahamwe* (les tueurs des Tutsi) aujourd'hui repentis; ils en parlent sans détour et sans se gêner. Ils avouent des choses difficiles à écouter dans leurs audiences, en échange du pardon, qu'ils disent la vérité ou mentent, on les pardonne parce qu'on a pas de choix. Ils avouent impunément leurs atrocités, mais ils dénoncent aussi leurs complices, parfois des grands-recherchés pour leur rôle politique de premier degré en tant que leader, qui seraient sinon libres, hors de tout soupçon. C'est ça le côté intéressant des juridictions « *gacaca* »!

Et pourquoi donc on les laisse partir quand ils avouent leur crime? Le crime de génocide n'est pas un crime comme un autre! Est-il normal de fermer les yeux sur ce crime dans ce pays? Comment cela peut-il suffire de dénoncer leurs complices pour se retrouver en liberté, même après avoir plaidé coupable? Je rêve ou c'est vraiment ça qui se fait ici? Comment est-ce que le gouvernement arrive à justifier cela?

Et alors? Qu'est-ce que tu ferais si c'était toi?

Que veux-tu qu'un pays comme le nôtre fasse des centaines de milliers de tueurs? Ils sont partout à travers le pays! Les tuerais-tu? Même la peine de mort a été bannie chez-vous, si tu veux le savoir... Mais même s'elle était encore en vigueur, tu ne tuerais quand même pas des milliers d'individus, quand bien même ils avouent, eux-mêmes, être coupables du crime de génocide! Et même si tu les tuais, où serait la différence entre toi et eux? Il faut toujours qu'il y ait une différence quelque-part, c'était la seule façon d'en tirer une leçon pour les générations futures.

Je n'ai pas dit que je les tuerais pas, mais quelqu'un doit être puni pour ça, tu ne trouves pas? Ce n'est pas un genre de délit qu'on oublie aussi facilement.

Oui, je veux bien, ils ont fait des choses terribles, ils sont cruels, tout le monde le sait, tu peux même dire qu'ils mériteraient d'être tenus loin des hommes, mais où veux-tu les mettre, dis-le-moi si tu le sais? Tu es d'accord avec moi qu'on ne peut pas les tuer ni les garder en détention à vie, ni même les juger, car on n'en a pas les moyens! Que faire d'autre que de les laisser vivre en paix?

Tu dois te calmer, tu finiras par comprendre la différence qu'il y a entre les *hutu-miliciens*, et les Hutu en général! Au cas où tu l'ignorerais, quand on fouille dans le passé, surtout pendant le temps du génocide, on constate que derrière chaque Tutsi rescapé il y a eu, presqu'en tout temps, de près ou de loin, une main de Hutu! Néanmoins il serait faux de faire un amalgame de génocide, ou de mettre tous les Hutus dans un même panier. Certains même ont été très braves, malheureusement ils sont peu nombreux, ceux-là! S'ils avaient agi ainsi nombreux, les choses se seraient passées différemment dans ce pays.

Au fur et à mesure que Lionel racontait tout ça, Adelaïde devenait de plus en plus pâle, furieuse de colère; elle trouvait cette forme de justice assez invraisemblable, inacceptable-même pour une Américaine qu'elle était devenue, fraîchement débarquée en Afrique Noire! Selon les médias des pays du Nord, le Rwanda était encore parmi les pays victimes de la mauvaise presse occidentale, rien de bon ne pouvait se passer ici. C'est sur cette base qu'elle n'arrivait pas à être d'accord avec cette forme de justice traditionnelle, gacaca.

Pour elle c'était énorme, inacceptable avec ses yeux d'Américaine; elle essayait de remonter le temps, revoir dans sa mémoire ce qu'elle avait vécu à cette sinistre époque, c'est pour cela qu'elle n'arrivait pas à comprendre la justification de gacaca, encore moins ce pardon artificiel dont pouvaient bénéficier les criminels de génocide! Elle était exténuée, le *feeling* de se retrouver auprès de cet oncle l'avait mise dans un état euphorique dont elle savourait silencieusement chaque instant, avec bonheur, mais ce moment de bonheur était éphémère. Le soleil déclinait peu à peu dans le ciel et Lionel devait s'occuper de son troupeau; il l'avait délaissé pendant tout le temps qu'il s'était emballé avec ces retrouvailles uniques en leur genre.

Il était temps de rassembler ses bêtes pour rentrer au bercail, c'était un travail méticuleux car il devait être attentif à ce que ses vaches n'endommagent pas les plantations du voisinage. Il courrait à gauche-à-droite, Adélaïde devait lui courir après, mais avant elle lui avait demandé une faveur spéciale. Elle lui avait demandé s'elle pouvait prier avant de partir. Elle tenait à faire cette prière à cet endroit. Elle se mit à genoux et chanta la louange de la Vierge-Marie que sa mère avait chantée à cet endroit : *Je vous salue Marie pleine de grâce, le Seigneur est avec vous et le fruit de vos entrailles est béni…*

Elle voulait absolument remercier le Seigneur pour cette immense générosité dont elle était comblée. Quelle joie, quelle allégresse et quel bonheur! Pris de court par cet acte de foi, Lionel la rejoignit dans cette communion spirituelle comme pour sceller leur pacte de sang – *igihango!* Il n'était pas un fervent pratiquant de la prière, mais pouvait difficilement contrôler son élan émotionnel, surtout qu'il n'y avait même plus aucune raison de se retenir, son bonheur avait atteint les sommets. Ils ont beaucoup pleuré, collés l'un à l'autre, ça leur faisait beaucoup de bien.

Quand ils se sont apaisés, Lionel invita Adélaïde venir l'aider au rassemblement du troupeau pour rentrer à la maison car la nuit tombait. Ils marchaient gaiement, main dans la main, pour la première fois depuis très longtemps, Adélaïde se sentait légère, envahie par un sentiment de paix intérieur qu'elle n'avait jamais ressenti depuis plus de vingt ans. Par moment, ils se regardaient dans les yeux et pleuraient comme pas permis! Elle n'avait jamais autant pleuré, tout simplement parce qu'elle n'avait jamais eu une occasion aussi propice, de peine, d'amour ou de colère. Pleurer est un soulagement rare qu'on ne trouve que sur une épaule sur laquelle on peut le faire en toute sécurité, une thérapie extraordinaire, l'une des plus efficaces mais rare pour les Rwandais.

En effet, c'est compliqué de trouver une bonne épaule; certaines gens peuvent s'apitoyer sur le sort des rescapés de génocide, loin de penser que s'apitoyer sur leur sort pourrait avoir l'effet inverse, d'exacerbation. Je ne dis pas qu'ils le font méchamment, ils ne peuvent pas savoir que s'apitoyer sur ce genre de souffrance pourrait faire plus de dégâts que de biens, accentuer même le trauma sans s'en rendre compte. La compassion est un élan plutôt humain et spontané, mais il faut faire toujours attention, d'y aller au cas pas cas. On dit chez nous : *agahinda k'inkoko kamenywa n'inkike itora mo – Le chagrin d'une poule n'est connu que par le coin de l'enclos où elle a picoré!*

Personnellement je ne connais pas un(e) seul(e) rescapé(e) Tutsi qui se sentirait confortable avec quelqu'un qui le/la prendrait en pitié. C'est une affaire tellement sensible et si intime qu'il est préférable de laisser ces gens vivre leur deuil, à leur rythme. Je ne dis pas qu'il faut les abandonner, je dis le plus simplement du monde qu'il faut les approcher avec beaucoup de prudence, comme si on marchait sur un terrain miné, qui pourrait exploser à tout moment. C'est délicat d'expliquer tout ça, c'est ça justement le dilemme de survivre au génocide, chaque rescapé(e) est différent(e)!

Le remords de vivre après avoir échappé à la mort où tous les autres l'ont trouvée est un calvaire, une situation difficile qu'on ne contrôle pas, mais qui est dévastatrice. Mais quand le moment comme celui-ci se présente, ce qui est le cas pour Adélaïde et son oncle, il n'y a rien de comparable en termes de bonheur, rien au monde ne peut procurer une telle sensation de bien-être aussi brûlante; leurs retrouvailles ont eu lieu dans des conditions surréelles, pourtant cela n'a pas diminué leur bonheur. Lionel était tellement heureux qu'il pleurait comme un bébé, lui qui n'avait pas pleuré ni pendant ni après le génocide, pourtant Dieu sait si sa vie avait été si misérable; il avait toujours été empêtré dans toutes sortes de malheurs, de privations et de mauvaise mémoire, mais il se plaignait rarement. Il s'efforçait de rester fort et calme, rieur même de temps en temps, mais ce n'était pas ça l'homme qu'il était vraiment. Il était reconnu pour un homme au caractère froid et taciturne, qui ne montrait aucune émotion, ni en public ni en privé. Selon la culture Rwandaise, un homme n'est pas fait pour pleurer, seuls les femmes et les enfants ont ce privilège! C'est peut-être un peu macho, mais dans le domaine des croyances et coutumes, mieux vaut ne pas en débattre.

Non seulement il avait dérogé à cette règle coutumière ce jour-là, il avait fait pire. Il avait pleuré devant sa nièce; c'était un sacrilège quand bien même c'était dans un contexte assez particulier! Généralement il n'y a pas d'excuses pour un homme de pleurer devant une femme sans se faire traiter de lâche, de couard, de faible! On se doit de rester fort et coriace, quelques que soient les circonstances! Est-ce que le génocide est une circonstance comme une autre? Je ne pense pas. C'est pourquoi ce moment était sacré pour eux, plus fort que toutes les lois culturelles. Cependant, Lionel avait l'obligation de se calmer les nerfs et revenir à l'homme qu'il a toujours été, de rester au-dessus de ses émotions avant d'arriver chez-lui, car il ramenait un visiteur spécial avec lui; il risquait de s'effondrer devant sa femme, ce qu'il ne pouvait pas se permettre de faire!

Il avait été très chanceux de rencontrer Adélaïde loin des yeux indiscrets et il en avait profité pour soulager son cœur, mais cela ne pouvait pas continuer une fois arrivé dans sa maison, en présence de sa femme. On pourrait se demander comment il se serait comporté s'il s'était retrouvé face à face avec Adélaïde, en lieu public! Aurait-il éclaté comme il l'a fait dans la vallée, ou aurait-il réussi à contrôler ses émotions? Il ne s'agit pas d'être macho ni plus stoïque que le reste du monde, moins encore de perpétuer la tradition, mais des habitudes deviennent toujours une seconde nature. Au Rwanda *les larmes d'un homme coulent vers le cœur – amarira y'umugabo atemba ajya munda!* Il avait été très chanceux d'être seul avec sa nièce pour exorciser ses vieux démons, il ne pouvait pas demander mieux, sinon il aurait été mal pris.

Pendant qu'il rassemblait ses vaches, il avait encore sur lui la fameuse photo qui avait été à l'origine de toute cette histoire. Il la regardait encore avec le même intérêt, faisant des commentaires lourdement chargés de nostalgie sur chaque personne qui était dans cette photo, comme s'il essayait de rembobiner le temps et les ramener à la vie! Il évoquait avec amertume le moindre souvenir qu'il avait jalousement gardé sur chacune d'elles, depuis la belle époque, quand la famille était heureuse ensemble! Il se parlait tout bas et pleurait en silence, sans se soucier de la présence d'Adélaïde qui l'observait, elle-même dépassée par les événements. Il lui redonna sa photo, l'attira vers lui et la serra dans ses bras avec la même volupté qu'à la première heure de leur rencontre : tu vois, chère Adélaïde, *Imana ni Nkuru - Dieu est Grand!* Ça me fait encore chavirer de penser que j'aurais pu passer à côté de toi si je n'avais pas insisté pour voir cette photo! Je te regarde maintenant et, hors de tout doute, je réalise à quel point j'avais raison de dire que tu ressembles à ton père!

En grandissant tu es devenue sa copie conforme, vous vous ressemblez comme deux gouttes d'eau. Tu n'as pas pris grand-chose de ma sœur, ta mère, à part ces larges hanches qui ont toujours caractérisé les femmes de notre famille.

Adélaïde écoutait ces mots doux comme un baume sur ses plaies invisibles et vivait ce moment comme si c'était le dernier! Elle se sentait renaître de ses cendres, comme s'elle flottait sur une sorte de nuage de tendresse infinie, bercée par cette voix chaleureuse de son oncle, cette voix qui était, par moment, entrecoupée d'énormes soupirs. Chaque mot résonnait dans ses oreilles comme une mélodie inédite qui lui rappelait les bons souvenirs de son enfance, vingt-cinq ans plus tôt! Elle était très fatiguée, son seul désir aurait été de dormir si elle avait pu, mais allait-elle vraiment dormir cette nuit? Cela n'avait pas l'air à ça! Elle avait fait un très long voyage, dans le temps et dans les avions, deux raisons suffisantes qui épuiseraient même un éléphant!

On se rappelle quand Lionel l'avait trouvée, elle était perdue dans une profonde méditation au milieu cette vallée hostile, Dieu sait comment tout ça aurait pu finir s'il n'y avait pas eu ce grand dérangement! En effet, si Lionel n'avait pas insisté pour voir la fameuse photo, les choses se seraient passées autrement, car Adélaïde venait de faire une rechute émotionnelle, des idées suicidaires lui étaient revenues. Tout laisse penser qu'elle aurait pu faire une bêtise, prendre une décision irréfléchie comme l'avait redouté son oncle dès qu'il l'avait aperçue. Cette rencontre insoupçonnable avait fait faire à Adélaïde un virage à 180°, elle n'était plus la même personne!

La présence de cet oncle providentiel lui avait procuré une sorte de rédemption qu'on ne peut pas qualifier. C'était un sentiment à la fois doux et bizarre, dont elle avait trop de peine à apprivoiser. Elle venait d'Amérique, ce pays lointain où elle avait grandi, élevée dans une famille richissime, mais Lionel ignorait encore tout d'elle. Elle ne manquait de rien en Amérique, sur le plan financier, pourtant elle était restée la même orpheline, aussi misérable que n'importe quel autre rescapé de génocide; elle avait des possibilités quasiment illimitées d'obtenir tout ce que son cœur pouvait désirer, mais les biens matériels n'avaient aucune importance à ses yeux. Sa famille adoptive lui était entièrement dévouée, prête à retourner la terre pour son bonheur, à lui faire oublier son passé, mais rien ne semblait l'intéresser. Le trou noir qui emplissait son âme faisait la loi sur sa vie.

Financièrement privilégiée, certes, mais l'essentiel pour être heureux lui manquait, « *la joie de vivre* »! Même son oncle qui parachutait dans sa vie comme une bénédiction spéciale ne pouvait pas suffire pour combler ce vide. La chaleur familiale est quelque chose d'unique pour toutes les créatures animales, *même végétale paraît-i;* on dit qu'elle serait plus attachante chez les peuples Africains, y compris les animaux sauvages des régions sub-sahariennes. Le lien familial est une nécessité qui n'a aucun substitut à l'épanouissement d'un individu au sein d'une collectivité, car son équilibre sentimental en dépend. C'est pour cela que le monde actuel coure à sa perte, qu'il finira dans l'autodestruction à cause de l'absence de ce réflexe d'interdépendance entre les hommes, surtout les peuples qui se disent modernes, donc plus civilisés.

Plus ils se détachent les uns des autres et méprisent les vraies valeurs de la création, plus ils font refroidir cette chaleur humaine. On a aujourd'hui plus d'individus perfides que d'hommes intègres, c'est pour cela que les génocides sont de plus en plus fréquents dans plusieurs régions de la planète. Les superpuissances se moquent du fameux *Never-Again des Nations-Unies;* il est resté une coquille vide depuis sa création, la paix des autres ne fait pas partie de leur équation. Pourtant, on sait que seule la valeur humaine détermine notre raison d'être, quelle que soit les avancées de la technologie industrielle moderne; on ne peut pas prétendre que la robotique dirigera le monde de demain, les secrets de la création divine resteront toujours supérieurs à ceux de la main de l'homme, même si leur sophistication ne cesse de nous étonner.

Nous sommes rendus au plus mauvais tournant de l'histoire de l'humanité. Si vous me demandiez pourquoi je dis ceci, vous auriez tout à fait raison. En effet, si cela était vrai, pourquoi diable y a-t-il en Afrique qui a moins de technologie, des gens censés être plus proches de l'homme d'hier se tuent plus souvent et pour rien? C'est une question qui vaut son pesant d'or, mais elle a une réponse qui surprend : je vous dirais, avec assurance, que les vrais motifs qui amènent ces Africains à s'entre-tuer viennent toujours d'ailleurs, en dehors de leur continent. En effet l'Afrique a tout perdu le jour où elle a accepté de troquer ses valeurs ancestrales contre des produits nouveaux, minables et dangereux, au nom de la civilisation qui n'est même pas encore été effective, deux siècles plus tard! Le diable est toujours dans les détails et c'est encore plus vrai dans ce cas de figure; on y reviendra plus tard si ce débat vous intéresse.

Certains chercheurs en sociologie des civilisations du monde disent que la solidité d'un amour familial dépend de tel ou tel autre facteur, mais il est bien plus complexe qu'ils ne le disent; la science n'a pas nécessairement des outils adéquats pour en mesurer la teneur. C'est quelque chose qui se sent, qui se vit, mais qui ne se mesure pas au laboratoire. Si l'on prend l'exemple du lien socioculturel rwandais, il avait traversé des siècles, il était quasiment indéfectible jusqu'à l'arrivée du colon belge; c'est pour cela que les architectes de génocides ont mis plusieurs dizaines d'années dans notre pays à vulgariser la haine; ils ont dû diviser ce peuple pour régner car ils avaient compris que le temps a toujours raison sur chaque chose; il suffit de savoir attendre, continuer à taper sur la tête du même clou, car on finit toujours par l'enfoncer!

Il paraît que cette affinité familiale exceptionnelle s'observe chez tous les habitants du continent noir, qu'elle encore plus forte chez les peuples *nilotiques* ; l'usage du mot *nilotique* est assez récent; il a été fabriqué de toutes pièces par les explorateurs occidentaux. C'est un stéréotype à connotation ethnique qu'ils ont inventé à leur arrivée dans la région des pays des Grands-Lacs, vers la fin du 19e siècle. Ils étaient abasourdis de trouver sur ce nouveau territoire une société bien organisée, selon leur propre constatation. Ils rapportaient avoir rencontré une civilisation différente des autres civilisations bantoues qu'ils avaient vues ailleurs, en Afrique de l'Ouest notamment. Ils ont précisé que qu'ils venaient de découvrir des hommes de type nilotique supérieur aux Bantu, qu'ils trouvaient même très proches des sociétés occidentales; tout ceci n'avait aucun sens, évidemment; ce n'était pas une erreur, ils le faisaient exprès.

Ce portrait rigolo schématisait le profil du Tutsi; ils savaient qu'ils venaient de concocter une bombe à retardement. Dès qu'ils se soient installés au Rwanda, ils ont continué sur ce ton, traitant les Hutu d'arriérés Bantu, et les Tutsi d'hommes modernes, nés pour régner sur ces sous-hommes. Plus frappant encore, d'autres chercheurs ont affirmé qu'on observe chez certaines espèces d'animaux sauvages de cette même région, la même profondeur de lien familial, qu'il est plus prononcé chez les grands oiseaux comme les grues-couronnées *(imisambi)* de la famille *Balearica*.

On sait que si on interrompait brutalement la relation de couple des grues-couronnées, elles qui vivent toujours en couple, elles se suicideraient en refusant de s'alimenter et mourraient de chagrin dans leur deuil! Ils se marient pour le meilleur et pour le pire, et non pour le confort comme les humains, en dépit des vœux solennels que nous prononçons lors de l'union conjugale. Ce ne sont pas que des grues-couronnées; même les éléphants du continent Africain de cette même région ont développé des aptitudes comportementales étonnantes, assez proches de celles de ces grands-oiseaux.

En effet, les éléphants vivent en grande famille comme tous les bons Africains; quand ils perdent un membre de leur famille, ils meurent même s'ils peuvent vivre assez vieux, et la mort les perturbe énormément. Ils se retrouvent ensemble pour faire leur deuil et restent très longtemps à côté du défunt pour le protéger contre les charognards, à défaut de pouvoir l'enterrer. Ils honorent sa mémoire dans le jeûne presque total. Après plusieurs jours de privation, ils recommencent à s'alimenter en prenant des tours de garde auprès de cette dépouille, jusqu'à sa décomposition complète. Ils restent là jusqu'à ce qu'ils voient les os du défunt blanchir au soleil avant de quitter ce lieu, qu'ils n'oublient jamais! Ils y reviennent chaque année pour se recueillir sur ses vieux os en reniflant son odeur! Même si le vent et le temps arrivaient à mélanger ses os avec ceux d'autres animaux, les éléphants ne peuvent pas les confondre, d'où l'expression *la mémoire d'éléphant!* Ceci démontre dans quelle mesure l'absence de confort familial ne peut jamais être remplacé par une aisance matérielle quelle que soit sa nature. C'est une valeur sûre et irremplaçable.

Dès lors, si un feu d'amour d'une telle intensité anime même les animaux de parc, quoi d'étonnant de voir ce qui se passait entre Lionel et sa nièce retrouvée? Il n'y a pas de doute que sa famille adoptive d'Amérique l'aimait, pourtant elle affirme n'avoir jamais vu cette flamme qui scintillait dans les yeux de Lionel au moment de leur rencontre; elle avoue que la dernière fois qu'elle avait vu ce feu d'amour, c'était dans les yeux de sa mère malgré les conditions dans lesquelles elle se trouvait, au moment où elles se sont séparées. C'est tout naturel pour ceux qui comprennent la force de l'alliance de sang, l'homme n'a pas été créé pour vivre seul mais en société. C'est triste de voir que cette affinité se perd tranquillement dans nos sociétés occidentalisées.

Je n'ai rien contre la civilisation mais quand on se la fait enfoncer dans la gorge à coup de fouet sans prendre en considération les valeurs intrinsèques propres l'espèce humaine concernée, on ouvre une porte aux chaos et drames humains qui se multiplient indéfiniment. C'est de cette manière que les Occidentaux ont piégé les Noirs-Africains. S'aligner au style de vie des autres au nom de la civilisation, qui n'en est même pas une, ne pouvait être qu'une source de calamités et de désastres, car il y a une grande marge de subjectivité entre un monde réel et ce nouveau monde qu'ils ont bâti sur un gros mensonge! N'essaye jamais de marcher comme ton voisin, vous risqueriez de vous casser le pied *(ingendo y'undi iravuga)*!

Adélaïde pleurait sans retenue tout en faisant d'énormes efforts pour négocier ce dangereux virage qui s'imposait, mais qu'elle ne pouvait pas se permettre de rater. Dans des conditions normales, elle aurait pu le prendre en douceur mais il s'est imposé sans à elle prévenir. Elle ne pouvait ni reculer ni repousser ce rendez-vous à plus tard, mais la côte à monter était raide et glissante. Elle n'avait de choix que de prendre résolument ce virage sans regarder en arrière. Tous les rescapés de génocide peuvent comprendre son état d'âme, car ils en savent quelque-chose, même si on n'en connaît très peu qui ont pu retrouver un membre de leur famille dans ces mêmes circonstances. Le cas d'Adélaïde est rarissime, mais malgré tout ils comprendraient l'intensité de ce feu qui la brûlait.

Elle atterrissait les pieds joints dans un monde dont elle ignorait absolument tout, même si le Rwanda est le pays de son enfance.

Elle avait passé la quasi-totalité de sa vie aux États-Unis, ce pays qui l'avait adoptée mais qui n'a rien en commun avec ses origines; elle aimait bien ce pays mais se sentait chaque jour plus étrangère, une situation plutôt frustrante et difficile à vivre. Dans le meilleur des mondes, il lui aurait fallu du temps, beaucoup de temps de transition pour se préparer au choc émotionnel, mais son destin en avait décidé autrement. Son oncle n'en était pas moins ébranlé malgré son ego *d'homme Noir-Africain,* mais ce n'était pas le moment de jouer au snobe.

Lionel pleurait alors qu'il n'en avait pas le droit, il n'avait pas pu à résister. Retrouver l'enfant de sa sœur dans cette vallée était un événement terrifiant, personne n'aurait pu être préparé à faire ce genre de rencontre; il avait hâte d'arriver chez-lui pour annoncer la nouvelle à sa femme, il avait surtout d'envie d'en savoir plus sur Adélaïde elle-même, et sa mère; il n'avait pas encore eu la chance de lui poser toutes les questions qui lui brûlaient la langue depuis qu'ils l'avait vue.

Ils avaient tant de choses à se dire, entre autres, comment elle avait fait pour survivre, seule à son âge en 1994, comment elle avait réussi à traverser les barrières de la mort et où était-elle allée depuis toutes ces années. Plus encore, il voulait lui demander pourquoi elle était revenue directement à cet endroit, au milieu des animaux sauvages.

Dépêche-toi, Adélaïde, on rentre; il faut que j'annonce la nouvelle à tout le monde!

De quel monde parles-tu, Lionel? Te reste-t-il du monde ici?

Bien sûr; qu'est-ce que tu crois! J'ai un monde à moi que je me suis créé! Tu croyais que je vivais isolé dans les branches d'un arbre, comme le pensent certains Occidentaux qui n'ont encore rien compris du continent noir? Il y en a encore aujourd'hui qui s'imaginent que les Noirs vivent dans la forêt, qu'ils sont des peuplades archaïques dégénérées qui vivent de la cueillette et la chasse. Mes collègues de classe me posaient ce genre de question. Est-ce l'ignorance ou le mépris? Je l'ignore, mais je sais que cela n'a rien d'intelligent. Ils ne cessent de nous rabattre les oreilles avec toutes sortes de discours, mais la civilisation ne peut pas être synonyme de la longueur de routes bitumées ni la hauteur de gratte-ciels gigantesques.

Pour répondre à ta question, oui je me suis recréé une vie dans une union de mariage. Je peux t'affirmer que notre couple, *Denise et moi,* a été doublement béni; nous avons un fils de trois ans et nous attendons sa sœur; c'est ça que j'appelle mon monde. Denise est une rescapée comme toi, elle est à peu près de ton âge. Sa famille a été décimée comme la tienne, sans moi elle serait seule au monde. Nous nous aimons beaucoup, non pas seulement comme mari et femme mais comme frère et sœur. Ce n'est pas facile d'expliquer le sentiment qui nous unit mais il ressemble à ça. Quand je la regarde comme ma sœur, je revois la face de ta mère, ma grande sœur que j'aimais, pourtant elles ne se ressemblent même pas. Mais quand vient le temps de la regarder comme ma femme, elle devient ma femme, c'est comme ça qu'on s'aime, cela ne changera jamais.

II

DIFFICILE À CROIRE MAIS BEAU À VOIR

Tout a changé dans ce pays; la vie au Rwanda n'est plus la même! Je ne parle pas de changements en technologies ni de progrès en infrastructures même si tu verras encore d'autres buildings modernes ainsi que d'autres routes de goudron qui se tordent à l'infini; je parle des changements au niveau des gens! Nous sommes fiers de notre gouvernement et des progrès qu'il a réalisés en si peu de temps, qui sont spectaculaires, je parle des blessures qui nous rongent en silence, elles sont profondes et douloureuses, même si on n'en parle pas assez souvent, mais c'est mieux ainsi, car il ne sert à rien de s'accrocher sur le passé; j'ose le croire!

Ne plus voir les gens qu'on aimait, qu'on admirait, qu'on côtoyait chaque jour à chaque coin de rue et savoir qu'on ne les verra plus jamais, c'est dur...! Ironie du sort, on côtoie plutôt ces individus qui nous font encore peur, qui nous craignent uniquement par ce qu'ils savent que les agents de la paix ne sont jamais loin, sinon la grande majorité de ceux-là n'ont pas renoncé à la haine qu'ils ont toujours eue contre les Tutsi. On les accepte tant qu'ils nous respectent, on n'a pas de choix que de vivre ensemble, mais on espère qu'ils changeront avec le temps, pourvu qu'ils comprennent qu'ils doivent avoir peur de la loi et ranger la machette, car le temps de l'impunité est révolu.

L'esprit génocidaire planera encore longtemps sur ce pays *(ingenga-bitekerezo)*; on le sent, on le vit, mais il n'y a rien de surprenant; c'est trop tôt de penser qu'il n'y a plus d'extrémistes, même s'ils savent que la loi et l'ordre règnent. La culture et l'entretien de la haine ont duré plus de trois quarts de siècle dans ce pays, leurs racines sont très profondes, il n'y aurait pas de magie qui ramènerait ce peuple à la cohabitation harmonieuse comme avant, sans y mettre le temps et la force de résilience. Quiconque aimerait me contredire sur ce point n'a qu'à écouter ces gens chaque fois qu'on on leur tend un micro, même ici à l'intérieur du pays. Ils reprennent aussitôt le poil de la bête...

Un contentieux de ce genre ne se règle pas en quelques années. Nos dirigeants ont raison quand ils disent que nous n'avons aucune obligation de nous aimer d'amour, mais que le devoir de nous respecter est non-négociable! C'est peut-être trop idéaliste sur le continent africain, mais il faut y croire, c'est une question de vie ou de mort! Le mode de vie typique au peuple africain, aux Rwandais en particulier, laisse peu de place à l'individualisme, on est fait pour vivre les uns pour les autres et avec les autres. Le contraire s'applique aisément en Occident où ils ont moins besoin de connaître son voisin, ce qui était impensable ici, mais je suis convaincue que c'est une illusion même là-bas. En Occident, les gens vivent côte à côte sans jamais se parler, sans même se dire bonjour, même s'ils habitaient dans le même building. Cette mentalité n'est pas pour nous, Africains, mais elle s'installe tranquillement et c'est dommage. Ce qui n'était pas faisable hier l'est aujourd'hui, chaque génération apporte sa petite touche au mode de vie. C'est pour cela que notre pays avance dans son temps et avec le temps, nos dirigeants sont résolument tournés vers l'avenir.

On ne comprend pas toujours tout de suite ce que nous dit notre Chef d'État, mais on ne tarde pas à réaliser qu'il a raison, dans plupart des décisions qu'il prend au nom de la nation. Beaucoup de criminels de génocide sont libres et cela t'étonne; je ne dis pas qu'ils ne devraient pas l'être, mais quand il s'agit de penser à la cohabitation rapprochée et l'affinité symbiotique comme avant, ce n'est pas pour demain. On s'on s'observe, on s'examine, on finit toujours par se tolérer, et ça s'arrête là. Que nous faut-il de plus ? C'est toute une rééducation mais il faudra qu'on y arrive pour donner une chance aux générations futures. On n'a pas beaucoup de marge de manœuvre mais on peut être fiers que plus de 50% du chemin dans cette voie ont été franchis; nous étions tous sceptiques, mais on comprend maintenant que c'était possible, qu'il ne suffisait que de pratiquer; entre deux maux il faut choisir le moindre.

Mon cher oncle, tu as dit tout à l'heure, qu'on libérait ces criminels sur base de quelques aveux, qu'il leur suffisait de reconnaître leur tort pour être libre ? Comment pouvez-vous considérer un crime de génocide comme tout autre crime ? Quelle est cette clémence qui favorise l'impunité d'un crime comme celui-là ? Je n'y comprends absolument rien.

Je te l'avais pourtant bien expliqué, on n'avait pas le choix! Je te conseille de bien réfléchir, car tu es dans un contexte que tu ne maîtrises pas; les étrangers, *comme toi,* ne comprennent pas toujours tout de suite comment nous rebâtissons notre vie dans ce pays, ils n'ont pas même pas besoin de le savoir, du moment que cela nous convient. Vous ne comprenez pas parce que vous n'avez pas été exposés aux réalités qui sont les nôtres. Repose-toi d'abord, nous nous organiserons pour trouver le temps d'en discuter davantage pour que tu y voies un peu plus clair.

Il y a une chose que tu devrais te mettre en tête et c'est dans ton intérêt. Si ces individus qui te posent problème n'avaient pas été lavés de leur péché mortel, s'ils n'avaient pas été libérés presque sans conditions malgré leur cruauté, ce beau pays serait encore aujourd'hui en feu et en sang, et votre compréhension serait encore moins satisfaite. Pire encore, pendant que les Rwandais seraient en conflits de représailles, ces régiments déchus en auraient profité pour se réorganiser et continuer leur basse besogne inachevée. Saviez-vous que malgré la rigueur de la loi, on en voit encore qui oublient vite, qui osent adhérer aux sombres causes de négationnistes et tous ceux qui veulent du mal à notre peuple ? Crois-moi ce pays saurait aujourd'hui un enfer sur terre, si on avait maintenu autant de prisonniers dans leur trou.

Sur base de toutes ces décisions politiques de notre pays, les détracteurs du régime de Kigali disent n'importe quoi; ils disent, entre-autre, que le leadership de ce pays est entre les mains d'une poignée de Tutsi qui ont infligé une défaite à l'empire hutu, ce qui n'a aucune part de vérité. Si cela avait été le cas, si le pouvoir avait été réellement entre les mains des Tutsi, je pourrais vous garantir qu'il ne resterait plus grand-monde des hutu sur ce territoire, après ce qu'ils ont fait contre les Tutsi. Rien ni personne n'aurait pu les empêcher de venger leurs familles. Ils en avaient les moyens et de bonnes raisons de le faire, mais l'esprit patriotique ne voit pas la solution dans la vengeance. Parmi les plus grands objectifs du FPR, la vengeance n'a jamais figuré sur cette liste. Libérer tout ce peuple opprimé était le seul objectif, et on sait qu'il n'existe pas de peuple tutsi ni hutu, mais le peuple Rwandais comme un tout.

Le nouveau régime a privilégié la pacification nationale dès qu'il a pris les rênes du pouvoir, plutôt que de perpétuer la haine entre les groupes sociaux, cette haine dont ils avaient été victimes eux-mêmes depuis les années 60's. Qu'on le veuille ou non, c'est un cas rare dans l'histoire des révolutions ou de guerres de libération. Par définition, les rebelles sont des hors-la-loi. Ne pas avoir cherché à se venger sur leurs ennemis quand ils étaient victorieux, ça ne s'était jamais vu dans l'histoire des conflits de ce genre. Généralement des armées victorieuses raflent tout ce qu'elles trouvent sur leur chemin, mais le FPR a fait les choses différemment.

Soyez civilisés et laissez de côté des cas de déboire ou d'indiscipline qui ne pouvaient pas manquer, mais force est d'admettre que la gestion de cette victoire a été exemplaire, tout le crédit va au leadership du Président Kagame; sa rigueur a été payante, on cueille aujourd'hui les fruits de son orientation politique. Pour la première fois dans l'histoire du Rwanda indépendant, le régime en place met en avant les intérêts du peuple au lieu de focaliser sur des individus ou des régions. Notre génération et celles qui ont précédé ont été sacrifiées à plusieurs égards ; on ne peut pas changer le passé mais l'avenir est prometteur, tant mieux si nos enfants et leurs enfants en sont les plus grands bénéficiaires. L'éducation est la seule formule gagnante pour donner une chance à la paix à ceux qui auront demain ce pays en héritage.

Ils grandissent aujourd'hui dans une atmosphère différente de la nôtre, tout laisse penser qu'ils sont prêts à combattre toute source d'intoxication haineuse quelle que serait sa forme. C'est un projet de société gagnant, c'est ça qui arrive à notre peuple et c'est dommage que les mauvais perdants ne le voient pas de la même manière. Si le FPR avait focalisé sur une vengeance aveugle et inutile, le désordre serait total et les dégâts encore plus lourds. L'histoire ne nous dit pas un seul pays au monde qui a pu rebondir après une dislocation sociale d'une telle ampleur, en si peu de temps, même pas le Japon qui avait fait parler le monde après la deuxième grande guerre. Pourquoi ce phénomène si rare a été possible chez-nous? Est-ce parce que les Rwandais soient un peuple plus résilient que les autres, ou parce qu'ils ont eu la chance d'avoir des dirigeant qu'il leur fallait, au bon moment? La rage et la colère laissent peu d'espace au raisonnement rationnel quand on est offensé, donc ces rebelles armés jusqu'aux dents et ces rescapés sévèrement stigmatisés par ce qu'ils ont vécu auraient été dehors de tout contrôle si le leadership avait été faible. Ceux qui pensent le contraire ont leur propre façon de voir les choses, ou d'autres ambitions.

À cause de la peine et des angoisses, beaucoup de gens ont mis du temps à comprendre l'orientation politique du Président Kagame. Rares sont les gens qui pouvaient comprendre pourquoi il faisait taire tous ceux qui essayaient de faire la promotion de vengeance après ce chaos. Ce n'était pas une mince affaire, les changements aussi rapides sont toujours difficiles à gérer, que ce soit en Afrique ou en Occident. Les dirigeants comme ceux et celles que nous avons ici au Rwanda sont rares de nos jours, et croyez-moi, mon intention n'est pas de vanter leurs mérites, c'est une vérité qui crève les yeux. Tu auras l'occasion de le vérifier toi-même sur terrain, dès que tu pourras visiter et parler aux gens de diverses couches de notre nouvelle société.

Il nous fallait des dirigeants qui détachent les yeux de leur propre personne, qui voient loin et donnent une chance de rebondir à cette nation meurtrie. Je te le dis comme ça, mais tu le vérifieras sur terrain, dans chaque coin de ce pays. Quand on fera le tour de la ville ensemble, tu seras fière de ce que tu verras. Tu étais trop jeune à l'époque pour faire la comparaison, mais comparer le Rwanda d'hier à aujourd'hui serait comparer le jour et la nuit. Nous sommes désormais un peuple fier et optimiste, notre destin reprend progressivement sa forme d'origine, plus rien ne pourra ralentir notre détermination si nous continuons sur cette lancée.

Ceux qui avivent des critiques déplacées, qui passent leur temps à dire n'importe quoi ou qui ne nous aiment que quand nous sommes en conflits *(ba rusahurira mu nduru)* ne sont pas contents de ce qu'ils voient, étant donné qu'ils ne peuvent plus nous imposer leur loi. Les Rwandais ont passé l'étape de se laisser endormir par des discours vides des faux dévots qu'on applaudissait à tout rompre, même quand ils n'avaient rien à offrir au peuple. Contrairement au continent Européen, fatigué et épuisé, l'Afrique est en friches et les naissances en boom, ce qui n'est pas si mal, contrairement à ce qu'on dit... et cela nous met en danger. En effet, les Occidentaux n'accepteront pas de mourir de misère; ils plongeront notre continent en d'autres guerres fratricides pour l'annexer. Pour éviter que cela nous arrive demain, l'Afrique se réveille dès aujourd'hui ou elle meurt! C'est ça la force du Président Rwandais, il est loin en avance sur son temps... Ces pays qui se disent du nord ont joué leur plus mauvaise carte en dénigrant la façon dont notre pays s'est pris en charge, sans ressources, face à des crimes sans nom, et se retrouver grâce aux procès coutumiers de Gacaca.

On s'entend, cette forme de juridiction ne correspond en rien aux normes occidentales, pourtant elle a fait ses preuves, selon nos vraies valeurs. À l'origine, cette forme de justice n'avait pas été conçue pour juger le crime, mais pour ramener les gens à vivre ensemble, comme avant, quelle que soit la situation et le crime commis, puisqu'on ne change pas le passé. Il était crucial de revisiter cette méthodologie pour stimuler la moindre chance de réconciliation. Il était impératif de raccommoder, d'abord et avant tout, le tissu social du peuple rwandais que le colon avait déchiré, seuls les procès *gacaca* pouvait être à la hauteur de cet immense projet de société; aucune autre forme de juridiction n'aurait atteint des résultats qu'on connaît, quand bien même cela n'était pas facile pour les victimes de cruautés génocidaires.

Cependant, gacaca s'occupait d'une certaine catégorie de présumés coupables, généralement de petites gens de la masse populaire qui avaient aveuglement suivi les ordres criminels des dirigeants, ou le flux de la masse criminalisée, qui avançaient comme des moutons de Panurge. Gacaca n'a pas traité le cas des grands coupables, ils suivaient le processus de la justice moderne. On sait à quel point celle-ci a connu des ratés de procédure, à Arusha, des ratés volontaires...! Devant l'efficacité de notre méthodologie locale risquée, même les juristes les plus obstinés ont fini par déchanter, et applaudir notre façon de faire. Pour mieux comprendre, il suffisait de regarder loin devant et non aujourd'hui; l'objectif de gacaca est de voir l'avenir et non le présent, détacher notre regard de nous-même, entre les deux le choix est très clair, non? Je te le dis, chère Adélaïde, si tu restes un peu plus longtemps dans ce pays, tu auras l'occasion d'en évaluer les résultats, toi-même. C'est hallucinant ce qu'on est arrivé à faire en moins d'une génération dans ce pays, au lendemain d'une telle dévastation!

Gacaca a été l'un des outils efficaces que le gouvernement a sagement utilisés pour atteindre son grand rêve de rebâtir l'harmonie de notre société, ou que tu as connais éventuellement via l'internet. Le fossé qui séparait les Hutu des Tutsi était très profond, mais il se rétrécit chaque jour. Au lendemain du génocide, la sécurité nationale était hautement menacée; au lieu de focaliser sur les urgences, comme l'enterrement des morts qui jonchaient les rues, les montagnes et les vallées, le gouvernement aurait passé le plus clair de son temps à se battre contre ses déstabilisateurs, que de s'occuper de l'essentiel. Sans les procédures gacaca qui ont apporté certaines réponses, inattendues aux yeux du monde, il y auraient encore aujourd'hui des violences sans fin, mais le pays est en paix; n'est-ce pas extraordinaire?

Ce n'était probablement pas ça la réponse que tu attendais de moi; comme tous les étrangers, *(je te considère comme un étranger aussi)*, je m'attends à ce que tu dénigres notre méthode de justice, les étrangers à notre culture arrivent rarement à comprendre notre façon de faire, car ils nous regardent à travers un prisme déformant. Ils pensent que notre méthode est archaïque, sans même prendre le temps d'en évaluer les avantages et les inconvénients. Je te dis qu'il n'y a aucun pays au monde qui aurait jugé autant de présumés coupables, commis dans les faits ou par association. Ils sont si nombreux. Le repentir, le pardon et la clémence étaient les seuls outils disponibles pour faire ce travail, c'est ça notre la force de notre culture. Même si vous étiez un justicier unique en votre genre, vous ne fusilleriez quand même pas tous les Hutu du Rwanda, du petit au vieillard, car ils majoritairement coupables de ce crime!

Au début, je pensais comme toi et je n'étais pas le seul. Je trouvais qu'une libération aussi simpliste de ces grands criminels était un mépris délibéré vis-à-vis des rescapés. J'étais déçu, et je ne te cacherais pas que cela me révoltait énormément de voir ces dangereux individus se balader en toute liberté après avoir fait ce qu'ils ont fait à nos familles. J'ai fini par me ranger du côté de la réalité. Aujourd'hui, à part l'appréhension permanente de vivre côte à côte avec ceux qui nous ont tués, nous avons la paix dont nous ne pouvions même pas rêver. La paix est tellement partout, dans tous les coins du pays, qu'elle fait peur…! Évidemment il y a toujours l'autre face de la médaille, tu t'en doutais… : oublie l'éventualité de rencontrer un Tutsi de ton âge qui ne soit pas venu de l'étranger, comme toi. Tu ne verras ni famille ni autre parenté que moi, même pas un ancien voisin ou une copine d'enfance que tu aurais connue à l'école, avant 1994. Ils ont tous péri; même les Hutu que tu aurais pu reconnaître ne sont plus là.

S'ils ne sont pas morts *(de toutes sortes de morts)*, ils ont quitté le pays par peur de représailles, conscients de leur participation aux cruautés génocidaires. D'autres, peu nombreux, ceux-là, par rapport à ceux qui devaient y être, sont en détention. Tu ne verras rien de comparable au pays que tu as quitté, il y a vingt-six ans, même si tu n'étais qu'une petite fille. Tout cela est derrière nous, à présent, mais on n'oublie jamais le génocide, jamais! Les changements sont graduels et constants. On voit des efforts soutenus à tous les niveaux de notre quotidien depuis le dernier quart de siècle, et les résultats sont spectaculaires; on parle même de miracle rwandais. Je m'excuse de t'avoir amenée sur ce terrain glissant juste à ton arrivée, mais il fallait que je te prévienne de ce qui t'attend. Le choc sera immense quand tu découvriras tout ce que je te dis, toi-même. Dès qu'on arrive à la maison, tu vas te reposer, mais dès demain, tu vas me faire le plaisir de me parler de toi, de ta famille, de tout; je veux vraiment tout savoir. Pour l'instant, il faut que je m'occupe de mes animaux; ils sont nerveux car leur routine a changé. Ce n'était pas par négligence que je les ai ignorés, elles comprendraient cela, mais ce sont des bêtes, justement!

Je me sens tellement bien que je ne sais plus quoi faire avec elles. Je n'arrive même pas à me concentrer, et elles risquent de faire des dégâts aux plantations des voisins, ce qui me mettrait en conflits avec des fermiers du coin.

III

J'AI VOMI LE QUART DU VÉNIN QUI EMPOISONNAIT MA VIE

Arrivés à la ferme, Lionel eut barricadé son étable qu'il invita Adélaïde à entrer dans la maison; sa femme ne l'attendait pas au salon comme d'habitude. Il l'appela avec insistance pour qu'elle vienne à la rencontre de la grande surprise de sa vie. Denise arriva, effrayée, elle n'avait pas l'habitude d'entendre son mari hurler de cette façon, comme s'il y avait le feu dans la maison!

Bonsoir Denise, dit-il calmement en la voyant arriver; regardes attentivement cette personne, je te mets au défi de deviner qui c'est... Denise s'avança vers Adélaïde. Comme cela avait été le cas pour son mari plus tôt dans la journée, elle fut impressionnée par la beauté de cette jeune femme! Elle la dévisagea de haut en bas avec profonde curiosité avant de lui sauter dans les bras, lui faire un câlin, une chaleureuse accolade comme seuls les Rwandais savent le faire *(kugwa munda)*! Elle recula, l'observa de nouveau mais finit par avouer qu'elle ne la connaissait pas du tout.

T'es sûre? Regardes bien; c'est Adélaïde.

Adélaïde... Adélaïde qui? Est-ce qu'on se connaît?

Adélaïde, ma nièce, la fille de Margo et Claver dont je te parle depuis le génocide; elle n'est pas morte comme on nous le faisait croire. Moi, j'avais toujours refusé d'accepter ce verdict, tu te rappelles. Je m'étais toujours dit qu'un miracle se produirait, que j'aurai de ses nouvelles, bonnes ou mauvaises, et le voilà mon miracle!

Seigneur, je te rends grâce! Adélaïde regardait la femme de son oncle et s'efforçait de sourire pour contenir ses larmes. C'était un moment extrêmement émouvant pour Denise aussi, qui savait que son mari n'avait jamais cessé de parler d'Adélaïde et sa mère, qu'il n'avait jamais voulu croire aux histoires que racontaient les miliciens au sujet de la famille de son beau-frère, Claver. C'était tout un événement...

Ye-ba-ba-weee! Mana y'i Rwanda Urakoze kubitangaza Udukoreye (ô... *Seigneur, ô Dieu du Rwanda, merci pour ton miracle*)! Elle explosa en sanglots et se jeta de nouveau dans les bras d'Adélaïde. Elle était tellement émue qu'elle tremblait de tout son corps et pleurait à chaudes larmes. Denise était enceinte de huit mois et les après-midis étaient particulièrement difficiles pour elle. Elle se laissa échoir dans le sofa sans quitter Adélaïde des yeux.

Le temps de laisser passer les émotions, son mari lui demanda gentiment si elle avait eu la force de préparer quelque chose à manger.

Oui, bien sûr; nous pouvons passer à table, nous continuerons cette extraordinaire conversation pendant que nous mangeons, vous devez avoir faim.

C'est une bonne idée, en effet, dit Lionel. Adélaïde te dira elle-même comment nous nous sommes rencontrés, cet après-midi. C'est difficile, voire impossible decroire ce qui nous arrive! Oh Seigneur, quels moments! Avant de commencer le souper, Lionel prit l'initiative de dire la prière de bénédiction de ce repas; il exigea qu'on se tienne la main afin de rendre grâce au Seigneur pour ses bienfaits. Il la dirigea merveilleusement bien, à la grande surprise de sa femme qui ne l'avait jamais entendu prier, pas une seule fois avant cette nuit-là! Il avait dit des mots si émouvants que les deux femmes pleuraient. Quand il dit enfin, *Amen*, ce mot magique qui marque la fin d'une prière, tout n'était pas fini...; à son tour, Adélaïde craqua et entonna une chanson, la louange de la Vierge-Marie qu'aimait chanter sa mère.

Elle pleurait et chantait si fort qu'elle entraîna tout le monde dans ses lamentations; elle n'arrivait pas à se calmer pour que le souper puisse commencer. Comme personne ne pouvait l'interrompre, on la laissa continuer dans cette exaltation qui semblait faire leur affaire aussi. Après un bon trois-quarts d'heure d'incantation et de remerciements au Seigneur, Lionel prit la parole et expliqua à Denise sa mystérieuse rencontre avec Adélaïde dans la vallée où il faisait paître ses vaches. Après avoir écouté attentivement son mari, Denise s'enquit :

Mais dis-moi, Lionel; comment pouvais-tu savoir que tu reverras Adélaïde? Ce ne peut être une coïncidence, tu en savais quelquechose car tu n'avais pas cessé de me faire croire que ta nièce et sa mère n'étaient pas mortes, que tu les reverras. Qui te faisait croire ça?

Elle connaissait vaguement l'histoire tragique de la famille Ngabo; ce n'était pas la seule histoire malheureuse, beaucoup d'autres familles avaient péri dans les mêmes conditions, mais celle-là avait profondément marqué Lionel. Denise savait que son mari n'avait pas arrêté les recherches des restes de sa sœur et sa nièce, il espérait, contre toute attente, qu'il les retrouvera, mortes ou vivantes. Elle était si bouleversée qu'elle avait ignoré son bébé qui n'avait pas cessé de pleurer depuis ce retour délirant d'Adélaïde. Elle prit une petite pause pour aller le chercher, et revint au salon avec lui; elle ne voulait rien manquer de ce délire. Elle déposa le bébé sur les genoux de son père et retourna se coller à l'épaule d'Adélaïde qui s'étouffait dans ses sanglots. Lionel pleurait aussi, mais un peu plus discrètement; il avait été chanceux de rencontrer sa nièce dans le désert de la vallée, ceci lui avait évité de faire un scandale en pleurant devant tout le monde, devant sa femme en particulier.

Son rang de chef de famille ne lui permettait pas de se comporter ainsi, quand bien même la tradition n'avait pas prévu qu'il y aurait un génocide. Ils ont fini par quitter la salle à manger sans toucher au souper, plus personne n'avait d'appétit. Lionel avait encore son fils dans ses bras et ne l'entendait même pas pleurer; personne faisait aucun effort pour consoler ce pauvre bébé. Denise ne voulait pas le reprendre, c'était elle qu'il continuait, mais elle avait la tête ailleurs.

Après avoir réuni tout son courage et séché ses larmes, Lionel prit solennellement la parole et dit à haute voix : chère Adélaïde, que le Seigneur soit béni pour le miracle de ce soir; sois la bienvenue dans notre humble demeure, mais je te dis que ma vie commence aujourd'hui. Notre Dieu vient de nous prouver encore une fois qu'Il Bon, et qu'Il répond encore aux prières de ceux qu'Il aime, dans son temps! Maintenant il faut que je te révèle un secret que je porte dans mon cœur depuis l'époque du génocide des Tutsi; je l'avais jalousement gardé un espoir insensé, mais qui ne voulait pas mourir depuis tout ce temps. Quelque-chose me disait que je vous reverrai. J'ignore ce qui me poussait à ne pas croire en votre mort, mais je n'avais jamais, pas un seul instant, cru ce que nous disaient les miliciens, supposément repentis! Le temps passait, imperturbable, certaines gens se moquaient de moi, mais je ne voulais pas lâcher.

Comme Denise vient de le mentionner, ce sentiment a toujours été plus fort que moi; quelque-chose me poussait à ne pas perdre l'espoir, que quelqu'un ou quelque-chose, *un voyageur solitaire, une lettre à la poste, un oiseau migrateur, le vent peut-être ou même une bouteille à la mer,* quelque-chose devait m'apporter de vos nouvelles... C'était un peu fou, j'avoue, mais j'attendais ce moment avec assurance. Il m'arrivait parfois de me décourager à cause de la longueur du temps qui m'exaspérait, surtout que mon attitude rendait inconfortable tous mes proches, Denise en premier. Tout le monde autour de moi était malheureux à cause de ça, car ils n'arrivaient plus à supporter mon entêtement, difficile à justifier; ils pensaient tous, sans exception, que je perdais la raison *(guhahamuka)*!

N'est-ce pas Denise? Ils pouvaient penser ce qu'ils voulaient, j'étais indifférent à leur opinion; il n'y avait rien qu'ils pouvaient faire pour que j'arrête de penser à ma sœur et toi, chère Adélaïde! Il m'arrivait parfois de ne plus y croire, de me laisser convaincre que c'était fou, que vous étiez disparues sans laisser de traces comme beaucoup d'autres, mais je n'arrivais pas à m'y faire; je savais que c'était insensé de m'accrocher à un tel rêve, mais je peux encore affirmer que notre Dieu aura toujours le dernier mot. Qui a dit que le temps des miracles était fini? Il n'est pas fini; Dieu existe et fait encore des miracles comme au temps d'Abraham, personne ne peut me dire le contraire maintenant.

Fatigué, le bébé s'était calmé, comme si lui-aussi avait décidé de faire partie de cette extraordinaire révélation de son père. Ces deux femmes n'avaient pas fait de commentaires; elles écoutaient passionnément ce puissant sermon de Lionel qui s'était subitement transformé en sage prédicateur. Son vigoureux témoignage fut suivi d'un long silence, qu'on aurait entendu une mouche voler. Denise avait l'air épuisé mais ne voulait pas s'éloigner d'Adélaïde qui, elle-aussi, était dévastée devant tous ces aveux.

Denise se rappela qu'elle avait même oublié d'offrir quelque-chose à boire à Adélaïde, jusqu'à ce qu'elle réclame, elle-même, un verre d'eau. Ceci aurait été impardonnable selon la tradition rwandaise, mais plus rien ne se passait normalement, ce soir-là! Ne pas offrir à boire au visiteur est irrespectueux, dans notre culture; on offre toujours et tout de suite ce qu'on a sous la main au visiteur *(kuzimana)*, sans même demander ce qu'il (elle) veut prendre. Ausi, il serait mal vu de refuser une telle offre *(amazimano)*, qui pouvait aller de la proposition d'une tasse de thé, une coupe de lait, une bouteille d'alcool et du tabac, pour ceux et celles qui fument, mais l'eau plate n'était jamais proposée *(même pas sur une demande persistante)*!

Personne ne semblait avoir l'intention d'aller se coucher, mais Lionel avait fini par dire qu'il était fatigué; il le disait exprès pour motiver ces femmes à faire de même, mais son plan avait raté... Pour la nième fois il supplia Denise de reprendre le bébé, une autre astuce de les persuader de s'arrêter là pour continuer le lendemain, mais cela n'avait pas fonctionnés non plus. Il s'inquiétait surtout pour Adélaïde qui devait souffrir du décalage après un si long voyage. Il insista en leur disant qu'il était essentiel de prendre du repos pour se remettre d'aplomb, que le lendemain serait un nouveau jour, qu'ils auront le temps de tout se dire, mais elles ne voulaient rien écouter.

Moi-aussi j'ai d'envie d'en savoir plus sur ce que tu as fait pendant toutes ces années d'absence, comment tu as échappé aux machettes en avril 1994, mais je trouve qu'il est plus sage de nous reposer. Quand j'avais entendu les témoignages sur la mort de ton père et tes frères, j'ai du mal à imaginer comment tu avais fait, toi toute seule, après la mort de tous les tiens.

Adélaïde était très émue, troublée par tant d'événements inattendus qui se succédaient dans sa vie à cette vitesse, en une journée. C'était comme s'elle sentait se dissoudre tout le venin qui était enfoui dans son corps depuis si longtemps; elle sentait ce venin remonter dans sa gorge et l'étouffait; il fallait le vomir, le temps était propice ! Ce fut justement au moment où son oncle prétendait vouloir aller dormir, qu'Adélaïdeéclata en sanglots, et tout était à recommencer. Ils n'auraient pas osé l'interrompre ni la laisser seule, ils ont tour à tour, essayé de la convaincre d'aller au lit, en vain! Denise n'arrivait pas à s'habituer à ce retour mystérieux; pour elle, Adélaïde était une revenante! Elle pleurait et marmonnait des prières de gratitude à Dieu qui avait protégé et ramené cet enfant dans leur vie. Perplexe, Lionel avait abandonné l'idée d'aller dormir, de toute façon il n'aurait pas eu de sommeil avec ces femmes qui n'arrêtaient pas de pleurer.

Adélaïde se rendit à la salle de bain, se rafraîchit le visage et revint au salon. Sans prévenir ni crier gare, elle se mit à parler de son aventure : cher Lionel, tu disais que j'ai l'air fatigué, que je devrais aller me reposer mais ce n'est pas important pour moi de dormir cette nuit; je dirais même que je ne me suis jamais sentie aussi reposée qu'aujourd'hui depuis les vingt-cinq dernières années. Si vous n'êtes pas trop fatigués, vous, je vous demande de me laisser vous raconter ma mésaventure dès maintenant, et on continuera demain et la semaine prochaine, ce n'est pas une histoire qui se raconte en une nuit. Et d'ailleurs, pourquoi devrions-nous attendre demain? Qui vous dit qu'il y aura *un demain*, comme me disait souvent mon ami Sylvain?

À travers ma misère, j'ai appris à vivre au présent, me contenter sans me plaindre de ce que me donne cette portion du temps. J'ai toujours vécu un jour à la fois grâce à la générosité du Maître des temps, Dieu! Sans vous forcer la main ni vous manquer respect, je n'ai ni la patience ni le courage d'attendre demain, sans vous parler de moi, tant qu'on y est. «*On est ensemble...*» depuis quelques heures mais vous ne savez pas encore qui je suis, pas la personne que je suis devenue. Je ne suis pas capable de remettre à plus tard cette occasion rare de vider mon cœur, vous parler de mes péripéties, même si j'ignore par où commencer... Peu importe par quel bout je commencerais mon histoire, que ce soit à l'endroit ou à l'envers, c'est du pareil au même dans mon cas; ce qui est important est de me libérer de ce fardeau que je n'ai porté que trop longtemps.

Quand elle entendit ces mots, Denise s'empressa d'aller coucher le bébé qui s'était endormi dans ses bras, et revint en courant; elle ne voulait rien manquer de cette histoire tragique, qui risquait sûrement de raviver la sienne.

Tu es sûre que tu ne peux pas attendre que tu sois reposée, s'enquit encore Lionel, tout anxieux. Je te fais remarquer que tu n'as même pas mangé depuis hier; c'est quand même inadmissible ce qui se passe en ce moment! J'ignore combien de fois je devrais vous le répéter, mais il serait plus sage d'attendre demain.

Écoutez-moi bien, chers amis : je ne m'attendais pas à vivre un moment comme celui-ci; ce ne sont donc pas quelques heures de sommeil manqué qui m'empêcheraient de le vivre pleinement. Si vous m'aviez attentivement écoutée, vous comprendriez que ce moment est très précieux pour moi, qu'il faut en profiter maintenant ou jamais. De toute façon nous aurons tout le temps de dormir plus tard, à moins que vous ne soyez prêts à me donner cette chance ce soir. C'est une occasion qui n'arrive pas deux fois dans une vie, il faut la saisir au bond, dès qu'elle se présente. Comment pourrais-je m'empêcher de vous parler de ma mère, ta sœur, Lionel? Ce sera la première fois que je parle d'elle depuis sa disparition; si je dis, *disparition,* c'est que j'ignore ce qu'elle est devenue après notre séparation. Il est primordial pour moi de parler d'elle maintenant, pour toi aussi, j'imagine! Il n'y a aucune raison de remettre à plus tard ce qu'on peut faire maintenant. Je vous parlerai des derniers moments que j'ai passé avec elle, mais je te demande pardon, chère Denise; je vois que tu forces beaucoup sur son état mais je n'arrive pas à me convaincre de ruiner cette chance qui s'offre à moi. Il est vrai que je suis fatiguée, j'ai d'ailleurs toujours été fatiguée moralement et physiquement, mais étrangement pas ce soir. C'est quand même curieux, je ne suis même pas capable d'exprimer clairement ce que je ressens, c'est trop beau pour être vrai, tout ça. Tu disais que tu aimerais savoir ce qui est arrivé à ta sœur, *celle qui fut ma mère,* mais j'ai peur de te décevoir mon oncle, car je l'ignore moi-même. J'avoue que je vivrais moins malheureuse si je savais ce qui lui est arrivé après notre séparation, en cet après-midi du 7 avril 1994.

J'ai quitté l'Amérique justement dans l'espoir de trouver quelques indices, avoir éventuellement quelques nouvelles, bonnes ou mauvaises à son sujet. Nous nous sommes séparées dans la vallée, précisément à l'endroit où tu m'as trouvée. Comme toi, j'avais toujours espéré que je saurais quelque-chose à son sujet, d'une manière ou d'une autre, même une rumeur ou un mensonge m'aurait fait du bien, malheureusement je n'ai pas eu cette chance depuis un quart de siècle, et je n'arrive pas à accepter l'idée qu'elle soit morte sans laisser de trace, même si c'est ça la triste vérité!

J'avais sept ans à cette époque; j'ai grandi avec cette pensée si violente dans mon cœur, qu'elle avait fini par devenir comme un cancer, je n'arrivais pas à accepter ce verdict qui s'imposait. Je vis dans l'incertitude depuis tout ce temps; si je suis venue ici, c'est que je n'en pouvais plus; c'est beaucoup trop lourd sur mon cœur. Cette triste mémoire a volé ma jeunesse, ma blessure est si douloureuse que je n'arrive plus à l'endurer. En grandissant, je n'avais qu'une envie : retourner au Rwanda, me rendre précisément à l'endroit où j'ai laissé ma mère; c'était devenu une obsession, et voilà, j'y suis maintenant; c'est le plus beau jour de ma vie. J'avais espéré y trouver des indices qui me conduiraient à la vérité; cela m'a pris beaucoup de temps avant de réaliser ce vieux rêve; je n'ai pas trouvé d'indice mais j'ai trouvé mieux, toi Lionel!

N'est-ce pas merveilleux! Que la vie est donc faite de mystères! Qui aurait cru que ce genre de miracle arriverait dans notre temps? Quand je préparais ce voyage, j'étais surexcitée, heureuse d'avoir enfin réussi à prendre une décision de retourner dans ce pays à la recherche des restes de ma mère! Je n'étais pas sûre si je reconnaîtrais l'endroit précis où je l'avais laissée dans l'immensité de cette vallée, car la nature aurait repris ses droits, que ce serait comme chercher une aiguille dans une botte de foin. Contre toute attente, j'ai aisément localisé l'endroit, mais je n'ai pas trouvé l'indice que je cherchais.

Toi, tu étais là, tu m'attendais comme si nous avions rendez-vous! Comment expliquer autrement cette coïncidence si ce n'est pas un miracle?

Au moment de notre séparation, je ne sais pas si je peux réellement le dire ainsi mais elle était vivante. Cela me fait mal d'utiliser ce mot, *vivante,* car il n'est vraiment pas à propos! La situation dans laquelle je l'ai quittée ne lui donnait aucune chance, mais sait-on jamais? J'étais bien trop jeune et ne pouvais l'aider d'aucune manière, pourtant j'ai été hantée toute ma vie pour l'avoir lâchement abandonnée en acceptant de partir sans elle, alors que c'était ça qu'elle souhaitait. Elle me poussait à partir au plus vite et au plus loin possible de ce lieu. Je ne pouvais rien faire pour changer son sort, malgré tout je continue à penser que je n'aurais jamais accepté de partir sans elle!

Si j'avais su que j'aurai autant de peines et de remords, j'aurais dit non, même s'il ne m'était jamais arrivé de dire non à ma mère. C'est atroce d'y penser en tout temps, cela fait partie de ma vie depuis cet inoubliable mois d'avril... J'ai mené une vie de misère à cause de ce mauvais sentiment, car je me sens coupable du péché que je n'avais pas commis; je n'avais qu'obéi à sa demande comme je l'avais toujours fait, sans savoir que ce simple oui allait devenir un fardeau lourd à porter. C'est très pénible de remuer toute cette poussière, ce soir, il va falloir trouver le temps suffisant de tout se dire tant qu'on y est, de telles occasions se présentent rarement. Nous devons ouvrir notre cœur pour nous donner une chance de tourner cette page sombre de notre vie, même si on ne peut pas oublier pas ce genre de choses!

J'ai toujours pensé au moment où je serais capable de passer à autre chose, passer une journée sans penser à ma mère, mon père et tous les miens, mais je n'ai jamais eu de répit. Je n'arrive pas à me pardonner d'avoir survécu seule dans ma famille alors que j'étais la plus jeune et la plus fragile. Je me suis toujours dit que l'idéal aurait été de survivre avec ma mère ou mourir avec elle, puisque tous les autres avaient déjà été massacrés. Cela aurait été bien plus simple et je serais en paix aujourd'hui.

Pourtant, ce qui nous est arrivé dans la nuit du six au sept avril 1994 n'était pas une surprise, on nous avait prévenus; on savait qu'ils viendraient nous tuer, que ces sauvages cherchaient particulièrement à tuer mon père pour s'approprier de ma mère! Elle n'avait aucune chance et le savait. Un ami de la famille qui s'appelait Donat était venu chez-nous au milieu de la nuit du 6 avril pour nous prévenir. Il nous avait dit qu'il ne nous restait plus que quelques heures à vivre, que nous devions fuir sans plus tarder. Suis-je obligée de vous décrire ce qu'ils ont fait de maman quand ils nous ont attrapées, après avoir assassiné mon père? Vous pouvez le deviner tout seuls...!

On l'a violée à tour de rôle devant moi! C'est pendant cet horrible moment qu'elle avait réussi un tour de magie, un effort surhumain pour me faire comprendre, *par des mimes et gestes,* que je devais décoder pour en comprendre le sens, car on ne pouvait pas communiquer autrement. Elle tenait à ce que je m'éclipse pendant que ces bâtards étaient occupés à la violer à tour de rôle. Effectivement ils étaient trop distraits pour s'intéresser à ma présence... Je revois encore aujourd'hui les yeux de ces individus pervers qui se disputaient avec brutalité les tours sur ma mère et mon cœur saigne. On ne pouvait pas se parler, c'est pourquoi elle avait eu cette idée géniale de s'adresser à moi avec des mimes. À force de l'observer, j'avais déduit qu'elle me demandait de quitter ce lieu maudit au plus vite et c'est ce que j'ai fait, à contre cœur!

Avais-je bien compris ce qu'elle voulait que je fasse ou me suis-je lamentablement trompée? Je l'ignore, c'est justement ça la raison de mon malheur, car que je me sens mal dans ma peau à l'idée que je me serais trompé; ça fait très mal de vivre avec un tel sentiment. Plus les années passaient, plus le doute grandissait au point de devenir une certitude, qui me faisait vivre des nuits de cauchemars. Je me sentais si coupable que je ne voulais plus vivre, alors que c'est ce qu'elle souhait; elle ne voulait pas que j'assiste aux vils sévices de ces barbares, elle craignait surtout qu'ils ne s'empennent à moi. Leur distraction criminelle était une occasion favorable à ma fuite, je me suis donc retirée sans être vue, exactement comme elle l'avait planifié selon mes interprétations.

Je me rappelle chaque instant de cette journée maudite, jamais je ne pourrais en oublier le moindre détail. Je me rappelle non seulement les yeux de ces roublards mais je connais aussi leurs noms. Ils étaient nos voisins, aujourd'hui je pourrais les reconnaître entre mille, malgré le temps qui a passé. J'ignorais tout, des activités sexuelles, encore moins du viol, mais je n'ai pas tardé à le savoir car j'en ai eu ma part, un peu plus tard. Pour ne jamais oublier la gueule de ces bandits, j'avais écrit leurs noms dans mon cœur car je les connaissais tous, puis sur un morceau de papier, un peu plus tard, que je porte toujours sur moi. Tiens, la voici, ma petite liste... Fais attention, Lionel, ce papier est trop vieux; j'en ai fait des copies mais j'ai un attachement bien particulier pour cette copie originale.

Lionel et Denise étaient restés pantois devant cette histoire, si dévastés qu'ils avaient oublié leurs malheurs qu'ils avaient eux-mêmes vécus à cette même époque. Ce début délirant de la mésaventure d'Adélaïde leur faisait peur, pourtant le pire était à venir, elle n'en était qu'au tout début.

En lisant la liste des noms de ces miliciens-interahamwe qu'Adélaïde avait notés sur ce bout de papier, Lionel n'a pas été surpris; il les a tous reconnus; il fut déçu de constater que la plupart de ces sauvages qui avaient violé sa sœur avaient fui le pays, qu'ils ne pourront donc pas faire face à la justice. Deux d'entre eux étaient morts du VIH-sida mais les autres vivaient encore dans le même quartier que lui, riches et libres comme le vent. Ils n'avaient jamais eu à s'inquiéter de quoi que ce soit, personne ne les avait vus à l'œuvre pour les faire traduire en justice en tant que témoin oculaire.

Lionel avait toujours soupçonné ces gens; il savait qu'ils étaient pour quelque chose dans la mort de la famille *Ngabo (le papa d'Adélaïde)*, de même que dans la disparition de Mado et sa fille, mais il ne pouvait accuser personne sans preuve. Ce retour inattendu d'Adélaïde allait probablement changer la donne, mais rien n'en était moins sûr. Lionel croyait avoir tout vu pendant le génocide mais il était loin d'imaginer que ces individus qu'il connaissait personnellement pouvaient faire ça à sa sœur, au lieu de la protéger, elle qui les avait toujours traités comme ses propres frères. C'était dans la nature de Mado de traiter les gens avec dignité quelle que soit leur condition de vie. Comment avaient-ils osé lui faire ça à ma sœur?

Il avait hâte de voir la tête qu'ils allaient faire en voyant Adélaïde ressuscitée, même s'il y avait peu de chance qu'ils puissent la reconnaître. Si j'avais moi-même eu du mal à la reconnaître, comment la reconnaîtraient-ils, eux? Comment vont-ils réagir quand ils apprendront que la fille de Margo, l'unique personne qui pouvait les amener au banc des accusés n'était pas morte, qu'elle était revenue en ville? En fin de compte, à quoi ça sert de traduire en justice ce genre de criminels? Qu'est-ce que ça changerait, même s'ils étaient condamnés de lourdes peines ou envoyés à la potence?

Je crois qu'il vaut mieux les laisser vivre avec leur culpabilité, qu'ils aient des remords chaque fois qu'ils voient des gens, comme Adélaïde. Pour moi il n'y a pas de pire sentence que de pardonner ces monstres; il faut les laisser vivre libres, regarder grandir ces belles jeunes filles, comme Adélaïde, du lever au coucher du soleil, quand ils savent tout ce qu'ils ont essayé pour supprimer la vie des Tutsi sur terre.

À cause de la peine et du chagrin, les rescapés pensent que le pardon est trop facile pour les génocidaires, mais je suis convaincu que c'est le seul châtiment qu'il convient de leur donner; c'est à peu près ce que faisaient *les juridictions gacaca!* Cette forme de justice me révoltait moi-même avant d'en comprendre toute sa portée; non seulement elle donne une deuxième chance à ces criminels, mais elle les punit aussi, de la plus juste des façons. Les membres de ce jury avaient le devoir de classifier les présumés-coupables du crime de génocide par catégorie, en fonction de leur niveau d'influence politique, avant et pendant le génocide. C'est par cette voie que beaucoup de miliciens-hutu de la masse populaire recouvraient facilement leur liberté. Il leur suffisait de regretter leur crime, dénoncer l'autorité qui les avait obligés de commettre ce crime, mieux encore s'ils montraient l'endroit où ils avaient jeté les corps de leurs victimes.

Beaucoup ont été libérés sur des révélations mensongères *(amatakira-ngoyi)* mais le fait de plaider coupable, en soi signifie quelque chose, quand bien même cela serait un mensonge, à condition de promettre même, au bout des lèvres, de ne plus jamais retomber dans ces activités. Que voit-on aujourd'hui? Ont-ils appris la leçon? Le temps nous le dira, c'est encore trop tôt...Au fur et à mesure que l'histoire d'Adélaïde progressait dans la nuit, la colère montaient dans la tête de Lionel, sa douleur devenait de plus en plus insupportable. Connaissant son mari, Denise l'observait, inquiète, elle craignait qu'il risquerait de commettre l'irréparable dès qu'il ferait jour, sans réfléchir aux conséquences.

Comment mon Lionel que je connais pourra-t-il se retenir quand il se retrouvera face à face avec ces truands malhonnêtes? Va-t-il se contenter de leur dire qu'il connaît désormais la vérité sans chercher à casser la gueule à quelqu'un? Elle le voyait bouillir d'impatience, il ne restait plus en place, c'était très inquiétant pour elle.

Il risquait de traverser les limites de la loi qui punissait sévèrement ce genre d'insubordination. Ironie du sort, l'un de ces violeurs vus sur la liste d'Adélaïde était encore l'un de ses amis proches depuis le génocide; il avait toujours été un gars bien; il se vantait même d'avoir sauvé des vies pendant le génocide, qu'il avait cachés les gens dans son plafond. Il était perçu comme un bon voisin, comme un héros même, car personne ne pouvait soupçonner qu'il avait une face cachée par rapport à son comportement pendant cette période sombre, et lui ne se doutait pas que les faits étaient aussi têtus...

Même si Denise s'inquiétait pour son mari, elle ne pouvait pas savoir comment réagirait Adélaïde elle-même, le jour où elle rencontrerait ce zigoto qui leur avait roulé dans la farine, qui avait participé à la mise à mort de sa famille, mais au viol de sa mère. Elle voyait difficilement comment tout ça pouvait se terminer, elle qui savait à quel point son mari supportait mal l'hypocrisie. Ce voisin nous avait menti pendant plus de vingt-cinq ans en jouant une carte d'innocence. Peut-être avait-il réellement caché certains Tutsi mais cela ne lui donnait pas un sauf-conduit d'innocence et d'acceptabilité dans la communauté. Quel gâchis qu'il ait fait ça!

Malgré la fatigue accumulée, Adélaïde et sa nouvelle famille n'avaient pas le choix que d'aller jusqu'au bout de la nuit. Ils venaient de lever un monstre, il fallait le chasser, le poursuivre et tenir bon devant tout ce qui risquerait de s'en suivre, car rien ne présageait que la vie serait comme avant, après toutes ces révélations. La mésaventure d'Adélaïde contenait beaucoup de nouveaux éléments au saga génocidaire de la famille Ngabo, les lendemains promettaient des jours remplis de nouveaux défis.

Plus personne ne parlait de fatigue, ils étaient suspendus aux lèvres d'Adélaïde; chaque mot qu'elle disait en appelait un autre et chaque révélation faisait penser au pire, comme dans une série télévisée d'enquête criminelle qui vous retient en haleine jusqu'à l'émission suivante. Adélaïde ne demandait pas mieux, pour une fois qu'elle avait une oreille attentive; elle tenait absolument à vider son sac, c'était une thérapie particulièrement efficace qu'elle ne pouvait pas espérer avoir ailleurs, qui n'était même pas prévue dans sa mission au Rwanda. Pendant qu'elle planifiait ce voyage, elle était loin d'imaginer, un seul instant, qu'elle ferait ce genre de rencontre, qu'elle vivrait de tels moments de bonheur qui lui redonnaient de bonnes raisons de s'accrocher encore à la vie. Cette heureuse coïncidence mettait fin à une longue période de douleurs qu'elle avait vécue, seule et si longtemps.

C'était une récompense bien méritée pour sa détermination qui n'avait pas fléchi depuis au moins une dizaine d'années de préparatifs. Retrouver son oncle était un cadeau du Ciel, contrairement aux autres gens avec qui elle vivait, qui s'apitoient, parfois même sans savoir ce qu'elle pouvait ressentir réellement, seuls les gens qui ont connu le même calvaire peuvent avoir les mêmes sensations et réactions. Lionel voulait tout savoir sur sa nièce mais n'avait pas encore eu la chance de lui poser certaines questions précises. Il voulait notamment savoir comment elle avait pu traverser toutes les barrières meurtrières qui étaient parsemées à travers tout le pays, et où elle était allée pendant toutes ces années.

Si vous voulez vraiment savoir tous ces détails, je vous préviens, ça sera long et pénible... Je vous dirais même que ce sera un autre calvaire pour vous et moi. Cette période m'a laissé de profonds stigmates, mais le plus cruel a été une séquestration sexuelle dont j'ai été victime pendant trois mois, dans la maison de monsieur X.

Ce monstre m'avait récupérée après avoir tué un ami que j'avais rencontré lors de ma cavale, qui m'avait adoptée et me protégeait dans la vallée; il s'appelait Sylvain.

Sans Sylvain je serais morte dès ma première semaine dans cette vallée. Monsieur X était un des chefs miliciens; au début je n'avais pas compris ce qui l'avait poussé à épargner ma vie mais je n'ai pas tardé à le savoir, c'était uniquement pour assouvir ses fantasmes sexuels avec moi. J'étais devenue son objet de plaisir et ne pouvais pas contester quoi que ce soit sous peine de me voir jeter dehors, me faire violer davantage dans la rue par tous les vagabonds de la rue! Il m'a fait faire toutes sortes d'insanités sexuelles dont j'ignorais même qu'elles existent. Les rapports sexuels étaient un monde absolument nouveau pour moi.

Maintenant que je vous raconte tout ça, je me sens déjà libre et apaisée, comme si rien ne s'était passé; je vous dirai tout et sans détour, ce que je n'avais jamais été capable de faire avant, même pas dans le cabinet médical de mon médecin; celui-ci avait tout essayé pour que je le lui raconte tout, en détail, mais je n'y étais pas arrivée. L'usage de certains mots va vous choquer, je m'en excuse d'avance, car je sais qu'il n'est pas permis de dire certaines choses en rapport avec le sexe dans notre culture; je suppose que ce tabou existe encore, mais rien n'empêche; je vous dirai tout ce que j'ai vu, parce que j'ignore comment le dire autrement.

Parmi les tâches quotidiennes qui m'étaient assignées dans sa maison, je devais le masturber chaque soir, quand il rentrait du travail. Je ne savais pas comment on fait, ni pourquoi quelqu'un voudrait qu'on fasse de telles saletés. Il était étonné de mon innocence, mais m'avait montré comment on fait ça. Si on me demandait de dire une seule chose qui me répugnait le plus dans ma corvée quotidienne, ce serait justement de faire ces séances de masturbation que je trouvais sataniques. Je vomissais du début à la fin mais je devais obligatoirement le faire. Dans sa nature, monsieur X puait comme un porc, surtout parce qu'il ne se lavait presque jamais. Essayez donc d'imaginer ce qu'il pouvait sentir quand il éjaculait, soit dans mes mains, parfois même dans ma bouche quand il le demandait...

C'était si atroce et répugnant, l'une des plus grandes misères que j'ai vécues à cette époque, dans la maison de ce monstre. J'ai respiré l'odeur infecte de cet individu pendant des mois; même après sa mort, son odeur m'était restée. Oui, il est mort, *mort avant moi; il fallait que je le survive pour raconter sa cruauté.* Dieu fait des choses à sa manière. Il m'avait sauvé, mais j'avoue que je n'ai pas pleuré sa mort. Après chacune de ces abominables séances sexuelles, il dormait comme une loutre et ronflait, et je tremblais à côté de lui car on se couchait dans son seul lit qui sentait la merde.

Plus d'une fois je me suis demandé pourquoi je ne me tuerais pas au lieu de prolonger ma douleur; je n'espérais rien, je ne pouvais ni échapper ni tuer ce démon. Fuir était impossible, même à imaginer, mais je ne savais pas comment on tue. Même aujourd'hui je suis incapable de tuer un poulet... J'arrivais rarement à dormir dans cette chambre toujours sombre, la lumière du jour n'y entrait pas, la seule fenêtre minuscule qu'il y avait était toujours fermée; il lui manquait souvent l'huile pour allumer sa lampe à pétrole pendant la nuit, mais c'était mieux ainsi. Mieux parce que d'une part, je n'aimais pas besoin de voir sa face que je le haïssais à mort, et d'autre part, sa lampe me faisait respirer du gaz carbonique dans cette hutte si mal aérée.

Quand j'éternuais, je me mouchais une suie noire due à cette fumée qui me collait à la végétation nasale. Quand il avait bu, il était ivre chaque soir, il ne se contentait pas seulement de faire masturber. Il m'allongeait dans ce lit qui avait une odeur cadavérique permanente à cause des punaises de lit et me violait toute la nuit.

Je priais Dieu, j'appelais ma mère qui n'était plus là, je suppliais ce monstre de me laisser en paix, car il me faisait horriblement mal, mais il ne m'écoutait pas. Malgré l'intensité de ma douleur quand il me pénétrait si violemment, il riait de plaisir de bonheur, disant que c'était comme ça qu'il m'aimait! Cela l'amusait de m'entendre gémir, cela faisait son affaire et son orgasme, disait-il. Il avait tout d'un monstre, sa cruauté était sans égale. J'ignorais que de tels sévices existaient, encore moins que je pouvais en être victime, à mon âge, j'avais à peine sept ans. Il m'avait moralement et physiquement détruite, surtout quand je l'entendais dire que mes gémissements stimulaient ses orgasmes, sur un ton sarcastique et cruel. Quand il ne les avait pas, ses orgasmes, il me giflait très violemment, disant que c'était ma faute alors que je ne savais même pas ce que c'était un orgasme, ni comment le lui donner à sa satisfaction. Il m'avait frappée et violé tellement souvent que j'avais fini par être insensible à toute douleur physique.

J'étais la petite fille la plus misérable de toute la terre. Le jour où il n'allait pas au travail était le jour le plus long de ma vie, car il me violait coup sur coup, de jour que de nuit. D'habitude, il allait au travail chaque matin et rentrait que le soir, et mon calvaire commençait. J'ignorais ce qu'il faisait comme métier et je ne pouvais pas le lui demander. Il me prenait dès qu'il rentrait, avant même de manger. Parfois je m'évanouissais entre deux viols, il attendait que je recouvre mes esprits et recommençait comme si de rien n'était.

Bref, il y avait un esprit satanique en cet homme. J'étais heureuse quand il allait au travail, car je savais que je ne serais violée que la nuit, pas le jour. J'avais pensé qu'il faisait un métier de boucher, car il rentrait tous les soirs couvert de sang; je n'avais pas compris qu'il s'agissait du sang humain, le sang des Tutsi qu'il tuait à longueur de journée. Il avait du sang des pieds jusqu'aux cheveux, sur ses habits aussi qu'il ne changeait jamais. Je l'avais rarement vu prendre un bain. Quand je pense à ces maudites séances sexuelles qu'il m'imposait, cela me donne encore le vertige, je ne m'y habitue pas. En bref, c'est ça la description sommaire de l'homme avec qui j'ai partagé ma vie la plus intime pour la première fois, qui avait complètement ruiné ma vie.

Cela m'a pris du temps avant de réaliser qu'il était génocidaire, qu'il passait ses journées à tuer, pas les bêtes de chair mais les Tutsi…

Il allait travailler *(gukora)*; c'était ça le jargon qu'ils utilisaient pour dire, tuer les Tutsi. Monsieur X n'était pas très jeune mais il n'avait pas d'autre femme, pas à ma connaissance. Il me disait que j'étais la seule femme qu'il aimait, avec qui il passerait le reste de sa vie, que c'était pour cela qu'il m'avait sauvée de la mort. Étant donné que le mot *protéger* n'existait plus dans la bouche des Hutu à cette époque, c'était quand même précieux de l'entendre dans sa trappe, à ce moment critique de ma vie! *À quelque chose malheur est bon, dit-on!*

On va dire qu'il m'avait effectivement protégée parce qu'il m'avait épargnée les lames de machettes des bouchers de son acabit, mais qu'à cela ne tienne; il va falloir qu'on trouve un autre mot pour le dire, on ne protège pas de cette façon. Je ne serais probablement plus en vie aujourd'hui si je n'avais pas été dans cette maison de malheurs, mais ce ne serait pas exagérer de dire que sa hutte avait était aussi mon enfer sur terre. Je ne voyais pas l'utilité de vous donner autant de détails sur la vie que j'aie menée chez cet individu, mais je sens qu'il fallait que je le fasse, ça me soulage. J'avais prié, crié et pleuré, mais c'était un grand désert autour de moi. Il me semble que j'avais tout essayé, mais ni les hommes ni les anges, personne n'était venu à mon secours. Même la mort que j'implorais, matin et soir, n'était pas venue me chercher.

Parfois je me disais que mon destin devait être cousu d'un fil maudit, que c'était pour ça que tous ces drames s'acharnaient sur moi; je devais tout accepter sans murmures. J'ai connu tellement de souffrances et d'humiliations pendant le temps du génocide, que je ne comprends pas pourquoi ni comment je suis encore vivante.

Depuis notre miraculeuse rencontre, hier dans la vallée, je sais maintenant que si j'ai survécu à tout ça, c'était précisément pour arriver au bonheur de ce jour, à ma destinée. Oui je crois que c'était pour ça, pour la gloire de notre Seigneur... Je n'arrive pas à croire que j'ai vécu ces vingt-cinq dernières années sans savoir que j'avais de la famille, sans avoir le moindre soupçon de votre existence, même pas dans un rêve! Être en vie et le rester dans les conditions qui étaient les miennes, en soi c'est tout un miracle, mais vous avoir rencontré hier, c'est sublime!

Quand le jour naissait, j'ignorais si je reverrai la nuit, et quand la nuit tombait, je ne pouvais pas espérer revoir encore le jour, et ce, pendant trois longs mois! C'est quand même ingrat de ma part de dire que j'étais seule, sans protection... Dieu me voyait; Il me voyait même s'Il ne disait rien, qu'Il n'était même pas intervenu. Je peux le dire même si je sais que cette affirmation met certaines gens mal à l'aise, ceux et celles qui ne croient pas en Lui, mais c'est ma conviction, je l'assume.

À un certain moment je n'en pouvais plus; je voulais absolument mourir. J'étais convaincue que la mort était le seul moyen qui pouvait écourter mon temps de calvaire, il n'y avait rien d'autre en perspective; c'est ainsi que j'avais commencé à réfléchir aux possibilités de suicide. J'ai fait des tentatives à plusieurs reprises mais je me suis toujours manquée. Était-ce parce que j'étais une petite fille idiote qui ne savais même pas comment on se tue, ou c'était mon destin qui devait préserver ma vie pour que j'arrive à voir ce jour d'aujourd'hui, que je sois témoin de ce miracle de nos retrouvailles?

Monsieur X avait prévu que j'essayerais de me sauver de son emprise ou que je tenterais de me suicider. En effet, il avait pris des mesures de prévention en barricadant soigneusement l'unique fenêtre de sa hutte avec des chiffons ficelés de cordons de nylon et des fils barbelés. Il vérifiait leur état, matin et soir, et n'oubliait jamais de barrer la porte derrière lui avec un cadenas. Un bon soir, il n'était pas rentré le soir comme d'habitude; j'avais supposé qu'il avait peut-être travaillé au loin de la maison, ou qu'il ne rentrerait plus du tout; j'allais donc mourir seule, affamée et désespérée dans ce taudis obscur qui sentait la mort, et je me suis posé une question, que je trouvais fabuleuse : *à quoi ça sert de continuer à vivre dans ces conditions?*

Pourquoi ne trouverais-je pas un moyen efficace de me suicider, surtout que je n'avais pas été capable de tuer ce prédateur? J'avais essayé de me tuer avant, mais je m'étais manquée à chaque tentative; il me restait à espérer que la prochaine fois serait la bonne, car je n'en pouvais plus. Mais comment y arriver?

L'inspiration a été étrangement rapide, claire dans ma tête : mourir était de loin meilleur que vivre dans les conditions qui étaient les miennes, j'étais convaincue de ça. Il fallait agir vite, trouver quelque-chose pour y arriver, surtout ne plus me manquer! Ma première idée a été de brûler cette baraque, m'immoler par le feu; je trouvais que c'était une idée géniale et facile à réaliser. Elle était très simple et je savais qu'il y avait très peu de chance de me manquer dans l'incendie de cette hutte de paille et de vieux bois qui pouvait se consumer en quelques minutes. C'était la seule solution qui pouvait me délivrer de mon malheur, j'en étais heureuse. Sans plus attendre, je me suis mise à la recherche des allumettes dans l'obscurité de cette maison mais j'avais du mal à les trouver. Pourtant, je savais qu'elles étaient là, quelque part dans un coin de la maison, monsieur X l'utilisait tous les soirs pour allumer le feu. J'ai cherché dans tous les coins et recoins, mais je n'avais pas trouvé ces maudites allumettes.

L'idée de me tuer avait pris beaucoup d'espace dans ma tête, je devais trouver la mort à tout prix, c'était mon seul salut, la seule porte de sortie de cette séquestration qui m'avait empoisonnée la vie. Hélas, la mort ne voulait pas de moi; sans ces allumettes je ne pouvais pas m'immoler par le feu, mais il ne fallait pas s'arrêter là. Je devais trouver autre chose qui pouvait m'amener à la même fin. Comme un déclic, j'ai eu une autre idée, que je trouvais même encore plus expéditive. C'était un peu plus long et plus risqué, mais je n'avais absolument rien à perdre. Je me disais qu'il suffisait de défaire les chiffons de la fenêtre de cette hutte et sortir au grand air. Aller marcher dans la rue devait suffire, car toute la colline devait être investie de miliciens-tueurs. J'ignorais où j'étais par rapport à mon point de départ, mais cela n'avait aucune importance, les tueurs étaient partout, je n'avais pas de doute là-dessus.

Si je sortais de cette maison, j'avais la certitude que je me faisais tuer en quelques minutes par *les hutu* qui devaient se promener sur tous les chemins avec des machettes, à moins que je n'arrive à m'étrangler avec ces cordes de nylon de cette fenêtre ou me faire mortellement blesser en me faufilant entre ces pics de fils barbelés. Aussitôt dit, aussitôt fait, presque comme un jeu d'enfant. J'avais réussi à défaire ces chiffons et me frayer un passage au milieu des crocs de barbelés; je me suis retrouvée dehors en quelques instants. Cette brève sensation de fausse liberté m'avait donné des ailes, j'étais même heureuse d'être au soleil depuis des moins...! Malgré ma défaillance physique, j'ai couru comme une folle à travers les champ de sorgho et de maïs, tout en mangeant des tiges sucrées de ces plantes tendres *(imisigati)*.

Je ne pouvais pas savoir quand ni comment je trouverais ce que j'étais allée chercher, les miliciens qui devaient me donner la mort... Je courrais sans réfléchir à travers les montagnes vertes et me cachant dans les champs, émerveillée d'être dehors et respirer de l'air frais pour la première fois depuis plusieurs semaines. J'étais si affaiblie de privations et des viols sexuels répétitifs que je tombais souvent dans ma course, mais je me sentais alerte et fière d'avoir été capable de sortir de cette cage à oiseaux, qui était ma tombe. Je pensais intensément à mon ami, Sylvain, l'homme qui avait veillé sur moi pendant plusieurs jours avant qu'il ne soit tué par les génocidaires. C'était monsieur X et son équipe l'avaient tué, c'est justement après sa mort que ce salaud m'avait récupérée et amenée dans sa maison. Mes membres inférieurs me faisaient très mal, je sentais mes hanches raides et engourdies mais je courais aussi vite que je pouvais, comme si je savais où j'allais. J'étais enthousiaste, animée par cette idée lumineuse d'avoir enfin trouvé une solution à mon problème. Je me trouvais même stupide de n'y avoir pas pensé beaucoup plus tôt. Arrivée à la sortie de ce champ de maïs, j'ai vu une première barrière. Elle était gardée par beaucoup de tueurs bruyants et ivres, à quelques mètres de ma cachette, d'où je pouvais les observer.

Ils étaient tellement nombreux, armés de toutes sortes d'outils de la mort; c'était terrifiant à voir, même de loin! Leur machette dégoulinait de sang encore frais, leur massue aussi, ce qui voulait dire que ces outils venaient à peine d'être utilisés à cette barrière. En voyant ça d'aussi près, j'avais tout de suite compris le travail que faisait monsieur X, c'était affreux! Qu'est-ce qu'ils étaient hideux, *ces hutu-miliciens!* Ils me faisaient penser aux monstres à plusieurs têtes, de l'Apocalypse de Saint-Jean, que maman nous montrait dans sa Bible…! Et moi qui avais pensé que monsieur X travaillait dans une boucherie!

Devant cette barrière, il y avait une multitude de gens terrorisées, des Tutsi condamnés à la mort, qui allaient être tués. Ils étaient tous à genoux, étrangement calmes, comme s'ils n'allaient pas mourir! Il y avait des femmes et beaucoup d'enfants de mon âge, mais peu d'hommes. On les avait alignés devant un amas de tronçons d'arbres qui faisait office de barrière, les mains jointes derrière la nuque. Ça m'étonnait de les voir aussi calmes, eux qui savaient qu'ils allaient mourir; peut-être le souhaitaient-ils aussi, comme moi… Soudain, un coup de sifflet strident déchira l'espace et me gela le sang. Un milicien en uniforme tachetée donna l'ordre en hurlant comme le tonnerre, après avoir a tiré une balle dans les airs. Cette horde de coupeurs de têtes se ruèrent sur ces pauvres gens. Ils ont été sauvagement massacrés sous mes yeux!

Je pouvais difficilement croire qu'ils allaient les tuer tous, moi qui croyais être l'enfant le plus misérable du monde, j'étais témoin des horreurs encore plus atroces; j'avais assisté à la mise à mort de ma propre famille, malgré j'étais horrifiée. J'ai alors compris à quel point j'étais quand même chanceuse d'avoir été à l'abri des machettes. Même si je voulais mourir, je trouvais cette mise à mort tellement cruelle que je ne savais plus quoi faire; se faire volontairement trancher la tête avec une machette est la mort la plus affreuse qui soit. Il fallait que je meure autrement. C'était encore plus insupportable à voir quand les têtes d'enfants avaient commencé à rouler par terre comme des ballons; ces pauvres jeunes gens n'avaient même pas crié;

peut-être étaient-ils tellement affamés et fatigués qu'ils n'avaient plus la force de pleurer. Les miliciens leur aboyaient dessus comme des chiens et leur donnaient des coups de pied violents, même après les avoir décapités.

Pourquoi, Seigneur Dieu, *où étais*-Tu? Pourquoi as-Tu laissé faire tout cela?

Je pouvais à peine respirer; rien que d'assister à ces scènes d'horreurs m'avait hanté pendant des années, je n'arrivais pas à oublier. Pour s'assurer qu'ils étaient bien morts, ces tueurs marchaient sur les corps qui s'empilaient sur le chemin, ils achevaient ceux qui n'en finissaient pas de mourir avec des pics de métal. J'étais horrifiée mais je suis restée là assez longtemps à les observer, comme une idiote! Je sursautais à chaque machette levée sur quelqu'un et retombais à l'envers en même temps que le corps qui roulait par terre; étonnamment je n'avais pas pleuré. J'étais figée dans le temps, en fait je n'existais plus! Après un long moment d'observation, j'étais si tétanisée que je ne savais plus quelle décision je pouvais prendre.

C'est alors que j'ai vu un camion jaune des Travaux publics arriver sur les lieux; ces tueurs ont chargé ces corps et le camion et il est reparti avec son chargement macabre, laissant derrière lui une traînée de sang qui coulait comme un ruisseau, de ces corps chauds. Je ne les avais pas comptés, je ne savais même pas compter comme il faut à cette époque, mais j'affirmer qu'il y avait eu énormément de victimes à cette barrière; c'était à devenir fou! Quand ce camion est disparu derrière la colline, je ne savais plus si je devais avancer vers cette barrière ou retourner à mon retranchement, la maison de monsieur X. J'étais venue chercher la mort, elle était là, je la voyais dans les yeux, juste devant moi; il suffisait d'avancer de quelques pas et je l'avais. J'avais de plus en plus mal à comprendre comment les hommes pouvaient être capables d'une bestialité, surtout que je venais de découvrir le métier de mon violeur et protecteur, monsieur X.

Chaque fois qu'il sortait pour aller travailler, c'était donc ça qu'il faisait tous les jours? *Oh Dieu de miséricorde!* Il n'avait probablement pas tort de dire qu'il me protégeait. Après avoir vu tout cela, je ne pouvais plus nier qu'il m'avait protégée, je pouvais même m'estimer assez chanceuse d'être dans ses griffes, à la merci de ses viols répétitifs, que d'être découpée en de menus morceaux avec des machettes. Je vivais dans l'humiliation la plus abjecte qu'on puisse imaginer, mais j'étais en vie! Ils étaient si affreux à voir que j'avais irrésistiblement vomi tout le jus des tiges de sorgho que j'avais broutées, car il n'y avait rien d'autre à vomir dans mon estomac. Ma décision finale n'était pas encore prise, j'étais là à regarder comme une imbécile, pourtant il fallait que je décide au plus vite ce que je devais faire. Un pas de plus et je mourrais, c'est ce que j'étais venu chercher par-dessus tout, mais je ne me suis pas avancée.

Je ne comprends toujours pas ce qui m'empêchait de faire ce tout petit pas et avoir ce que j'étais venue chercher… J'ai remis en question mes envies folles de mourir, rien qu'en me posant des questions stupides, les unes après les autres : pourquoi suis-je en vie pendant que tous les autres tomber chaque seconde autour de moi? Qu'est-ce qui a fait que ce massacreur d'enfant, l'un des dangereux milicien avait décidé d'épargner ma vie, lui qui tuait tout ce qui bouge? Que fallait-il comprendre dans tout ça?

Quelque chose en moi me garde en vie, envers et contre tout, quelque-chose que j'ignore encore? Je me suis rappelé ce que monsieur Sylvain m'avait toujours dit ceci: *Dieu t'aime plus que tout, Il te protégera quelles que soient les circonstances!*

Si je me lançais à cette barrière, il n'y avait pas de doutes que tous ces vagabonds allaient sauter sur moi, et m'auraient probablement violée, comme ils avaient violé ma mère. Pourquoi, dans ce cas, je fuirais le viol d'un seul individu pour me livrer au viol collectif de ces ivrognes qui ressemblaient au démons de l'enfer? J'ai fermé les yeux un instant et je me suis mise à les imaginer se succédant sur moi, à tour de rôle… Je me sentais mourir avant l'acte lui-même, et j'ai senti que je n'étais pas prête à cette forme de mort. Inutile de vous dire que j'étais honteuse de moi; je me sentais lâche et idiote, surtout que je me suis vite convaincue qu'il fallait quitter ce lieu au plus vite, retourner à ma cabane de misères, un paradis, comparé à ce que je voyais. C'est alors que j'avais commencé à reculer sur la pointe des pieds avant de courir avec toutes mes forces, dans le sens inverse, retourner à ma sinistre maison de refuge.

Il était tard quand je suis arrivée à la maison, c'était déjà la nuit, tout était obscur autour et à l'intérieur de moi. Je suis rentrée par la même fenêtre que j'avais empruntée pour sortir; je l'avais laissée ouverte et l'était encore, comme si j'avais prévu de revenir. De derrière, elle était haute pour ma taille mais j'avais réussi tant bien que mal, à m'accrocher à son grillage branlant et me hisser à l'intérieur; je me faufilais entre les fils barbelés qui m'écorchaient profondément la peau, mais j'avais réussi à passer. Je me suis laissée lourdement tomber sur le plancher de terre, près du foyer, heureuse d'être revenue à la maison, sans savoir ce qui m'attendait... Quand je me suis relevée, j'ai vu monsieur X; il était là comme s'il attendait mon retour et mon cœur a failli me sortir par le nez. Il était assis dans le noir, essayant lui-aussi de trouver les allumettes pour allumer le feu. Il les avait trouvées et avait allumé le feu pour cuisiner.

Étonnamment il ne m'avait pas encore hurlé dessus comme je m'y attendais; il faisait semblant de ne pas me voir ni faire attention à moi, comme si rien ne s'était passé. Il avait pris tout son temps mais je savais que la foudre allait inévitablement me tomber dessus, que ma punition allait être cinglante et impitoyable. Je me suis assise et attendu que la foudre frappe, ce qui n'avait pas tardé. Je craignais même qu'il pouvait me tuer avec sa machette, cet outil que je fuyais depuis le début du génocide.

Après un temps d'attente indéfiniment long, il décrocha son fouet et se mit à me frapper sans même me demander où j'étais allée. Il m'avait frappée si fort que j'avais perdu connaissance dans les cinq premières minutes. Il me donnait de très violents coups de pieds dans les côtes et ou me giflait avec toute sa force que j'en ai été étourdie. Il me lançait des mots orduriers, que les Tutsi sont tous des pestiférés, du vieillard aux petits enfants, qu'ils sont ingrats, que c'était une bonne décision de les tuer.

Je t'ai fait confiance et t'ai sauvée la vie, mais tu oses me faire ça, toi? Nous Hutu, avons raison de vous détruire, vous ne valez vraiment pas la peine; il était temps de nettoyer ce territoire de la gangrène que vous êtes. Tu savais que j'avais pris le risque de te cacher dans ma maison, que je pourrais être tué avec toi si le chef apprenait que tu habitais chez-moi, et tu te permets de faire de telles sottises? POurquoi te moques-tu de moi? Puis, qui dit que personne ne t'aurait vue sortir et rentrer ici? As-tu conscience de ce qui nous arriverait, toi et moi?

Il changea de fouet juste à ce moment et me frappa encore de plus bel, jusqu'à ce que je perde connaissance de nouveau. Si j'enlevais ma blouse et vous montrais mon dos, vous verriez des cicatrices permanentes que m'ont laissées ses fouets. Je saignais comme un poulet mais il s'en moquait, comme d'habitude. Il m'avait traînée au sol en me tirant par les tresses de cheveux, m'avait enlevé ma petite robe et violée pendant des heures. J'étais couchée dans la flaque de mon sang, il me traitait de bestiole ingrate, qu'il regrettait d'avoir donné une seconde chance. La torture de cette nuit-là a été deux fois plus longue et plus atroce que toutes celles qui avaient précédé. Il voulait me châtier assez sévèrement pour que je ne pense plus jamais à penser aux escapades. S'il avait lu dans mes pensées, il n'aurait même pas eu besoin de me torturer, car c'était clair dans ma tête, je ne pouvais plus essayer de jouer à ce jeu-là; cette cabane allait devenir ma maison pour toujours, après avoir vu ce qui se passait dans la rue!

Pourriez-vous me donner un verre d'eau, cher Lionel, s'il vous en reste?

Pendant que je buvais cette eau qu'il venait de m'apporter, j'ai eu une pensée profondément attristée pour mon ami Sylvain, cet homme qui s'était fait tuer en allant chercher l'eau pour les fugitifs de la vallée. Il devait se rendre dans des zones dangereuses à la recherche de l'eau, elle manquait dans la vallée, car l'eau du fleuve n'est pas buvable. Chaque bon geste, chaque action de générosité me ramenait à Sylvain. Je pensais à la soif qui nous avait terrassés pendant plusieurs jours et aux efforts surhumains que cet homme devait faire pour nous ravitailler. J'ai eu mal au cœur avant de boire ce verre d'eau; ce cœur que je sentais cogner si fort dans ma poitrine comme s'il voulait s'arrêter, juste à cause de l'émotion.

Je trouvais que la vie était très injuste, mais précieuse, dépendamment de quel angle on la voit, et où l'on se trouve. Demander un verre d'eau et l'avoir aussi facilement et gratuitement ressassait tant de mauvais souvenirs enfouis dans la profondeur de ma mémoire. Quand ils me virent observer longuement ce verre d'eau, Lionel et Denise avaient deviné à quoi je devais penser. Je n'avais aucune idée de ce qu'ils avaient vécu chacun de leur côté, mais je savais, sans devoir le leur demander, qu'ils avaient eu leur part à ce gâteau amer, au moment du génocide.

Je ne faisais pas très attention à ce qui passait autour de moi et ne m'étais même pas rendue compte que Denise était en train de s'évanouir, qu'elle perdait connaissance, de peine et de chagrin! Accroché à mes lèvres, Lionel non plus n'avait pas remarqué que sa femme était si mal en point, c'était la panique dans la maison.

J'en étais fort malheureuse parce que mon histoire y était pour quelque chose... Denise était une femme de mon âge; c'était donc inévitable qu'elle ait subi les mêmes sévisses, si pas pires, le contraire m'aurait étonnée. Je m'en doutais parce qu'elle n'avait pas cessé de me regarder intensément, ses yeux à la fois doux et hagards en disaient long. Elle en avait gros sur le cœur, c'était pour cette raison qu'elle avait fini par s'évanouir; ce n'était pas bon pour le bébé qu'elle portait dans son ventre, il risquait d'en prendre un mauvais coup.

Dès que son mari réalisa ce qui se passait, il se leva précipitamment et l'aida à se mette debout, et Denis se réveilla. Lionel insista pour appeler une ambulance pour et l'amener à l'urgence mais elle refusa, disant que tout allait bien, que ce n'était qu'un malaise sans importance. J'étais vraiment désolée de savoir que j'étais la source de ce problème qui pouvait être grave, mais Dieu merci, elle s'était remise assez vite. Elle ne voulait ni aller l'hôpital ni dans sa chambre pour se reposer. Elle s'intéressait à mon histoire au plus point et ne voulait pas que j'arrête. C'est alors que j'avais compris, sans me tromper, qu'elle en savait quelque-chose, qu'elle avait goûté à cette sauce, elle-aussi, le contraire m'aurait vraiment étonné.

Elle nous rassura que tout allait bien, que c'était qu'une simple fatigue. Nous avons essayé, Lionel et moi, de la convaincre d'arrêter tout et recommencer plus tard, mais elle avait insisté jusqu'aux larmes; de toute évidence, elle était sûre de son état, on ne pouvait que lui faire confiance, et j'ai repris mon histoire.

Je disais que Monsieur X m'avait frappée en me disant qu'il savait que je tenterais de me sauver, un jour, mais que je reviendrais, si j'étais chanceuse, parce que mon escapade ne pouvait me mener au pire malheur. Il me disait que j'allais subir un traitement dont je n'avais l'idée de son ampleur, suivie d'une mort lente et douloureuse. Pour la première fois je savais qu'il disait la vérité, c'était effectivement ce qui devait m'arriver. J'avais vu de mes propres yeux comment ça se passait aux barrières et c'était ça qui m'avait fait rebrousser chemin. Je souffrais beaucoup et j'avais faim; il faisait cuir son souper, l'odeur de sa marmite qui mijotait au petit feu ne facilitait pas les choses. Il préparait des patates aux petits pois verts *(urunyogwe)*, dans lesquels il avait ajouté du poireau et de l'huile de palme *(amamesa)*. Pour une fois il y avait une bonne odeur dans cette maison, différente de celle des punaises de lit. J'avais tellement envie de manger quelque-chose, je mourais littéralement de faim mais j'ignorais s'il allait me donner quelques bouchées de cette délicieuse nourriture; je n'avais rien mangé depuis trois jours et cette odeur ne faisait qu'accentuer l'envie de manger au lieu de me concentrer sur ma douleur.

J'ai eu la surprise de ma vie, ce soir-là. Savoir que mon nez pouvait encore sentir de bonnes odeurs m'avait beaucoup étonnée.

J'étais habituée à ne sentir rien que des odeurs pourries, l'odeur du poireau avait fait toute une différence. Je souffrais énormément et ne savais pas quoi faire, mais tout allait changer au moment où je m'y attendais le moins. Il avait cessé de me frapper et s'occupait de sa cuisine; j'ignore ce qui l'avait pris, mais il m'avait donné de l'eau pour me laver; il avait même amené du savon cette nuit-là. Pour la première fois depuis des mois, j'avais pris un bain complet; il m'avait aussi servi une bonne assiette de sa délicieuse nourriture, c'était un miracle, cela n'était pas arrivé depuis plusieurs jours; d'habitude il me jetait quelques miettes quand il était rassasié, comme à une chienne; je dirais même que les chiens étaient mieux traités et mieux respectés que moi.

J'avais des mâchoires endolories à cause de ses coups de points, mais pour une fois qu'on me donnait de la bonne bouffe…, je n'avais même pas besoin de mâcher. J'avalais tout comme un glouton; je mangeais à ma faim pour la première fois depuis mon arrivée dans sa maison, j'avais même oublié ma douleur. Il me restait à savoir s'il allait me laisser tranquille pour dormir aussi, j'en avais besoin et mon bonheur serait complet. Décidément tout était nouveau dans ma tête, mais la sienne aussi. Quand nous sommes allés nous coucher, il ne m'avait pas touchée cette nuit-là; j'avais dormi jusqu'au lendemain, tard dans l'après-midi. Quand je me suis réveillée, j'étais seule mais ce n'était pas nouveau; il se levait toujours tôt pour aller à son macabre travail, cette fois-ci je savais ce qu'il faisait.

Je suis restée encore quelques semaines dans sa maison, jusqu'au jour où il m'avait fait savoir que nous devions fuir cette région, que les rebelles du *FPR-Inkotanyi* étaient dans les parages, qu'ils allaient tuer tous les Hutu. À ma grande surprise, j'ai constaté qu'il pouvait avoir peur, comme moi, qu'il était vulnérable comme tout le monde! Il avait tellement peur de ces soldats du FPR dont il parlait en tremblant. J'avais entendu parler de ces rebelles à la radio, quand j'étais encore chez-nous, mais je ne les connaissais pas. Je ne pense même pas que quelqu'un les avez vus, on disait d'eux qu'ils pouvaient se cacher comme des cafards ou cancrelats *(inyenzi)*, d'où ce nom méprisable qu'on leur avait attribué. Pourquoi? Je l'ignorais mais je les aimais pareil, sans les connaître, plus encore à ce moment-là, car ils pouvaient faire peur à monsieur X.

Cela suffisait pour les adorer! N'importe qui ou n'importe qui pouvait faire peur à cet ignoble individu aurait été bon pour moi. J'avais alors commencé à faire ma prière; je demandais au Seigneur que ces rebelles nous tombent dessus et nous tuent. Si cela n'arrivait pas tout de suite, je demandais à Dieu le privilège de rester en vie suffisamment longtemps pour voir, *une fois avant de mourir,* ces soldats qui pouvaient terroriser ce monstre. J'avais toujours cru qu'il était tout puissant, invincible, c'est pour cela que je m'étonnais de découvrir en lui un maillot faible; il n'était qu'un poltron vulgaire aussi vulnérable que tous ses compères malgré leur machette. Après tout, n'avais-je pas assisté au combat de mon père, seul, face à ce troupeau de mangeurs d'enfants!

Cela n'avait plus tardé. Deux ou trois jours plus tard, nous entendions déjà le bruit des armes lourdes assez rapproché. Monsieur X avait temporairement arrêté d'aller au travail, mais les armes se sont tues, il avait recommencé son travail. Quand il partait, cette fois-ci, il ne fermait plus sa baraque; il laissait la porte ouverte comme s'il voulait me tenter, ou s'il était sûr que je n'aurais pas osé refaire la même bêtise de m'évader. Il ne se trompait pas sur ce point. Ce qu'il n'avait pas soupçonné, c'est qu'il me rendait un grand service sans le savoir; je pouvais aller au soleil chaque jour pendant son absence et respirer l'air frais. J'étais consciente que je ne pouvais pas aller au-delà de la clôture de sa cabane, même les oiseaux du ciel ne devaient pas savoir que j'habitais dans cette maison.

Je ne lui avais pas dit ce que j'avais vu à la barrière mais il le savait, comme s'il avait été là, qu'il m'avait vue. Je passais mon temps à prier, je priais sans arrêt et c'est ce qui m'avait aidé à tenir bon. Si vous ne croyez pas à la force de la prière, vous devriez essayer de prier avec confiance, voire l'adopter dans votre quotidien, et vous verriez la différence que ça peut faire dans votre quotidien. Sans la prière, je n'aurais jamais été capable de passer à travers tous les supplices et les conditions de vie intolérables que j'ai connus, dont cet esclavagisme sexuel.

Depuis qu'il ne fermait plus la porte et me retrouvait quand même à la maison le soir, il avait cessé de me frapper. Il avait même diminué la fréquence des viols et continuait à me donner assez d'eau pour me laver. Je ne sentais plus le porc comme avant et j'avais même pris du poids en quelques jours, car je mangeais ce qu'il mangeait, à ma faim. Le bruit de la guerre se faisait entendre de plus en plus régulièrement, mais mon corps se régénérait de façon plutôt étonnante. Je n'étais pas heureuse mais je vivais, c'est important de le souligner car ce n'était pas le cas pour beaucoup d'autres enfants de mon âge. Je n'avais rien fait de spécial pour être encore en vie; j'ignorais pour combien de temps encore je pouvais rester. Je m'encourageais dans mes prières en me disant que si j'avais survécu jusque-là, qu'il devait y avoir quelque chose de plus puissant que monsieur X, qui était cousue dans mon étoffe, qui me gardait en vie.

Je me disais que je ne devrais même plus me poser trop de questions sur mon avenir. Cette idée toute simple, *probablement idiote*, m'avait permis de m'accrocher à la vie du mieux que je pouvais; même le moral était revenu; j'acceptais ce qui m'arrivait sans me plaindre. J'avais à peine sept ans mais j'avais déjà compris que le destin de l'homme est un secret mieux gardé par (*Dieu seul – Imana yonyine*). Il ne servait donc à rien de chercher à comprendre ce qui se passera le jour suivant.

Moi, la cadette d'une grande famille, je restais seule et sans défense car tous les autres, plus âgés, plus forts et plus intelligents, avaient été tués! Comment ça se fait? Je ne cherchais même pas à savoir quand ni comment tout ça se terminerait, quelqu'un le savait à ma place. J'étais disposée à suivre la voix de mon destin. Je vivais dans l'incertitude, un jour à la fois, mais j'étais vivante et presque fière de l'être!

Un bon soir, monsieur X était rentré à la maison, extrêmement troublé; il m'avait dit, sur un ton inhabituellement gentil, qu'il était temps de partir, quitter cette maison et pas plus tard que cette nuit-même. Partons d'ici, allons le plus loin possible de cette région, tes cousins du *RPF-Intotanyi* sont revenus en force. S'ils arrivent jusqu'à nous, ils vous nous tuent. Ils tirent sur tout ce qui bouge pour venger leurs frères et sœurs Tutsi; ils te tueraient, toi-aussi, parce que tu ne pourras pas justifier pourquoi tu habitais avec *un milicien-hutu*; tu n'as même pas de carte d'identité pour prouver que tu es Tutsi, il ne te reste plus que ton joli nez, bien tracé, pour le prouver.

Il m'avait toujours parlé de ces choses politiques alors que je n'y comprenais rien. Il était tellement effrayé, cette nuit-là, que cela m'amusait de le voir faire de gros yeux de bébé terrorisé! J'aurais beaucoup ri si j'avais eu le droit de rire, comme tout le monde, mais je ne pouvais pas rire au risque de me faire tabasser comme un voleur. C'est banal, le droit de rire quand c'est drôle et quand ça vous tente, mais les Tutsi avaient perdu tous leurs droits fondamentaux, jusqu'aux plus négligeables, surtout pendant cette période de génocide. Ils n'avaient jamais été considérés comme des humains mais de bestioles sans aucune valeur, que quiconque pouvait écraser à tout moment. On les traitait de tous les noms : *des cancrelats, des serpents, de la vermine, des cafards, etc... !*

Si je m'étais permis de rire, ce soir-là, il aurait pensé que je me moquais et m'aurait passée à tabac, ou tout simplement serait parti sans moi, ce qui n'était pas moins dangereux pour moi. J'aurais pu lui demander où il comptait m'amener mais qu'importait de le savoir? Je ne lui avais pas demandé parce que cela m'était tout à fait égal, et cela ne pouvait rien changer. Je devais le suivre comme son ombre peu importe où il allait. Il avait des mains qui tremblaient, ces mains qui me giflaient à tout bout de champ pouvaient aussi tremblait...! Il avait si peur qu'il ne m'avait même pas demandé de le masturber comme il faisait presque tous les soirs. Nous avons quitté la maison peu après minuit, c'était quand même inquiétant de partir comme ça sans savoir où on va.

Avant de sortir de la maison, il avait enfilé trois couches de ses vieux pantalons, l'un par-dessus l'autre, puis avait pris du dessous de son lit un vieux sac empoussiéré, qu'il avait rempli de tout ce qu'il possédait. Que de vieilles guenilles et toutes sortes d'objets inutiles : *des paires de chaussettes touées qui sentaient les œufs pourris, des chemises qui furent blanches, devenues brunes à cause de la saleté, des pantalons effilochés et même des gri-gris qu'il disait être des porteurs de la bonne chance.* Il avait pris aussi une grosse gourde d'eau et un sac de haricots et du manioc cuits ensemble qu'il avait préparé la veille. Deux ou trois jours plus tôt, il m'avait apporté un immense vieux blue-jean, de la taille des gens obèses, qu'il avait certainement ramassé dans des ordures du coin. Il avait apporté aussi deux vieux T-shirts de la même taille.

Il m'a alors ordonné de les mettre avant de sortir. Il fallait d'abord attacher ce pantalon autour de ma taille, mais avant je devais aller trouver des écorces de bananier *(ibirere)* derrière la maison. C'était impossible de les mettre autrement. J'ai réussi non sans difficulté à me l'attacher sur les hanches, puis j'avais mis par-dessus mes épaules les deux T-shirts. Je devais ressembler au bonhomme des champs dans ces haillons, mon propre reflet m'aurait fait peur s'il y avait eu un miroir dans cette maison pour refléter mon image. La petite robe d'écolière que je portais à mon arrivée n'était plus qu'un amas de déchet emplâtré à cause de la saleté argileuse des marais et du sang de mes nombreuses blessures, car elle n'avait jamais été lavée. Monsieur X l'avait balancée avec dédain dans un coin de la maison parmi d'autres déchets.

Il ne balayait jamais sa maison sinon il l'aurait jetée depuis très longtemps. En réalité je n'avais pas besoin de m'habiller car j'étais plus souvent nue qu'habillée; à quoi bon de m'habiller quand on doit se faire violer à n'importe quel moment? J'avais mal au cœur chaque fois que je voyais ma petite robe, c'était tout ce qui restait de mon uniforme d'école, l'unique souvenir de ma vie normale d'enfant. Ce morceau d'habit était comme un livre ouvert à mes yeux, je revoyais toute mon enfance à travers ses couleurs, si délabrées soient-elles! Elle me rappelait qu'il fut un temps où j'avais une enfance normale, ce morceau d'habit me parlait dans un langage que je comprenais clairement; son filage me rappelait à quel point j'avais été un enfant aimé et choyé, que j'avais eu des parents qui prenaient soin de moi, qui me protégeaient, m'habillaient, me nourrissaient et m'avaient envoyée à l'école aussi.

J'ai soudainement vu dans cet amas de tissu vieilli tous les moments heureux de mon enfance, et mon cœur d'enfant nostalgique avait failli me lâcher! Sa couleur bleue marine était un puissant symbole malgré son état de délabrement, une pièce d'archives de mon passé par rapport à mon présent douloureux et incertain. Je n'avais que sept ans et on parle déjà d'archives, pensant à moi au passé composé?

C'est pendant des moments de crise comme ceux-là que je pensais ardemment à mon père qui tenait à faire de moi un médecin vétérinaire! Dans ses mots de père attentionné, il me disait souvent qu'il voulait que je devienne un médecin vétérinaire, un vieux rêve de son enfance qui n'avait pas abouti à cause de l'exclusion des Tutsi des écoles secondaires et supérieures. Je me rappelle l'avoir taquiné un jour en lui demandant pourquoi il n'était pas devenu médecin vétérinaire lui-même s'il aimait tant ce métier... Il ne m'avait pas répondu, mais il était visiblement très contrarié que je lui pose ce genre de question. Plus tard, j'avais compris pourquoi il avait toujours l'air triste chaque fois que j'essayais de revenir sur ce sujet. Il savait que je ne comprendrais pas le sens des quotas ethniques et régionaux qu'on imposait rigoureusement au peuple Rwandais pour pénaliser les droits de base des Tutsi. Ils n'avaient pas le droit à l'éducation, le droit d'exercer une profession et même d'avoir un passeport.

S'inscrire aux études secondaires et supérieures était un

privilège réservé exclusivement aux Hutu; si moins de 10% des Tutsi pouvaient aller à l'école secondaire, c'était encore plus compliqué de passer aux études supérieures. Il fallait payer d'énormes pots de vin, quand on n'en avait les moyens. Il va sans dire qu'il était même interdit d'accepter des pots de vin des Tutsi. Les Hutu, surtout ceux et celles du nord étaient les seuls bénéficiaires des bourses d'études, de l'État et de l'étranger. Pour distribuer des places au niveau collégial ou à la seule Université qui existait, on commençait toujours par les Hutu du nord; s'il en restait on pouvait penser aux Hutu des autres régions du pays, seulement quand ceux du nord étaient servis. S'il restait quelques places dans des collèges lointains et mal financés, le ministère de l'Éducation pouvait penser aux Hutu des régions du sud *(abanyanduga)*. À l'intérieur des fameux 10% attribués aux Tutsi, seuls les parents qui avaient les moyens pouvaient jouer des coudes, se permettre de payer des études à l'étranger à des prix exorbitants, dans des pays voisins, surtout au Congo et en Ouganda.

Il y avait une corruption sauvage dans le système d'éducation : on pouvait, entre-autre, négocier avec quelques-unes des concubines de ministres ou de militaires haut-gradés qui avaient beaucoup de pouvoir et d'influence. Elles pouvaient vous faire insérer dans n'importe quelle institution collégiale ou universitaire quand vous aviez les moyens de payer, ou payer en nature, pour les jeunes filles Tutsi. Les prix étaient plutôt prohibitifs, outranciers-même. Cela ne se faisait pas en cachette, tout le monde était au courant de ce marché noir unique lucratif. On reparlera de tout ça une autre fois, je n'avais été entraînée sur ce terrain qu'en parlant de ma robe d'uniforme scolaire... Du coup, ce petit morceau de vêtement m'avait ramené à monsieur Sylvain qui m'avait sauvée de la mort certaine dans ces marécages; il l'avait fait généreusement sans rien attendre en retour, et sans obligation, juste par amour de l'autre et son esprit inné de solidarité. Il s'inquiétait beaucoup pour moi, disant que je risquais de tomber malade parce que j'étais mal habillée pour cette saison humide.

J'étais mal habillée parce que je n'avais pas eu la chance de me préparer avant de quitter la maison en cette inoubliable nuit du 6 avril 1994. À cause de tous ces souvenirs enfouis dans mon cœur meurtri, je me suis penchée pour ramasser cette robe au passage et l'amener avec moi. Monsieur X m'a vue et s'était interposé pour m'empêcher de ramasser ma guenille. Il m'avait dit, très méchamment, de ne pas amener ce déchet. D'habitude je ne parlais jamais à cet homme, mais cette nuit-là je l'ai fait. Je l'avais supplié de me laisser emporter ma robe comme souvenir, mais il avait refusé en me donnant un gros coup de pied dans le derrière, et poussée dehors. J'ai eu le culot d'insister, mais une gifle foudroyante m'a fait taire, une fois pour toutes.

C'était très injuste; d'habitude je n'ouvrais la bouche que pour pleurer quand il me faisait mal pendant ses violentes pénétrations, mais ce soir-là, c'était pour le supplier de m'accorder ce droit banal d'amener ma robe, mais la réponse avait été catégorique, c'était non. Cette simple demande l'avait rendu fou-furieux et je ne comprenais pas pourquoi; il avait piqué une colère noire comme si je l'avais insulté; j'ai alors jeté un dernier regard malheureux sur ce morceau de tissu, c'était très pénible pour moi de partir sans cette robe, et je le quittais pour toujours; c'était comme si je quittais un membre de famille, cette famille que je n'avais plus! Je sentais qu'une partie de moi-même venait d'être oubliée dans un coin de ce taudis qui m'avait abritée pendant des jours, j'en étais très malheureuse.

Je n'ai jamais compris pourquoi il m'avait empêché de prendre ce qui m'appartenait, pourtant ce déchet n'était pas plus déchet que ses déchets à lui, qui sentaient la mort. J'avais trop de peine pour ça et je le maudissais avec toute mon âme; je crois que je ne l'avais jamais autant haï que cette nuit-là!

J'avais une telle colère que j'avais l'impression qu'elle me brûlait les poumons, je respirais mal parce que je luttais contre les sanglots qui m'étouffaient. Nous avons marché tout le reste de la nuit et une grande partie des heures matinales; je le suivais à travers les champs et les chemins sinueux dans cette obscurité qui précède l'aube, sans rien dire et sans rien demander. Cela n'avait aucune importance pour moi de lui parler; il avait un plan dont je faisais partie contre mon gré, il ne m'avait pas consultée et je voyais qu'il avait peur! Je devais le suivre fidèlement sans réfléchir, il décidait tout pour moi, mais plus tard j'ai réalisé que je m'étais trompée. Seul Dieu connaît la fin de l'homme, on n'est jamais seul quand on a la foi.

Vous comprendrez plus tard pourquoi je vous dis ceci. J'avais beaucoup prié pendant ce voyage nocturne, l'image de ma petite robe abandonnée dans un coin de sa maison ne me quittait pas. Quand le soleil s'est levé, nous nous sommes cachés; de nulle-part, je me suis mise à penser à mes derniers moments avec ma mère, et la somme de toutes ces pensées me mettait dans une situation de vulnérabilité extrême! Je priais en tout temps, même pendant que monsieur X me violait... C'était la seule façon pour moi d'endurer mes supplices. Sylvain et ma mère m'avaient tous les deux enseigné qu'il fallait remercier le Seigneur pour tout ce qui nous arrive, quelle que soit leur nature. Je dois avouer que j'avais eu d'énormes difficultés à comprendre pourquoi on devrait remercier ce Dieu qui permettait aux abrutis comme monsieur X d'abuser les enfants, mais je devais le faire comme un devoir de mémoire, ma façon à moi d'honorer les derniers désirs de ma mère et de Sylvain. Vous ne me croirez peut-être pas, mais cela m'aidait et me réconfortait.

Je ne cherchais même pas à comprendre le sens de la prière, mais aujourd'hui c'est différent, évidemment. J'ai grandi et je continue à prier, mais cette fois-ci je comprends le sens, le pouvoir et le bénéfice d'une prière. Ils n'ont pas de limites même s'ils ne sont pas mesurables aux yeux des non-croyants.

C'est d'ailleurs pour cela qu'il existe certaines gens qui ne croient en rien, qui pensent que la création est venue de nulle part, parce que ce Dieu qui n'est pas visible à leurs yeux n'existe pas. Pourtant tout ce qui existe n'est pas toujours visible! Je priais dans toutes les circonstances, mais ce serait mentir si je vous disais que j'avais jamais pris le temps de prier pour monsieur X, même si la Bible nous recommande de prier pour ceux qui nous haïssent. Je crois que la seule prière que j'aurais adressée à Dieu aurait été de Lui demander d'envoyer une foudre sur la tête de monsieur X, surtout le jour où il m'avait empêchée d'amener ma robe, le seul souvenir de mon enfance qui restait. C'était impossible de savoir où nous allions, ni dans quel piège il me ferait tomber, car les choses changeaient tellement vite à cette époque-là.

Je répétais continuellement la seule prière que je connaissais par cœur, *le Salut de Marie;* elle me faisait beaucoup de bien, elle me fait chavirer encore aujourd'hui! Il m'arrive parfois de croire que cette prière me fait flotter au-dessus de mes soucis quotidiens, me transpose dans une autre dimension, me fait quitter ce monde et me mener dans un monde surnaturel, plus paisible, et allège le poids de mon fardeau. Je me sens sereine et étrangement en paix quand je la récite, avec elle je ne suis jamais seule. Il est évident que je suis désormais majeure et vaccinée contre les intoxications religieuses qui n'ont rien à voir avec « la foi », mais mon sens de jugement me permet d'affirmer, librement, que les miracles ne se manifestent qu'aux yeux de ceux et celles qui peuvent les voir et les interpréter. Cela ne veut pas dire qu'on devient des supermen pour autant, ni vous autorise de parler en des langues fafelues pour impressionner votre entourage, pour votre propre gloire. Les gens aiment ça, même si n'est pas important.

Il ne sert à rien de s'obstiner à dire que ce qu'on ne peut pas toucher n'existe pas, alors que les choses et surtout *les non-choses* qu'on ne voit pas sont plus utiles et même plus nombreuses dans notre vie. Même la science affirme que l'immensité de l'univers n'a pas de limite, que des systèmes solaires galactiques se comptent par milliards, que la voie lactée regorge d'étoiles et des lunes encore inconnues, l'homme est si minuscule dans cet univers, et n'est rien par rapport au reste de la création divine, pourtant il s'obstine à dire qu'il est venu de nulle part, parce qu'il prétend être *smart!* On vient de quelque-part mais on l'ignore encore; le récit biblique de la création est peut-être difficile à comprendre, mais cela ne nous donne pas le droit de nier la vérité, l'existence du Créateur. Pourquoi, dès lors, un tout petit homme, invisible par rapport aux astres et aux volcans, infiniment petit à côté d'un dinosaure ou d'un baobab qui peut vivre de longues années dans le désert, où l'homme et son arrogance mourrait en moins d'une semaine, s'il ne buvait pas. Voilà des questions que je me pose, qui n'ont pas de réponses, qui me font vibrer et espérer qu'il y a des grandes plaines au-delà de la montagne.

Il n'y a que l'ego d'homme fou et libre que nous sommes qui nous voile les yeux du cœur et nous éloigne de ce monde des merveilles invisibles. Il y a beaucoup de choses qui ne s'expliquent pas, que la science même la plus avancée, le système de calcul nucléaire inclus, ne connaissent pas encore, alors qu'ils sont dans la nature, loin, très loin dans des galaxies lointaines non-explorées.

Pour revenir à nous, comment expliquer aujourd'hui que mon chemin et le tien, cher Lionel, se soient croisés dans cette vallée? Tu faisais paître tes animaux comme d'habitude, moi je faisais ma route vers l'inconnu; j'avais parcouru plus de dix mille kilomètres pour venir te rencontrer dans cette vallée comme si nous avions pris rendez-vous, pourtant on ne se connaissait même pas et voilà où nous en sommes! Les plus incrédules vous diraient que ce sont des choses qui arrivent, mais pas moi. Ce genre de chose ne peut pas être un fait de hasard ni un concours de circonstances; chaque chose arrive en son temps et pour une raison; c'est cette raison qu'on ne comprend pas toujours de la même manière, parce qu'elle n'est pas mesurable.

C'est un mystère qui demeure une équation non-résolue par les capacités de l'homme, mais moi, je reste convaincue que c'est par la grâce de Dieu que nous nous sommes revus. Nos étoiles s'étaient alignées comme on dit, je rends grâce à Dieu.

Lionel et Denise m'avaient écouté très attentivement sans faire de commentaires, mais Denise semblait être de plus en plus mal à l'aise. Je la voyais changer constamment de position, tantôt debout, tantôt sur le côté gauche ou droit, mais refusait toujours d'aller se reposer. Lionel profita d'une petite pause que demandait Denise pour poser une question qui lui brûlait la langue depuis un certain moment.

Dis-moi, chère Adélaïde; tu ne t'en rendais peut-être pas compte, mais tu as fréquemment évoqué le nom de Sylvain, comme si nous le connaissions. C'est qui cet homme dont tu parles de tant de bien depuis que tu es ici?

IV

J'AI ÉTÉ ADOPTÉE PAR UN FUGITIF

Je suis vraiment désolée, mon oncle, je ne me rendais pas compte que je répétais le nom de Sylvain mais cela ne m'étonne pas. Il est quasiment impossible de parler de moi et ma mésaventure sans parler de Sylvain. Cet homme a été au centre de ma vie de fugitive, je lui dois tout. Il n'y aurait pas d'histoire qui me concerne si je ne l'avais pas rencontré; nos chemins se sont croisés tout à fait par hasard, précisément dans la vallée où je m'étais réfugiée. Si je devais vous décrire Sylvain, en un mot, juste un seul, je vous dirais qu'il était un ange, mon ange-gardien. La seule différence entre lui et les anges, c'est qu'il avait un corps humain comme toi et moi, qu'il n'avait pas d'ailes pour voler comme les anges. Comme mon père, il a été tué en essayant de me protéger. J'avais été sous sa garde vigilante pendant plusieurs semaines dans cette vallée de toutes les misères, je continue même aujourd'hui à croire qu'il veille encore sur moi, de là-haut, parce qu'il est allé au Ciel, sinon le Ciel n'existerait pas. Si je commençais à vous parler de lui maintenant, oubliez la fatigue, car vous ne pourrez pas m'arrêter de parler de cet homme.

Sylvain était un homme exceptionnel, un ange comme je le disais, jusqu'à ce qu'il me soit enlevé aussi, comme tous les autres membres de ma famille avant lui. J'ignore dans quelles conditions il a été tué, je n'ai même pas vu ses restes, mais je le sais de source sûre, il a quitté la terre des hommes, tué à la machette. Je suis convaincue que son Dieu avait estimé qu'il en avait assez fait sur terre, sinon Il ne l'aurait pas laissé tomber dans ce guet-apens (kugwa mugico) des miliciens qui le recherchaient depuis le début du génocide.

Il savait lui-même qu'il était activement recherché mais cela n'avait jamais ralenti son effort d'aider les plus vulnérables comme moi. Si j'avais eu à faire un choix de quitter la terre avec lui, il ne serait pas parti sans moi. J'aurais choisi de partir avec lui sans hésitation, mais aucun Tutsi n'avait le droit de faire un choix à cette époque-là. J'ai prié pour lui, demandé au Seigneur de l'accueillir parmi les siens, et je suis convaincue que mes prières ont été exaucées. Non seulement il s'était improvisé dans ma vie comme un vrai papa après la mort du mien, il était aussi un homme de grand cœur, attentionné aux besoins des autres. Il ne m'avait pas protégée seule, il veillait aussi sur la vie de plusieurs autres fugitifs dans cette vallée, tout le monde se sentait en sécurité auprès de lui. Nous avons appris qu'il avait été surpris par *les hutu* sur son chemin de retour de la ville où il était allé nous ravitailler; c'était un devoir qu'il s'était assigné, il y allait souvent, à ses risques et périls. Nous étions un large groupe de Tutsi qui avaient trouvé refuge dans ce marécage, où il m'avait adoptée; j'étais vraiment sa fille au vrai sens du terme. Nous étions nombreux dans ce camp : hommes, femmes et enfants, mais personne d'autres que moi n'a survécu.

Je ne pourrais pas vous dire combien d'aller-retours risqués Sylvain faisait chaque semaine pour notre survie, mais personne ne l'avait jamais entendu se plaindre de quoi que ce soit. Mais quelque-chose me dit que vous le connaissez; il m'avait dit que mon père était l'un de ses proches amis, qu'ils avaient grandi ensemble dans leur jeunesse, qu'ils avaient même travaillé ensemble pendant leurs belles années. Il paraît qu'il venait assez souvent chez-nous, mais je ne me rappelais pas l'avoir vu auparavant.

Oh oui, effectivement je vois de qui il s'agit. C'est vrai qu'il était très proche de Claver, ils avaient même travaillé ensemble pendant quelques années.

Je m'en doutais.... Il était seul quand il m'avait retrouvée dans ce marécage et m'avait expliqué plus tard que sa famille avait été décimée. J'étais perdue et désespérée dans la vallée, il m'avait sauvée de la mort certaine. Un peu plus tard, il m'avait raconté en détails comment sa femme, ses deux filles ainsi que tous les membres de sa famille avaient été passés à la lame de machette, au matin du 7 avril. À force de parler avec lui, j'avais découvert que j'allais à la même école que ses deux filles, qui étaient de mon âge, mais je n'avais jamais rencontré leurs parents. Ce que je voudrais que vous sachiez au sujet de Sylvain, il était un homme de toute bonté, d'une énergie et d'une générosité sans limite. Son sacrifice ne se compare à rien que je connaisse, sans lui je serais morte desséchée par la soif dès mon quatrième jour dans la vallée.

Cela faisait près d'une semaine que j'étais séparée de ma famille, j'étais seule en forêt, sans aucune protection. Il était devenu *ma nouvelle famille* jusqu'à ce qu'on me l'enlève, une des étapes de ma vie que je n'oublierai jamais! Nous étions deux, lui et moi, mais plus les jours passaient, d'autres fugitifs nous rejoignaient. Malheureusement tout ce monde a été massacré après la mort de Sylvain. Ils ont été massacrés par l'équipe de monsieur X, ce même homme qui avait eu pitié de moi, *pour des raisons que j'ignore,* qui m'avait amenée chez lui pour faire de moi son esclave sexuel, lui qui prétendait m'avoir sauvée par compassion. Je pense qu'il avait suivi une voix intérieure qui lui disait ce qu'il fallait faire, sinon cet homme qui tuait comme il respirait ne pouvait pas me sauver. Je n'étais pas la plus belle du groupe, il y avait de très jolies femmes qu'ils ont abusées avant de les tuer, mais ce fut juste moi qu'il avait choisi d'épargner.

Pourquoi? Je n'ai jamais osé lui poser la question, mais je peux parier qu'il n'aurait pas eu de réponse à me donner. Une fois de plus, la mort n'avait pas voulu de moi. Le jour où Sylvain a été tué, je n'avais plus envie de vivre après sa mort, cela n'avait plus aucun sens pour moi de vivre. Son courage avait maintenu en vie des dizaines de gens contre toute attente, mais la vérité est que même si ces pauvres gens n'avaient pas été tués à la machette, ils seraient quand même morts, par déshydratation car Sylvain n'était plus là pour nous ravitailler en eau. Il était le seul qui pouvait faire cette corvée suicidaire, pourtant il y avait d'autres hommes dans ce camp. J'ai beaucoup pleuré sa mort, j'aurais sincèrement préféré mourir avec lui que de vivre après lui; plus rien dans la vie ne m'intéressait, tout ce qui m'était cher n'existait plus.

Si je ne suis pas morte à ce moment-là, en grandissant j'ai compris que Dieu avait un plan pour moi, un plan spécial qui m'avait été prédestiné pour une raison improbable, qui reste à découvrir. Je n'avais pas cherché à comprendre à quoi pourrait ressembler ce plan, mais je savais qu'il existait. On dit que le chemin qui mène au bonheur est long et pénible, j'ai de bonnes raisons d'y croire plus encore aujourd'hui, car j'ai une vague impression de me rapprocher du but depuis notre mystérieuse rencontre. Il n'y avait absolument rien dans cette vallée qui pouvait nous apporter la joie, mais je peux dire que j'étais heureuse auprès de Sylvain! Je ne comprenais pas pourquoi je ne mourrais pas alors que tout le monde mourrait autour de moi; Dieu m'a accompagnée à travers toutes mes rudes épreuves pour que sa gloire se manifeste en nous j'estime que c'est le couronnement de mes longues années de lamentations, *Alléluia!*

Pendant que je planifiais ce retour au pays, je me rappelle qu'il était hors de question de me faire des illusions, ni penser à l'éventualité de tomber sur un rescapé que je reconnaîtrais, de près ou de loin. Cette idée n'avait jamais traversé mon esprit; aucun signe, aucun rêve même trompeur rien ne pouvait m'amener de ce bord. J'ai vu tant de miracles dans ma vie, toujours difficiles à interpréter : je pense, entre autres, aux viols sexuels répétitifs que j'aie subis chez monsieur X, cet individu abject qui passait tout son temps à violer les femmes de toutes sortes avant de les tuer, qui violait même les cadavres, mais qui ne m'avait transmis aucune maladie.

Je n'ai même pas contracté de rhume depuis ce temps. D'après les experts de santé que j'aie consultés, cela tient d'un miracle de ne pas avoir été contaminée, cet individu ne pouvait pas être sain; il était malade mais ne m'avait pas transmis ses virus. Tous les cliniciens spécialisés qui ont étudié mon cas dans des laboratoires hautement sophistiqués n'ont rien trouvé; tout le génie médical dont j'étais devenue un cobaye m'ont assurée que ma santé était en parfait état. Alors c'est quoi, si cela n'était pas un miracle? Quand je racontais aux médecins mon histoire, ils étaient eux-mêmes septiques des résultats de mes tests et redemandaient les nouveaux tests, dans des labos différents pour être sûr, mais ceux-ci étaient toujours négatifs. Évidemment les scientifiques ne parlent jamais de miracle, ils disent qu'il s'agit de phénomènes qu'ils ne peuvent expliquer sur le plan scientifique, juste pour ne pas valider le mot *miracle*.

Tout ce qui est insolite ou se rapproche de l'énigme spirituel ne les intéresse guère, même quand ça saute aux yeux. Nous savons aujourd'hui combien il y a de gens porteurs du virus mortel du VIH sida dans le monde, surtout en Afrique en guerre où tout se passe, où les viols sexuels collectifs sont utilisés comme des armes de destruction massive. Rares sont les femmes qui s'en sortes saines et vivantes.

Au moment où je vous raconte tout ceci, on parle du Covid-19, un virus inconnu qui tue les gens à un rythme absolument fou; ce virus est d'une contagion jamais égalée, il a mis le monde entier à genou. Il ne me fait pas peur; je dis *(dans les blagues à mes amis)* que si je n'ai rien pris de monsieur X, aucun autre virus ne pourrait me faire peur... C'était inévitable que je sois contaminée mais cela n'a pas eu lieu. Quelqu'un peut me dire par quelle magie je n'avais pas attrapé ces vilaines maladies? Voilà pourquoi il convient pour moi d'appeler ça, un miracle.

Par contre, il y a un autre défi qu'il me reste à relever, une autre forme de maladie moins inconnue par la science, que j'aurais attrapée lors de ces abus sexuels, qui n'est pas moins dangereux, et dont je doute qu'il se soigne; je hais tout ce qui est mâle : *un garçon;*

un chien; un taureau; un coq; un bouc, etc....! Tout ce qui porte zizi me terrifie! Je ne peux pas parler au garçon ni le côtoyer, uniquement parce que je sais qu'il cherchera, tôt ou tard, à coucher avec moi alors que j'en éprouve un dégoût total. Aux États-Unis ou je me suis fait soigner, certains médecins me demandaient si j'aimais plutôt les femmes, autrement dit si j'avais des prédispositions lesbiennes, ce qui est fréquent là-bas, mais ce n'est pas mon cas. Je déteste les hommes pour ce qu'ils ont fait à ma mère, et pour ce m'a fait monsieur X, sinon je ne fais partie du groupe LGBTQ. Cette situation est si sérieuse qu'il m'arrivait d'aller au cinéma avec des amies, et que si par malheur quelques scènes de sexe apparaissaient à l'écran, même pour quelques secondes, mon estomac se retournait.

J'arrêtais de regarder ce film et quittais précipitamment la salle pour aller vomir. Pourtant, je n'ignorais pas que les acteurs de cinéma ne font que mimer l'amour, mais je n'arrive pas à les voir. Ça me rend folle de regarder ces actes, au grand désespoir de mes amies et mes parents adoptifs. L'acte sexuel, même mimé me ramène l'odeur nauséabonde du sperme de monsieur X et la puanteur de ses aisselles quand il montait sur moi. Je revois son visage cruel à travers tous ceux qui s'accouplent et mon cerveau se bloque; je réagirais de la même manière, qu'il s'agisse de taureau, de bouc ou de bonobo, c'est absolument intolérable pour moi. Pire encore, j'éprouverais le vertige si je lisais un livre qui parlait de sexe quelque part dans ses pages, pourtant les sexologues que j'ai consultés me recommandent ce genre de lecture pour m'habituer à vivre avec mon mal qui, paraît-il, ne guérit pas.

Aujourd'hui, j'en parle si aisément pour la première fois, sans avoir de nausée et je ne sais pas pourquoi. Généralement je n'en parle pas en dehors du cabinet de mon médecin qui me suit depuis de longues années; cela m'étonne vraiment de réaliser que je suis à l'aise devant vous, à vous raconter tout ça. Ce n'était jamais arrivé auparavant, c'était mon secret le mieux gardé, mais voilà, ce ne l'est plus, vous le partagez désormais. Mon cœur n'a même pas flanché, c'est vraiment étrange; normalement j'aurais vomi en abordant ce sujet tabou pour moi.

C'est quand même étonnant que je n'arrive pas à oublier l'odeur de cet individu, un quart de siècle après sa mort! C'est comme s'il m'avait imprégnée de son odeur comme un fauve qui délimiterait son territoire avec son urine. Son odeur est encore si forte autour de moi, si bien que parfois j'ai l'impression qu'il n'est pas loin de moi. C'est devenu si traumatisant que quand je me retrouve seule dans ma chambre, je ne peux pas éteindre les lumières pour mieux dormir, car je sens son fantôme rôder autour de moi et l'odeur de son sperme se faire plus intense; pourtant il est mort depuis très longtemps, mais il me semble que je suis restée son otage sexuel.

Pour revenir à notre cavale nocturne, nous avions quitté sa cabane pour fuir les rebelles du *FPR-Intotanyi*, et avions marché à travers la brousse, traversant monts et vallées dans l'obscurité totale, sans prendre de repos. On se cachait au lever du soleil car on ne pouvait pas marcher à découvert. Les crépitements d'armes étaient de plus en plus intenses, on avait l'impression que ces rebelles étaient près de nous, et monsieur X était extrêmement neveux. Quand le bruit des armes faisait trembler les montagnes, il se ratatinais comme un porte-pic et se cachait la tête dans les herbes. Il ne ratait aucune occasion pour m'insulter, car il pensait que je me moquais de son comportement ridicule, disant que tout cela était ma faute, la faute de tous les Tutsi.

Il me jetait le blâme en vociférant des mots cruels, me reprochant gratuitement d'être de mèche avec ces maudits rebelles, que je ne connaissais même pas. Je suis trop jeune pour mourir, disait-il... toi tu auras probablement la vie sauve, car il s'agit quand même de tes cousins, ils sont ta famille, après tout. Je ne disais rien, mais je savais qu'il aurait aimé que je lui dise quelque chose, que j'approuva son point de vue ou partage ses peurs et ses préoccupations, mais je n'en disais rien et cela l'agaçait. Il était furieux et me donnait des coups de pieds, ou me crachait au visage, mais je restais de marbre, car j'étais habituée à sa violence physique et verbale.

Quand je n'avançais pas à son rythme, il m'attendait, non pas par gentillesse mais pour me donner d'autres coups de pied, disant que j'étais fainéante comme tous les enfants de putes Tutsi! De sa bouche, il ne sortait que du venin, son langage était toujours ordurier et méprisant, mais j'avais appris à vivre avec ça.

Cela m'amusait de le voir aussi effrayé par ces soldats qu'il traitait de bons-à-rien, de bestioles qu'on écrasait sans conséquences, alors qu'il ne les avait même pas vus. Cet individu était une vraie bourrique, j'avais eu tort de penser qu'il était superman alors qu'il n'était qu'un poltron malgré sa carrure imposante. Il avait tellement peur des rebelles du FPR qu'il lui arrivait de faire pipi dans ses culottes au moindre bruit. On sentait qu'ils se rapprochaient, car on pouvait entendre des sifflements de balles perdues qui faisaient osciller les échos dans la montagne, dans quel cas monsieur X plongeait dans le premier trou à rat, à la vitesse d'une une taupe *(ifuku)* effrayée ; il pouvait rester là-dedans pendant de longues minutes. Il se jetait à terre et se mettait à ramper comme une vipère, mais quelle ironie! Il me traitait souvent de petit serpent et c'était lui qui rampait? Je n'avais aucun besoin de ramper parce que j'étais favorisée par ma petite taille. Je marchais droit debout derrière lui, d'une part parce que je n'avais pas peur de mourir, au contraire je le souhaitais, mais d'autre part, c'était le mois d'avril et la végétation était plus haute que moi.

Monsieur X avait apporté beaucoup de provisions en eau et en nourriture; il mangeait quand on s'arrêtait mais ne m'en donnait à peine que quelques miettes; cela ne m'étonnait pas, ce n'était pas nouveau, c'est ce qu'il avait toujours fait. Il était vraiment mauvais avec la bouffe, c'était un vrai glouton; il disait qu'il devait gérer avec prudence sa maigre provision d'autant plus qu'il ignorait combien de temps pouvait durer sa cavale, moi je ne comptais pas. Après deux nuits de marche, d'autres fugitifs hutu nous avaient rejoints. Il y avait beaucoup d'hommes, de femmes et d'enfants; ils arrivaient massivement de tous les côtés, comme s'ils s'étaient donnés rendez-vous dans ces montagnes de l'ouest du pays.

J'ai constaté qu'ils avaient aussi peur que monsieur X, je ne comprenais pas pourquoi. En effet, selon la description ethnique que les colons avaient forgée pour les Rwandais, ces nouveaux fugitifs n'étaient pas des Tutsi; je les voyais, ils étaient trapus avec de gros nez, à ma connaissance on ne tuait que les Tutsi; que fuyaient-ils alors? J'étais confuse; il y a des choses qu'on ne comprend pas à l'âge que j'avais... Peu à peu ce groupe de fuyards s'agrandissait, on est resté ensemble pendant plusieurs jours. Les hommes passaient leur temps à discuter de plusieurs sujets, mettant plus d'emphase sur les supplices dont ils seraient infligés si les rebelles *Inkotanyi* les rattrapaient.

Ils en avaient une peur bleue. Je crois qu'il y avait des soldats parmi nous, car je voyais des gens en uniforme militaire, mais pas de fusils. Ils avaient tous la même chanson, que ces rebelles sont très cruels, impitoyables, qu'ils n'auraient pitié pour personne, les femmes et les enfants inclus. Comment pouvaient-ils dire ces choses? N'étais-je pas, moi-même, un enfant? Ma mère n'était-elle pas une femme? Est-ce que leurs frères ou cousins miliciens avaient eu pitié de nous? Je me suis replongée dans ma prière qui était mon seul refuge; cette fois-ci je demandais au Seigneur une seule chose : que ces soldats nous rattrapent au plus vite et nous tuent. Je ne sais pas si j'étais révoltée par leurs complaintes ou si mon envie de mourir était revenue. Je me sentais bizarre, coupable même de me retrouver au milieu de ces roublards, car tout le monde me regardait de travers comme si j'étais un mouton noir du groupe. Visiblement ils se posaient beaucoup de questions à mon sujet, et me faisant sentir que je n'étais pas à ma place. Étonnamment monsieur X l'avait remarqué. Pour les rassurer, il avait dû inventer un lourd mensonge, que j'étais sa nièce!

Sa nièce, moi? Et depuis quand?

Comme moi, ces individus ne l'avaient cru, ils en riaient même! Ils me regardaient avec suspicion et ne cachaient pas leur aversion à mon égard; je pouvais le lire dans leurs yeux haineux. Certains individus guettaient le moment propice pour me faire du mal, peut-être envisageaient-ils de violer à leur tour, ou me pousseraient dans un ravin. Il y avait un type en particulier qui avait l'air imbécile, qui n'avait pas arrêté de m'agresser verbalement, qui me demandait comment j'avais eu le culot de me trouver parmi eux! Il agressait aussi monsieur X, lui reprochant constamment d'avoir menti à mon sujet; il n'avait pas cru que je puisse être sa nièce, moi, l'enfant de serpent! On lui avait clairement signifié qu'il était traître, qu'il devrait quitter le groupe avec cette vermine qui risquait de leur attirer un malheur. Ceci va vous étonner, mais quand la situation se gâtait, ironiquement je me refugiais auprès de monsieur X et il ne pouvait pas oser me repousser; il devait sauver son honneur, *s'il lui en restait!*

Il fallait qu'il assume son mensonge et joue pleinement le rôle de mon oncle, mais ce n'était pas une mince affaire de jouer ce rôle imaginaire; il l'avait voulu. Ce n'était pas qu'il avait nécessairement voulu me protéger, il avait réagi un peu trop vite sans penser aux conséquences et voilà qu'il était condamné à vivre avec son mensonge. Par contre, il n'avait pas à s'en inquiéter trop; peu importe ce qu'ils pouvaient penser, sa carrure de gladiateur Romain obligeait les gens à garder la distance. En effet personne n'aurait osé s'aventurer dans son espace ni dans le mien; même les plus virulents devaient penser deux, ce mec était bâti comme un robot de métal.

J'avais particulièrement peur d'un homme, le seul individu qui portait une arme en tout temps. Il crachait par terre chaque fois qu'il croisait mon regard, il représentait un réel danger pour moi. C'était lui qui avait insisté pour connaître ma relation exacte avec monsieur X, qui avait eu du mal à croire à ses explications. Il avait menti que son frère avait épousé une femme Tutsi, ma mère, qu'ils étaient morts tous les deux et qu'il avait promis à son frère de protéger sa fille unique. Cette fille, c'était moi! Comprenez-vous à peu près ce qui me poussait à dire que j'ai vu beaucoup de miracles dans ma vie ces dernières années? Celui-là aussi en était un autre et non le moindre!

Peu d'individus avaient cru monsieur X car les mariages mixtes étaient fréquents malgré l'interdiction officielle d'épouser les filles Tutsi, mais d'autres n'avaient cru un seul mot de son histoire, dont l'homme au pistolet. Il était sceptique et m'aurait même trouée le crâne avec une balle dans la tête s'il n'avait pas eu peur de monsieur X. Ne me demandez pas pourquoi ce monstre avait senti le besoin de mentir pour moi, c'est encore un mystère pour moi. Restait-il encore un peu d'espace de compassion et d'humanité en lui, malgré sa toute bestialité?

Peu importe ce qu'il a fait ou pas fait, il restait le même monstre à mes yeux et dans mon cœur et cela ne pouvait pas changer. Peut-être m'aimait-il comme il avait dit? Quand bien même cela aurait été le cas, mes sentiments envers lui resteraient inchangés; je ne pouvais que le haïr même si j'avais besoin de lui plus que jamais à ce moment-là. Son mensonge m'a été d'une grande utilité pendant toute la durée de notre cavale, même plus tard. J'étais très vulnérable au milieu de ces miliciens, je ne sais toujours pas ce qui les empêchait de me tuer; seule la présence intimidante de monsieur X ne pouvait suffire. Quand nous devions courir à travers la brousse, tout le monde courait toujours plus vite; même les enfants de mon âge et les moins âgés étaient plus rapides que moi. J'avais été extrêmement affaiblie par ma condition de privation en nutrition, mais surtout par des viols répétitifs qui m'avaient sévèrement endommagé les hanches; même pour faire pipi était une torture, mes parties génitales n'étaient plus qu'une grosse plaie entre mes cuisses, c'était tout ça qui rendait chacun de mes mouvements douloureux.

Quand monsieur X s'apercevait que j'étais restée loin derrière, il était obligé de m'attendre. Il n'osait plus m'insulter ni me donner des coups de pieds dans le derrière comme il faisait avant, il ne voulait pas se contredire devant tout ce monde qu'il avait convaincus que j'étais sa nièce. Sa bêtise était clairement devenue mon bouclier et mon refuge, même si cet écran de fumée avait le seul but de couvrir son orgueil. À un moment donné, il m'avait même portée sur ses épaules pour traverser une rivière, car j'avais toujours peur des rivières. Il m'avait portée quand les autres enfants de mon âge devaient se débrouiller seuls ; ils riaient de moi de voir à quel point j'avais peur de l'eau; je me comportais comme une chèvre qui ne se mouille jamais les pattes, même pas dans une toute petite flaque d'eau. Aujourd'hui quand j'y pense, je revois cette rivière que j'avais traversée sur son dos et je me dis que les hommes sont vraiment bizarres! Voulait-il sauver la face uniquement ou avait-il d'autres idées derrière la tête? Pensait-il continuer à abuser de moi quand on n'aurait passé la frontière ou avait-il soudainement pitié de moi, pour de vrai? La seule réponse que je trouve probable, c'est qu'il y a des secrets dans le livre de ma vie qui doivent être révélés, l'un après l'autre, en temps opportun!

Qui aurait imaginé que monsieur X se donnerait autant de mal pour moi, jusqu'à sortir un tel gros mensonge de son sac pour me protéger? Quand ils s'arrêtaient pour manger, il ne pouvait plus me jeter des restes, on mangeait tous les deux. Ses amis n'arrêtait pas de me regarder; ils m'observaient comme si j'étais un extra-terrestre, je me demandais en quoi j'étais si différente des autres enfants! Je trouvais cela embarrassant mais je ne pouvais rien y changer. Je n'osais même pas m'éloigner de lui, il était mon refuge de tous les instants. En plus de l'homme au pistolet que je considérais le plus menaçant, il y avait aussi une femme qui me regardait avec une colère obsessive, qui me faisait des signes de menace à l'insu de monsieur X. Elle m'aurait froidement tordu le cou s'elle en avait eu la moindre occasion.

Pour dormir quand il fallait camper, je m'allongeais comme une chatte sous le manteau de monsieur X. Je suffoquais sous son aisselle à cause de l'odeur de putréfaction qu'il dégageait, mais c'était le seul endroit où je pouvais me sentir en sécurité. Il me laissait dormir et ne me faisait même pas d'attouchements comme il avait habitude de faire. À part cette odeur repoussante, tout se passait bien sous ses haillons! Pendant tout le temps de notre course devant l'avancée des combattants du FPR qui prenaient de plus en du terrain, j'étais plus ou moins bien. Je n'étais plus violée pour un moment, j'étais même respectée parce qu'on craignait mon redoutable protecteur. Je priais en silence pour que ces soldats du FPR nous rattrapent, malheureusement ce n'est pas arrivé. Je me rappelle une nuit, il avait plu abondamment et il faisait très froid dans ces montagnes de l'ouest du pays.

Tous les enfants s'étaient réfugiés dans les pagnes de leur mère, il n'y avait aucune autre possibilité de s'abriter. J'étais le seul enfant qui n'avait pas de mère pour m'abriter, tout le monde regardait monsieur X, se demandant pourquoi il ne m'avait pas laissé sa nièce entrer sous son gros manteau. Avait-il momentanément oublié que j'étais toujours et encore l'enfant de son frère? Une fois de plus son mensonge le rattrapait. Penaud, il m'avait affectueusement attirée vers lui et mise à l'abri. Il était temps; j'en ai profité pour me réchauffer contre son corps chaud; il sentait encore plus mauvais à cause du mélange de la chaleur corporelle et l'eau de pluie qui traversait les couches de ses vieux habits. En réalité, tout le monde sentait mauvais.

C'était inévitable à cause de la saleté mêlée de transpiration. Je grelottais sous cette pluie torrentielle qui tombait drue, mais surtout à cause du vent qui soufflait à écorner les bœufs. La situation s'aggravait d'heure en heure, le vent soufflait si fort qu'il brisait les branches d'arbres autour de nous et la foudre frappait toutes les cinq minutes. Tous ce bruit faisait trembler les montagnes, chaque coup de foudre était précédé de larges éclairs fluorescents qui déchiraient le ciel comme des feux d'artifice; on ne pouvait pas distinguer le bruit du tonnerre de celui des canons mitrailleurs qui compétitionnaient à nous arracher le cœur.

Nous sommes restés cachés toute la nuit car il pleuvait abondamment. J'en ai profité pour dormir comme un bébé dans le flanc de mon prédateur d'hier, métamorphosé en oncle imaginaire, mais quelle ironie du sort...! Le lendemain matin, nous étions tous aussi laids que des cochons, mais Dieu a pensé à tout; Il a créé le soleil et il était au rendez-vous pour nous réchauffer. Nous nous sommes débarbouillés sommairement dans des flaques d'eau laissée par l'eau de pluie. Je ne pourrais pas vous dire où nous étions rendus ni où nous allions; j'avais perdu le nord... J'avais entendu dire que nous allions au Zaïre, mais moi je ne savais même pas de quel côté était le Zaïre ni ce qui se passerait quand nous y arriverions.

Après quelques heures de marche, un individu aux couleurs militaires donna des ordres en criant sur la foule; c'était le fameux homme au pistolet. Tout le monde s'est mis au garde-à-vous pour écouter ce qu'il avait de si important à annoncer. Il hurlait si fort qu'on aurait pensé qu'une catastrophe nous tombait dessus. On retenait notre souffle mais il ne semblait pas pressé à lâcher *sa bombe*, et on s'impatientait. J'aurais aimé savoir ce qui se passait mais je ne pouvais même pas poser de question; à vrai dire cela m'était égal; peu m'importait ce qui risquait de nous arriver, et ce n'était pas si sûr si mon défenseur m'aurait expliqué ce qui se passait. Quelques moments plus tard, l'homme au pistolet reprit la parole et dit : je vous annonce que nous passerons la frontière du Rwanda vers le Zaïre en moins d'une heure, si tout va bien, et...

Avant même qu'il ait complété sa phrase, ils s'étaient mis à applaudir, enthousiastes et surexcités par nouvelle, moi je ne comprenais pas la différence que cela pouvait faire. Cet homme s'est fâché et a tiré une balle en l'air pour les faire taire, car ils devenaient incontrôlables. Leur joie éphémère s'est éteinte comme une flamme de bougie au vent. Ce mec avait dû tirer un deuxième coup de pistolet en l'air avec colère, cette fois-ci tout le monde s'était tu et prêté l'oreille. Il nous intima, sur un ton vachement militaire, d'écouter ce qu'il avait à nous annoncer. Dans un silence assourdissant, quand même les enfants le regardaient bouche-bée, il avait recommencé et continué ce qu'il avait à nous dire, que nous allions passer la frontière, mais que cela ne voulait pas dire que notre misère serait terminée. Au cas où vous l'ignoriez, je vous qu'il y a des lois internationales très rigoureuse qui encadrent les réfugiés et les biens qu'ils amènent dans leur pays d'accueil.

Il est clairement stipulé dans ces lois qu'il est strictement interdit d'amener des armes non-déclarées dans un pays où l'on cherche l'asile. Dès lors, il est impératif d'observer cette loi sinon on s'attirerait les foudres de la justice Zaïroise. Je vous dis ceci car je sais qu'il y a des gens parmi nous qui ont des armes; il va falloir vous en séparer, nous avons l'obligation de les remettre à la police locale. Je ne dis pas que vous aviez tort de les amener, les rebelles du FPR sont suffisamment fous qu'ils viendraient jusqu'à nous, même au Zaïre; ils n'ont peur de rien et ne respectent aucune loi, c'est pour cela d'ailleurs qu'on les appelle des rebelles! À présent, tout devrait bien se passer si vous faites attention à ce que je viens de vous dire; je vous demande de me montrer vos armes et leurs munitions, surtout ne m'obligez pas à vous fouiller. Nous avons l'obligation stricte de les remettre aux autorités dès qu'on aura passé la frontière, mais tant pis pour quiconque essayera de tricher, le prix à payer sera lourd de conséquences. Vous avez tout intérêt à vous conformer aux instructions avant de mettre tout le monde en danger.

À mon grand étonnement, j'ai vu tout le monde s'avancer vers lui et déposer son arme à ses pieds. Même certaines femmes en avaient une, pourtant je ne m'en étais pas rendue compte. Ils ont tout remis, même quelques boîtes de munitions qu'ils sortaient de leur sac. J'étais ahurie de voir ça; même monsieur X avait un gros pistolet qu'il avait sorti de ses gros menteaux.

V

MA DEUXIÈME VIE DANS UN CAMP MILITAIRE DU ZAÏRE

L'homme au pistolet avait expliqué ce qu'on devait savoir sur le Zaïre; il avait dit que ce pays était immense et presqu'inhabité, que ce n'était même pas si sûr qu'on rencontrerait facilement des autorités locale dans ce coin perdu. Aussi longtemps que les gardes-frontières ne nous auront pas interceptés, ce qui est peu probable, mais cela ne nous empêche pas de rester vigilants et respectueux de la loi internationale.

Moins d'une heure plus tard, sans même nous en rendre compte, nous marchions librement sur le territoire zaïrois. C'est ce qu'ils disaient, mais moi je n'avais remarqué aucune différence entre le sol Rwandais et le sol Zaïrois; c'était la première fois que je foulais le sol d'un pays étranger, mais pour moi cela ne changeait rien. Je m'attendais quand même à voir quelque-chose de différent, mais je voyais les mêmes montagnes, les mêmes arbres, les mêmes chemins... Il n'y avait absolument rien de nouveau! C'était très tôt le matin, cette fois-ci nous avions le droit de marcher en plein jour, sans nul besoin de nous cacher. C'était ça qui était nouveau pour moi. La journée s'annonçait belle et radieuse, il n'y avait aucun nuage, le ciel était d'un bleu marin limpide, qui donnait l'impression d'un océan; on aurait pensé qu'il coiffait les hautes cimes de ces montagnes gigantesques qu'on distinguait au loin.

Nous avons marché pendant de longues heures sur cette route caillouteuse mais on n'avait pas rencontré d'autorités locales comme il était prévu. Ce n'est qu'au milieu de l'après-midi que nous avions entendu un bruit de moteur; un gros véhicule se dirigeait vers nous, un camion militaire rempli de soldats armés jusqu'aux dents. Quand il est arrivé jusqu'à nous, c'était la poisse générale; tous ces hutu étaient effrayés, mais moi non. J'étais plutôt heureuse. Je me disais qu'ils allaient nous tuer et le je souhaitais vraiment. Le temps de battre une paupière, tous ces soldats sautèrent à terre sans même attendre que le camion s'immobilise complétement, armes au point, l'air grave!

Peut-être avaient-ils remarqué ces fagots d'armes que portaient trois de nos hommes, ce qui nous mettaient dans une situation délicate. Leur commandant ordonna, sur un ton absolument terrifiant, qu'on se mette en rang; tout le monde avait obtempéré sauf moi; j'étais la seule personne qui restait debout et qui n'avait pas mis ses mains derrière la tête! J'étais ravie de ce nouveau développement des faits, pour moi ma prière allait être exhaussée. En réalité j'avais pensé qu'il s'agissait des rebelles du FPR qui nous rattrapaient, qui allaient nous tuer. Je me disais que j'allais enfin être libérée de ma peine, car ces soldats avaient l'air tellement belliqueux que rien ne pouvait les empêcher de nous abattre.

C'était mon jour de ma bénédiction et il arrivait à point nommé. Malheureusement j'ai vite compris que ces soldats n'étaient pas des Rwandais, car ils parlaient des langues barbares que je ne comprenais pas; même ces *miliciens-hutu* étaient terrorisés et semblaient ne rien comprendre de ce qu'ils disaient. Pour moi c'était l'heure de ma délivrance, ces autres ne savaient même pas ce qui m'était arrivé dans la maison de *mon prétendu-oncle*. Il était temps, j'étais au bout du rouleau, fatiguée et désespérée; seule la mort pouvait mettre fin à ma longue et douloureuse agonie. Comme d'habitude, j'avais commencé ma petite prière mais mon esprit était déjà ailleurs. Je n'étais ni à genoux ni n'avais les mains derrière la nuque comme tout le monde et c'était voulu pour deux raisons : je n'avais rien compris à leurs ordres car je ne parlais pas leur langue, ce qui n'était pas une bonne excuse, car j'aurais pu imiter les autres. Aussi, je me rebellais exprès pour énerver ces soldats, les inciter à me tirer une balle dans la tête sans plus attendre. J'avais pensé que cette désobéissance volontaire pouvait accélérer mon exécution.

Je ne voulais pas rater une si belle occasion d'avoir une belle mort, *être fusillé pour insolence*. Hélas, cela n'a pas été suffisant comme je le pensais. J'avais quand même continué à prier pour préparer mon voyage dans l'au-delà, et c'était une belle journée pour mourir, quitter ce monde de douleurs et de misères, mais la mort semblait encore moins pressée à venir me chercher. J'avais hâte de partir, aller rejoindre ma famille et mon ami Sylvain au Ciel car j'étais convaincue qu'ils s'étaient retrouvés là-bas. Vous auriez constaté que je ne mentionne nulle part dans cette conversation le nom de ma mère, tout simplement parce que j'ignorais, et ignore encore aujourd'hui, ce qu'elle est devenue depuis notre séparation, dans l'après-midi du 7 avril 1994.

L'un de ces militaires remarqua mon insolence; il s'approcha et se mit, plus ou moins poliment à me parler dans cette langue que je trouvais barbare, et dont je ne comprenais même pas un mot. Je devinais qu'il voulait savoir pourquoi je n'avais pas obéi aux ordres comme tout le monde. Je n'avais rien compris, car je voulais l'énerver encore plus pour qu'il me tire une balle dans la tête.

Voyant tout ça, monsieur X était choqué et vola à mon secours; il s'interposa promptement et dit à ce militaire : *excusez-la, mon général, ce n'est pas qu'elle soit impolie, cette petite fille ne comprend ni le lingala ni le français. Si vous le permettez je peux traduire pour elle*; il se mit instantanément à traduire pour moi; il me dit que le général voulait savoir pour quelle raison je n'avais pas obéi aux ordres comme tout le monde. C'est exactement ce que j'avais soupçonné.

Mumbirire ko nanga abasoda – dis-lui que je hais les soldats!

Monsieur X me regarda, interloqué. J'ignore ce qui se passait dans sa tête à ce moment-là, mais il était très embarrassé, visiblement déçu par le niveau de mon impolitesse devant cette autorité militaire. Il me regarda droit dans les yeux et me demanda si je voulais réellement qu'il traduise textuellement ce que je venais de dire et j'ai confirmé. Pris de court par cette folie soudaine, il hésita mais traduisit tel quel.

Le zaïrois s'approcha de moi de plus près, me regarda tout droit dans les yeux avec circonspection, mais ne semblait pas fâché; il était surpris mais pas choqué par mon attitude suicidaire! Il a réfléchi quelques instants puis m'a demandé de le suivre. Je l'ai suivi sans savoir où il m'amenait; monsieur X s'est levé pour nous suivre, mais ce soldat lui dit sèchement de rester-là. Nous nous sommes calmement dirigés vers ce qui semblait être son véhicule et c'était le silence total dans la foule. Ni ces miliciens-hutu ni les soldats zaïrois, personne ne savait ce qui allait se passer; ils nous regardaient avancer comme si nous passions les troupes en revue, mais quel châtiment j'allais avoir pour avoir manqué de respect aux ordres du général. Je ne savais pas ce que c'est un général, mais quelque-chose me disait que j'avais affaire à un homme important, vu la façon dont il était respecté par ces autres soldats.

Il était dans sa cinquantaine, fort, élégant et proprement vêtu, contrairement aux autres militaires. Il portait des bottes si bien cirées qu'ils brillaient au soleil et ses habits étaient bien repassés, ce qui n'était pas le cas des autres soldats. Il monta dans son véhicule, une jeep rouillée avec une bâche pleine de trous. Il m'invita à le rejoindre, m'aida à monter à bord et m'installa sur la banquette arrière. Il m'observa encore longuement sans rien dire, sans me poser de question, puis se mit à parler au téléphone. C'était un moment de vérité; je ne savais pas quoi faire mais j'avais réussi à soutenir son regard pénétrant; je n'avais rien à perdre. J'étais consciente que c'était dangereux ce je faisais, mais je le voulais ainsi, convaincue que c'était le seul moyen de l'énerver, assez suffisamment pour qu'il passe vite à l'étape suivante, me tirer une balle dans la tête.

Et tout à coup il dit : *Tutsi ou Hutu?*

Croyez-moi, je suis tombée des nues! Parlait-il parler ma langue?

Il voulait savoir si j'étais Hutu ou Tutsi. Était-il Hutu, lui-même? D'après le peu que je savais qui différentie les Hutu et des Tutsi, il aurait été plus Hutu que Tutsi. En effet, il avait un grand nez, large et plat comme celui de monsieur X. D'après le stéréotype colonial belge, c'était ça qui différenciait ces deux types d'individus, mais quelle imbécillité d'avoir fait croire au peuple Rwandais ces âneries! La vérité est qu'il y a beaucoup de Hutu qui ont un nez bien droit, comme on n'en connaît des Tutsi laids, trapus, et au nez large et plat.

J'avais répliqué, le plus impoliment que je pouvais l'être par une autre question, au lieu de répondre à la sienne : *urabimbariza iki? – Pourquoi me demandes-tu ça?*

Je cherchais ainsi à le pousser à la limite de sa patience pour qu'il me tue; je souhaitais désespérément une mort propre car j'avais tellement peur de la machette! Il était surpris par mon attitude de plus en plus impolie et belliqueuse, mais ne se fâchait pas. Avait-il deviné mes intentions? Pour moi, cet homme était un hutu comme les autres, il comprenait ma langue et pouvait comprendre ce qui se cachait derrière mon arrogance, mais je me trompais.

Déçue de voir qu'il ne se fâchait pas, j'avais alors commencé à douter de sa vraie nationalité et ses intentions. S'il avait été Hutu, il aurait très certainement réagi différemment. C'est alors que j'ai déduit que les mots *hutu/tutsi* étaient tout ce qu'il savait de ma langue; et d'ailleurs le monde entier avait entendu ces mots, au moins une fois, depuis le début du génocide contre les Tutsi. Il voulait tout simplement connaître mon ethnie, c'était facile à deviner. Sans plus tarder, j'avais répondu, haut et fort, sur un ton un peu plus rassuré : *ndi umutsi - je suis Tutsi!*

J'espérais ainsi que cela allait suffire, que cette précision clarifiait les choses, qu'il allait me tuer car on ne tuait que les Tutsi à cette époque-là. Je ne savais pas pour quelle raison on les tuer, mais je savais qu'ils étaient tous condamnés. Sylvain me l'avait dit, il avait été tué pour cette seule raison; mon père, mes frères, mes grands-parents et tous mes amies, tout ce monde avait été massacré juste pour ce qu'ils étaient nés, des Tutsi! Pourquoi donc moi je resterais en vie? Pourquoi continuerais-je à me faire des illusions de vivre alors que je ne vivais plus depuis plusieurs mois déjà? J'étais fatiguée d'être toujours sur le chemin, fatiguée d'être continuellement en fuite devant des individus qui cherchaient à me faire du mal sans m'accuser d'aucun crime, juste par ce que j'étais Tutsi! La mort m'avait transie, elle vivait en moi mais j'avais peur d'être tuée avec une machette; il ne fallait pas gâcher cette opportunité qui s'offrait à moi de mourir de belle mort, fusillée.

C'était la seule façon d'éviter la mort lente et atroce à la suite des blessures de machette, tel qu'on l'avait annoncé à la radio de la haine, au Rwanda! Ce n'était un secret pour personne, les extrémistes hutu enseignaient à la Radio qu'il faut tuer les Tutsi seulement avec des machettes pour ne pas gaspiller les balles de fusil qui coûtent cher, mais surtout pour qu'ils souffrent de longues heures d'agonie, voire des jours. Ils disaient que les Tutsi sont des tyrans, qu'ils sont tous dangereux, mais c'était l'inverse qu'on vivait. Mon père n'était pas un tyran, mon grand-père ne l'était pas non plus; que de gentilles et généreuses gens qui ne cherchaient qu'à vivre en paix, et non des tyrans! Je savais que je remplissais les conditions requises pour être mise à mort, mais j'ignorais à quel moment cet homme déciderait de me tuer. Pourtant je savais que j'avais commis un sacrilège de manquer de respect à un grand homme en uniforme.

Je ne connaissais pas les grades militaires, mais il était facile de voir qu'il était chef de ces militaires. Je connaissais la mort même s'elle m'avait dédaignée; j'avais vu les gens mourir autour de moi, car j'avais assisté à des scènes sinistres des pauvres gens qu'on assassinait en plein jour, ma propre famille inclue. Plus récemment encore, j'avais été témoin de l'extermination des dizaines de fugitifs avec qui je vivais dans la vallée, après la mort de Sylvain. Que restait-il à voir, pire que ça? La mort et moi, on était familières, mais j'avais très peur d'être mise à mort avec une machette. En attendant la décision de ce chef pour punir mon arrogance, j'avais recommencé ma prière sans faire attention à ce qu'il pouvait penser. La prière avait toujours été mon seul refuge, je me sentais sereine après chacune d'elles, prête à affronter n'importe quelle épreuve, même la mort. Hélas, celle-ci n'était pas au rendez-vous!

Au lieu de me tuer, cet homme me regardait avec compassion et faisait tout pour me mettre à l'aise au lieu de se mettre en colère. À mon grand étonnement, il avait même passé ses gros doigts dans ce qui restait de mes cheveux, un peu pour me rassurer ou dompter ma nervosité; mes cheveux n'étaient plus qu'une broussaille épineuse autour de ma tête, il risquait de se blesser aux doigts…! Et moi qui attendais une balle dans la tête, on me faisait des câlins au lieu de me tuer? Ce type n'avait pas l'air de quelqu'un qui avait l'intention me faire du mal. Il y avait une barrière de communication entre lui et moi, la langue! Je ne comprenais pas sa langue et lui ne parlait pas la mienne, on était clairement dans un cul de sac, et il ne voulait rien savoir de mon traducteur, monsieur X qui s'en était improvisé.

Il me laissa dans son véhicule et retourna à ses hommes pour quelque temps. Mon cœur battait à tout rompre et toutes sortes de mauvaises pensées avaient traversé mon esprit tordu. J'avais même commencé à penser qu'il planifiait de me violer, ou me faire violer. J'étais consciente que j'étais dégelasse, je puais en dehors et en dedans, il aurait été impensable que quelqu'un comme cet homme pouvait se salir avec ce qui restait de mon être. Je n'étais plus qu'un amas d'ossements branlants qui sentait comme une moufette. Comment dès lors, un homme aussi distingué aurait pu avoir cette malheureuse aventure avec moi? Non, je me trompais; il n'avait même pas la gueule d'un violeur, moins encore d'un milicien-tueur malgré son nez large et plat.

À cause de la souffrance physique et morale que j'avais subies dans la maison de monsieur X, je ne pouvais faire confiance à aucun homme, mais celui-là avait l'air un peu différent. Un quart d'heure plus tard, il revenait avec un autre homme, apparemment son chauffeur; nous sommes partis à trois dans ce véhicule qui roulait à tombeau ouvert sur ces routes cahoteuses, parsemées de crevasses profondes et de dos d'âne à perte de vue, par manque d'entretien! Ces deux hommes ne m'avaient pas adressé de parole pendant tout le trajet, qui avait duré un peu plus de deux heures.

Il a commencé à pleuvoir au début de la soirée, le trajet avait été pénible car la jeep s'embourbait fréquemment. Ce jeune chauffeur s'en sortait, de peine et de douleur, sans aide car son chef ne sortait pas de son véhicule. Pendant qu'il pleuvait, ce monsieur s'aperçut que je sortais ma petite main par la fenêtre de la jeep pour cueillir quelques gouttes d'eau de pluie, car j'avais extrêmement soif. Il me tendit gentiment sa gourde, aux couleurs militaire, que je vida tout d'une traite; il en était interloqué. Il n'y avait pas moins de deux litres d'eau dans cette gourde, mais je l'avais avalée en fraction de seconde. Il n'y avait plus de ceinture de sécurité dans ce véhicule, ce n'était plus qu'un amas de ferrailles rouillées qui sentait le *gas-oil*, avec un moteur terriblement bruyant, qui peinait sur les côtes. J'étais brassée dans tous les sens à chaque tournant, sautais de ma chaise jusqu'au plafond au passage des dos d'âne, même si j'essayais de m'accrocher à tout ce que je pouvais attraper, de peur de ne pas être éjectée à l'extérieur de cette vieille bâtisse.

Tout ce que j'attrapais se déchirait et restait dans mes mains; elle était vraiment vieille cette jeep! On avait fini par arriver quelque part, sain et sauf! J'avais vu qu'on entrait dans une sorte de camp de réfugiés; j'avais vraiment peur mais je ne savais pas exactement ce que je craignais. Je n'ai pas tardé à réaliser que nous entrions plutôt dans un camp militaire. J'en avais la certitude parce que je voyais des hommes en uniformes semblables à ceux qui nous avaient interceptés sur la route! Les soldats se mettaient au garde-à-vous et faisaient des saluts militaires au passage de la jeep, ce qui confirmait que cet homme était clairement leur chef; j'étais la seule personne au monde qui avais osé lui avait manquer le respect qui lui était dû.

À l'autre bout du camp, la jeep s'immobilisa devant une maison, *plutôt jolie,* comparée aux tentes de couleur kaki délabré qui s'éparpillaient à perte de vue sur cette colline militaire. Le chef m'aida à descendre de la jeep et me fit entrer dans cette maison. C'était une habitation modeste mais richement meublée. Il y avait de gros fauteuils en bois rares qu'on ne trouve qu'au Zaïre! Je les connaissais, il y en avait de pareils dans le salon de mon grand-père, j'avais entendu dire que ce bois de luxe venait du Zaïre uniquement.

Une fois rentrés au son salon, je me suis dit, ça y est, on est reparti pour d'autres séances de viol, mon supplice recommence! Le général appela quelqu'un, une belle et jeune femme qui répondait au nom de *Chantal* arriva, en courant. Chantal était une fille magnifique, de loin plus jeune que le général; j'avais tout de suite pensé qu'il s'agissait de sa fille, mais tout indiquait que c'était plutôt sa femme. À ma grande surprise Chantal m'avait salué dans ma langue, *le kinyarwanda.* À la demande du général, elle m'avait demandé avec beaucoup de tact, de dire mon nom et mon âge; elle m'avait demandé aussi comment je me sentais, et si j'avais faim.

Quoi? Si j'avais faim? Quelqu'un me demande si j'avais faim? Est-ce que je rêve? Est-ce que ça ne se voyait pas à l'œil nu? Je n'avais pas répondu tout de suite car je commençais sérieusement à me poser des questions sur ce retournement de situation; Chantal n'a pas insisté; elle est allée à la cuisine et ramené un grand verre de lait chaud qu'elle me tendit. De qui se moque-t-on? Ce verre de lait était à moi, pour de vrai, ou se trompait-elle? N'était-il pas plutôt destiné à son mari, qu'elle faisait erreur?

J'hésitais à le saisir mais elle insistait; j'ai fini presque par le lui arracher des mains et l'avais avalé sans réfléchir, pourtant ce lait était assez chaud. Ils me regardaient tous les deux, vraiment étonnés;

ils n'avaient pas l'air de comprendre quelle espèce de petit glouton je pouvais être. Elle retourna à la cuisine, beurra du pain français à la margarine jaune dont je raffolais du vivant de mes parents, puis m'apporta ce sandwich. L'odeur du lait chaud et du pain beurré me rendaient folle, c'était plus fort que moi; mon cœur sautait dans ma poitrine et je tremblais des pieds à la tête! Quand je l'avais vue marcher vers moi avec cette belle assiette, je n'étais pas plus rassurée qu'avant; ce sandwich ne pouvait pas être le mien, surtout que son mari n'avait encore rien pris depuis notre arrivée. Il buvait sa bière seulement. Eh bien oui, il était à moi, ce savoureux sandwich. J'aurais parié que la puanteur de monsieur X que j'avais reniflée pendant des mois aurait annihilé mes sens olfactifs mais ils étaient restés intacts.

Je le savais car je pouvais sentir de bonnes odeurs et cela me rassurait; même mes papilles gustatives fonctionnaient parfaitement puisque je reconnaissais le goût de ce que je mangeais. Quand j'avais planté mes dents dans ce pain beurré, il n'avait même pas fait une minute avant de fondre dans ma bouche; je n'ai pas su à quel moment il avait glissé dans ma gorge, et j'en voulais un autre. De plus en plus étonnés, cette maman et son mari n'avaient pas cessé de me regarder, visiblement attristés par mon état d'amaigrissement inquiétant. J'avais remarqué que Chantal pleurait, surtout quand j'avais demandé un deuxième sandwich. Sur un ton un peu trop maternel, elle m'avait expliqué pourquoi elle ne pouvait pas me donner un autre sandwich, qu'il me couperait l'appétit alors que le souper était presque prêt.

Elle avait beaucoup insisté, sur un ton rassurant, que je devais patienter et attendre le souper pour manger à ma faim. Elle me faisait beaucoup penser à ma propre mère... J'aurais vraiment voulu avoir un autre sandwich et cela ne m'aurait aucunement coupé l'appétit; c'était même le contraire, je dirais. Elle ne savait pas encore qui j'étais, ni ce qui m'était arrivé, mais elle prenait soin de moi comme ma vraie mère. S'elle avait su que cela faisait plus de deux mois que je n'avais pas mangé grand-chose, que j'avais même brouté comme une chèvre, elle m'aurait donné un deuxième et même un troisième sandwich, que cela ne m'aurait pas empêché de manger le souper.

Elle me regardait avec ses gros yeux humides de tristesse et poussait de longs soupirs; elle ne comprenait pas ce qui s'était passé dans ma vie pour en arriver là. À la place d'un autre sandwich, elle m'avait apporté une grosse banane mûre; elle était si appétissante, même à la vue; je l'ai avalée sans même prendre le temps de l'éplucher, comme font les macaques de la forêt. Pour être franc, moi non plus je ne me comprenais plus, pas plus que je ne comprenais l'objet de toute cette attention à mon égard. Son mari n'avait pas dit grand-chose, mais je voyais qu'il se posait énormément de questions à mon sujet. Il avait suivi de près ce que faisait sa femme, ce qui accentuait mon appréhension par rapport au viol probable; même la bienveillance de cette généreuse femme qui parlait ma langue ne me rassurait pas. Je n'avais connu que des gens cruels depuis la mort de mes parents, j'avais beaucoup de difficultés à distinguer la générosité humaine du piège criminel. Néanmoins, même si j'étais anxieuse pour la suite des choses, je me demandais pourquoi je ne profiterais pas pleinement de ces bons moments que je vivais en attendant le pire, si pire il devait y avoir.

De toute façon il ne pouvait pas y avoir de pires malheurs que ceux que j'avais connus, surtout dans la hutte de monsieur X. Si ce couple avait réellement un plan de me faire du mal, je n'y pourrais rien, mais au moins ce serait dans un environnement propre, et on n'y mangeait bien! Prendre les choses sous cet angle-là m'avait apaisée. Je pensais à l'exquis sandwich que je venais de manger et j'étais bercée par cette odeur qui s'échappait des marmites de Mme Chantal; que des choses encourageantes, que de bons moments en perspective à passer dans cette maison, même s'il n'y avait pas encore de garantie. Malgré mon âge, j'avais compris que la vie d'un homme ne tient qu'à un fil, que nous ne sommes rien face à la mort. En dépit de tous ces soucis et ces anxiétés, je pensais plus au souper qui mijotait dans la cuisine dont l'odeur me caressait les narines, et était le centre de mes pensées.

Selon mon analyse guidée uniquement par ma peur, cette générosité ne pouvait pas être gratuite; il allait y avoir un prix à payer, d'une façon ou d'une autre. Cependant, de savoir qu'il y avait une petite chance que je puisse me retrouver à la même table que ces bons Samaritains, partager leur délicieux repas, cette possibilité me donnait la fièvre, une sorte de joie mal rassurée due à mon appétit excessif. C'était un miracle, et tant pis pour ce qui pouvait se passer après. J'avais conclu de rester optimiste; je me disais que si j'avais survécu à la crotte du lit taché du sang de mon viol mêlé à celui des punaises de lit chez monsieur X, qu'il n'y a aucune raison de ne pas accepter ce qui pouvait suivre toute cette attention. J'étais donc déterminée à garder la tête bien fraîche et attendre la suite, mais continuer à prier. La magie de la prière et le clin d'œil de mon destin n'étaient jamais loin.

Après avoir avalé ma banane, cette maman m'avait proposé d'aller m'aider à prendre un bain; elle m'amena dans une grande salle de bain où il y avait une vaste baignoire. Il y avait aux murs d'immenses miroirs, presqu'aussi grands que des portes. Pour la première fois depuis que j'avais quitté la maison de mon enfance, j'ai pu me regarder dans un miroir! *Ô doux Jésus de Nazareth!*

Je n'avais reconnu cette chose que je voyais dans ces miroirs, il y en avait deux; je ne pouvais pas croire que c'était tout ce qui restait de mon corps... Il y régnait une odeur enivrante de lavande, si douce que j'en étais étourdie. Croyez-moi, chers amis, j'ai vraiment eu du mal à accepter que ce reflet venât de moi. J'avais d'abord cru qu'il s'agissait d'une silhouette de quelqu'un d'autre qui se tiendrait derrière moi, ou un tableau qui serait accroché à l'autre mur; je me suis même retournée pour vérifier tout ça, mais je n'avais vu personne d'autre que madame Chantal. Elle se tenait au milieu de la porte et m'observait, visiblement inquiète de mon état de détérioration; elle pleurait. J'avais pris le temps d'observer ce corps cadavérique dont j'avais du mal à accepter qu'il m'appartenait; mes omoplates me sortaient quasiment de la peau, je ressemblais carrément à une tuberculeuse en fin de vie; c'était effrayant de voir ça!

Les tresses de mes cheveux vieillies et ébouriffés n'étaient plus qu'une brousse épineuse autour de ma tête, bouclés par la saleté de plusieurs moins sans soin, qui devait sentir la crotte. Quand j'ai ouvert la bouche pour regarder mes dents, j'ai failli m'évanouir; c'était la désolation totale. Ma bouche n'était plus qu'une sorte de trou à rats au milieu de cette face émaciée. Mes dents avaient pris une couleur vert-foncée due aux plantes de fourrage que j'avais broutées dans la vallée. La dernière fois que je m'étais brossé les dents, c'était chez-nous, du vivant de mes parents, évidemment. De ma bouche sortait une haleine de chèvre, je la voyais sous forme de buée qui allait s'évanouir dans ces miroirs, une sorte de tourbillon noirci par la puanteur de mes entrailles, que je pouvais sentir à distance.

J'étais honteuse de moi-même et ne comprenais pas comment ces bonnes gens avaient pu s'approcher de moi, supporter cette odeur qui m'écœurait alors qu'elle était la mienne. Je me suis approchée encore de plus près du miroir et avais constaté que j'avais des écailles de batracien à la place de la peau. Je n'avais plus rien de la petite fille que je fus, à peine trois mois avant ce jour. Je me suis replacée entre deux miroirs pour observer aussi mon dos, et quelle catastrophée! Je pouvais facilement compter les vertèbres de ma colonne vertébrale, du coccyx aux vertèbres cervicales de la nuque.

En un mot, j'étais comme une planche d'anatomie d'école, avec des épaules affaissées de grand vieillard, moi qui n'avais à peine que sept ans et quelques mois. C'est à ce moment-là que j'avais compris pourquoi je trouvais que mes bras longs et ballottant; ils étaient plus longs par rapport au reste de mon corps, comme ceux des gorille de montagne, et que j'avais des épaules tombantes, pliée au trois-quarts. Personne n'aurait pu deviner mon âge…! Après cette inspection silencieuse de mon était lamentable, j'ai arrêté de pleuré mais cette femme n'avait pas été capable de se retenir; elle était tellement malheureuse de me voir dans cet état. Je n'avais jamais imaginé qu'un corps humain pouvait se dégrader aussi vite. Trois mois plus tôt j'étais une petite fille bien en chair, souriante, aujourd'hui je suis absolument méconnaissable. Mme Chantal m'a aidé à enlever mes guenilles, elles collaient à mes blessures qui pourrissaient littéralement sur mes os.

Elle avait même dû prendre les ciseaux et couper mes T-shirts; vous vous rappelez les habits que m'avait fait porter monsieur X avant de quitter sa maison! C'étaient les mêmes habits que je portais; ils auraient dû me faire rire si j'avais pu me regarder à ce moment-là, mais j'ai pleuré dans cette salle de bain. J'avais l'air d'une fofolle dans cet accoutrement de vagabond. Après avoir délicatement découpé ces haillons, elle m'allongea dans sa baignoire, coula l'eau tiède et savonneuse et commença à nettoyer ce corps carrément pourri. Cette eau du bain et le passage des mains de Chantal sur mon corps étaient si doux que j'en avais un sentiment nostalgique des mains de ma mère. Elle avait dû vider le premier plein de la baignoire noircie par la saleté de mon corps. Elle avait ajouté du champoing de vanille au deuxième plein du bain, pour moi c'était un paradis sur terre! Je me sentais tellement bien que j'avais envie de dormir dans cette baignoire.

J'aurais réellement dormi si je n'avais pas eu le cœur au souper; je ne pensais qu'à ça. Pour rien au monde je ne pouvais pas dormir avant de manger, l'odeur de la cuisine était si invitante et ne facilitait pas les choses. Chantal a mis qu'il fallait pour démêler les tresses de mes cheveux pratiquement pourris, mais après je me sentais revenir un homme. J'étais cajolée comme une princesse par cette maman qui m'était envoyée du Ciel, ce fut mon deuxième miracle, après monsieur Sylvain. En effet, cette famille ne pouvait qu'être envoyée du Ciel, juste pour moi. Le passage si doux de ses mains m'avait ramené tous les souvenirs de mon enfance, que j'en avais beaucoup pleuré, moi qui ne pleurais plus, qui croyais d'ailleurs que mes glandes lacrymales avaient desséché. J'étais presque quand même heureuse même si je n'étais pas encore rassurée quant à la suite des choses.

Qu'allait-il réellement se passer après ce bain? J'imaginais sous quelle forme on me ferait payer tout ça, mon cœur tant éprouvé continuait à me chuchoter à l'oreille que quelque chose de mal se tramait derrière les rideaux, qu'une autre catastrophe pouvait me tomber dessus à tout moment. C'était impensable de comprendre comment ces Zaïrois qui me connaissaient à peine, qui ne savaient rien de mon histoire ni de ma famille pouvaient être d'une telle générosité vis-à-vis de mon infortune. En plus, je n'avais pas vu d'enfants dans cette maison. En avaient-ils au moins un? Je ne savais rien d'eux, mais je trouvais inhabituel qu'il n'y ait pas d'enfants dans cette maison. Ce n'était pas normal pour un couple africain de cet âge de ne pas avoir d'enfants. De la baignoire, j'ai pensé à m'enfuir, mais j'aurais fui pour aller où?

J'avais vite abandonné cette idée, elle était idiote. Le corps humain est très robuste, il se regénère assez rapidement. Pendant que je savourais tout ce bonheur, je luttais contre le sommeil qui s'emparait inexorablement de mon être et de mon âme, mon corps avait déjà ressenti qu'il y avait une grande différence. Je m'enlisais progressivement dans une sorte de léthargie irrésistible, mais mon deuxième cerveau, *"car on sait désormais qu'on en a un deuxième cerveau, qui est notre système digestif"*, avait commencé son œuvre, la digestion! Mes machines internes avaient compris que ce n'était plus du feuillage de plantes que j'avais mangé, que l'époque de brouter comme des chèvres était finie. La digestion est une fonction physiologique involontaire sur laquelle personne n'a de contrôle, elle était donc en cours. Le sommeil aussi tenait à me mener dans son monde insolite, je luttais nerveusement pour rester réveillée. Je devais obligatoirement manger de cette nourriture qui sentait si bon, mais je devais aussi m'assurer que rien de mal ne m'arrivait pendant mon sommeil.

C'est quand même difficile de s'interposer entre ses fonctions naturelles. C'était comme si on m'avait fait avaler une capsule de barbiturique; je sombrais lentement dans le vide, j'avais même l'impression de rêver et Chantal l'avait remarqué. Elle me sortit précipitamment de la baignoire, elle aussi ne voulait pas que je dorme avant de souper. Il va sans dire que s'elle m'avait laissé dans cette baignoire, je me serais noyée dans ces bulles mousseuses, moi qui craignais l'eau. Elle avait interrompu mon traitement à l'eau, qui était en soi un travail de chirurgien. Elle m'essuya avec une serviette chaude et colorée, avant de m'enduire d'une lotion onctueuse fortement parfumée. Elle m'habilla ensuite avec du linge propre, probablement ses propre pagnes *(ibikwembe)*.

Ses mains sur mon corps étaient exactement comme celles de ma mère, toutes les mères du monde se ressemblent sur tous les points. La seule différence, fortement perceptible, c'est que les mains de Chantal arrivaient trop tard dans ma vie, au moment où celles de ma mère me manquaient cruellement. Elles sont irremplaçables.

Il y avait de quoi pleurer pour ça mais je n'avais pas pleuré. J'aurais pu me réjouir de ce qui m'arrivait, un miracle par rapport aux trois derniers mois que j'avais passés dans l'horreur de la maison de monsieur X, au contraire mon inquiétude grandissait. Je m'étais rendue compte que je n'avais pas totalement abandonné l'idée de m'en fuir, car mon appréhension d'une autre agression probable persistait. Néanmoins, il fallait essayer d'être un peu moins pessimiste, me convaincre que mon corps ne valait pas la peine aux yeux de ce gentleman. Cela aurait surpris le dernier des imbéciles si on lui disait qu'un homme comme ce général aurait voulu sauter la charpente osseuse que j'étais, tel que je m'étais vue au miroir. Ces pensées tordues étaient dues aux traumas que j'avais subis chez monsieur X.

Comment pouvais-je imaginer, un seul instant, que ce général et sa femme, de si généreuses personnes pouvaient faire une chose aussi abominable à un enfant? Cela ne leur ressemblait pas, surtout que je n'étais même pas attrayante et ne pouvais intéresser personne dans cet état... Il n'y avait que des individus pervers comme monsieur X, qui pouvaient faire ce genre de choses. Je me posais toutes ces questions, stupides les unes après les autres, avant de conclure que je devais me calmer, empêcher mon esprit de vagabonder dans tous les sens, mais surtout entraîner mon imagination à cesser de ne penser qu'au pire. Je devais revenir sur terre, essayer de voir le bon côté des choses qui m'entourent. Comment ne pas apprécier les bons gestes, quand on les voit, au lieu de chercher à comprendre ce qui se cache derrière le moindre mouvement. Il était urgent que je cesse de penser que tous les hommes soient mauvais, plutôt de me mettre en tête qu'il reste encore sur terre de bonnes gens. C'était vraiment le cas avec cette famille.

Pendant tout ce temps, le général était resté au salon et ne nous avait dérangées à aucun moment. Il fumait et sirotait tranquillement son whisky tout en parlant au téléphone sans arrêt. Je devais gagner le combat contre le sommeil, tellement ça sentait bon du côté de la cuisine que je ne me serais pas pardonnée d'avoir manqué à ce festin. Sans plus tarder, le moment tant attendu est arrivé, on est passé à table. J'ai mangé à ma faim, la nourriture était absolument délicieuse. Je ne savais pas par quoi je devais commencer. Pendant le souper, ce couple n'avait pas cessé de parler en la langue, que je ne comprenais pas; Chantal traduisait de temps en temps, mais pas tout. Il paraît que son mari avait insisté qu'on m'amène à l'infirmerie après le souper, que je ne pouvais pas dormir avant d'être vue par le médecin du camp; il avait d'ailleurs déjà pris rendez-vous pour moi, on m'attendait. J'avais des plaies purulentes presque partout, elles pourrissaient à cause de la misère et du manque de traitement. On a mangé assez rapidement puis on est allé à l'infirmerie. Elle n'était pas loin, nous n'avions même pas eu besoin de prendre la voiture.

De toute façon pour moi la distance n'avait pas d'importance, cela m'importait peu de marcher, mais je tombais de sommeil. J'avais réussi à marcher de Kigali jusqu'au Zaïre, ce n'était pas ce petit trajet de la maison au dispensaire qui pouvait être un problème pour moi. J'avais des pieds tuméfiés et mes ongles pourries pour avoir marché de très longues distances pieds-nus, moi qui avais porté des souliers depuis mon enfance. Quand nous sommes arrivés dans le corridor de l'infirmerie, un homme en uniforme militaire nous attendait et s'est approché. Je savais que c'était lui le médecin car un stéthoscope pendait à son cou; cet objet presque mythique est un point de repère, tous les médecins le portent de cette façon. Chantal l'a salué poliment, le médecin l'avait reconnue très certainement. J'imagine que Chantal était connue dans toute la région, et même au-delà. Qui pouvait ne pas connaître la femme du général à cette époque, au Zaïre du Président Mobutu?

J'avais même remarqué qu'il lui avait fait un salut militaire avant de lui faire un bisou sur ses deux joues. Je m'étais même demandé si Chantal elle-même n'étais pas militaire. Ce docteur nous avait conduit avec courtoisie dans son cabinet et commencé à m'examiner, des pieds à la tête. Je pouvais deviner que le général lui avait tout dit au téléphone, mais cela ne l'avait pas empêché de continuer le dialogue avec Chantal, dans leur langue. Il avait ausculté mon pouls, regardé le fonds de mes yeux et mes oreilles avec une lumière extrêmement perçante qui lui permettait d'explorer les bas-profonds de ces organes internes. Il hochait fréquemment la tête selon le niveau de dommages qu'il observait. Je savais que mes oreilles avaient de sérieux problèmes à cause des gifles quotidiennes de monsieur X, mais cela ne m'inquiétait pas trop; les docteurs ont parfois tendance à exagérer de petits bobos…

Pour moi cela n'avait rien de grave; je savais que j'allais m'en remettre sans problème. Comment ce médecin pouvait-il espérer que je pouvais être bien portante après tous les défis de la vie que j'avais connus, en plus des carences alimentaires? J'étais souffrante mais pas mourante, surtout pas après avoir mangé dans la maison de Chantal. Le meilleur traitement qu'il me fallait dans l'immédiat, c'était la nourriture et je l'avais; restait à savoir si j'allais continuer à l'avoir dans la maison du général et de Chantal. J'avais de l'espoir que si mais il fallait attendre, sans espoir on meurt assez vite. Dans les miroirs, j'avais vu à quel point mon corps s'était détérioré, mais je me disais que j'allais m'en remettre, Sylvain m'avait appris à me faire confiance, et faire confiance à Dieu, évidemment.

Quand ce docteur m'avait pesée, il s'était bruyamment exclamé quand il avait constaté que je pesais moins lourd que des plumes d'oiseau; à mon âge-là c'était quand même inquiétant. Il avait commencé par nettoyer mes plaies avec beaucoup de délicatesse, sans poser de questions sur la cause de tous ces dommages sur mon corps. Le général ou Chantal lui en avait probablement donné un briefing, mais eux-mêmes ne savaient que peu de choses sur moi. Pas plus que les dommages extérieurs qu'ils pouvaient voir, alors que mes vraies blessures étaient invisibles... De toute manière ce médecin ne pouvait pas me poser des questions car je ne parlais pas sa langue.

J'ai été vraiment étonnée de constater que l'enfant en moi n'était pas mort; il avait même gardé le comportement de son âge! Je le dis parce que j'avais réagi comme cet enfant imaginaire que j'aie été dans le passé : j'avais pleuré quand le médecin m'avait fait une piqûre d'antibiotique pour sécher mes blessures!

Moi qui avais connu toutes sortes de peines et de douleurs intolérables, une injection médicale pouvait me faire pleurer? Ce n'était qu'une douleur mineure, qui n'avait duré que des millisecondes, mais j'avais quand même pleuré! Je trouvais ça ridicule. Je me suis exprimée comme un enfant car j'avais toujours eu peur de piqûres, ce n'était pas que le médecin m'avait fait mal. La mémoire de l'enfant enfuie en moi se réveillait, comme toutes mes autres fonctions internes.

Le docteur avait pris le temps de drainer le pus qui faisait enfler mes orteils, de me faire des points de sutures ici et là, comme il réparait un vieux vêtement. il avait même été obligé de faire quelques extractions de mes ongles qui pourrissaient, et extirper des épines que j'avais dans les deux pieds. Bien-entendu, j'étais sous anesthésie locale. Ce gentil docteur nous avait laissées partir tout en nous recommandant vivement de revenir le lendemain, il n'avait pas pu faire tout ce qu'il avait à faire. Pendant tout ce temps Chantal n'avait pas cessé de pleurer, tout en caressant mes cheveux pour calmer ma peine, mais je ne souffrais pas; seule toute cette gentillesse était troublante.

Quand nous sommes arrivées à la maison le général n'était plus là; Chantal a profité de son absence pour me dire, en long et en large, le travail de son mari. Heureusement qu'elle ait pris cette initiative, je n'aurais jamais osé lui poser cette question alors que cela m'intéressait de le savoir. Elle m'avait dit que c'était lui le chef de toute cette région du Zaïre, que c'était un homme très occupé, que les généraux sont toujours très importants car leur responsabilité est énorme. Son rôle ne s'arrêtait pas uniquement à diriger des bataillons, il avait aussi la charge de la sécurité régionale aux côtés du gouverneur de la province. Je n'y comprenais rien, car j'ignorais ce que ça peut faire, un général, ni ce que signifie un bataillon. J'acquiesçais pour ne pas risquer de lui poser des questions idiotes. De toute façon, cela ne m'avançait à rien de savoir tout ça.

Après une bonne et longue conversation, je lui ai demandé si je pouvais avoir une brosse à dents; elle y avait pensé mais oublié de me la donner. Je voulais essayer de diminuer cette haleine pourrie qui sortait de ma gorge. Elle me l'avait donnée aussi un tube de patte à dents. J'avais eu beau frotter le plus vigoureusement que je pouvais pour enlever les couches de tartre accumulées sur mes dents depuis des mois, mais il était impossible de ramener l'éclat de mes anciennes dents; ma gencive avait saigné, seule mon haleine de chèvre avait beaucoup diminué. Nous sommes passées à table pour manger beaucoup plus à l'aise, car nous n'avions pas bien mangé avant, pressées d'aller à l'infirmerie longtemps.

Je n'avais beaucoup faim mais j'avais hâte de toucher à chaque soupière qu'elle avait alignées sur la table et goûter à chaque menu. C'était irrésistible, mon bonheur était à son comble. J'avais survécu au manioc cru de la jungle que me donnait mon ami Sylvain, ce qui ne s'était pas amélioré chez monsieur X. Alors imaginez comment je me sentais devant une table aussi bien garnie...! Je ne savais pas par quoi je devais manger ni ce que je devais pas toucher. C'était la première fois que je mangeais de la bonne nourriture depuis la mort de mes parents; c'était tout un événement car je ne réalisais pas que ce n'était pas un rêve tout ça.

À peine avions-nous fini de souper, Chantal m'avait invitée à nous installer au salon. Elle voulait placoter avec moi, essayer d'en savoir un peu plus sur ma mésaventure. Elle voulait surtout savoir ce qu'était devenue ma famille, surtout comment je m'étais retrouvée au milieu de ces miliciens-hutu qui fuyaient le pays après avoir commis l'horrible crime de génocide contre les Tutsi. Je ne lui avais pas parlé de ces hutu, mais elle était au courant de tout. J'avais tout de suite compris que son mari lui en avait parlé. Je ne sentais pas la force de lui raconter mon histoire et j'avais pleuré. Elle avait tout de suite compris mon chagrin et m'avait tranquille. Elle me proposa plutôt d'aller dormir, je n'attendais que ce moment. Elle savait qu'on y reviendrait quand je serai mieux reposée, c'est ce que je voulais aussi.

Je me suis levée en titubant comme si j'étais éméchée, mon métabolisme avait commencé son travail. Elle m'amena dans une grande chambre au milieu de laquelle se trouvait un grand lit en bois sculpté, un vrai lit avec un matelas en mousse et des draps de lit blancs, chauds et doux. Elle m'embrassa sur le front, à la manière de toutes les mamans du monde, puis m'aida à rentrer sous mes couvertures. Elle avait à peine tiré les rideaux de l'immense fenêtre de cette chambre, que je ronflais déjà. Je n'avais même pas eu une minute pour remercier le Seigneur pour tout ce qu'Il avait accompli pour moi cette journée-là; d'habitude j'osais pas aller dormir sans faire me petite prière et ce, depuis mon enfance, de bonnes que j'ai conservées. J'ai dormi poings et pieds fermés, comme un bébé. Je me rappelle que Chantal s'était assise au bord de mon lit et m'avait gentiment caressé les cheveux, et m'avait chanté une belle mélodie en sa langue, mais que je m'étais endormie tellement vite que je n'avais même pas su quand elle avait quitté ma chambre.

Je ne pourrais pas vous dire combien de temps j'avais dormi mais je s'il fallait deviner, je dirais que je n'avais pas dormi moins de douze heures et personne n'avait voulu me réveiller. Ils comprenaient à quel point j'avais besoin de ce sommeil mais c'est long un sommeil comme ça. Quand j'ai enfin ouvert les yeux, j'étais extrêmement troublée; je ne me rappelais de rien, ni comment j'étais arrivée dans cette maison. Je me suis levée précipitamment, étourdie et effrayée, titubant comme un ivrogne. Je me suis assise un moment pour réfléchir, mais plus j'essayais de mettre de l'ordre dans mes souvenirs, plus je m'affolais à l'idée que j'aurais pu être violée pendant mon sommeil, et j'ai failli exploser de panique. Rien que d'y penser, j'avais la chair de poule.

Peu à peu, j'ai retrouvé une certaine lucidité et mes yeux se sont habitués à cette lumière tamisée de ma chambre; je me suis dirigée vers la fenêtre et poussé les rideaux pour éclairer ma chambre. Il faisait un soleil radieux dehors. Je me suis précipitée sur mon lit, enlevé mes couvertures et observé attentivement mes draps de lit. Je cherchais des traces de mon viol, mais je n'avais rien trouvé; mes draps de lit étaient d'une blancheur immaculée, intacts, ce qui m'avait beaucoup rassurée. J'ai poussé un grand soupir de soulagement, rien que de savoir que personne ne m'avait touchée pendant que je dormais. J'ai aperçu un pagne sur un coin du dressoir et je l'ai pris. Je l'ai attaché atour de ma poitrine et j'ai suivi une fine mélodie musicale qui s'infiltrait par dessous la porte de ma chambre. J'ai prudemment entrouvert la porte et jeté un coup d'œil au salon. Le général était là, assis dans son grand fauteuil au milieu de la pièce, occupé à parler au téléphone, c'était une habitude. Chantal était là aussi, en train d'écouter la télévision. Visiblement ils étaient très contents de me voir, mais personne ne m'avait encore adressé la parole, ils me regardaient comme si j'étais un phénomène. J'aurais voulu briser le silence, leur demander ce qui se passait, mais je n'étais pas assez familière avec eux. J'ai simplement dit bonjour, pourtant je tenais à dire merci et demander à Chantal combien de temps j'avais dormi, mais je m'étais ravisée.

Elle est venue vers moi, en larmes, et m'a serrée fort dans ses bras en disant : qu'est-ce que tu étais fatiguée, mon pauvre bébé! Je ne peux pas croire que tu aies pu dormir autant d'heures sans te réveiller. Je suis heureuse de voir que ce long sommeil a fait son petit miracle, tu as l'air vraiment reposé.

Ai-je bien entendu ou je fabule? Elle m'appelle son bébé?

Je lui ai timidement souri mais j'avais vraiment envie de savoir combien de temps j'avais dormi : des heures? Des jours? Pendant que je pensais à tout ça, le général raccrocha son téléphone, me sourit à son tour et m'invita dans ses bras. Je me suis engouffrée dans son immense poitrine velue. Il était légèrement habillé, je pouvais sentir le poil de son torse me chatouillait les joues. Il portait un pantalon aux couleurs militaires et un singlet blanc *(isengeri)*. Il m'a serrée si fort en me caressant les cheveux, que sa femme avait eu le temps de tresser pendant que je dormais. Il me dit, lui-aussi, qu'il était heureux de me voir aussi reposée.

Tu dois avoir faim maintenant, n'est-ce pas?

C'est quand même difficile à imaginer que tu aies dormi deux jours sans te réveiller un aucun moment. On devrait faire ajouter ton nom dans le livre de Guinness des records, c'est du jamais vu!

Quoi? Vous voulez dire que j'ai dormi deux jours? Comment est-ce possible? Pourquoi personne ne m'avait réveillée? Chantal traduisait ce que disait son mari.

Et pourquoi t'aurait-on réveillée, ma fille? Oui, tu as dormi deux jours et tu en avais vraiment besoin. On commençait quand même à s'inquiéter, mais on te surveillait de près, tout allait bien. C'est long deux jours de sommeil, mais ton organisme avait besoin de ce temps pour se réorganiser, nettoyer toute la tuyauterie de ton corps qui devait être bouchée. L'organisme humain est une usine silencieuse mais extraordinaire. Comme toute usine, il a besoin d'entretien sans quoi il tombe en panne.

Pour purifier ton sang, déboucher tes nerfs et organes de toutes les mauvaises choses que tu avais mangées pour ta survie lors de la traversée de ton désert, il avait besoin de tout ce temps. Voilà maintenant que tu redeviens une nouvelle personne, tu as vraiment récupéré. Je sais que tu en as vu de toutes les couleurs, maintenant j'ai besoin que tu m'en parles au mieux de ta connaissance. Je veux savoir ce qui s'est passé depuis que tu as quitté ta ville, que sont devenus tes parents. Bien-entendu vas d'abord prendre un bain et manger car tu as faim, puis on va parler de toi, de tout. J'aimerais que tu fasses un effort de ne rien oublier, c'est essentiel pour mon rapport. As-tu encore les parents ? Où sont-ils ?

Chantal avait traduit pour moi tout ce qu'avait dit le général. Ils me couvraient tous les deux de toute leur affection pour me rassurer, m'encourager à leur dire ce qu'ils voulaient savoir. J'étais très émue mais je ne voulais pas pleurer. Chantal m'amena dans la salle de bain, m'aida à me laver et me donna de nouveaux habits qu'elle avait eu le temps d'acheter pendant mon hibernation. Il sentait encore bon du côté de la cuisine, je savais que j'allais encore bien manger, j'avais hâte de découvrir ce qu'il y avait au menu. Chantal avait mis beaucoup de temps à m'aider à prendre mon bain, n'était pas facile parce qu'il ne fallait pas mouiller les pansements que j'avais presque partout. Généralement ce travail doit être fait par une infirmière, mais les mamans savent comment se débrouiller avec ça.

Elle savait que nous devions faire vite pour passer à table car son mari nous attendait pour souper avec nous, ce qui n'arrivait pas souvent à cause de son travail. Je ne comprenais toujours pas ce qui m'arrivait mais je bénissais le Seigneur. J'étais confiante et la hantise du viol était derrière moi. Je me suis rappelé la recommandation de Sylvain qui voulait que je fasse confiance à Dieu en toutes circonstances, qu'Il veillera sur moi et trouvera toujours une porte de sortie de mon malheur, quel qu'il soit. Je n'avais aucune raison de douter encore de cette famille Zaïroise. Elle représentait tout ce qu'avait prédit Sylvain, c'était comme si j'avais gagné au tirage du gros lot au jeu de hasard.

Une fois de plus mon destin avait frappé et cette fois-ci il avait frappé son meilleur coup. Avoir une famille dans mon cas, *une vraie famille?* Comment expliquer ça? Je ne comprenais pas ce qui m'arrivait mais j'étais convaincue d'une chose : mon ange des Cieux avait mis ces gens sur ma route et leur avait demandé de prendre soin de moi. Mon *Seigneur et mon Roi* avait répondu à mes prières et celles de ma mère qui devait intercéder pour moi, de là-haut. Nous sommes passés à table, la nourriture était formidable, la main de Chantal ne pouvait pas faillir. Je n'avais jamais aussi bien mangé, même pas chez nous. Nous avions commencé par un bouillon de chèvre accompagné de pain beurré, mon péché-mignon!

J'en raffolais depuis mon enfance. Le repas principal était composé de légumes fraîches *(lenga-lenga)* aux champignons et des arachides pimentés, dans lesquels flottaient de gros morceaux de poissons fumés, tout ça accompagné de riz parfumé, tout ce qu'un enfant Africain de bonne famille pouvait rêver. Après le repas, Chantal m'avait donné un grand verre de lait chaud et le bonheur était complet. L'époque du manioc cru était la chose du passé, mais tout ça était incompréhensible pour moi; c'était même trop car c'était arrivé trop vite. De nulle part, une question troublante m'avait traversé l'esprit : où est passé monsieur X?

Je me demandais sérieusement où pouvait se trouver cette bougnoule et le reste de son troupeau, ce qu'ils pouvaient faire à ce moment-là!

Je commençais un nouveau chapitre de ma vie, loin de ces hutu-génocidaires, mais voilà que je me posais quand même des questions absolument inutiles! Après tout, que m'importait de savoir où était passé cet individu et ce que pouvait faire?

Je m'égarais dans cette rêverie quand je sentis la main du général se poser avec douceur sur mon épaule. On avait fini de manger, il m'invitait à passer au salon; il me dit par la voix de sa femme qu'il avait un certain nombre de questions à me poser. Il tenait à ce que je lui dise tout ce je savais depuis le début du génocide, et lui dire comment je m'étais retrouvée au milieu de cette bande de criminels, sans mes parents. On est au courant de ce qui se passait au Rwanda, le génocide des Tutsi avait fait le tour du monde, même si rien n'a été fait pour les sauver. On a dit à la radio que les combats sont fini, que tous les Hutu ont fui le pays devant le FPR gagnant.

Je n'avais pas de réponses à lui donner; j'ignorais même que les Hutus avaient été vaincus par les rebelles du Front Patriotique Rwandais; je le soupçonnais quand même à cause des fugitifs avec lesquels j'avais traversé la frontière. Ils avaient capitulé et fui vers le Zaïre. Je connaissais vaguement le groupe qui avait fui avec moi, mais rien des autres criminels. Chantal disait que la télévision montrait quotidiennement des colonnes interminables des fuyards hutu, des milliers de paysans effarés qui craignaient les représailles des rebelles Tutsi. Elle était prête à traduire du Lingala en Kinyarwanda et vice-versa pour faciliter mon interrogatoire. Ils m'avaient assurée que je n'avais rien à craindre mais que le général tenait à écrire son rapport.

Je devais donc faire un effort de me rappeler ce que je savais depuis mon départ de chez-nous. Il voulait aussi savoir la relation qu'il y avait entre moi et l'homme qui traduisait pour moi quand ils nous avaient interceptés sur la route.

Évidemment, j'avais compris qu'il faisait allusion à monsieur X, et mon cœur s'était mis à battre la chamade. Le général avait remarqué ma panique et m'avait fait dire par Chantal que je devais lui faire entièrement confiance, que plus jamais personne ne me ferait de mal, pas de son vivant, et cela m'avait rassurée. Ses gestes, son regard, tout était aligné avec ma plus belle étoile, je n'avais à m'inquiéter de rien. C'était un couple d'une grande générosité, je me sentais un peu coupable d'avoir douté de leur bonne foi.

Pour réparer ce tort, je me suis dit que je devais déballer mon sac et leur dire tout ce qu'ils voulaient savoir sur moi, tout que mon cerveau était capable de se souvenir, jusqu'au moment où ils nous avaient arrêtés. Toutefois, je n'avais l'intention de parler de ma mère. Je leur avais dit, seulement en quelques mots, qu'ils avaient été tués dès le premier jour, sans parler ni de la lapidation de papa ni du viol collectif de ma mère.

Je ne me sentais pas la force d'entrer dans ces détails avec ces étrangers, c'est même encore très difficile pour moi aujourd'hui d'en parler. Pour ce qui concerne monsieur X, je crois que je n'avais rien oublié. Ce fut comme si on ouvrait une ruche aux abeilles, tellement j'en avais gros sur le cœur contre ce diable et ça m'a fait beaucoup de bien de vomir tout ce venin qui m'empoisonnait la vie depuis trois mois.

Le général n'avait pas été capable de contenir ses émotions, surtout quand je leur avais expliqué pourquoi je lui répondais avec insolence quand ils nous avaient arrêtés, et pourquoi je refusais de mettre les mains en l'air comme les autres quand ses soldats l'avaient demandé. Apprendre que je le faisais exprès pour qu'ils me tirent une balle dans la tête lui semblait un peu trop dur sur son cœur. Il en avait ri et pleuré à la fois, qu'il toussait comme un asthmatique. Sa réaction m'avait soulagée, cela me mettait encore plus à l'aise quant à sa bonne foi. J'avais sorti au moins un quart de mon chagrin et mes angoisses et je sentais bien. À part cette omission volontaire sur les détails de l'extermination de ma famille, je n'avais rien omis; c'était comme si je lisais dans un livre ouvert.

Le général m'avait écoutée très attentivement en prenant des notes, sa femme traduisait mot à mot. C'était dur pour elle aussi d'entendre tout le mal qu'on m'avait fait, surtout le traitement dont j'avais été l'objet dans la maison de monsieur X.

Est-ce que monsieur X avait jamais eu un nom? Comment s'appelle-t-il?

Pour être honnête, je n'avais jamais connu son nom. C'est justement pour cela que je l'appelais X; pourtant j'avais vécu avec lui, jusque dans son dans son lit pendant plusieurs semaines! Quand

Chantal s'arrêtait un moment pour pleurer, le général n'avait pas de choix que d'attendre qu'elle se ressaisisse et poursuive la traduction; moi je ne pleurais plus, au contraire, je jubilais de pouvoir enfin partager ma misère avec une tierce personne, qui semblait avoir une oreille attentive à mon histoire tragique. Je me soignais de certaines blessures, c'était vraiment bon de pouvoir parler de tout ça.

Je savais que cette maman traduisait fidèlement ce que je disais. Je l'affirme parce que je voyais les yeux du général qui viraient au rouge quand c'était plus dur. Sa colère montait de façon exponentielle, profondément attristé d'entendre ces sévices que m'avait fait subir monsieur X pendant ces longues semaines. J'aurais juré qu'un général ne pouvait pas pleurer, mais je l'avais vu écraser de grosses bulles de larme, ce n'était pas drôle du tout! On dirait que cette famille était taillée sur mesure de mes besoins.

Quand j'avais fini de raconter mon histoire qui avait pris des heures, ils ont tous les deux poussé un soupir de soulagement, comme s'ils regrettaient d'avoir secoué toute cette poussière qui s'était accumulée en moi. Le général était à la fois furieux et triste, Chantal, quant à elle, était dévastée. Ma mésaventure l'avait tellement secouée que je me demandais si cela était vraiment nécessaire de leur raconter tout ça. En réalité, le général avait beaucoup pleuré, plus longtemps que je ne l'avais remarqué. Il se dérobait de mon regard pour que je ne le remarque pas. Il m'avait rappelé mon père, lui aussi avait joué à ce jeu de cache-cache. Comme les mamans, les papas réagissent aussi à la douleur dans certaines circonstances, mais ces derniers jouent parfois au dur, ils n'aiment pas qu'on les voit pleurer. Ils s'expriment comme tout le monde, avec des larmes, quand ils sont dépassés par les événements. Je n'aurais pas osé regarder directement dans les yeux du général, par pudeur, mais il faisait pitié dans cet état. C'est très impoli dans notre culture de regarder droit dans les yeux des adultes, surtout les gens importants ou des gens âgés.

Tout à coup, le général se leva et se dirigea vers sa chambre où il est resté pendant plusieurs minutes. Il en est sorti tout habillé, prêt à partir. Il avait revêtu de son uniforme militaire, son chapeau, et a accroché son pistolet sur sa hanche. Il m'a attirée dans ses bras et embrassée très fort, tout en évitant de me regarder dans les yeux parce qu'il n'avait pas arrêté de pleurer. Il est sorti précipitamment sans même rien dire à sa femme. Du dehors, nous l'avons entendu appeler son chauffeur et la jeep a démarré en trombes. Il n'était revenu à la maison que deux jours après!

Pendant son absence, sa femme n'avait pas cessé de pleurer; elle était devenue inconsolable et je ne savais pas quoi faire. Je regrettais sincèrement de leur avoir raconté toutes ces mauvaises choses qui m'étaient arrivées, ils n'étaient plus en paix dans leur maison et je me sentais coupable d'avoir été la source de leur misère mais ils l'avaient voulu. J'étais en sécurité dans cette famille, elle était devenue la mienne à part entière, je ne craignais plus rien car ils m'aimaient vraiment. J'étais devenue leur enfant par la force des choses, et pas n'importe quel enfant, mais un enfant choyé. J'étais traitée comme une princesse par une mère aimante et un père si attentionné.

Je ne savais pas encore grand-chose sur eux, à part quelques bribes d'information que m'avait données Chantal sur elle-même et sur son mari. Je ne savais même pas encore comment s'appelait le général, mais que m'importait-il de le savoir? Même sa femme l'appelait *«général»* tout court, cela suffisait, même pour moi. C'était quand même mystérieux tout ça, pourtant ce n'était pas un rêve, ça se passait vraiment dans ma vie; il ne pouvait y avoir de plus grand miracle dans ma vie, c'était tout un changement... L'absence prolongée du général m'avait quand même intriguée, ce qui n'était pas le cas pour Chantal, elle en avait sûrement l'habitude.

Je n'aurais quand même pas osé lui demander où il était allé et pourquoi pour si longtemps, son emploi du temps ne me regardait pas. À la fin du deuxième jour, il est rentré au moment où je prenais ma sieste dans ma chambre, je n'avais pas su qu'il était de retour. Chantal avait tapé à ma porte et demandé de venir au salon pour saluer le général. Je suis sortie et l'ai vu; il avait l'air fatigué et parlait peu; son chauffeur était là aussi, ils buvaient de la bière ensemble, mais ils n'étaient pas revenus seuls. Je m'avançais vers lui pour lui donner une accolade, quand je me suis aperçu que monsieur X était là aussi; j'avais cru qu'une bombe tombait sur ma tête, j'ai vraiment failli m'évanouir. L'air m'avait manqué, je transpirais et haletait comme un chien, juste le temps de constater la présence cet individu, *dans ma maison!*

Non seulement j'étais choquée de le revoir, mais je me disais aussi que sa présence ne pouvait pas être de bonne augure. Mon monde s'écroulait soudainement comme un château de sable, je perdais la tête. Qu'est-ce qu'il était venu faire chez-nous, cet homme? Il était assis par terre et non dans un fauteuil comme les autres, et était menotté, aux pieds et aux poignets. Même avec ses menottes mon cœur s'affolait. Mon premier réflexe a été de m'en fuir; je suis précipitamment retournée dans ma chambre pour me cacher du regard de ce monstre, avant même d'embrasser le général.

Malheureusement, je le voyais partout, même dans ma chambre fermée. Ses yeux étaient partout, je ressentais même son odeur qui n'avait pas changé. J'avais verrouillé ma porte à double-tour et cela n'a pas suffi; il a fallu aussi que je glisse en-dessous de mon lit et retienne mon souffle. Ils ont eu beau cogner à ma porte, m'appeler avec insistance pour que je revienne au salon mais je ne voulais pas revenir et revoir cet individu pour rien au monde. De mon retranchement je pouvais entendre le rire du général, pendant que la maman, elle, pleurait déjà. Moi j'avais peur mais je ne pleurais pas. Ils ont beaucoup insisté, mais j'étais déterminée à ne pas ouvrir la porte, quoi qu'il en coûterait! J'ai quand même fini par avoir peur d'être irrespectueuse du général, surtout au moment où il m'avait appelée, lui-même. Il me rassurait que tout irait bien, je l'ai cru. Quel autre choix j'avais?

C'était difficile, voire impossible de continuer à refuser d'ouvrir cette porte. J'ai pris mon courage et ouvert la porte et je me suis retrouvée au salon, en regardant mes pieds. Mon corps s'était entièrement recouvert de la chair de poule, même devant le général, monsieur X me faisait très peur. J'avais pensé que j'étais débarrassée de lui pour toujours mais le voilà encore dans mes pattes. J'aurais souhaité ne plus jamais le revoir dans ma vie, quelles que soient les raisons, surtout que j'ignorais celles de sa présence chez-nous. J'étais complétement bouleversée, car beaucoup d'hypothèses défilaient dans ma tête; il fallait essayer de deviner pourquoi le général avait senti le besoin d'aller le chercher où il était. Je n'y comprenais rien, mon bonheur s'évaporait aussi soudainement qu'il était venu. C'était trop beau pour durer, mon château en Espagne s'écroulait comme dans un rêve! En l'espace de quelques instants j'ai imaginé le pire des scénarios qui pouvait justifier la présence de monsieur X dans cette maison : serait-il là parce que le général aurait décidé de me ramener au camp de miliciens, sous la bonne garde de monsieur X, qui veillerait sur moi?

Je ne sais pas pourquoi mais ce fut cette éventualité qui se figeait dans ma tête et me terrifiait.

Ou alors, serait-il venu vivre avec nous en guise de remerciements pour l'effort qu'il avait démontré en faisant la traduction pour moi, dès notre premier contact avec les militaires Zaïrois? Peut-être que le général avait-il trouvé que ce geste méritait quelque récompense. Mais alors, si tel était le cas, pourquoi serait-il enchaîné aux pieds et aux poignets? Il manquait de cohérence dans mes hypothèses, mais il fallait que je m'accroche à quelque-chose pour justifier sa présence. Pourquoi le général voudrait-il me ramener au milieu de ces criminels s'il avait bien entendu ce que j'avais expliqué dans mon interview? Est-ce que Chantal avait bien traduit tout ce que j'avais dit?

Elle était tout aussi mal à l'aise que moi. Je savais qu'elle haïssait cet homme, même s'elle ne l'avait jamais rencontré; d'autre part, je savais aussi qu'elle ne pouvait, en aucun cas, accepter de le laisser vivre dans sa maison; c'était très improbable. J'avais commencé à transpirer car j'avais vraiment peur de tout ça, même si j'avais hâte d'entendre le message que nous apportait le général. Chantal non plus n'était pas tranquille, j'avais même l'impression qu'elle était furieuse contre son mari, qu'elle se posait probablement les mêmes questions que moi.

Avait-elle été informée qu'on me ramenait au camp de ces criminels hutu? Toutes ces suppositions négatives germaient dans ma tête comme des champignons et c'était un moment difficile à vivre. J'étais nerveuse mais prête à toute éventualité, sauf une chose : je n'étais pas disposée à accepter la proposition de partir avec cet homme, quelles que soient les garanties que pouvait y mettre le général, fallait-il me suicider. J'avais la ferme intention de lui dire non même si je ne savais pas comment j'oserais dire non au général. Je priais en silence car j'avais toujours eu confiance dans les pouvoirs de la prière, mon Dieu ne m'avait jamais abandonné en de tel cas de détresse. Après tout, c'était ce même Dieu qui m'avait orientée dans cette maison, cela faisait partie du plan qu'Il avait dessiné pour moi.

Tout à coup, cette situation me fit penser à l'histoire de *Joseph, le fils du patriarche Jacob de la Bible;* ce jeune homme avait été vendu comme esclave par ses frères, par jalousie, mais il était devenu un prince dans la maison du Pharaon. Maman qui aimait beaucoup lire la Bible nous avait lu cette histoire dans le livre de la Genèse. Moi aussi j'étais devenue une princesse, mais tout cela risquait de se terminer là.

Mais peut-être que je me trompais, il fallait être un peu patient. Plus vite que je ne l'avais anticipé, monsieur X allait se retrouver au banc des accusés; il était sur le point d'être interrogé, éventuellement récolter ce qu'il avait semé. Finalement le général l'avait amené pour son procès, lui faire un dossier sur ses crimes à mon endroit. L'ambiance était extrêmement tendue dans cette maison, tout s'est passé très vite, plus vite que je ne l'eusse imaginé. Le général nous avait brièvement expliqué pourquoi monsieur X était là, qu'il devait s'expliquer, dire en détail ce qui s'était passé entre lui et moi depuis qu'il m'avait rencontrée, le dire dans ses propres mots sans tricher, le dire en me regardant dans les yeux et me demander pardon.

Le général parlait en français parce qu'il savait que monsieur X parlait cette langue, Chantal traduisait en Kinyarwanda pour que je suive ce qui se passait. Le général posait des questions et monsieur X répondait du mieux qu'il pouvait, s'excusant fréquemment pour tout le mal qu'il m'avait fait. Il parlait en regardant ses pieds nus et enflés, mais le général voulait qu'il parle en me regardant dans les yeux. Il n'y arrivait pas et cela agaçait le général. Monsieur X semblait avoir été sévèrement battu avant d'arriver chez moi. Il faisait la queue basse et avait l'air si imbécile qu'il n'arrivait pas à obéir. Comment me regarder dans les yeux était devenu si difficile pour cet homme qui, hier, me méprisait comme le dernier des déchets, me crachait dans la figure matin et soir, et me giflait pour un oui ou pour un non, pour le plaisir de le faire?

Il me traitait de tous les noms mais n'arrivait plus à me regarder dans les yeux? Les militaires ont leur façon d'obtenir ce qu'ils veulent, quand ils le veulent, il allait certainement en trouver une pour cette circonstance. En effet, cela n'avait pas tardé. Il a appelé son garde-du-corps, celui-ci accourut. Le général lui fit signe, et je vis ce jeune soldat déverrouiller une cravache qui était accrochée à sa grosse ceinture et commença à cogner monsieur X. Vu la force avec laquelle ce fouet mordait dans sa chair de cet individu, il n'allait pas résister longtemps avant de passer aux aveux. Ce jeune caporal l'avait impitoyablement frappé qu'il perdait connaissance. Chaque coup porté lui déchirait la peau, de longs filets de sang dégoulinant de la tête à son torse nu, jusqu'au plancher. Il transpirait et criait très fort mais personne n'avait pitié de lui.

Il souffrait terriblement. Ces coups provoquèrent de violents spasmes musculaires qui le faisaient trembler, il s'agitait comme s'il y avait un tremblement de terre sous ses pieds. Il poussait d'affreux râles à cause de sa douleur, mais refusait toujours de me regarder dans les yeux, c'est tout ce qu'on lui demandait de faire. Je ne comprenais pas comment cela était si difficile pour lui, pourtant il savait qu'il n'aurait pas la paix tant qu'il n'obéirait, surtout que personne n'avait le droit de désobéir au général. J'avais envie de le lui rappeler pour qu'on arrête de le frapper, mais je n'avais pas osé. Ce ne fut que quand il réalisa qu'il allait mourir qu'il s'exécuta, pour avoir un peu de répit.

De peine et de misère, il leva les yeux sur moi. Il souffrait si atrocement que j'avais failli pleurer, tellement il faisait pitié. Je n'oublierai jamais ce moment-là ni ce regard qu'il avait jeté sur moi, comme pour me dire qu'il était vraiment désolé pour tout le mal qu'il m'avait fait. Je n'arrive toujours pas à m'expliquer pourquoi je me sentais coupable pour le malheur de cet homme, lui qui avait mérité son châtiment. C'était une culpabilité insensée, on récolte toujours ce qu'on a semé, car tout se paye ici-bas, d'une façon ou d'une autre. Malgré tout, même si tout cela se faisait pour ma vengeance, je ne trouvais pas ça drôle du tout. Je me couvrais les yeux comme si j'avais le regret d'avoir dénoncé ses méfaits, je trouvais sa douleur démesurée, car j'avais commencé à oublier la mienne depuis que j'habitais dans la maison du général.

J'avais toujours cru que je le haïssais vraiment, quel cas je devais me réjouir de ce qui lui arrivait, hélas non; c'était tout le contraire. Le général lui-même était étonné de me voir bouleversée pour ça, lui qui perdait patience avec lui. On sentait qu'il pouvait facilement lui tirer une balle dans la tête, vu comment il lui hurlait dessus, mais ce mec s'obstinait dans le mutisme et ne voulait pas coopérer pleinement. Peut-être avait-il compris qu'il n'avait aucune chance de s'en tirer à bon compte. Malgré de sérieuses blessures qu'on lui avait infligées, le caporal avait dû sortir un autre fouet au signal du général. Il était si furieux qu'il pétaradait comme un cheval et lui donnait des coups de pieds d'une violence extrême avec ses bottes militaires.

Même sa femme en était ébranlée. À ce stade-là je ne m'inquiétais plus pour moi, il n'y avait aucune chance possible que je sois renvoyée au camp des miliciens-hutu avec cet homme, cette réaction du général ne prévoyait rien de ce genre. Monsieur X avait fini par se plier aux ordres et accepté de collaborer. Il avait tout dit et confirmé tout ce que j'avais dit. Le jeune caporal avait fini par ranger ses fouets. Il avait pris des poches de monsieur X ses pièces d'identité, et lui avait demandé de répéter à haute voix son nom, son prénom, sa date et son lieu de naissance.

Vous ne me croirez peut-être pas, mais c'est à ce moment-là que j'ai entendu pour la première fois le nom de cet homme, alors que j'avais vécu très étroitement avec lui pendant des mois. Il avait dit qu'il s'appelait *Célestin Taritari, né à Tambwe, Gitarama, le 5 juillet 1973*. L'interrogatoire est allé de l'avant et avait duré plusieurs heures d'enregistrement. C'était long et ennuyeux, mais je crois que cela valait vraiment la peine! Monsieur X, désormais, *Céléstin Taritari*, avait raconté comment il tuait les Tutsi et violait leurs femmes, et que tout cela était sur ordre du préfet. Ces mêmes ordres disaient que les miliciens ne devaient épargner personne, même pas les nouveau-nés de Tutsi, et que toutes les femmes et leurs filles devaient être violées pour leur arrogance, avant d'être tuées. Tout avait été orchestré par le gouvernement central, certains miliciens étaient payés en dollars pour faire ce qu'ils faisaient, avait-il ajouté.

Je n'en revenais pas. C'était une histoire dégoûtante et pénible à écouter, surtout pour ces Zaïrois qui devaient l'endurer pendant de longues heures. Le général et son jeune caporal se sont mis à l'écart pour discuter, dans leur langue, puis ce jeune soldat avait ouvert un placard et avait sorti une nouvelle cravache. J'ai regardé dans les yeux de *monsieur Taritari*, sa face était livide et sans expression; j'avais cru qu'il allaitmourir, il était tellement effrayé. Du coup, j'ai pensé à tout le mal qu'il m'avait fait pendant toutes ces semaines, son regard moribond me rappelait à quel point il me méprisait, me traitait de vermine dans l'obscurité de sa chambre puante. Je le regardais sans cligner de l'œil, ce que je n'avais jamais osé faire auparavant. Je le voyais et me rappelais des moments où j'étais à sa merci, quelques jours plutôt, et je me disais que tout se pays ici-bas pour de vrai, ce n'était pas juste une anecdote. Je revoyais l'homme en panique quand nous galopions dans les montagnes de l'Ouest du Rwanda en fuyant les rebelles du FPR, qu'il appelait méchamment mes cousins, et voilà qu'il tremblait devant moi et son péché.

Savoir qu'on avait dû le tabasser à en mourir pour qu'il accepte de répondre aux simples questions qu'on lui posait, qui étaient pourtant facile à répondre d'après ce qu'il avait dit, qu'il m'avait appris aussi car je l'ignorais. Je me suis dit qu'il ne sert absolument à rien de faire du mal à qui que ce soit, qu'il soit moins fort, blanc, noir, hutu ou tutsi, car il y aura toujours *un-beaucoup-plus fort que soi*, un bon jour! C'est ça l'angle caché de la vie. (*We are all in the line without knowing*) comme dirait AJ Picard.

Nous sommes tous égaux devant Dieu et devant la loi, personne ne devrait prétendre avoir le contrôle sur l'avenir de l'autre, sinon monsieur Taritari ne se serait pas retrouvé devant moi, menotté et en situation de détresse *(iby'isi ni gatebe-gatoki koko)*! Physiquement ce type était un géant et croyait en sa force, mais cela n'avait pas suffi pour le sauver. *La force physique, la réussite financière, la gloire politique ou la somme de tout ça dans la vie d'un seul homme, ça ne sert à rien quand on n'a pas l'amour du prochain!* Ça s'efface à tout moment comme un texte qu'on écrirait sur le sable! Tout a été dit dans le livre de l'Ecclésiaste : 4 : 4, 8, 16 :

J'ai vu, dit-il, que tout travail et toute habileté dans ce travail n'est que jalousie de l'homme à l'égard de son prochain! C'est encore là une vanité, la poursuite du vent.... fin de citation. Est-ce que ces hutu-génocidaires, avant de rebaptiser (*kujya kwica Abatutsi = gukora*, tuer les Tutsi = *travailler*) avaient bien lu ces versets de l'Ecclésiate? J'aimerais vraiment le savoir! Après l'enregistrement de ce long et pitoyable interrogatoire, j'avais cru que c'était fini, mais la misère de monsieur Taritari ne faisait que commencer. Le caporal avait changé de fouet et l'avait frappé de plus bel; ce deuxième fouet était si dangereux que sa chair se déchirait profondément, même ses petits os volaient aux éclats. Il avait beau hurler comme un porc qu'on égorgeait, personne ne faisait attention à sa douleur. Il avait tellement grogné en poussant des cris qui faisaient vibrer les tôles de la maison, mais ni le général ni sa femme ni le caporal, personne n'avait pitié de lui, mais moi, si, quand même! Devenue bleuâtre à cause de la colère, j'ai vu madame Chantal arracher le fouet des mains du caporal, ordonner qu'on baissa les culottes de monsieur Taritari. On ne voyait pas où elle voulait en venir. Ce que j'ai vu par la suite était insupportable à voir, car c'était d'une cruauté sans pareil; je ne pouvais même pas imaginer que ce châtiment pouvait venir d'une femme comme Chantal, une si gentille et généreuse maman!

Quand on a baissé les culottes de monsieur Taritari, Chantal s'était acharnée à le frapper elle-même, avec une telle rage que je ne la reconnais plus. Elle le frappait exclusivement aux parties intimes, poussant des *hi-hans* comme ceux qu'on entend chez certains joueurs de tennis! Je n'étais plus capable de voir cette horrible scène et me cachait dans un bout de mon pagne. Le général lui-aussi semblait découvrir en même temps que nous le côté caché de sa femme qu'il ne connaissait probablement, c'était vraiment laid à voir. Je savais qu'elle faisait ça pour moi, mais la violence quelle que soit sa source et sa nature est intolérable pour moi, même aujourd'hui. Certes, monsieur Taritari avait travaillé fort *(gukora pour dire tuer les tutsi dans leur jargon);* il avait travaillé tous les jours pendant deux mois et demi, *j'en avais été témoin* et il l'avait reconnu lui-même dans son interrogatoire, mais c'en était trop.

Le prétexte d'avoir agi sur ordre venu d'en haut était réel, mais n'était pas suffisant pour qu'on soit lavé de son péché, et nul n'est censé ignorer la loi. Il avait mérité son châtiment, même si je pensais personnellement qu'il était disproportionné, mais en grandissant j'ai compris qu'il fallait qu'il soit puni, si on ne pouvait pas le pardonner. Punir une atrocité par une autre n'a aune logique, le pardon est la meilleure punition. Selon moi, aujourd'hui à mon âge actuel, je pense que punir ou ne pas punir ce genre de délit ne change pas grand-chose. Cela ne signifie pas que je minimise le génocide, c'est même le contraire, mais je suis convaincu qu'il vaut mieux éduquer les gens, *les miliciens compris,* puisqu'on ne peut pas les tuer tous.

C'est pour cela que j'avais louangé *les procédures gacaca* qui avaient été mal comprises au début, alors qu'elles étaient les seules qui pouvaient apporter des solutions durables. Le mal a été fait, il est irréversible, mais il faudra vivre ensemble avec les conséquences du génocide jusqu'à la fin de nos jours, même les générations futures s'en souviendront pendant longtemps! On sait que l'éducation dont je parle a déjà commencé, elle devrait être assidue et intensive car nous devons apprendre à redevenir une nation homogène, comme à la belle époque avant l'intrusion coloniale. On n'en est encore aux balbutiements mais les premiers signes sont prometteurs, et des résultats sont remarquables quand bien même la pente à remonter est haute mais on y arrivera.

Il faut y mettre les moyens nécessaires et des compétences requises, car c'est le meilleur investissement qu'un pays comme le nôtre pourrait faire pour les prochaines générations; il faut que les *Hutu et les Tutsi* redeviennent un peuple uni, fraternel comme avant l'arrivée de la colonisation. Ne pas se voiler la face ni avoir honte d'appeler le chat, un chat ne serait pas différent de mettre un pansement sur une plaie sans vider le pus; elle finit par devenir une gangrène. Pour rebâtir un pays, on ne peut pas le rebâtir sur un mensonge, et le mensonge serait de ne pas renaître certaines vérités. Les hutu doivent admettre qu'ils ont fait des choses inacceptables contre les tutsi depuis les années 60's. C'est un fait, il est indéniable.

Mettre quelques vagabonds-miliciens dans une cage, les accuser d'avoir pris une machette, coupé la tête aux Tutsi et violé leurs femmes, mais laisser Gitera *(agent causal)* tranquille, n'est pas la solution. Je tiens ceci du proverbe Rwandais qui dit : *aho kwica Gitera wakwica ikibimutera* – Ce qui correspondrait à dire *qu'il ne servirait à rien de brûler les fruits amers si on ne procédait pas à la greffe de bonnes espèces.*

Ceux qui ont causé ce mal le referaient s'ils trouvaient une faille, parce que leur cerveau a été reprogrammé pour faire ce genre de choses, pendant près d'un demi-siècle. Or, pour déprogrammer un robot destructeur, techniquement il ne suffit pas d'enlever *le chip* qui le met en mouvement, il faut aller à la source, extirper le code posé par le réseau-concepteur. C'est ça qu'il faudrait faire dans le cas des miliciens, et ce procédé s'appelle la rééducation, car les hommes ne sont pas des robots. Les miliciens ne sont pas nés tueurs comme on a tendance à le penser, comme les Tutsi n'étaient pas nés pour gouverner comme le disait méchamment Mgr Classe. Seules les mauvaises politiques sont responsables de ces dégâts. Certains individus avaient été robotisées, ils obéissaient aux ordres sans poser de questions.

Sinon, comment expliquiez-vous qu'on demanderait à quelqu'un de tuer un bébé, et qu'il le ferait sans même demander pourquoi il devrait tuer un enfant. Rappelez-vous, je ne parle pas de Hutu en général, mais des hutu-miliciens; il y a une grande différence entre les deux! Comme vous et moi, ces derniers ont une âme même s'elle a été souillée; ils sont coupables de crime de génocide, les concepteurs de cette théorie génocidaire sont imputables de ce délit raciste et devront être poursuivis, jusqu'au bout de temps. Est-ce qu'on les connaît, ces concepteurs?

Mais voyons donc…. Qui ne les connaît pas? La question est probablement mal posée mais qu'importe. Ce qui compte, qui devrait être un des grands objectifs de l'Etat Rwandais aujourd'hui et demain, c'est d'y mettre les moyens financiers et l'effort requis constant, car c'est un travail de longue haleine. Je m'insurge quand j'entends les gens confondre les Hutu des *miliciens-hutu!* Ce n'est pas du tout la même chose! Qui ignore qu'il y a des Tutsi de souche qui étaient devenus de dangereux affairistes, qui s'étaient laissés manipuler par ces vilains politiciens jusqu'à accepter de trahir leur famille, se transformer en *de vulgaires génocidaires* moyennant quelques dollars? Inversement, qui ne sait pas qu'il y a eu de rares Hutu, *de souche aussi*, qui ont risqué leur vie pour sauver au moins un Tutsi? Beaucoup de rescapés ont témoigné et témoigneront encore longtemps; n'eût été la générosité de ces rares Hutu qui ont eu le courage de refuser de suivre cette foule robotisée dans ce crime insensé, beaucoup moins de Tutsi auraient survécu à ces horreurs. Je ne prétends pas vouloir changer le monde avec un raisonnement, *pour le moins trop idéaliste,* je pense que chaque citoyen Rwandais devrait en prendre conscience et faire sa part, c'est une affaire de tous. Il faut que ce qui a été commencé par notre gouvernement soit continué par ceux et celles qui suivront, c'est une affaire de tout un chacun. Promouvoir la réconciliation du peuple Rwandais est la seule porte de sortie de l'enfer rwandais, et cela ne peut se faire en une seule ou deux générations. Punir, mais éduquer c'est mieux.

Donc, monsieur Taritari a eu son châtiment corporel, sa part de douleur physique, mais il y a une autre forme de douleur qu'il n'a jamais connue. La colère, les angoisses, la douleur invisible à l'œil nu. J'aurais dû me réjouir de sa douleur visible parce que je pensais le haïr, pourtant j'étais malheureuse d'assister à sa douleur, et c'est contradictoire. En grandissant, j'avais compris que c'est vraiment impossible d'effacer les traces du chagrin, surtout le chagrin causé par le mépris. «*Le viol sexuel est un mépris*».

Je pense même qu'on n'en rajoutait ainsi. C'est trop facile de le dire ainsi, mais vu plus objectivement et avec un peu moins d'émotions, c'était vraiment inutile de le punir avec autant de froideur. Je sais qu'en disant cela, je mets le pied dans une zone minée, mais je sais aussi que je dis tout haut ce que beaucoup de gens peuvent penser tout bas!

Ce n'est pas seulement au Rwanda, la race humaine dans son ensemble vit actuellement sur un magma qui bouille, plus dangereusement encore dans mon autre pays, les États-Unis. Tant qu'on ne retirera pas les tisons qui alimentent la haine de l'autre, ce magma sortira, un jour, et n'épargnera personne. Pour revenir sur le châtiment de monsieur Taritari, Chantal avait eu assez de le frapper; elle s'était avancée vers moi et m'avait tendu le fouet pour que je le frappe à mon tour, mais je n'aurais pas été capable. Elle avait piqué une crise de colère contre moi, simplement parce que je ne voulais pas frapper cet individu. J'ai pris le fouet en tremblant pour calmer Chantal.

Finalement je n'avais pas été capable de le frapper. J'ai jeté ce fouet par terre et couru m'enfermer dans ma chambre; Chantal m'avait suivie et obligée de revenir. Je trouvais tout ça absolument monstrueux, ce n'était même pas mieux par rapport à ce que m'avait fait cet homme. Quand Chantal a vu que je n'y arriverais pas, elle avait repris son fouet et continué à le taper, même plus fort qu'avant, jusqu'à ce que le général lui dise d'arrêter. Ce mec ne bougeait plus; était-il mort? J'avais même posé cette question, mais Chantal m'avait rassuré. Il m'avait dit qu'il s'était seulement évanoui, qu'il se remettra de ses blessures, mais je crois qu'elle mentait.

Monsieur Taritari ne pouvait pas se remettre, même si on ne peut jamais dire jamais, la nature est ainsi faite. J'étais quand même apaisée de voir qu'ils avaient arrêté de frapper cet homme. Tout était redevenu calme dans cette maison, ils m'ont laissée regagner ma chambre où je suis restée jusque tard dans la nuit. Après cette séance de sanctions démesurées, j'ai entendu le général dire au caporal d'amener monsieur Taritari dehors et le charger sur le pick-up. De ma fenêtre, j'avais pu assister à la conclusion de ce douloureux chapitre de ma vie avec monsieur Taritari. Le général nous a appris qu'il était mort de ses blessures.

On avait une petite télévision à la maison, je regardais souvent les images car je ne comprenais pas la langue locale. On montrait des images de réfugiés hutu à l'est du Zaïre, nous, on était plutôt à l'Ouest. Chantal me disait tout ce qui se passait en kinyarwanda. Ces hutu fuyaient en laissant des milliers de cadavres derrière eux, je le savais et je l'avais vu. Au moment-même où ces réfugiés nouveau-genre traversaient la frontière pour se rendre au Zaïre, les plus anciens réfugiés de la région des Grands-Lacs, les Tutsi, rentraient massivement au pays, leur rêve de tous les temps.

Je pouvais imaginer leur bonheur, mais quelle misère aussi de rentrer dans un pays aussi dévasté! Après trois ans et demi d'une guerre fratricide, les dégâts étaient démesurés, surtout en pertes de vies humaines. Tout était hors normes. C'est ce qu'on disait quotidiennement aux nouvelles.

Le temps a passé, mes plaies guérissaient peu à peu mais pas ma blessure. Je suis restée dans cette famille pendant près de deux ans ou deux ans. J'étais devenue une petite fille très aimée, heureuse même. Oui je crois que j'étais heureuse, mais plus tard j'avais réalisé que je me trompais. Ils m'ont aimée et tout donné, mais je ne pouvais pas être heureuse même si je faisais des efforts significatifs pour y arriver. J'avais pourtant tout essayé pour réciproquer leur attachement, mais rien n'avait fonctionné. J'étais toujours froide et ne souriais presque jamais. Mes efforts de leur plaire n'avaient pas été à la hauteur de leur bonté, mais je savais qu'ils ne pouvaient pas m'en vouloir, ils comprenaient la profondeur de ma douleur et me le disaient. C'était comme s'il y avait un trou noir dans mon âme qui m'empêchait de voir le bon côté de la vie. Les petits gestes chaleureux de tous les jours qui embellissent les relations humaines m'agaçaient, et me rendaient mélancolique. Mes angoisses me hantaient surtout quand je me retrouvais seule dans le noir. J'étais tout le temps fatigué et mes nouveaux parents ne pouvaient que subir mes sauts d'humeur, déçus et émus, mais ils étaient patients avec moi.

Les images des derniers moments de mon père emplissaient mon cœur et je revoyais en permanence le visage de ma mère qui me souriait entre les assauts de ses maudits violeurs, c'était une situation terrible à revivre. J'avais tout ce qu'il me fallait à ma portée pour retrouver la joie de vivre, tourner cette lourde page de ma vie d'hier et regarder vers l'avenir, mais je n'avais pas pu saisir cette chance. J'étais fragile et irritable, on dirait que je devenais de plus en plus folle.

Le général m'avait inscrite dans une école de l'armée qui se trouvait à proximité du camp. 80 % des élèves provenaient des familles de militaires mais il y avait aussi de rares enfants des civils des régions environnantes. Tous les enfants de cette école me connaissaient et avaient peur de moi, les enseignants aussi! Évidemment, j'étais un enfant important, on m'appelait la fille du général. Ce nouveau chapeau qu'on me faisait porter m'agaçait, m'embarrassait parfois, mais j'avoue qu'il me mettait à l'abri de toute forme de harcèlement comme on n'en connaît dans des écoles. On me reconnaissait parce qu'on voyait ma mère, Chantal, m'accompagner chaque matin avec le véhicule du général et elle revenait me chercher après l'école. Vers la fin du mois de septembre 1995, le général *Fuamba* (c'était son nom) est allé en mission d'État, en Amérique, où il était resté quelques mois.

Au soir-même de son retour, il m'avait dit, depuis l'aéroport où on était allé le chercher, qu'il avait de très bonnes nouvelles pour moi.

De bonnes nouvelles pour moi?

Quelles bonnes nouvelles pouvaient être les miennes à cette époque-là? D'où et de qui viendraient-elles? Sans attendre, il m'avait dit que si tout allait comme prévu, je devais partir pour les États-Unis avant Noël, soit dans un peu moins de trois mois.

Pendant mon séjour aux États-Unis; j'ai rencontré un vieil ami, Américain. Il n'est pas militaire comme moi, on avait lié d'amitié lors de mon premier voyage dans ce pays et on est resté proches. Je peux te dire que tu es chanceuse, ma fille! Désormais ta vie est garantie, que tu n'auras pas à passer ta vie, *d'un camp militaire à un autre,* dans des brousses comme ici. C'est un homme d'affaires riche et prospère, mais surtout intègre et d'une grande compassion pour les orphelins du génocide des Tutsi. Son attachement vient de l'amitié qu'il avait eue dans le passé avec un Tutsi Rwandais qu'il avait rencontré dans sa vie professionnelle. Celui-ci a péri avec toute sa famille dans cette cruauté. C'est à sa mémoire qu'il a mis sur pied un fonds spécial pour venir en aide aux orphelins du Rwanda.

Il a commencé avec grande partie de son immense fortune dans cette cause. Il s'est engagé à payer les études secondaires et universitaires aux enfants qu'il a pris en charge, une demi-douzaine je crois. C'est justement dans ce contexte que je lui avais parlé de toi, et je savais qu'il ne pouvait pas me dire non.

Il a déjà adopté d'autres enfants, dont la petite sœur de Chantal qui est Tutsi comme toi, même si son histoire est différente de la tienne. Ils m'ont promis, cet homme et sa femme, qu'ils viendraient te chercher eux-mêmes avant la fin de cette année. Je suis très heureux pour toi, ma chère petite fille. Tu pourras ainsi te faire soigner de ces angoisses qui te tourmentent et même poursuivre tes rêves. Je ne doute pas que tu les aimeras comme tes vrais parents, c'est une famille adorable, je peux te le promettre parce que je les connais.

Je te garantis que si je ne les connaissais pas bien je ne te laisserais pas partir; il faut que tu te refasses une nouvelle vie et de nouveaux amis, ça t'aidera à oublier graduellement le génocide de tous les tiens! Crois-moi, chère Adélaïde, le temps arrange bien des choses, mais souviens-toi : *il faut le temps à chaque chose, car le temps n'accepte jamais ce qui est fait sans lui !* Nous aurions aimé, Chantal et moi, que tu restes avec nous toute la vie car nous t'aimons comme notre propre fille, mais il serait irresponsable de ne pas penser à ton avenir.

Mon métier de militaire est non seulement instable, il est aussi incertain et offre peu d'opportunités aux enfants comme toi. Tu n'aurais aucun plan d'avenir dans un camp militaire de brousse. Ne pense pas qu'on a trouvé un moyen de nous débarrasser de toi, c'est le contraire. Même nos propres enfants ne sont pas avec nous, tu l'as remarqué. Personnellement, ça me fera mal de te voir partir, mais c'est la meilleure chose qui pouvait t'arriver. Nous restons rarement à la même place dans notre métier, c'est une réalité qui ne répond pas aux besoins des jeunes enfants.

Je suis ici aujourd'hui mais je pourrais être transféré ailleurs dès demain, ça ne prévient pas! Tu as donc tout intérêt à saisir cette occasion qui s'offre à toi. C'est une aubaine que quiconque saisirait les yeux fermés. Qu'en dis-tu, toi Chantal?

Voyons, papa! As-tu besoin de me demander mon avis? Bien sur que j'en suis ravie pour Adélaïde.

Au Zaïre on appelle les hommes, même de jeunes garçons, des papas! Le machisme commence très tôt, là-bas!

Oui je suis heureuse pour elle, mais triste aussi, car elle va nous manquer. Je remercie notre Seigneur qui a mis encor ces Américains sur ta route, ainsi l'avenir de notre fille est assuré. Crois-moi, chère Adélaïde, tu n'auras pas à le regretter. Je les connais très bien, ce sont des gens formidables. Ils ont déjà amené ma petite sœur, elle ne vit plus avec eux depuis quelques années mais elle est heureuse.

Quand je les ai quittés la semaine dernière, ils avaient déjà commencé à réunir les documents requis pour ton adoption et ton voyage. Si tu acceptes leur offre, *tu n'as pas le choix d'ailleurs,* ils seront ravis de t'amener chez eux, bientôt! Pour préparer ton prochain voyage, ils m'ont donné une enveloppe pour toi, de l'argent pour tes besoins personnels. Ils m'en ont donné plus qu'il n'en faut, tu pourras t'acheter tout ce que tu veux. C'est le moment de te laisser gâter mais comme il n'y a pas de bons magasins dans ce coin perdu du Zaïre, il va falloir que vous alliez à Kinshasa, Chantal et toi, dès la semaine prochaine.

Il y aura beaucoup à faire : des paperasses à compléter aux bureaux de l'Immigration et à l'Ambassade Américaine, en plus du shopping. Il va sans dire que ce sera toute une découverte pour toi de visiter une grande ville pour la première fois, car Kinshasa est très différente de Kigali. Je connais ta ville, il n'y a pas grand-chose là-bas. J'avais écouté attentivement ce papa sans rien dire, j'étais atterrée. Je ne m'attendais pas à un tel changement de vie aussi rapide et ne comprenais pas pourquoi je devais accepter une telle offre, qui n'avait aucune raison d'être, qui me séparait de ma nouvelle famille. Pourquoi devrais-je aller en Amérique? J'étais heureuse là où j'étais, du moins je le croyais. Alors pourquoi tout quitter maintenant pour aller tout recommencer ailleurs? Dans des conditions normales, cela m'aurait réjoui d'aller en Amérique, c'est le rêve de tous d'aller à l'Ouest, mais je ne voyais pas pourquoi je devais quitter les Fuamba; je les considérais vraiment comme mes parents à part entière, ils m'aimaient et m'avaient acceptée pour qui j'étais.

Pourquoi, subitement, je devais aller vivre dans ce pays lointain où personne ne me ressemblait? Je connaissais certaines choses de ce pays, à la télévision, car j'aimais regarder *les films Cow-boys* et des dessins animés, même si je ne comprenais pas bien l'anglais. De là à déménager là-bas, c'était vraiment terrifiant pour moi. Le général avait fini par me demander mon avis. C'était trop tard pour me demander mon avis.

Dis-moi, Adélaïde, qu'en penses-tu, mon enfant!

Après quelques moments d'hésitation, j'avais répondu que je ne savais pas quoi dire, mais que je doutais sincèrement que cela soit une bonne décision. Mon vrai bonheur aurait été de rester auprès de vous pour toujours, mais voilà que mon destin se redessine autrement. Ce n'est pas la première fois ni peut-être pas la dernière, je ne sais pas pourquoi, mais c'est toujours à moi que cela arrive.

En disant cela, je craignais un peu que ma réplique ne mette le général en colère, mais il ne se fâchait jamais contre moi.

Je te comprends, ma fille! Ça peut être angoissant de déménager dans un pays étranger, surtout à ton âge, quand on n'est obligé de vivre avec des gens qu'on ne connaît pas et avec qui on ne communique même pas dans la même langue. Mais comme je viens de te l'expliquer, tu ne devrais rien craindre. Tu aimeras cette famille dès que tu les rencontreras, ils t'aimeront aussi. D'autre part, on ne sera jamais loin. On ira te voir là-bas autant de fois qu'il le faudra. Tu resteras toujours notre enfant, quoi qu'il arrive, mais le leur aussi, en termes de la loi. Ce genre d'opportunité ne se présente jamais deux fois dans une vie, c'est à ce point important que même si tu essayais de dire non, je t'y forcerais quand même. Aujourd'hui tu es trop jeune pour comprendre ce genre de choses, mais plus tard tu m'en voudrais de ne pas t'avoir convaincue de saisir cette occasion.

Chantal se tenait tranquille et n'avait pas interféré dans cette conversation. Quand on est arrivé à la maison, elle s'est mêlée de la partie et appuyé le propos de son mari. Je pensais qu'elle m'aimait et espérais ardemment qu'elle se rangerait plutôt de mon côté, mais ce n'était pas ça qu'elle avait fait. Ils étaient unanimes à vanter la générosité de ces Américains et ne m'avaient même pas laissé une chance de les en dissuader. Chantal s'est levée, les bras vers le ciel et remercié le Seigneur pour cette opportunité qui s'offrait à moi, sa fille bien-aimée, sauvée de justesse des griffes de la mort.

Elle m'embrassait partout en me disant combien elle était heureuse pour moi, et me conseillait de ne pas m'inquiéter, que tout irait bien. Tu vas faire connaissance avec ma sœur, Candisse; elle va t'aimer comme sa propre sœur et sera ravie de t'aider à apprendre l'anglais; elle parle *le kinyarwanda, le français et le lingala*. Elle est plus âgée que toi mais il n'y a pas de quoi t'inquiéter.

Tu vas aimer l'Amérique comme te le disait mon mari; il a raison de dire que tu nous en voudrais plus tard de ne pas t'avoir donné cette chance, l'Amérique est bien différente de l'Afrique. Moi-aussi si j'avais cette chance, j'irai vivre là-bas aujourd'hui-même. Elle courut dans sa chambre, ramena un énorme album-photos et me montra les photos de Candisse, dont elle avait une collection volumineuse. Il y en avait un peu trop : des cartes postales de grandes villes des États-Unis; des aéroports et des villes célèbres comme *New-York, Chicago, Los-Angeles*. Elle avait même les photos du Grand-Canyon de Colorado que je connaissais, parce que je regardais souvent des films de Cow-boy qui me passionnaient. Je passais tout mon temps à la télévision, même s'il était en noir et blanc, et que je ne comprenais pas bien l'anglais.

Chantal me montra aussi la photo de ces riches Américains qui allaient devenir ma troisième famille! De toute évidence, je ne pouvais pas dire non mais j'avais du mal à comprendre pourquoi je devais toujours partir, partir sans raison, tout quitter et tout recommencer à la recherche de la paix et d'une vie meilleure... Mon choix aurait été différent; j'aurais choisi de rester auprès des Fuamba toute ma vie. C'était ma place, elle me convenait parfaitement. Ça faisait mon bonheur si je puis le dire ainsi, mais voilà, tout était à refaire. Comment peut-on parler d'être heureux quand on n'a même pas les pieds sur terre? Je venais à peine de me faire de nouveaux amis dans ma nouvelle école mais je devais les quitter. La générosité des Fuamba m'avait fait accepter peu à peu ce que je ne pouvais pas changer dans ma vie, mais il fallait retourner à la case départ, comme dans un jeu de Monopoli. Je me construisais des châteaux sous d'autres cieux, ces cieux si lointains où j'allais vivre dans l'inconnu, un monde nouveau avec lequel on n'avait rien en commun, ni en couleur ni en langue ni même en valeurs culturelles!

Pourquoi devrais-je faire ça? Aussi, je venais d'apprendre deux nouvelles langues, le français et le lingala que je parlais déjà assez couramment, en plus de ma langue maternelle, mais voilà qu'on me disait qu'aucune de ces trois langues n'était comprise dans ce pays où j'allais vivre! J'avais été forcée de quitter mon pays après avoir assisté au vu carnage de ma famille, et on me force maintenant de quitter mon pays d'accueil et ma famille d'adoption, pour rejoindre mon troisième pays, et tout indiquait que j'y aurais aussi une 3ème famille. Mais c'est quelle vie ça? Quelqu'un pourrait me le dire? Je n'avais pas encore dix ans, mais ma capacité de comprendre certains enjeux de la vie était comme celle des adultes! Quoi d'étonnant?

C'est ça qui arrive quand on vous enlève la chance d'être un enfant!

Depuis le génocide, je devais tirer mon plan ou mourir, même si j'avais eu des appuis extraordinaires, comme monsieur Sylvain et la famille des Fuamba! Mais pourrais-tu, Seigneur, me permettre d'avoir les pieds sur terre, un jour, respirer normalement sans happer l'air du temps qui change constamment? Est-ce que j'aurais encore le courage de te remercier pour cette autre déception, que les autres appellent une chance, ce nouveau départ vers l'inconnu?

Sylvain m'avait appris qu'il fallait toujours te remercier pour tout ce qui nous arrive mais je ne te comprends plus... Si au moins tu pouvais me dire en quoi tu as fabriqué le tissu de mes jours, je saurais à quoi m'en tenir! Est-ce une fatalité pour les Tutsi d'avoir une vie de misère et instable contre leur gré? Devrions-nous rester toujours en l'air, ne jamais prendre de racines nulle part dans ce monde?

Merci quand même, Seigneur! Mes complaintes ne pourraient pas changer ce que tu as inscrit dans le livre de vie *(urwandiko)*! J'aurais beau prier ou même crier, cela ne changerait pas ta décision, personne ne peut te faire changer d'avis. Néanmoins, mon Seigneur et mon Roi, je compte sur toi pour m'accompagner là-bas, au moins ça, je sais que tu vas le faire car tu as toujours marché à mes côtés. J'ai appris à te faire confiance, tu ne m'as pas déçue jusqu'à preuve du contraire!

Je sais à quel point Tu es occupé en ce moment dans cette partie du monde, l'Afrique des Grands-Lacs qui est remplie de cadavres et de criminels, mais Tu as toujours trouvé du temps pour moi, j'en suis reconnaissante. En attendant que je les rejoigne, Dis à mes parents que je les aime comme avant et que cela ne changera jamais. *Tu peux le faire, Toi, car Tu peux les voir, mais pas moi!* Dis à mon père et à mes frères qu'ils me manquent énormément, que je suis obligée de me battre seule pour faire mes petits pas, des pas douteux car tout change très vite ici-bas, surtout que je n'avais jamais eu à le faire. Tu leur diras que je regrette une seule chose : je suis très malheureuse pour n'avoir pas su protéger maman, à tel point que j'ignore même ce qu'elle est devenue au moment où je Te parle. J'ai été lâche, et je n'arrive pas à me pardonner de l'avoir laissée entre les mains de prédateurs, même si je ne pouvais lui être d'aucun secours. Je n'avais que sept ans, rappelles-toi, mais aujourd'hui j'ai grandi un peu plus, j'ai presque dix ans; étonnant, n'est-ce pas!

Je ne sais pas comment ça se passe au Ciel où vous vous trouvez, mais ici-bas, le temps passe très vite et les gens sont chaque jour plus mauvais, à part la nouvelle famille que tu as envoyée sur ma route, les Fuamba. Enfin, Seigneur, fais-moi l'honneur de bénir cette famille. Ce sont des gens formidables, je les aime même si je n'arrive pas à le leur dire; je voudrais bien y arriver mais je ne sais pas comment le dire. Je ne trouve pas de mots justes pour le dire mais il va falloir les trouver, car ce serait ignoble si je partais sans le leur dire! Comme Tu le sais, je pars bientôt pour l'Amérique, contre mon gré, comme ce fut le cas quand j'avais quitté mon pays, tu le sais ça...! C'est une épreuve difficile mais il va falloir l'accepter. Voilà, je crois t'avoir tout dit à présent, Seigneur, même si tout ne pourras jamais être dit. Amen-Amen.

Ce fut sur cette longue prière que j'avais remonté mes draps de lit sur mon visage pour dormir. Hélas, je suis restée réveillée toute nuit; je pensais déjà à mon départ. Dans ma somnolence enivrante, j'ai fait des cauchemars, ce qui ne m'était pas arrivé depuis plusieurs mois. J'étais dans un état mi-endormie mi-éveillée, et j'avais peur et je transpirais, car j'étais très effrayée et n'arrivait pas à me rendormir. Dès le lendemain matin, j'ai constaté que l'humeur de mes parents avait beaucoup changé. Pendant le petit déjeuner quand je me préparais pour aller à l'école, j'ai constaté que plus rien n'était comme avant. Ils s boudaient et avaient l'air misérable que je ne leur connaissais pas. Ils ne m'avaient même pas embrassée à mon réveil, comme d'habitude.

L'éternelle bonne humeur du général était assombrie par ce moment de vérité, et Chantal pleurait à de gros sanglots. Elle avait, elle-aussi, du mal à accepter mon départ qui était imminent. Malheureusement on ne pouvait pas reculer l'horloge. Ce départ avait déjà été confirmé par téléphone à ma nouvelle famille d'Amérique, elle était attendue dans quelques semaines.

Trois jours plus tard, nous nous sommes envolés pour Kinshasa en passant par Bukavu et Goma. On avait beaucoup de courses à faire là-bas; pour la première fois depuis le génocide de ma famille, je me sentais enthousiaste à faire quelque-chose de nouveau et c'était très excitant. J'allais prendre l'avion, mon vieux rêve d'enfant...! L'enfant en nous ne meurt jamais, même à 99 ans!

VI

MON PREMIER VOYAGE EN AVION

Comme tous les Africains, jeunes et moins jeunes, il avait toujours été dans mes rêves les plus fous de prendre un avion, un bon jour, vivre cette expérience que j'imaginais réservée uniquement aux hommes blancs. Papa nous en parlait, il allait quelques fois par année au Japon, pour son travail, et voilà que l'occasion se présentait malgré mes autres préoccupations. J'aurais aimé que cela se passe dans un contexte différent, mais j'allais quand même prendre un avion et c'était tout un événement. Cette sensation m'avait momentanément fait oublier qui j'étais. Le voyage en avion me mettait dans un état d'enchantement surprenant; cette appréhension de panique mêlée d'une joie éphémère me rendait presque folle.

Comme tout le monde, je voyais les avions passer au-dessus de ma tête, loin d'imaginer que j'en prendrais un. Même l'occasion d'entrer dans un aéroport pour les voir de près, les toucher éventuellement n'était pas évidente. La veille de notre départ, j'avais manqué de sommeil. Je ne pensais qu'au jour « j » qui tardait à venir. Une fois arrivée sur le tarmac, pour la première fois je m'approchais d'un avion au sol; ma déception a été totale avant même de monter à bord : je l'avais imaginé différent de cette chose que je voyais là, à quelques mètres… Je m'attendais à voir quelque chose de sublime, de magique, mais je voyais un vieil oiseau de zinc plutôt minuscule et laid, dont j'imaginais qu'il devait sentir le gas-oil à l'intérieur, comme dans la vieille jeep du général, et qu'on devait y être trop à l'étroit.

Nous avons pris place à bord; nous étions neuf passagers à nous engouffrer dans à l'intérieur de cette espèce de ruche d'abeilles. Comme je le pensais nous étions effectivement tassés les uns aux autres comme des sardines dans une boîte de conserve. Chantal, quant à elle, elle avait l'habitude des avions et ne s'inquiétait de rien. Elle m'avait dit qu'elle voyageait fréquemment vers Kinshasa et même en Europe. Nous avons embarqué, mais ma déception ne faisait que commencer. Nous avons péniblement réussi à décoller, j'étais morte de peur. J'ai senti un grand malaise dû à la peur des hauteurs et au vertige, la nausée est montée et j'ai vomi sur mon voisin.

Je me rappellerai toujours de l'homme sur qui j'avais vomi. Tiré sur son trente-un et si élégant dans son beau tailleur qui sentait un parfum enivrant, il portait aussi de beaux bijoux en or autour du cou et sur son poignet. Malheureusement, je n'avais pas pu me retenir quand cette machine branlante peinait à prendre de l'altitude. J'avais eu l'impression que nous allions nous écraser dans ces montagnes bleues que je voyais au loin, j'avais vomi à cause du vertige, mon estomac d'était retourné. C'était insupportable d'avoir fait ça. J'avais toujours eu envie de mourir depuis le génocide, et maintenant j'avais peur de perdre la vie dans un crash d'avion?

J'avais sérieusement endommagé les beaux habits de ce monsieur et je m'en voulais à mourir; c'était vraiment triste. Je m'attendais à ce qu'il se fâche et me frappe, mais rien de tel n'était arrivé. Il était déçu, moi-aussi; j'étais embarrassée et humiliée, ça commençait vraiment mal. Il s'est essuyé avec un mouchoir en marmonnant des mots inaudibles en lingala, cette langue que je comprenais plus ou moins bien. Cela m'avait étonnée qu'il ait pris cela comme un gentleman, il en avait fait aucune scène. Plus tard, j'avais appris que s'il n'avait pas été furieux contre moi, c'est qu'il avait remarqué que je voyageais avec madame Chantal, la femme du général que tout le monde connaissait dans la région! Qui aurait eu le culot de se fâcher contre la femme du général au Zaïre du Président Mobutu?

Les femmes de généraux étaient parfois plus connues que leurs maris dans certains milieux, pour des raisons de prestige, elles en profitaient et en abusaient même. Même celles qui essayaient de rester modestes comme Chantal avaient des égards privilégiés dans la société zaïroise. Je ne sais pas si c'était pour me consoler, Chantal et ce monsieur lui-même m'avaient dit qu'il n'y avait rien de grave, ne t'en fais pas, beaucoup de gens vomissent dans des avions, surtout à leur premier voyage, plus fréquemment dans ces petits coucous instables quand il y a des turbulences dans des trous d'air au-dessus de ces montagnes. On appelle ça *le mal du ciel,* tu viens d'avoir ton baptême.

Ne t'en formalises pas trop, ma fille, le prochain avion entre Goma et Kinshasa sera bien meilleur. On volera à bord d'un gros porteur de loin plus confortable. Elle avait raison, le vol suivant a été très agréable. L'avion était très spacieux et silencieux, je n'avais eu ni peur ni nausée pendant tout le temps du vol. Je me rendais à peine compte que nous volions à une si grande vitesse. C'était ça l'avion comme je l'imaginais dans mes rêves d'enfant. Je n'avais pas vomi dans ce gros porteur, ni dans aucun autre avion depuis ce jour-là, et Dieu sait si je voyage souvent en avion, en Amérique du Nord.

On y prend l'avion plus souvent qu'on ne prenne un autobus ou le volant de son auto. J'ai beaucoup aimé cette expérience, ce voyage entre Goma et Kinshasa a marqué ma jeunesse, c'était toute une découverte, et pas seulement. J'avais aussi regardé pour la première un film en couleur dans cet avion.

C'était un film tellement drôle que je n'ai jamais pu oublier. Il avait pour titre *the curse of Mr. Bean - La malédiction de Mr. Bean.* Oh Seigneur, qu'est-ce que j'avais ri, pour la première fois que je pouvais ma peine et mes angoisses.

J'étais aux anges pendant toute la durée du vol, pourtant je comprenais pas l'anglais, mais monsieur *Rowan Atkinson* qui joue dans la peau de *Mr Bean* ne parle pas beaucoup dans ses films; il suffit de le regarder et vous mourez de rires. Tous les autres passagers dormaient, ils ronflaient tous, même Chantal. Après trois heures de heures de vol, l'atterrissage à l'aéroport de *N'Djili* s'est fait en douceur, contrairement à ce qui s'était passé à Goma où on avait craint de ne jamais s'arrêter, à cause du vent. Nous sommes restées près de deux semaines à Kinshasa, dans un autre chez nous.

C'était une très grande maison, plutôt une villa! J'avais pensé que nous étions descendues à l'hôtel, je voyais des employés en uniformes passer à gauche et à droite, des cuisiniers en chapeau de chef, des jardiniers, des chauffeurs et des portiers en képi de brigadier qui nous faisaient des saluts militaires chaque fois que nous passions le guérite, Chantal et moi. Ma surprise a été totale quand elle m'avait dit que cette maison leur appartenait, que tous ces gens étaient leurs employés, de même que tous ces véhicules. C'était difficile à croire mais je n'avais aucune raison de penser que Chantal pouvait me mentir. D'ailleurs, ce standing de vie était le même chez leurs voisins immédiats dans ce quartier chic, qu'on appelait *Ma-Campagne Binza!*

On n'y voyait que de grosses maisons somptueuses, des rues spacieuses où ne circulaient que des voitures de luxe. À l'intérieur de cette maison, j'avais été émerveillée de voir qu'il y avait une télévision géante, en couleur. J'étais heureuse parce que la télévision était ma seule distraction depuis que j'habitais au Zaïre. Il y en avait une, au camp, mais elle était en noir et blanc et ne fonctionnait que selon le temps qu'il faisait dehors, et il était tout minuscule. J'allais sûrement passer de bons moments devant cet écran gigantesque à regarder mes émissions préférées : *dessins animés, comédies rigolotes et des films Cow-boys* qui me fascinaient, et ce, tout en couleur. J'étais loin de penser que de telles extravagances et de gens aussi riches existaient.

Même si j'étais très jeune, je ne pense pas qu'il y en ait eu dans mon pays. Une chose est sûre, j'étais loin de soupçonner que les *Fuamba* pouvaient être aussi riches... Pourquoi donc ce général avait-il choisi de vivre dans des caserne de campagne s'il était aussi riche? C'était un grand mystère pour moi. Ce voyage m'avait fait comprendre le sens du devoir, car ce général avait sacrifié sa vie pour l'amour de sa patrie, ou de son patron, peu importe, sinon on ne peut pas expliquer pourquoi il se passerait de tout ce confort pour aller vivre en forêt comme un réfugié. Il y avait une grosse piscine dans la cour arrière de ce palace et Chantal s'y baignait tous les matins.

Elle m'avait avoué que la seule chose qui lui manquait le plus dans leurs fréquentes mutations était sa piscine. Je la comprenais, *la pauvre!*

Il suffisait de la regarder dans l'eau, elle s'y retrouvait aussi à l'aise qu'un dauphin, contrairement à moi qui avais toujours peur de l'eau. Elle m'avait révélé certains secrets : le général n'avait le choix que de s'attacher à son métier à cause de sa proximité avec le président Mobutu... Celui-ci disait qu'il avait personnellement besoin de lui car il lui faisait confiance, dans cette région. En retour, le Président lui avait offert cette somptueuse villa et tout ce qu'il y avait dedans, pour sa loyauté. Malheureusement, nous n'en profitons pas assez car nous sommes obligés de vivre dans des casernes. Mais la bonne nouvelle, mon mari aura bientôt droit à sa retraite, nous allons enfin vivre chez nous et profiter de la vie comme tout le monde. On voyagera souvent à l'étranger, nous irons te voir souvent, c'est promis. Pour toi on n'attendra même pas la retraite du général, on t'aime trop pour attendre aussi longtemps avant d'aller te voir, tu nous manqueras beaucoup.

Chantal avait tout essayé pour m'apprendre à nager mais je ne pouvais pas; j'ai peur de l'eau, c'est une sorte de phobie sacrée des grandes surfaces d'eau. Elle se levait tôt pour aller se baigner et je me levais au même moment pour m'installer devant la télévision. Je restais là à écouter mes programmes préférés, en anglais! Euh oui, il fallait déjà me familiariser avec cette langue que j'allais parler tout le reste de ma vie. On m'avait dit que c'était la seule langue qu'on parlait aux États-Unis.

Après sa baignade matinale, Chantal rentrait dans la maison, se lavait et se maquillait; nous prenions un petit déjeuner copieux préparé par ses cuisiniers, nous allions ensuite faire des courses en ville. On courrait de bureau en bureau pour mes papiers de voyage, et de magasin en magasin pour faire des achats qui n'en finissaient pas. J'avais des maux de tête tous les jours à cause de la chaleur et du bruit de la ville, mais surtout à cause de la musique zaïroise qui hurlait en boucle, à toutes les heures du jour comme de la nuit. Partout où nous allions il y avait toujours cette musique, les gens se trémoussaient à longueur de journée. Pour se parler on devait se crier dessus comme à des sourds ; je ne comprenais pas comment les Kinois *(habitants de Kinshasa)* pouvaient supporter cette cacophonie assourdissante.

Il y avait des hauts parleurs devant chaque magasin, chaque boutique, chaque restaurant, des speakers gigantesques qui crachaient simultanément des centaines de décibels de rythmes endiablés de la musique zaïroise, sept jours sur sept. Je ne sais pas si c'était parce que je venais de la campagne où tout était toujours calme, ou parce que je visitais une grande ville pour la première fois. Chantal aimait ça, mais pas moi. Je trouvais ça invivable. La ville de Kigali, ma ville, n'était pas grande ni aussi peuplée que Kinshasa, et elle n'était pas bruyante du tout.

Même plus tard quand j'ai visité d'autres grandes villes comme New-York ou Chicago, je n'avais pas vu une ville aussi bouillante que Kinshasa. Ça m'étonnait sincèrement de savoir que Chantal avait hâte de s'installer dans cette ville dès les premiers jours de sa retraite, moi je trouvais ça démentiel. J'avais hâte de retourner à la tranquillité de notre village, *Mopaï*. La seule chose qui allait me manquer, ce n'était pas la piscine comme Chantal mais cet écran géant de télévision en couleur. Pour vivre dans une ville qui a des allures de Kinshasa, ça prend des nerfs solides que je n'avais pas.

Je me faisais prendre des empreintes digitales dans des bureaux d'État, des photos ici et là, et Chantal signait des tonnes de papiers. Les après-midis nous allions courir les magasins, ce qui était la partie de la journée que je haïssais le plus, mais la meilleure pour Chantal. Elle aimait vraiment faire du shopping. Elle m'avait acheté beaucoup d'habits de style récent, de mon âge et de ma taille mais aussi pour les plus âgés, sous prétexte que j'avais tendance à grandir vite. Elle m'avait acheté des souliers de couleurs différentes, des montres, des valises, des sacs de cuir, des produits de beauté, des tas de choses dont je n'avais absolument pas besoin. Tout ce qu'elle trouvait beau et luxueux y passait sans même me demander mon avis, mais ça m'était égal.

Quand on rentrait le soir au château, des gens riches et des militaires haut gradés venaient nous voir : des femmes somptueusement habillées qui buvaient sans arrêt et parlaient fort en riant aux éclats; elles restaient chez nous jusque tard dans la nuit. Elles aimaient l'ambiance comme Chantal, mais elle ne buvait pas comme ces Kinoises. Elles cherchaient toutes à savoir qui j'étais, essayaient même de me parler mais je ne voulais pas. J'avais une bonne excuse, j'avais comploté avec Chantal qui leur avait dit que je ne parlais ni le lingala ni le français, comme ça elles me laissaient tranquille.

Chantal prenait le temps de leur raconter tout ce qu'elle savait sur moi; cela m'agaçait mais je ne pouvais pas l'en empêcher. Ça me mettait mal à l'aise de l'entendre dire que j'étais seule au monde, que ma famille avait été décimée dans le génocide des Tutsi. Elle disait aussi que j'avais marché de Kigali jusqu'à *Mopaï*, mais que je me préparais à m'envoler pour les USA. Ce genre de conversation m'indisposait mais je ne pouvais pas contrarier Chantal au risque de l'embarrasser devant ces inconnues, sinon je lui aurais demandé d'arrêter. Ces bonnes gens nous amenaient manger dans des restaurants de luxe des quartiers chics de la ville.

J'avais le choix de manger ce que je voulais mais je ne savais pas quoi commander; je ne connaissais pas le menu. Je n'aurais pas mangé si Chantal n'était pas restée près de moi. C'était dingue de voir ce qui se passait, d'observer comment les gens de cette classe sociale dépensent leur argent. La vie est très injuste. Je n'avais survécu qu'en mangeant du manioc cru et des plantes sauvages que je broutais comme une chèvre, et aujourd'hui je me retrouve dans des restaurants de luxe où j'avais l'embarras de choisir ce que je voulais?

Je menais une vie de princesse au milieu de ces femmes de la haute bourgeoisie zaïroise qu'on surnommait « *les mamans-Benz* » ! On les appelait ainsi parce qu'elles ne conduisaient que des voitures de grosse cylindrée. Ce contraste m'avait aidé à comprendre le point du philosophe français, *Robert de Lamennais*, qui disait, je cite : *– le passé est comme une lampe placée à l'entrée de l'avenir pour dissiper les ténèbres qui le couvrent.* Je suis d'accord avec ce philosophe parce qu'avec le recul, je revois mon passé avec amertume. Quand je tourne mon propre film dans ma tête, dont les principaux acteurs sont mes parents et mon ami Sylvain, je me dis que ce philosophe avait tout à fait raison. Avec tout ça à mon actif, à mon âge, j'avais un besoin constant de deviner ce que me réservait l'avenir. Je l'entrevois sans joie et sans bonheur, cet avenir qui me bouleverse. Quoi qu'il arrive, rien au monde ne pourrait me rendre heureuse, rien du tout.

Eh bien, c'est ce que je pensais, mais aujourd'hui c'est différent surtout depuis hier. Je suis comblée auprès de vous, vous ne pouvez pas savoir combien de temps j'ai perdu en cherchant mon avenir au passé. C'est pour cela que j'adore ce philosophe parce qu'il m'a ouvert les yeux. Nos retrouvailles viennent de me faire faire un bond dans le futur, maintenant je n'ai qu'une envie : vivre pleinement, mener une vie normale et témoigner. Oui j'ai envie de témoigner, de parler et pardonner pour vivre.

Chaque fois que je revoyais les séquences du film de ma vie, je revois les va-et-vient quotidiens de mon ami Sylvain qui devait aller en ville à travers la jungle, traverser les barrières de la mort pour nous ravitailler et je me désole, mais tout cela n'est plus qu'un mauvais souvenir. Sylvain m'avait tout appris à travers son dévouement à la cause des Tutsi. Il était toujours prêt à mourir pour ces fugitifs dont le nombre ne cessait de croître, c'était un lourd fardeau qu'il s'était assigné.

Hélas, c'est dans cet exercice justement qu'il a perdu la vie; il était si jeune, ces vilains individus l'ont assassiné pour une idéologie obscure. Ce n'était pas un homme méchant, il n'aurait même pas fait de mal à une mouche. Mon père aussi, mes frères, ma mère et mes grands-parents, ils étaient tous de bonnes gens, coupables d'aucun crime que d'être nés des Tutsi. J'espère de tout mon cœur que ces individus auront à répondre de leurs actes dans les deux espaces que Dieu a créés pour le bonheur de l'homme, *le Ciel et la terre* : ils sont vraiment mauvais, ces miliciens-hutu!

J'ai toujours été hantée par les dernières images de ma mère, elles sont encore vives dans mon cœur et ne me laissent pas en paix. Nous avançons dans le temps depuis le génocide, la première génération passe déjà la première ligne de démarcation, et je me demande ce que le monde, les hutu-miliciens en particulier, ont appris de cette malheureuse expérience du vingtième siècle. Les gens apprennent rarement de leur malheureux passé, mais le peuple Rwandais semble décidé à lever le défi.

Il faudrait que chacun fasse sa part, ne fusse que dire haut et fort chacun ce qu'on sait, sans quoi nous emporterions nos secrets dans l'oubli du temps, alors que ce serait une lanterne placée à l'entrée de l'avenir des générations de demain, et le célèbre *«Plus jamais ça»* ne resterait plus longtemps une coquille vide.

Le génocide voulait effacer les traces de l'existence des Tutsi sur terre, mais leur plan a échoué car personne ne peut changer le plan de Dieu. Si on n'écrit pas ce qui s'est passé en 1994, ils auront quand même réussi, d'une certaine façon, car ça s'oubliera avec le temps. Il suffirait qu'il y ait un sadique qui arrive au pouvoir, on en voit dans le monde, nous en avons un en Amérique, qui interdise la date du souvenir et fasse démolir les sites de la mémoire. Je ne suis pas un prophète de malheur, mais d'expérience je sais que cela pourrait arriver. Est-ce que j'exagère?

J'aimerais de tout mon cœur que ce ne soit que de l'exagération, mais je voulais souligner ça, attirer votre attention sur cette triste éventualité. Ce genre de malades existent, vous devez le craindre en permanence et se préparer à ne pas le permettre. Avez-vous oublié ce que les *jihadistes* ont fait récemment aux mausolées de la cité préhistorique malienne de Tombouctou, et ailleurs dans cette région ? Pensez-vous que ce genre d'abrutis respecterez la mémoire de nos parents qui reposent dans ces site ? Vous savez que non. Ils s'empresseraient de l'effacer, leur esprit tordu ne vise qu'à faire du mal à la société. L'évidence est là, on assiste à chaque période du souvenir des violations invraisemblables de la mémoire dans nos villages, un signal d'alarme qui devrait nous maintenir sur nos gardes.

Nous avons chez-nous un projet de société phénoménal, « *Ndumunyarwanda – Je suis Rwandais* ». Ceci signifie que nous ne serons que des Rwandais d'ici la prochaine génération, selon ce projet. Cette génération et peut-être la suivante ont la chance de savoir qu'en plus d'être des Rwandais, d'autres composantes et sous-composantes ont existé dans notre société. Ils chercheraient dès lors à les découvrir. Comment vont-ils les trouver d'ici deux cents ans ? Sauront-ils jamais qu'il a eu des Twa, des Hutu et Tutsi, sous-tendus par des *Bazigaba*, *des Basinga, des Abanyiginya*, etc... Pensez-vous qu'avec ce projet de société, *ndumunyarwanda*, sans plus d'explication et de documentation, nos arrière-arrière-arrières petits enfants comprendront ce phénomène ?

N'essayez pas de me prendre au pied du mot, je ne dénigre d'aucune manière ce projet. C'est un très bon projet pour notre société, mais je pense qu'il comporte certaines failles quand on l'observe de plus près. C'est là où je rencontre le raisonnement de monsieur Edouard *Bamporiki* qui a élaboré sur cette réflexion dans son livre «*my son, it is a long story*». La réconciliation du peuple Rwandais n'était pas seulement un besoin, mais une voie obligée. Tout raisonnement complémentaire à ce projet devrait être celui qui le renforce et non celui qui le fragilise. Si vous voulez mon opinion là-dessus, je vous dirais que ne pas dire la vérité pour que les gens le sachent et l'assument, est une façon de fragiliser ce projet, vu à long terme. On ne peut pas bâtir une société solide, vue à long terme, sur l'amputation d'une réalité de notre histoire et nos origines. Il est clair que personne ne voudrait mettre en péril les progrès réalisés, mais je crois personnellement qu'il faut renforcer un trait d'union plus fort entre les Hutu et les Tutsi. Nos différences morphologiques inventées de toute pièce par la mesquinerie des colons ont accouché des ethnies et effacé nos clans. Il n'y avait jamais eu d'ethnies au Rwanda; que des clans dans lesquels se retrouvaient les hutu, les tutsi et les twa.

Il faut chercher dans les profondeurs du temps lointain, comme fait monsieur *Jean de Dieu Nsanzabera* dans ses publications, dont *Imizi y'u Rwanda, - Les origines du Rwanda*. Les groupes sociaux de ce peuple avaient cohabité en paix pendant des siècles jusqu'à l'arrivée des colons et leurs stéréotypes. Ils ont réinventé notre société sur des stupidités, et plus rien ne pouvait être comme avant. Ne pas dire à un enfant qu'il est Tutsi ou Hutu, à mon avis c'est fragiliser le Rwandais comme entité. Nous devrions être fiers d'être Rwandais-hutu, ou Rwandais-tutsi et Rwandais d'origine twa, et pas juste Rwandais. Certaines gens comprennent «ndumunyarwanda» comme un pont triangulaire que les *Hutu, les Tutsi et les Twa* doivent traverser pour faire un tout, et ils n'ont pas tort.

Aussi, cela ne désavantagerait personne de connaître, et faire connaître fièrement aux générations futures de quel côté de ce puissant triangle on est descendant. Je pense sérieusement qu'il est possible d'être Rwandais *(umunyarwanda)* sans forcément faire ombrage à notre arbre généalogique, car nos enfants et leurs enfants auront toujours besoin de connaître leur origine. S'ils devenaient juste des Rwandais, comment leur expliquerait-on qu'il y a eu un génocide contre les Tutsi, et pour quelles raisons ils ont failli être éliminés de la planète, si le FPR n'avait pas réussi à arrêter le génocide in extremis, car ce monde complice avait fermé les yeux?

Plus encore, comment expliquer qu'on vient des Bazigaba et leur totem, (le léopard *ingwe*) ce vaste clan dont se partage les trois groupes sociaux. Des Bega avec leur totem *(igikeri-crapeau)*, des Basinga *(sakabaka-le milan)*, des Bashambo *(intare-lion)*, Abasindi *(umusambi-grue-couronnée)*, Abakono *(igikeri-crapeau)*, Abagesera *(inyamanza-bergeronnette)*, Abahondogo *(ishwima-pic-boeuf)*,

Ababasita *(imbwebwe)*, Abenengwe (ingwe), Abungura (ifundi-mesange), Abongera *(isha-ingeragere)*, Abacyaba, (impyisi). Toute cette richesse patrimoniale se perdrait dans le temps, à moins que j'aurais mal compris la philosophie de ce projet ndumunyarwanda.

On se rappelle qu'avec l'arrivée de l'église qui avait pour mission de bannir notre culture et ses pratiques culturelles, on ne se reconnaissait plus, car notre cohésion sociale avait été sérieusement fragilisée, sinon on est frères et cousins.

Ndumunyarwanda est un très bon projet de société, mais vu à long terme, il ne restera pas grand-chose du patrimoine sociO-rwandais dont on devrait sauvegarder pour la postérité. Il est bon mais il va faudrait l'améliorer *(ubugorora-ngingo)* pour qu'il atteigne son plein potentiel. Je dois admettre que ce projet a fait manquer beaucoup de sommeil aux sages Rwandais qui l'ont tissé, qui ont reconstruit ce puzzle complexe, mais ne pas avoir peur d'élargir le cercle de discussion qui vise une amélioration.

Si on devait avoir peur de tout ce qui fait peur, le FPR n'aurait pas arrêté le génocide, car le temps du génocide était le pire de tous les moments qui font peur.

On craindrait de manger, de peur de s'étouffer en avalant de travers, et on ne dormirait plus, de peur de mourir dans son rêve.

L'un des grands sages Africains de notre temps, le sublime Nelson Mandala avait dit : *(I learned that the courage was not the absence of fear, but the triump over it; the brave man is not he who does not feel afraid, but he who conquers the fear* - J'ai appris que le courage n'était pas l'absence de peur, mais le triomphe sur la peur. L'homme courageux n'est pas celui qui n'a pas peur, mais celui qui peut vaincre cette peur).

Si on abandonne complétement notre appartenance familiale (inzu), quelque-chose de nous se perdrait dans l'oubli. Vous rappelez-vous que la devise-même de *hutu-power* était d'éliminer le tutsi, jusqu'à ce que leurs enfants demandent, longtemps après le génocide : *papa, à quoi ressemblait un Tutsi?* Evidemment le contexte n'est plus le même, il n'y a même pas de comparaison à faire, mais nos sages devraient se pencher davantage sur tous les coins de ce beau projet et les arrondir pour un meilleur avenir. Tout le monde y gagne.

Pour revenir à nos moutons, je disais que mon passé était devenu mon présent, mon quotidien; il me hantait même si je faisais d'énormes efforts pour passer à autre chose. Quand je croisais une mère dans une rue qui promenait une petite fille de l'âge que j'avais quand ils m'ont enlevée la mienne mon monde basculait et mon chagrin remontait dans ma gorge. Les dernières images que je garde de ma mère sont terriblement traumatisantes. Je la revois nue, allongée au milieu de ces individus sataniques qui se succédaient sur elle avec une violente bestialité, rien ni personne ne peut me faire oublier cette étape de ma vie. J'en avais vu de toutes les couleurs, mais voir ma mère dans cet état, dans les dernières heures de vie sur terre, avait complétement changé ma nature. C'est surtout pour ça que j'en voulais à monsieur Taritari.

Curieusement, à la fin de mon séjour à Kinshasa, pour la première fois depuis près de trois ans, je m'étais un peu mieux sentie. J'avais même réussi à ne plus penser à monsieur aux odeurs de Taritari alors que d'habitude cela m'arrivait tous les soirs; l'odeur nauséabonde de son sperme qui était restée collée à mon âme, mais je ne l'avais pas sentie pendant ce séjour.

Parlant de son sperme, il le déversait en moi ou sur moi, parfois même dans ma bouche quand cela le tentait d'enfoncer son zizi dans ma gorge, même mon âme en avait été souillée. Je m'excuse chère Denise, je sais que je ne suis pas supposée vous raconter ce genre d'histoire en des termes aussi crus, mais il fallait que je le fasse pour moi, pour oublier. C'est la seule façon de sortir de ma vie cette encapsulation mortelle. L'odeur de cet homme m'avait suivie au Zaïre, mais elle était temporairement restée à Kinshasa. Avant de faire ce voyage, tout vent qui soufflait me la ramenait, elle était parfois si rapprochée que j'avais l'impression que cet homme me suivait. Je pouvais marcher seule dans de petits chemins, *à Mopaï*, je retournais brusquement pour m'assurer qu'il n'était pas derrière moi, quand son odeur devenait plus forte. C'était un boulet lourd, mais il l'était moins depuis Kinshasa, comme si son fantôme était sorti de ma vie. C'est ce que j'avais pensé mais je m'étais trompé; je l'ai ressenti plus tard quand je suis arrivée en Amérique, mais ce répit de quelque temps m'avait fait beaucoup de bien et j'en remercie le Seigneur, c'était le plus beau cadeau de ma vie.

Il m'avait montré qu'il était possible d'avoir une nouvelle vie après le viol sexuel, qu'il suffisait de chercher les voies et moyens. J'étais jeune *en terme du nombre d'années,* mais au fond de moi j'étais déjà une vieille femme, je comprenais même des choses pour adultes. J'avais été frappée par le comportement insultant de ces femmes kinoises, *Mamans-Benz,* à côté d'une misère outrageuse d'autres gens, comme s'ils étaient de la seconde zone, une proximité incompatible.

J'étais capable d'observer ces deux mondes et je trouvais cela triste. Je me demandais comment ils pouvaient quand cohabiter paisiblement dans cette société chaotique, mais rester gai et paisible, tandis qu'on se tuait chez nous. Ces Zaïrois arrivaient à vivre ensemble sans se mépriser, et je trouvais cela extraordinaire. Il était donc possible de vivre en paix. Ils dansaient au même rythme, quand bien même les uns dansaient pour le plaisir de danser tandis que d'autres, *la majorité,* dansaient pour noyer leur chagrin dans cette cacophonie troublante, mais avec respect. Le mot respect de la vie n'existait pas chez-nous.

Quand j'ai appris à lire les grandes histoires du monde, j'ai été malheureuse d'apprendre que le sang des Tutsi n'avait jamais cessé de couler dans les rivières du Rwanda depuis le sacrifice suprême du dernier roi-mage, le fils du roi Yuhi-V, Musinga. Je ne pouvais pas le savoir à l'âge que j'avais quand j'ai quitté ce pays. La société rwandaise a été dénaturée de toute sa substance, *on était plus nous,* nos gênes avaient été reprogrammés. La famille des Fuamba avait tout essayé pour me rendre heureuse, me faire oublier la tragédie de mon passé mais je ne réussissais pas à tourner cette page et recommencer un nouveau chapitre de ma vie.

J'avais gardé en mémoire l'image de mon séjour à Kinshasa, car elle m'avait fait comprendre l'importance de la résilience dans la vie d'un homme; elle m'avait fait comprendre aussi qu'il ne faut jamais rester prisonnier de nos plus mauvais jours, quand bien même les miens furent trop cruels. Cette famille était tout pour moi, mais elle ne pouvait pas reconstituer l'amour perdu de mes parents biologiques, la nature de l'homme est ainsi faite. J'ai été bénie de les avoir dans ma vie, ils ont fait des miracles pour me rendre heureuse, mais je dois être honnête, ils ne pouvaient pas occuper la place de mes parents dans mon cœur. J'espère qu'ils ne m'en voudront pas en lisant ceci, mais je ne peux pas mentir pour faire plaisir.

Quand nous sommes retournées dans notre village, le général était venu nous chercher lui-même, il nous attendait à l'aéroport sans son chauffeur, ce qui était rare qu'il conduise lui-même. Il était ravi de nous voir rentrer saines et sauves et nous avait annoncé qu'il avait des nouvelles plus récentes de ceux qui allaient devenir mes nouveaux parents. Il leur avait parlé au téléphone, ils seraient bientôt à Mopaï pour m'amener en Amérique où j'allais recommencer une toute autre vie. Nous ramenions de Kinshasa tout ce qu'il me fallait, mes papiers de voyage étaient en ordre, mais mon âme ne l'était pas. Je ne comprenais toujours pas pourquoi je devais quitter cette famille qui m'aimait et aller tout recommencer ailleurs.

Hélas, trois semaines plus tard, ces Américains étaient à notre porte. Ils sont arrivés à bord d'un hélicoptère qu'ils avaient affrété à Goma, ceci pour vous dire à quel point ces hommes étaient riches. Ils sont restés un jour et une nuit chez nous. J'ai eu beaucoup de mal à dire adieu aux Fuamba, mais il fallait partir, partir toujours plus loin! Ils ont, eux-mêmes, souffert de cette séparation, mais parfois il se passe des choses qu'on accepte quand on ne peut pas les changer. Ce fut une séparation douloureuse pour moi d'être obligée de quitter cette famille qui m'avait redonné le goût de vivre, pour déménager dans un pays lointain où j'aurais rarement l'occasion de revenir.

C'était un long voyage mais je ne me suis pas ennuyée : de Goma nous nous sommes envolés pour Kinshasa, de Kinshasa à Bruxelles, de Bruxelles à New-York et enfin de New-York à Madison, Wisconsin qui était notre destination. Je n'avais pas parlé à ces gens parce que je ne comprenais pas bien l'anglais; j'ai regardé des films pendant tout le voyage, et on voyageait en classe d'affaires, on y était confortable. Une fois installée dans ma nouvelle vile, j'avais appris assez vite à communiquer en anglais et j'ai commencé l'école. J'étais bien à l'école et je le dis sans prétention. Mes enseignants à qui on avait raconté mon histoire ne pensaient pas que j'y arriverais, mais je passais bien mes examens, mais j'avoue que j'avais beaucoup d'appui à la maison.

Mon trajectoire académique a été sans embûche; j'ai tranquillement cheminé avec l'appui de ma nouvelle famille, jusqu'à devenir ingénieur, en génie civil; je travaille en ce moment dans une grande compagnie ferroviaire. J'ai déménagé, je ne vis plus avec mes parents adoptifs mais ils ne sont jamais loin. Je les aime et les admire mais je ne suis plus un enfant qui a besoin de vivre aux crochets de ses parents.

Il a fallu que je prenne mes dispositions et voler de mes propres ailes. On se voit tous les week-ends quand je suis en ville, je ne peux pas oublier qu'ils ont fait de grandes choses dans ma vie, des exploits que même mes propres parents n'auraient jamais été capables de faire. Ils sont à la retraite et n'ont pas eu d'enfants biologiques à eux, mais ils en avaient adoptés d'autres avant moi, dont un certain nombre d'orphelins du génocide des Tutsi. Les Fuamba sont restés mes parents aussi; ils n'avaient jamais manqué une seule de mes graduations académiques, comme tous les parents. Au moment où je vous parle, ils ont quitté l'Afrique pour s'installer au Canada où ils ont acheté leur maison de retraite, après la mort du président

Mobutu; il était leur père, ils ne pouvaient pas rester au Zaïre sans lui.

Croyez-moi, chers amis, la vie est un puzzle dont on s'active à trouver la pièce manquante tout au long de notre temps de vie. J'avais perdu mes parents au moment où j'avais besoin de leur présence pour me guider, mais j'en avais trouvé d'autres, *plus qu'il n'en faut* pour m'éduquer. Qui d'autre que moi aurait vécu cette expérience d'avoir autant de parents dans sa vie, de couleur, de culture et de nationalité différente? Peut-être y en a-t-il eu, je ne peux pas prétendre être unique au monde, mais c'est plutôt rare! Ma vie en Amérique n'a pas été si rose qu'on pourrait le penser. En grandissant, j'ai appris que survivre au génocide est une acrobatie très risquée qui n'a pas de marche à suivre! Je ne vous apprends rien, sûrement, c'est un terrain que vous connaissez mieux que quiconque. Malgré le temps que j'ai passé à Madison, c'est comme si un rideau de fer noir était tombé devant mes yeux, qui me séparait du monde.

Je m'efforçais à vivre avec un strict minimum de confort pour éviter de sombrer dans des extravagances nord-américaines, à la manière *des Mama-Benz de Kinshasa,* même si parfois je me retrouvais à la limite de la tentation. C'était un signe qui ne trompe pas; à un certain moment la vie reprend ses droits, la nature est ainsi faite. Il faut lâcher de temps en temps, « let it go », comme on dirait dans la langue de Shakespeare. Quand je me sentais envahie par la déprime, je me mettais à haïr la terre entière, mais quand j'allais à l'église, un dimanche matin, et rencontrais certains de mes collègues, je me sentais un peu mieux après le service dominical, surtout quand ils avaient chanté les louanges de Marie qui me ramenaient à mon époque lointaine, du vivant de ma mère et mon ami, Sylvain!

Aller à l'église, en soi, c'est lever un défi *(kwitsinda)* quand on est Rwandais. En effet, les colons déguisés en missionnaires de la bonne parole avaient désorienté la courbe de raison d'être entre 1902 et 1994. Ça fait près d'un siècle d'obscurantisme qui a culminé en génocide contre la minorité tutsi. Pourquoi, dès lors, continuer d'aller à l'église? Que cherchons-nous dans ce monde fermé et mystique, après avoir vu les dégâts qu'ils ont causés à notre société? Ne nous ont-ils pas suffisamment endormis avec leur litanie monotone qui avait fini par nous inoculer le virus de la haine, jusqu'au génocide dont ils ne veulent même pas reconnaître leur part de responsabilité? Je ne déteste pas les prêtres mais l'hypocrisie de l'église, pourtant je continue à croire qu'il faut aller à l'église, c'est comme une drogue! J'y vais, et même souvent, parce que je crois en Dieu, mais Dieu n'a rien à voir avec les religions... On n'a la foi que quand on arrive à mettre une séparation entre les facteurs d'influences humaines et d'influence divine.

Ça fait du bien de prendre le temps de chercher à comprendre ce qu'on fait sur terre et ce qu'on deviendra à la fin de notre vie, ici-bas, car elle a obligatoirement une fin malgré notre orgueil... Même si on devait vivre mille ans comme nos patriarches du temps de Noé, *selon les textes massorétiques*, on finit par finir. Les religieux nous disent qu'il suffit de se repentir après le meurtre pour aller au ciel. Pourquoi devrions-nous les croire? Est-ce que celui qui a rédigé ces passages dans la Bible savait qu'il y aurait le génocide *des Arméniens, des Juifs, des Tsiganes, des Tutsi ou des Indiens des Amériques?*

Comment me convaincre qu'un Hutu qui passait ses journées à pilonner (*gusekura*) des bébés dans des mortier pourrait se retrouver au ciel, juste pour avoir pensé à se repentir avant de mourir? Ne trouvez-vous pas que ce serait trop facile, si Dieu fonctionnait de cette manière? N'est-ce peut-être pas dans ce raisonnement que l'église catholique, en parlant de purgatoire, avait essayé d'éviter le « *trop simpliste* » dans leur soucis constant de prouver l'existence du dernier jugement?

Avant, je croyais en Dieu et Ses miracles, uniquement parce que ma mère et mon ami Sylvain m'avaient recommandé de le faire avec confiance, mais depuis que je suis devenue adulte, je ne peux plus prier de la même manière. Quand je pense à Dieu, je ressens un apaisement très puissant, éphémère peut-être, mais qu'on ne peut pas trouver nulle part ailleurs. Pour certains, cette étrange sensation prendrait ses origines dans l'endoctrinement religieux devenu une routine quasiment mondiale, mais en ce qui me concerne, ceci me ramène plutôt au génocide des Tutsi face à la théorie de repentance. Du vivant de Sylvain, je n'avais pas à réfléchir; je faisais ce qu'il me disait de faire car je lui faisais entièrement confiance, et je croyais en son Dieu. C'était un homme de foi.

Il me disait que Dieu faisait des miracles et je les vivais tous les jours, ces miracles! Avoir survécu au génocide, en soi, c'était un miracle pour moi. C'est pourquoi je vais encore à l'église, j'ai passé le stade du doute de l'existence de Dieu. Tout un chacun a sa propre zone de turbulences par rapport à la pertinence de la foi *(amayobera matagatifu y'ukwemera)*! Parfois on se perd dans les dédales de sermons interminables, inutiles-mêmes, de certains prédicateurs ennuyeux qui parlent fort mais n'arrivent pas à être de bons messagers pour le Christ. Ils s'attardent sur des dogmes flous et ambigus mais ne dégagent pas le vrai message. Ils devraient abandonner ces attrape-nigauds qu'ils utilisent, et passer plutôt plus de temps à trouver la bonne méthodologie d'enseignement de la bonne parole, qui aiderait le monde à découvrir le vrai message que Dieu a caché à l'homme dans son livre, la Bible.

Le monde s'en porterait mieux et vivrait en paix, mais ils vont toujours dans le sens inverse. Ceci n'est pas ma nouvelle religion mais une stratégie qui m'aide à penser à la vie après la mort. Quand on prie avec confiance, on doute moins de la vie éternelle, peu importe ce que serait sa forme, à condition de ne pas aller au ghenom *(en enfer)*, parce qu'il existe. J'ai vu de bonnes et de mauvaises gens, mais après un certain temps on ne les voit plus, parce qu'il vient un temps de mourir..., pour tous. Mais alors, pourquoi les bonnes et les mauvaises gens mourraient et iraient au même endroit? Pourquoi, dans ce cas, Dieu existerait-Il, si tel était le cas? Pourquoi un homme aussi mauvais *qu'un milicien-hutu* qui aurait passé la moitié de sa vie à haïr le Tutsi, qui avait fini sa vie dans le péché de génocide, à violer la mère et sa fille, se retrouveraient à la table du Seigneur?

Quel aurait été le but de la vie sur terre? Autant de questions que je me suis posées pendant longtemps; j'imagine que tous les rescapés se les posent aussi. N'ayant pas trouvé de réponse rassurante, j'ai décidé de ne vivre que pour aller au ciel à la fin de ma vie, pour deux raisons : je sais que je rencontrai Dieu, et ma famille qui est auprès de Lui. Comme tout enfant à son père, je Lui poserai toutes les questions qui m'affligent depuis 1994 : je Lui demanderais où Il était entre le mois d'avril et juillet 1994, pourquoi avait-Il laissé le vent de génocide souffler sur le Rwanda, ravager les Tutsi, s'Il les avait créés comme il a créé tout le monde! Une autre raison qui me ferait plaisir au Ciel, c'est que j'ai la ferme espérance d'y trouver le bonheur que je n'ai pas eu sur terre, parce que j'y retrouverai mon ami Jésus, et mon père spirituel, par la force des choses, monsieur Sylvain. Je ne sais pas comment vous faites ça, vous, mais moi j'ai choisi mon camp; le Seigneur est mon berger, il ne m'a jamais abandonnée, c'est pourquoi je lui dis tout ce que je veux. Chaque fois que j'avais besoin d'aide, j'ai vu sa main.

Il a toujours intervenu dans mes moments de détresse, je Lui fait entièrement confiance; les questions qui tuent que les gens se posent à Son sujet, moi j'ai cessé de me les poser. Voilà, cher Lionel, je ne peux pas prétendre vous avoir dit tout ce que vous vouliez savoir à mon sujet; mais j'ai essayé. Je vous avais prévenu, la nuit a été longue…

Ma chère Denise, tu m'inquiète; tu devrais aller te reposer. De toute façon je suis ici pour longtemps, rien ne presse; j'ai même l'impression d'être arrivée à destination. Comprenez mon égoïsme, chers amis, je ne pouvais pas m'empêcher de savourer chaque instant du bonheur que procure ce moment. Je n'étais revenue au Rwanda que pour une chose : me recueillir à l'endroit où tout a commencé, où j'ai perdu tous les miens et me séparée de ma mère. J'ignorais ce qui se passerait après. Non seulement j'avais des doutes sur ma sécurité mais j'ignorais aussi si je retrouverais l'endroit où je tenais à me recueillir, en plus de l'appréhension de rencontrer des méchants.

XII

LE REMORDS DE SURVIVRE AU GÉNOCIDE

Ma surprise a été immense quand j'ai atterri à l'aéroport international de Kanombe. Je n'avais pas cru mes yeux en entrant dans l'aérogare; je suis allée jusqu'à me demander si mon avion n'avait pas atterri à une mauvaise destination, car cet endroit n'avait rien à voir avec l'image du pays que j'avais dans mon imaginaire. La réputation négative chronique que la mauvaise presse occidentale fait du continent noir est très néfaste, car elle corrompt les esprits. Je ne m'y attendais pas mais j'étais subjuguée par la beauté des choses qui m'entouraient, même si je n'avais pas beaucoup le cœur à ça. Je n'étais pas venue pour faire du tourisme, mais mission était précise. Je venais pour me recueillir où ma famille avait été décimée par les hutu et retourner chez-nous.

J'étais loin de penser qu'il pouvait y avoir de belles choses à voir dans un pays qui a fait un génocide. Je ne me suis pas attardée en ville, j'avais continué mon chemin jusqu'à la vallée, heureusement je n'avais pas eu de problème à retrouver l'endroit que j'étais venue chercher; c'est précisément à l'endroit où tu m'a rencontrée.

Quand tu es arrivé, j'y étais depuis un certain moment et je m'étais recueillie; c'était pour ça que j'avais fait ce long voyage, mon but était atteint. Naviguer au milieu de tant de bonnes surprises n'est pas facile et nos retrouvailles ne sont pas été une petite coïncidence.

Je me demande comment vont réagir mes parents d'Amérique quand ils apprendront que j'ai retrouvé des gens de ma famille dont j'ignorais l'existence! Ils sont vieux et se font beaucoup de soucis pour moi; ils ne voulaient même pas que je fasse seule ce voyage, mais j'ai refusé leur compagnie, ils voulaient venir avec moi; ils pensaient que c'était très risqué, moi aussi d'ailleurs, mais je devais effectuer ce voyage seule pour qu'il ait tout son sens.

Quand j'ai perdu ma famille, j'avais cru que mon monde basculait pour toujours, mais j'ai eu des familles de substitution extraordinaires, *les Fuamba et ces Américains*. Ils ont fait des miracles dans ma vie, je vous l'ai déjà dit. Je leur apprendrai la bonne nouvelle dès demain, et je ne serais pas étonnée de les entendre vous convaincre de venir vivre avec nous, à Madison, si tel était mon désir et que cela vous intéressait. Pour ce qui me concerne, peu importe l'endroit où nous pourrions vivre, moi je vous dis tout de suite que ma décision est prise, je ne vous quitterai plus jamais.

Certains diraient que ça sent la folie, que les défis à lever sont trop nombreux, mais ce genre de commentaires seraient inutiles et ne me feraient pas changer d'avis. Je leur apprendrai la nouvelle mais je sais d'avance qu'ils réagiront avec enthousiasme dans ce sens. Ils nous rejoindront assez vite pour faire votre connaissance, et chercher par tous les moyens à vous convaincre de quitter l'Afrique, mais ce n'est pas mon intention, et c'est moi qui décide de ce que je veux faire de ma vie. Pardonnez-moi, chers amis, j'ai été trop long à venir, pardonnez mon égoïsme, mais j'ignorais votre existence; je n'avais aucune raison de revenir ici, mais ce moment que nous vivons ensemble est le plus beau de ma vie.

C'est quand même extraordinaire, les tours et détours que la vie peut nous faire faire. Nous avons attendu vingt-six ans avant de nous retrouver, mais c'est comme si on se connaissait depuis toujours; je vous parle de moi depuis hier et j'ai encore des choses à vous dire, quand je ne sais encore rien de vous, mais j'ai hâte... J'aimerais, entre-autre, que vous me disiez comment vous avez échappé aux machettes, vous-mêmes, comment vous avez fait pour passer les barrières, et comment vous vous êtes connues pour en arriver au mariage. Est-ce que les membres de nos familles respectives ont tous péris, il ne reste plus que nous? Avez-vous retrouvé leurs restes, et si oui, où les avez-vous mis pour que j'aille leur rendre hommage? Autant de choses qui me préoccupent et dont j'aimerais qu'on parle, mais je ne pense pas que ce sera pour aujourd'hui. Je me réserve le privilège de vous poser toutes ces questions une autre fois, c'est déjà le matin et on n'a pas encore fermé l'œil. De mon côté, je n'ai pas dormi depuis trois jours, mais cela n'a rien de grave. De toute façon nous sommes ensemble, vous aurez votre tour de me parler de vous, et mon histoire n'est pas terminée. Elle ne serait pas complète si je ne vous disais pas pourquoi il était vital pour moi de retourner au Rwanda.

Il y a au moins dix ans, j'ai eu une idée folle, à première vue banale; plus elle grandissait dans ma tête plus elle m'effrayait; elle avait des aspects qui me décourageaient mais je ne voulais pas abandonner ce projet ambitieux. Peu à peu je ne pensais qu'à ce moment, nuit et jour! D'habitude, c'est très simple de planifier un voyage; il ne suffit que de réserver son billet d'avion, faire ses valises, se rendre à l'aéroport et prendre son avion, mais ce n'était aussi simple dans mon cas. Je ne revenais pas au Rwanda par amour de mon pays, ni par curiosité, ni en touriste. Je venais en mission éclaire, je ne pensais faire rien d'autre : *je voulais reprendre le même chemin que nous avions pris, ma famille et moi, à moto d'abord, puis à pied quand il ne restait plus que ma mère et moi. Je devais me rendre jusqu'au lieu où mon père avait été supplicié et terminer mon voyage à l'endroit où je tenais à me recueillir, au point précis où ma mère avait été violée.*

Je tenais à revivre cette sensation forte que j'avais eue en ce mois d'avril. Encore en moment nous sommes au mois d'avril! Je voulais ressentir les mêmes angoisses qui m'avaient arraché le cœur quand je voyais la tête de mon grand-frère rouler par terre, tranchée par une machette de hutu, et mon père être assassiné par lapidation.

Je devais terminer ce court séjour à l'endroit-même où ma mère avait été violée. Je repartais ensuite pour l'Amérique et oublier l'Afrique. C'était affreux comme mission, mais c'est tout ce que j'étais venu faire. J'avais en mémoire le souvenir précis de cet endroit parce que ces dernières images n'avaient pas cessé de défiler dans ma tête; je pensais constamment à la réalisation de ce projet, c'était un traumatisme quotidien. J'entendais encore ce vacarme de miliciens qui froufroutaient dans la brousse à la recherche de ma mère, il était resté collé au cortex de mon cerveau, personne n'aurait rien pu faire pour me l'enlever. Je me rappelle ces misérables individus qui se bousculaient sur ma mère comme des vautours sur une charogne, un cauchemar qui me mettait à l'envers chaque fois que j'y pensais, et j'y pense souvent.

Refaire ce chemin pour essayer d'exorciser ce vieux démon était mon but. Je le voulais et je le pouvais, ce n'étaient ni les moyens ni le temps qui me manquaient pour faire ce voyage, pourtant cette simple planification aura pris dix longues années de tergiversation. Pourquoi pensez-vous qu'un projet aussi banal à réaliser était devenu un projet de toute une vie? J'avais tout ce qu'il faut, mais il me manquait l'essentiel : *le courage de faire le premier pas!* Prendre cette décision, en soi était une barrière; elle n'est pas physique mais émotionnelle; c'est pour cela qu'il a fallu énormément du temps avant d'y parvenir. Je ne peux pas vous dire combien de fois j'avais réservé et payé mon billet, que je faisais annuler parfois à la veille du départ, sans aucun motif valable. Quand je m'apprêtais à faire ma valise, quelque chose me disait tout bas à l'oreille que c'était de la folie, qu'il ne fallait pas faire ce voyage, je m'empressais d'annuler mon billet, année après année.

Je perdais beaucoup de temps et d'argent dans ce processus un peu fou; on ne me remboursait que le quart du prix de mon billet. Mes appréhensions n'étaient pas justifiées, c'était une révolte démesurée qui me tourmentait; je le savais mais je n'arrivais pas à m'en défaire.

Cette peur irrationnelle me faisait douter de la pertinence de faire ce voyage au pays de génocidaires, pour moi le Rwanda était celui que j'avais connu en 1994. Saviez-vous que ce pays a été, en 1994, le premier pays du monde contemporain qui détient le record de la cruauté humaine, pour avoir réussi à exterminer, *à l'arme blanche*, plus d'un million de personnes en l'espace de quatre-vingt-dix jours?

Il y a eu d'autres cruautés avant le génocide contre les Tutsi : des *Hitler, Staline, Mao, Amin Dada, Mussolini, Bokassa, Kadhafi, Pol Pot, Franco* et j'en passe, mais aucun de ceux-là n'avait égalé la cruauté *de l'État parmehutu du Rwanda*, en termes du nombre de victimes par jour, par rapport au temps du génocide et l'arme utilisée. C'était fou ce qui m'arrivait mais pas nouveau. Au fur et à mesure que le temps passait, l'envie de faire ce voyage se dissipait, mais je n'arrivais pas à l'oublier complétement. D'autres idées encore plus dévastatrices ont commencé à se former dans ma tête : je me demandais pourquoi je n'étais pas morte, pourquoi j'avais survécu au génocide quand tous les autres mourraient autour de moi.

Une voix intérieure me chuchotait constamment à l'oreille, que j'avais été égoïste, que j'aurais dû me tuer depuis très longtemps, qu'il aurait été bien plus simple et plus digne de rester auprès de ma mère, mourir avec elle puisque je n'étais pas capable de survivre avec elle. J'ai grandi avec ce sentiment de culpabilité comme si j'avais contribué à sa mort; ces regrets diminuaient au fil du temps, mais je faisais des crises de rechute surtout au mois d'avril. C'était si pénible que je n'arrivais pas à me pardonner d'avoir abandonné ma mère, pourtant Dieu sait si j'aurais tout essayé pour la protéger si j'avais pu, mais il n'y avait rien à faire... Quand j'avais quitté cet endroit que je voulais revoir, j'étais sûre d'avoir fait sa volonté, mais tout a changé quand j'ai commencé à douter.

Ce sentiment de culpabilité ne pouvait plus me quitter, à tel point que je ne voulais plus vivre. On m'avait recommandé de consulter un psy, je l'ai essayé mais cela ne donnait pas des résultats escomptés. Quand ces appréhensions ont été franchies, que ma décision était enfin prise de confirmer mon billet, je ne pouvais pas en rajouter en imaginant un impossible miracle de rencontrer quelqu'un que je reconnaîtrais dans ce pays. Mon seul souhait était de passer inaperçu, le temps de visiter ma vallée et rentrer chez-nous. Je n'avais même pas la moindre intention de visiter la ville de Kigali dont le monde parle, ni aller voir les gorilles comme mes compatriotes Américains qui ne nous parlent que de ces animaux rares, de retour du voyage au Rwanda. Pour éviter toute tentation possible, j'avais pris un visa de séjour très limité, dont je m'empresserai de faire changer dès demain, car ma vraie mission ne fait que commencer.

Dès qu'on s'est rencontré, le poids de ma culpabilité s'est allégé comme par magie, même si ton intrusion dans ma vie m'avait sérieusement bousculée! J'ai senti que l'emprise de mes remords se desserrait un peu, j'en étais l'otage; c'était comme si j'étais encore dans le lit de monsieur Taritari. Peu à peu, ta présence m'a délivrée de ce mal invisible qui me rongeait l'âme depuis plus de vingt ans! Il n'y a rien de plus beau que de se sentir aimé; c'est rare mais ça existe encore... C'est pour cela que je continue à croire que nos retrouvailles ne sont pas une simple coïncidence mais un accomplissement d'une promesse divine.

Parfois on n'a pas besoin de chercher loin pour justifier un miracle, on le vit. Dieu a toujours fait d'étonnantes choses dans ma vie, maintenant je me rends compte qu'Il n'a même pas encore fini son œuvre en moi. Le fait d'avoir accepté de te parler, en soi c'est un miracle. D'habitude je ne parle jamais aux gens que je ne connais pas; jamais cela n'était arrivé depuis très longtemps. Pour mieux illustrer ce que je veux dire, laissez-moi vous raconter une histoire, non-moins étonnante.

Certaines gens la trouveraient extravagante, banale même, mais elle a profondément changé ma vie; elle a transformé ma façon de voir et considérer la vie des autres. Ceci aurait pu être un petit incident de parcours, mais au contraire, il est devenu toute une leçon de vie.

Quand j'ai commencé l'université à Wisconsin, je voyais beaucoup d'étudiants Noirs comme moi, des Noirs Africains et Afro-Américains. À cette époque-là, j'avais très peur des hommes Noirs; je les fuyais comme on fuirait la peste... J'avais pris la résolution de ne jamais, quel que serait la raison, m'approcher parler ni aux hommes de couleur comme on nous appelle là-bas. Je n'avais pas adopté cette attitude pour être méprisant, ni par discrimination contre les miens, je craignais tout simplement de tomber un jour sur un Noir du Rwanda, un Hutu à l'occurrence. Ils sont partout, vous le savez. J'avais très peur, parce qu'on ne peut pas distinguer un Noir Africain d'un Noir Américain, juste à les voir. On le pourrait éventuellement à partir de leur accent, mais il faudrait leur parler pour le savoir, et je ne voulais pas prendre ce risque. Croyez-moi, c'était une terrible hantise, j'en étais si terrorisée que j'avais failli abandonner mes études, rien que pour ça. Quand je devais passer près des Noirs, mon cœur se mettait à cogner si fort, et s'affolait dans ma poitrine qu'on pouvait l'entendre de loin.

C'était quasiment impossible de les éviter dans ce campus, ils étaient tellement nombreux; on les voyait dans tous les couloirs car cette université est immense! Pire encore, les étudiants Noirs avaient l'habitude d'être ensemble, tous les hommes noirs du monde aiment se regrouper, je ne sais pas pourquoi. Je vous dis qu'ils m'avaient fait perdre la tête, je me demande même comment je réussissais mes examens. Sans même parler des couloirs du campus, il y avait aussi deux Noirs dans ma faculté; on était peu nombreux dans notre classe, je pouvais donc difficilement éviter ces deux-là. Ma vie était devenue un enfer juste pour ça, mais je savais que ces deux-là étaient Américains, je les entendais parler entre-eux.

Un bon jour, je voyageais en avion entre Washington et Los-Angeles; j'avais pris place dans un Boeing d'American Airlines. J'avais été assigné au fauteuil près du hublot, car j'aime voyager près de la fenêtre pour regarder les nuages. Toutes les rangées étaient à trois places dans cet avion. Quand on est assis au siège numéro D-1, cela veut dire qu'il y avait D-2 et D-3. Le passager qui devait occuper le fauteuil du milieu, le D-2, était en retard, je l'attendais avec appréhension car on ne peut savoir d'avance qui serait ce passager avant qu'il ne se présente; on ne choisit pas son voisin, ni dans la vie ni encore moins dans un avion, à moins de voyager entre amis ou parents. Quand le retardataire est arrivé à la dernière minute, c'était un gros homme noir d'une cinquantaine d'années environ! Imaginez mon dilemme quand je l'ai vu s'installer dans le D-2, juste contre moi...!

Pendant qu'il luttait pour serrer son bagage et boucler sa ceinture de sécurité, mon cœur battait la chamade et je me demandais ce que je devais faire. J'étais carrément hors de moi et mon cerveau était figé! Il fallait faire quelque chose et le faire vite car on allait décoller. Moi, Adélaïde, j'allais voyager assise à côté de cet individu, un Noir qui me foutait la trouille? C'était un long voyage de près de cinq heures de vol, et j'allais le faire à côté de cet homme! J'ai manqué de peu de m'évanouir... Contrairement à moi, ce type était ravi de prendre place à côté d'un passager qui lui ressemble, une Africaine avec qui il pouvait causer librement, et draguer éventuellement. Cela arrive souvent dans les avions, les gens lient plus facilement d'amitié parce qu'ils s'ennuient. Je ne sais pas si vous comprenez mon dilemme, mais j'étais dans de mauvais draps.

Si vous avez déjà pris l'avion, vous savez qu'il n'y a pas assez d'espace d'évitement entre les sièges, comme il y en avait dans des couloirs de mon campus où je pouvais fuir les Noirs. Je me sentais comme un naufragé, et c'était trop tard pour changer quoi que ce soit, notre avion était en position de décollage, la porte était fermée. En un mot j'étais condamnée à voyager à coté de cet homme. J'allais vivre une expérience que je redoutais à chacun de mes voyages en avion, mais je n'avais pas encore fait de rencontre aussi désagréable. En effet, je prenais souvent des avions, au moins deux fois par mois; cela faisait partie de mon métier, mais je n'avais pas encore eu ce problème. Je transpirais, j'avais la gorge serrée et mes pieds étaient mous et trop petits dans mes souliers. Je me demandais ce que j'allais faire s'il s'avérait que cet homme était un hutu-milicien du Rwanda, en cavale!

Pour un Noir, c'était visible, on ne pouvait pas le manquer; mais alors, comment savoir s'il était Noir-Africain ou Afro-Américain? Quelque chose me disait qu'il devait être Africain; même avec ça, comment savoir de quel pays il était originaire sans le lui demander, si je ne pouvais pas lui parler? Je l'avais entendu parler brièvement à l'hôtesse de l'air quand il expliquait que son vol précédent avait été à l'heure. Son accent était assez fort, comme celui des Africains fraîchement arrivés aux USA. Mais alors, de quel pays d'Afrique venait-il? C'était un individu d'une bonne corpulence, assez costaud, avec un nez large et plat, exactement comme celui des Hutu du Rwanda *si l'on s'en tient au stéréotype fabriqué par les colons belges.*

Ce type avait toutes les caractéristiques requises pour être hutu, selon ce profilage ethnique racial. Dans ma tête, il n'y avait plus de doute, il était Hutu... Il me souriait sans arrêt et sans raison et se mettait à l'aise avec moi, comme si on se connaissait. Ça aussi était typique aux Africains entre-eux! Il avait tenté d'engager une conversation avec moi, encore un signe qui ne trompe pas. Les nouveaux immigrants sont généralement souriants et gentils avec tout le monde, prêts à bavarder avec le premier venu, surtout des hommes vis-à-vis des femmes.

Ils essayent de nouer des relations d'amitié dès le premier contact. Il m'avait saluée avec courtoisie et demandé comment j'allais. Bien-entendu, je n'avais pas répondu; j'espérais ainsi décourager son élan et sa tendance exaspérante; ne pas lui donner de chance dans cette direction pouvait le décourager, et cela avait marché. Il a dû s'en rendre compte, ou pensé que j'étais une de ces femmes méprisantes, ces femmes noires mal éduquées qui pensent, à tort, qu'elles sont trop civilisées pour garder leur statut de « negro », qui colle à la peau des les Noirs d'Amérique. La discrimination et le racisme vis-à-vis de cette partie de la population américaine sont omniprésents dans ce pays. Ce n'était pas mon genre même si j'en avais l'air, malheureusement je ne pouvais pas lui expliquer tout ça. Si je ne parlais pas aux Noirs, ce n'était pas à cet étranger que j'aurais fait d'exception, surtout pas dans ces circonstances!

J'étais consciente que mon comportement était répréhensible vis-à-vis de mon entourage, pourtant cet homme était vraiment gentil, mais je n'avais aucun contrôle sur ma peur. Cette dérive m'habitait depuis mon adolescence, elle grandissait plus vite que moi au lieu de diminuer avec l'âge! En termes plus clairs, je voyais en cet homme monsieur Taritari *(alias X)* qui m'avait violée pendant des mois. Je voyais en chaque homme noir un prédateur potentiel et j'étais hors de moi. Je ne cherchais même pas à réfléchir ni faire de distinction entre les individus, pour moi ils étaient tous les mêmes.

Mon esprit s'était bloqué sur une idée aussi fausse; je pensais que tous les Hutu étaient mauvais et des des violeurs d'enfants. C'est ce que croient aussi un certain nombre de Tutsi qui ont survécu au génocide, et c'est dommage, parce que ce n'est pas juste. J'ai gardé les yeux fermés pendant que notre avion quittait la piste et prenait de l'altitude. Je priais, c'était mon réflexe instinctif de prier chaque fois que quelque-chose n'allait pas bien. Quand nous avons atteint la vitesse de croisière, que le commandant avait permis aux passagers de débloquer leur ceinture de sécurité, mon fameux voisin s'est levé et est allé aux toilettes. Peut-être avait-il eu une connexion de vol rapprochée, cela arrive souvent, qu'il n'avait pas eu le temps de faire ses besoins.

Revenu à sa place, il s'est endormi presqu'aussitôt; il a ronflé tout le temps du vol, mais quel bonheur pour moi, mais quel malheur aussi, comme dans la lyrique de *Sacha Distel, le scandale dans la famille!* Je n'avais pas arrêté de prier; je demandais une seule chose au Seigneur : que cet homme reste endormi tout le reste du voyage! Je ne l'aurais réveillé pour rien au monde, son sommeil était une solution-miracle à mon problème, un cadeau providentiel, ma prière avait été exaucée. J'avais tellement peur de la réveiller que je ne pouvais même pas me retourner, de peur de croiser son regard.

La personne qui occupait le D3 était très tranquille, il lisait son livre et avait mis les écouteurs. Il n'était pas confortable non plus, car la plupart des Blancs n'aiment pas voyager assis à côté des Noirs, que ce soit dans les autobus, les trains ou les avions, et voilà que ce pauvre blanc était assis à côté de deux Noirs! Généralement ils changent de siège quand il en reste, et celui-ci n'avait pas pu car l'avion était plein. Je craignais que s'il se réveillait il essayerait de relancer une conversation avec moi. Je l'aurais encore boudé, c'était sûr, mais c'est trop facile à dire. C'est très embarrassant d'ignorer les gens pendant si longtemps, surtout dans un espace aussi confiné.

J'aurais dû lui faire signe que j'étais sourde et muette, il m'aurait crue et fiché la paix; ce mensonge m'aurait mise à l'abri de ses assauts indésirables, mais je n'y avais pas pensé. Il dormait profondément mais pouvait se réveiller à tout moment, en cas de turbulence par exemple, mais il n'y avait pas eu de turbulence. Cependant j'avais d'autres soucis, non-moins préoccupants : comment irais-je aux toilettes si j'avais besoin d'y aller, sans le réveiller? C'était quand même un long voyage! En effet, vu l'espace exiguë entre les sièges d'avion, on ne circule pas librement sans demander aux voisins à votre gauche de se lever pour vous laisser passer; cela est encore plus pénible quand on est du côté du hublot, deux passagers doivent se lever. J'allais inévitablement le réveiller, mais je ne l'aurais pas fait pour tout l'or du monde! J'avais continué ma petite prière et m'étais abstenue de boire quoi que ce soit pour ne pas avoir besoin d'aller aux toilettes. Cela n'était pas suffisant pour régler mon problème, car la peur elle-même provoque des envies irrésistibles de faire pipi. Je priais donc pour ne pas avoir envie d'aller aux toilettes!

Il a ronflé comme une loutre pendant tout le trajet et n'aura ouvert les yeux que quand les pneus de notre avion avaient touché la piste d'atterrissage dans son bruit infernal habituel. Il a ouvert les yeux et s'est exclamé dans son anglais approximatif : *aï woz very tyaïred* – Pour dire qu'il était vraiment fatigué. Je ne sais pas trop comment, mais j'avais envie de lui de lui poser une question; j'ignorais dans quel but mais je tenais, tout au moins, à savoir de quel pays il était originaire. Il ne me faisait plus peur à ce moment-là, parce qu'on atterrissait, on n'allait se séparer dans cet aéroport et il y avait très peu de chance qu'on se rencontre de nouveau!

Je lui ai demandé, sans détour : *Where're you from, Sir - D'où venez-vous, monsieur?* Vous l'aurez deviné, je voulais m'assurer s'il n'était pas Rwandais, donc un Hutu!

Il était tout content de m'entendre, enfin, lui adresser la parole et s'était empressé de me répondre, en me gratifiant de son plus beau sourire qui lui divisait le visage en deux hémisphères, l'une au nord et l'autre au sud. Il avait une bouche énorme avec des babines volumineuses, des mâchoires puissantes qui s'ouvraient comme un capot de voiture. Il avait des dents parfaitement alignées, d'une blancheur éclatante, et m'avait répondu : *aï-yem from Burkina-Faso – Je viens du Burkina-Faso!*

Quel a été mon soulagement de savoir qu'il n'était pas hutu Rwandais! C'était le tout premier homme Noir à qui j'adressais la parole depuis que j'avais quitté l'Afrique, quinze ans plus tôt. C'était une mauvaise décision de ma part, je le regrette car j'en avais fait un principe de vie. Je n'avais pas de problème à parler aux femmes noires, seuls les hommes me faisaient peur. Quand il avait dit qu'il était originaire du Burkina, vous ne pouvez pas savoir quel avait été mon soulagement de savoir qu'il n'y avait aucune chance qu'il soit un génocidaire Rwandais en cavale.

Ne me demandez pas comment j'aurais réagi s'il m'avait dit qu'il venait du Rwanda, qu'il habitait à Los-Angeles où j'allais rester quelques semaines en séjour d'affaires! Je ne sais vraiment pas ce que j'aurais fait. J'aurais probablement crié, peut-être aurais-je appelé la police, mais alors, j'aurais dit à la police que cet homme m'avait fait quoi? J'aurais fait dans mes culottes c'est sûr, je me serais ensuite glissée sous ma banquette, que sais-je encore.

C'était un homme très distingué, je ne l'avais remarqué que quand le masque était tombé; j'ai vu en lui toutes les qualités qu'on peut attendre d'un homme, ce que je ne pouvais pas voir avant ce moment à cause de la trouille et des faux jugements. Il était intelligent et fort agréable à causer malgré son drôle d'accent; je comprenais difficilement ce qu'il disait dans son anglais sommaire, mais il pouvait communiquer dans une langue qui n'était pas la sienne. Il était francophone et j'avais perdu le français que j'avais appris au Zaïre. J'avais cru comprendre qu'il était en mission d'État pour quelques semaines à Los-Angeles, qu'il y revenait tous les ans. Il voulait que nous nous échangions nos cartes d'affaires pour garder contact, devenir éventuellement des amis, mais je ne voulais pas m'avancer sur ce terrain-là.

J'avais dû inventer un grossier mensonge, qu'il ne me restait plus de cartes d'affaires; je trouvais ridicule de mentir pour si peu de choses, mais je devais le faire. D'après sa carte à lui, c'était un ingénieur civil comme moi, et ministre dans ce pays lointain d'Afrique. J'ai regretté de ne pas avoir eu la chance de bavarder avec lui plus tôt, c'était un homme brillant qui n'avait rien à voir avec *les miliciens-hutu!* Cette rencontre m'avait bouleversée, et m'avait surtout ouvert les yeux sur les coins sombres de la vie que je menais.

Elle m'avait appris, entre autres, qu'il ne faut jamais, *au grand jamais*, juger les gens sur leur apparence. Il faut toujours et en tout lieu s'efforcer d'apprécier chaque moment que Dieu nous donne gracieusement, à sa juste valeur, profiter de chaque instant en apprenant des autres au lieu de les juger pour ce qu'ils paraissent. C'est idiot et inutile. À partir de ce jour-là, j'ai décidé de revoir de fond en comble la vie que je menais; je devais améliorer mon approche dans mes relations humaines, celles que j'avais adoptées étaient médiocres. Cette simple réflexion avait totalement changé le cours de ma vie, du tout au tout!

Ce ne serait pas un mensonge si je vous disais que c'est grâce à cette mystérieuse rencontre que j'avais finalement été en mesure de faire ce voyage de rêve au Rwanda. Sans le savoir, cet homme avait, tant soit peu, guéri au moins un quart de mon mal. Il m'a aidé à réaliser quel type de personne j'étais. Je vivais dans ma bulle, un monde insalubre que j'avais bâti autour de moi et dans lequel n'entrait aucune lumière. J'habitais une grande ville, Madison, cette ville qui ne dort pas et où la lumière ne s'éteint jamais, mais je vivais dans l'obscurité absolue. J'étais seule, isolée dans mon petit coin et passais mon temps à observer et juger les autres sans aucune raison. Je ne m'aimais pas et n'aimais personne, je ne prenais même pas la peine de découvrir les qualités des autres, d'entendre ce qu'ils avaient de bon à m'apprendre.

Cette rencontre m'avait permis de faire une introspection approfondie et j'avais constaté que la trajectoire de ma courbe tendait vers le bas, ce qui signifiait qu'il était urgent de redresser cette tendance, il n'est jamais trop tard pour changer de cap. J'étais consternée par ces résultats. Il fallait regarder cette réalité en face, me prendre en mains et m'assumer. Il était impératif d'entamer ma propre réhabilitation, une thérapie taillée sur mesure qui ne pouvait être faite que par moi-même d'abord.

Mais je ne devais pas me faire trop d'illusions, la côte à remonter était trop raide, mais je ne pouvais plus en rester là. J'avais commencé par renoncer à certaines mauvaises habitudes que j'avais adoptées, des petits aux grands détails de mon quotidien, qui avaient un impact significatif dans ma vie à cause de mes mauvais choix. L'un ces mauvais choix était de ne plus jamais regarder la télévision; je n'en avais même pas dans ma maison, pourtant il fut un temps où la télévision était mon unique distraction. De même, je n'allais plus au cinéma et n'écoutais plus la musique mondaine comme tous les jeunes de mon âge, ce qui m'avait éloignée du petit cercle d'amies qui me restait. Nous n'avions pas les mêmes goûts ni les mêmes intérêts.

En revanche, mon seul plaisir était la lecture, la bibliothèque était le seul endroit où je me sentais bien. Mon orgueil, plutôt ma colère, avait pris le dessus sur ma nature, et je ne voulais rien savoir des professionnels de santé mentale, alors que j'étais un malade qui s'ignorait. Je n'avais pas voulu l'aide de spécialiste pour m'accompagner dans mon cheminement de guérison du traumatisme post-génocidaire. C'est ce qui arrive à beaucoup de rescapés Tutsi aujourd'hui. Mes parents Américains avaient tout essayé pour me faire soigner, ils avaient remarqué que j'avais besoin d'aide; ils avaient contacté un de leurs amis, un psy de grande renommée dans notre ville.

Il me connaissait parce qu'il venait chez nous, de temps en temps, pour souper, mais je lui avais toujours dit que je n'étais pas malade, que si je l'étais je l'aurais su. Parfois je me disais que cette maladie pouvait guérir toute seule, à moins que ce ne soit l'inverse, qu'elle puisse me tuer de façon sournoise. Je ne peux pas me prononcer là-dessus mais sans dénigrer la science d'aucune manière, je pense que le stress post-traumatique lié au génocide contre les Tutsi, en particulier, devrait être traité différemment par rapport aux autres stress traumatiques connus à ce jour. Je ne connais rien dans ce domaine, mais il est facile de comprendre ce qui fait cette différence, quand on se base sur la force de la culture rwandaise.

Les symptômes connus des psychanalystes, *qui ressemblent à ce qu'on avait diagnostiqués en moi*, ont des similitudes assez proches à ceux de beaucoup d'autres rescapés que je voyais dans des livres. En essayant de comprendre mon mal, pour la première fois dans mes recherches je me suis fiée aux diagnostics posés par *madame Sophie Débauche*[1], une psychothérapeute qui avait travaillé au Rwanda comme volontaire, juste après le génocide. Voici comment elle avait défini ce mal rwandais :

Pour les grands signes du traumatisme post-génocidaire, *on a des souvenirs répétitifs de l'événement provoquant un sentiment de détresse, comprenant des images, des pensées ou des perceptions; on a un sentiment de détachement d'autrui, on devient étranger par rapport aux*

---

1 http://www.sophie-debauche.be/

gens qui vous entourent, c'est la reviviscence! On fait des cauchemars, des flash-backs, des rêves itératifs et on a l'impression de revivre constamment le génocide, etc... Fin de citation.

Tout cela me ressemble. Quand je dormais, je faisais fréquemment des cauchemars; je connaissais d'autres rescapés qui souffraient de la même manière, mais qui n'appellent pas ça une maladie. Mais s'il y avait un seul médecin que j'aurais accepté de consulter, c'est cette femme. Elle était forte dans son domaine, le diagnostic qu'il pose est très proche de la pensée rwandaise face à la santé mentale. Je n'avais pas cessé de penser à la brève conversation que j'avais eue avec le fameux Burkinabais, qui m'avait permise de me remettre en question. C'était un dialogue sans intérêt, anodin à bien des égards, pourtant il était devenu ma seule référence, je n'avais jamais été à la meilleure école.

C'est grâce à ce voyageur que j'avais commencé à voir les gens différemment, de les apprécier à leur juste valeur. Avant cette rencontre je voyais le mal partout! Peu à peu j'ai vaincu cette peur de l'autre qui m'habitait, qui avait volé mon âme, car j'étais prisonnière des pensées négatives. Quelqu'un avait dit qu'un choc se soigne par un autre plus violent. En effet quand ce Burkinabais avait pris place à côté de moi dans cet avion, normalement j'aurais fui. J'aurais certainement exigé qu'on me change de place avant de décoller ou demander carrément de sortir de cet avion et attendre le vol suivant, quitte à remettre à plus tard mon voyage avec toutes les conséquences que causent ce genre de décision de dernier moment. C'était un choc très violent pour moi.

Ces faits m'avaient poussée à me regarder dans un miroir différent et je voulais découvrir la vraie personne que j'étais. C'est ça qui m'avait aidé à réajuster ma pendule. Quand je me suis séparée de cet homme dans cette aérogare, une sensation nouvelle s'était emparée de mon être, j'avais l'impression d'entrer dans une nouvelle ère, envahie par une nouvelle façon de penser. Un vent nouveau hissait mes voiles vers de nouveaux horizons, ce vent était si fort que je ne pouvais que continuer à avancer. Jamais auparavant je n'avais ressenti un tel émerveillement au fond de moi. Quand je suis retournée chez moi, après ce séjour d'une semaine à Los-Angeles, je ne pouvais plus en rester-là, il fallait changer radicalement ma vie.

Mon premier pas dans cette direction avait été de m'acheter un nouveau système de vidéo-télévision, je me sentais de nouveau le courage d'écouter de la musique comme avant, et de regarder les films que je possédais dans ma collection sur les génocides qui ont eu lieu dans le monde. Pour les film, j'avais décidé de commencer par l'histoire de l'Holocauste juif et le génocide des Tutsi après. Je tenais à les voir dans cet ordre-là, car j'avais peur de découvrir des choses dans le dilemme rwandais, que je ne pas nécessairement savoir. J'avais quelques amies Juives qui m'aimaient, mais je connais mal l'Holocauste juif. J'avais pris, au hasard, un des films de ma collection, *(For those I love – Au nom de tous les miens)*. C'est un film extrêmement bouleversant, qui vous donne la chair de poule, basé sur le livre de *Martin Gray* qui raconte une histoire d'un survivant du *ghetto de Varsovie*.

Il dit comment il a vu sa mère et son jeune frère mourir gazés et son père tomber sous les balles lors d'une rafle nazie. Je trouvais cette histoire étrangement proche à la mienne, car j'avais vu aussi mes frères se faire dépiécer à la machette, et ma mère être violée par une multitude de hutu qui disaient l'avoir désirée toute leur vie. Et évidemment, j'avais assisté à la mise à mort de mon père par lapidation. Je n'ai pas besoin de vous décrire quel était mon état d'âme après avoir visionné ce premier film; je n'avais pas lu le live de Martin Gray ni regardé aucun autre film de ce genre, de là vous pouvez imaginer quel pouvait être mon état de choc! Au début de mes études universitaires, j'avais pris l'habitude de m'acheter au moins un livre et un film sur l'histoire ancienne et récente de notre pays. Je voulais voir tout ce qui pouvait être vu, et lire tout ce qui avait été publié sur notre peuple.

Au début je voulais plutôt tout oublier de ce pays, soudainement j'avais une soif inextinguible de trouver le nœud du mal qui aurait dû causer cette catastrophe humaine du vingtième siècle, le génocide contre les Tutsi. Je ne lisais pas ces livres ni ne regardais ces films. Je ne voulais pas les regarder car j'avais une appréhension de tomber sur des réalités que je ne voulais pas savoir. C'était fou ces tours de passe-passe que la vie me faisait faire à cette époque-là. J'avais bâti un mur haut et épais autour de moi, je ne pouvais pas aller nulle part avant de le démolir, pourtant je n'avais même pas tenté de l'escalader. Tout ceci confirme le bien-fondé de la méditation des quatre principes de la spiritualité amérindienne, qui nous apprennent dans sa sagesse, je cite :

- Le moment où quelque chose commence, c'est le bon moment : toutes les choses qui commencent dans notre vie arrivent toujours au bon moment, cela ne peut être ni trop tôt ni trop tard; lorsque nous sommes prêts pour quelque chose de nouveau dans notre vie, c'est là que nous sommes prêts à commencer, ce ne pouvait être fait avant;
- Ce qui est fini est fini, on ne retient pas le passé : quand quelque-chose se termine dans notre vie, il vaut mieux en retenir la leçon; cela forge l'expérience qui nous permet de nous enrichir, car il faut lâcher-prise pour avancer;
- Quelle que soit la personne que nous rencontrons, c'est la bonne personne : autrement dit, personne n'arrive dans notre vie par hasard; toute personne avec qui nous entrons en contact est là pour nous enseigner quelque chose, nous aider à nous améliorer.
- Quoi qu'il nous arrive, ça devait arriver à ce moment : rien de ce que nous avons expérimenté n'aurait pu être autrement. Fin de citation.

Pour ces Indiens *(les premières nations de l'Amérique du Nord)*, il n'y a pas de « si seulement », ou de « si j'avais agi différemment ». Ils disent que ce qui s'est passé, c'est la seule chose qui pouvait arriver dans notre vie à ce moment précis pour nous enseigner une leçon et nous permettre d'avancer. Difficile à croire dans notre monde actuel qui est plein d'imprévus, mais c'est vrai. Chacune des circonstances de notre vie est parfaite, même si ceci défie notre ego et notre capacité de résilience. Cette philosophie est difficile à dompter, mais c'est la leur, il faut la respecter sans mettre les gants, même si on ne la comprenait pas. Elle nous interpelle à bien des égards, surtout nous les rescapés du génocide. À moi elle m'a fait fléchir dans ma façon de penser, et fait faire un pas dans la bonne direction.

Cette étonnante philosophie prend racine dans leur propre malheur, car les Indiens d'Amérique ont subi aussi d'épouvantables discriminations sur la terre de leurs ancêtres. Le génocide contre ce peuple n'est même pas encore terminé à ce jour, toute une population qui est à genou; elle est sur sa terre et s'éparpille sur un immense territoire qui va du Brésil au Groenland... Ils refusent d'abdiquer avant de voir le dernier de leurs guerriers tomber au combat.

On se rappelle tous des films qu'on aimait voir, qui nous plaisaient, *des films cow-boys et la chasse à l'homme*. On voyait ces Indiens téméraires, cheveux au vent, à la poursuite de ceux qu'ils appelaient des *peaux-pâles*, des conquistadors Européens qui étaient armés de carabines et des pistolets automatiques, tandis que les Indiens n'avaient que leurs flèches et des haches, à dos de cheval dans ces vastes plaines que l'homme blanc était venu annexer. Ils avaient résisté ce puissant envahisseur comme ils pouvaient, avec les moyens rudimentaires qu'ils avaient, mais on sait comment tout s'est terminé; ils sont aujourd'hui à genou et s'autodétruisent dans l'alcool et des drogues dures à cause du chagrin. Si rien de substantiel n'est fait, ils finiront par être complètement anéantis.

On n'aimait ces films sans nous douter qu'il s'agissait de génocide, que ça se passait pour de vrai. La plus part de ces movies étaient des thrillers qui remplissaient les salles de cinéma chaque soir, dont les plus célèbres comme *the man who shot Liberty Valance, avec John Wayne; Unforgiven, avec Clint Eastwood; C'era una volta il West, avec Charles Bronson, etc...* Qu'est-ce qu'on s'amusait et s'en extasiait, sans savoir ce qui se passait réellement. On attendait avec fébrilité *le prochain samedi-soir* pour voir le prochain film, mais c'était un génocide organisé par ces peau-pales.

Comme chez-nous, ils disaient être venus pour « *civiliser* » ces autochtones, de la même qu'ils avaient dit aux Rwandais. Comme dans le génocide des Tutsi, le cri d'alarme des Indiens n'a pas été entendu, il est maintenant rendu à la tribune des Nations-Unies, mais rien de concret n'est fait, que quelques bons discours, mais un discours n'arrête pas un génocide.

Pour une autre ressemblance, les missionnaires ont brillé par la médiocrité aux Amériques, si ce n'était pas pire à certaines époques. Ils ont enlevé les enfants indigènes de leur famille au nom du fanatisme religieux et les entassaient dans des écoles immorales qu'on appelait *Residential Schools*. Ces centres de concentration existaient encore récemment au Canada, la dernière de ces écoles de mauvaise mémoire n'a été fermée qu'en 1996 «*le Gordon Indian Residential School of Saskatchewan*», après plus d'un siècle d'existence.

C'étaient des centres de la honte pour les familles et les enfants autochtones que l'église catholique séparait de leurs parents de force sous prétexte qu'ils allaient être mieux éduqués; ils étaient mis à la disposition des pédophiles religieux: des prêtres, des évêques et archevêques, même des bonnes-sœurs indignes de leur soutane! On pourrait en parler toute la semaine, mais ce n'est pas notre sujet. Comme chez-nous, enfin, cette même église continue aujourd'hui à refuser de reconnaître ces crimes et à demander pardon au peuple autochtone. Pourtant le pardon est la fondation-même de l'enseignement catholique, *puisque l'homme vit dans le péché*. Sans le pardon il n'y a pas de bonne raison de parler de la foi, et sans la foi on ne devrait pas parler d'église...!

Pour revenir à mon changement de cap, je disais que j'avais beaucoup de livres et de films sur l'histoire récente et ancienne sur le Rwanda dans ma petite bibliothèque, mais ils étaient encore dans leur emballage d'origine, cumulant des couches de poussière sur mes tablettes. Ils me faisaient peur même de les voir dans ma maison, ma relation avec le monde rwandais était pour ainsi dire, nulle. Mon comportement était non seulement nuisible à mon épanouissement personnel, il était surtout préjudiciable à toutes mes autres relations directes et indirectes, celles de mes parents adoptifs inclues, eux qui ne demandaient qu'à me laisser aimer. Je ne me rendais pas compte que je donnais raison à ceux qui avaient planifié ce génocide, c'était cette attitude que j'avais adoptée qui était prévue dans leur plan criminel.

Le but principal des génocidaires n'était pas seulement d'exterminer les Tutsi, ils devaient aussi s'assurer que ceux qui survivraient croupiraient dans la misère et le silence de l'oubli, qu'ils ressentiraient la honte et la culpabilité d'avoir survécu, toute leur vie. Je n'ai compris ça qu'après avoir lu tous ces livres et visionné tous ces films. Si j'ai réussi à faire ce pas, c'était grâce à ce fameux voyageur du Burkina que j'avais rencontré par hasard dans un avion. Ces films m'ont fait traverser un mur épais qui me séparait du reste du monde, c'est ainsi que je suis parvenue à accomplir mon rêve de tous les temps, de retourner au Rwanda après vingt-cinq ans d'une absence douloureuse. Ma rencontre avec cet homme avait été un grand choc qui s'était transformé en bénédiction, et notre rencontre vient de me propulser du trou noir où j'avais trouvé refuge depuis plus d'un quart de siècle, mais me voici au grand soleil!

Je me sens remplie d'une énergie nouvelle et mon bonheur est à son comble auprès de vous. Si, et si seulement si je pouvais revoir ce Burkinabais, je lui dirais merci; je le remercierais de tout mon cœur de l'immense service qu'il m'a rendu sans le savoir, sans me connaître, sans même savoir qu'il me rendait un service!

Ceci nous ramène à cette philosophie indienne qui dit que *toute personne que vous rencontrez est la bonne personne!* Il n'avait rien fait d'autre que de me faire peur, mais cette peur irrationnelle est devenue mon salut. Le manque d'espace de dégagement dans cet avion était une bonne raison pour moi de paniquer, mais ce fut un début d'une grande histoire, la nôtre! Nos retrouvailles ne sont pas un accident mais une solution, ainsi notre ennemi n'aura pas gagné son pari de nettoyer la planète de toute trace de l'existence des Tutsi. Ils ont raison, ces Indiens, il ne sert à rien de retenir le passé, il faut lâcher mais en apprendre la leçon. Avec eux j'ai appris qu'il faut oser, faut-il affronter le diable, ou mourir en essayant.

Il ne faut pas avoir peur de la peur, malheureusement c'est qu'on fait dans notre vie de tous les jours, nous, membres de la race humaine. De temps à autre je lis la Bible, je crois avoir saisi le message que Jésus-Christ avait voulu laisser au monde à travers certaines de ses paraboles. Il parlait en paraboles en s'adressant à ses disciples pour une raison. Il revient au monde de faire cet exercice d'interpréter ce qu'il voulait dire dans ses paraboles. En voici une qui impressionnerait quiconque voudrait méditer sur ce je considère comme le plus fort de son enseignement.

- Les disciples s'approchèrent de Jésus et lui dirent : *Rabi, pourquoi n'avons-nous pas été capables de chasser ce démon? La réponse n'a pas tardé, elle était cinglante : c'est à cause de votre incrédulité. Si vous aviez la foi aussi petit qu'un grain de séneré, vous diriez à ce sycomore, déracine-toi et plante-toi dans la mer, il vous obéirait; rien ne vous serait impossible*[2]. Ce n'est qu'après avoir compris le message caché derrière cette parabole que j'avais été capable de chasser le démon qui m'habitait depuis des années.

Une toute petite peur de quelques heures en avion a été mon salut, j'avais peur de la peur et cela avait complétement ruiné ma vie. Avec un peu de foi j'ai déplacé la montagne qui était née en moi, qui devenait un volcan dans mon cœur. Mais voilà qu'un bon matin, je me lève et lui dit : vas, et elle est disparue de ma vie. Je l'avais vu naître, elle grandissait sous mes yeux jusqu'à prendre des proportions d'un volcan dont j'attendais l'éruption. Elle était si immense

---

[2]   *Luc 17: 6*

qu'elle obstruait tous mes horizons, car je vivais à son ombre. Voilà pourquoi je comprends mieux aujourd'hui que rien n'est impossible à quiconque a la détermination de changer sa vie; il était temps que je reprenne le volant de la mienne et contourne tous les obstacles qui jonchaient ma route pour me refaire une peau neuve.

Je dis bien les contourner, car on ne peut balayer du revers de la main les séquelles de génocide. Après avoir découvert qui j'étais, réveillée de ce long sommeil qui avait duré toute une génération, je me suis regardée avec de nouveaux yeux et réalisé que je vivais aux États-Unis d'Amérique, et je l'ignorais. Tout ce qui était autour de moi m'étonnait comme si j'étais un touriste à Madison, cette ville que j'habitais depuis quinze ans. C'était comme si mon horloge interne s'était arrêtée, que les événements tragiques qui avaient marqué mon enfance m'avaient imposé un style de vie au ralenti. Je refusais obstinément de vivre autrement qu'au rythme que je croyais être le seul qui me convenait, parce que j'étais loin de savoir que j'étais à la merci des conséquences du génocide.

Je n'avais jamais jeté un coup d'œil au-delà des montagnes qui se dressaient dans mon champ de vision, pourtant j'avais les moyens qui auraient pu me transformer, et transformer même d'autres gens qui souffraient comme moi. La vérité est que je n'avais pas essayé de profiter des outils qui étaient à ma disposition. Je n'avais jamais pris le temps de m'écouter, ni d'écouter les gens qui m'aimaient. Je ne suis pas sûre si j'étais encore capable d'aimer, moins encore de faire confiance à qui que ce soit.

À la limite je pouvais admirer certaines gens, apprécier éventuellement ce qu'ils pouvaient accomplir, mais je ne savais plus comment aimer. J'étais obnubilée par la force du mal telle qu'elle avait été conçue par les planificateurs du génocide.

Cette force qui a des pouvoir insidieux qui vous empêche de découvrir qu'il y des plaines vertes de l'autre côté de la montagne... Garder prisonnier de leur mauvaise mémoire était dans le plan du génocide contre les Tutsi. Ils voulaient que les rescapés potentiels se meurent à petit feu, ou choisissent de se suicider, parce qu'ils devaient regretter d'être restés en vie.

J'ai vécu avec ce sentiment jusqu'à mon jour de chance où j'ai rencontré ce fameux voyageur. La toile sombre qui me voilait les yeux est restée dans cet avion; c'était elle, ma montagne. Je l'ai déplacée sans peine, sans frais et sans effort et ma vie n'a été plus la même à partir de ce jour, car elle ne se justifiait plus dans mes idées noires. Je me rappelle avoir beaucoup pleuré cette nuit-là; je redevenais moi-même et ma conscience pouvait peser le pour et le contre sans se laisser influencer négativement. Tranquillement je recouvrais mon équilibre et un certain niveau de plénitude, c'était tout ce qui me manquait pour mener une vie normale plus ou moins normale.

Avec ce regain de confiance, j'étais furieuse de me rendre compte de ce que j'avais fait de ma jeunesse, je voulais absolument renverser la tendance de la courbe de ma vie. Je traînais une culpabilité sur ma conscience, comme si c'était moi qui avais fait le génocide alors que je l'avais subi. Les stigmates qu'il m'a laissés saignent encore, mais j'avais enfin compris que le meilleur moyen de rendre hommage à ma famille perdue n'était pas de les pleurer tous les jours, mais de garder la tête hors de l'eau et faire face à l'ennemi au lieu de lui montrer le dos. Quand on montre le dos à l'ennemi, c'est clair, on meurt! Vivre en marge de la société en gardant la tête baissée, ce n'est pas différent de montrer le dos à l'ennemi. C'est ça qu'il faut refuser, et ça commence aujourd'hui!

Avant cette fameuse rencontre, je blâmais toujours les autres alors qu'il n'y avait que moi à blâmer; je suis la seule personne qui a le pouvoir de changer ma vie, les autres ne pourraient que m'assister, il n'y a pas d'autre magie. Chaque fois que je broyais du noir, je regrettais de n'avoir pas été tuée avec les miens; je me disais qu'il aurait été préférable de mourir, que de mener une vie aussi misérable en se posant constamment des questions sans réponse. J'avais tenté, à maintes reprises, de m'enlever la vie; la première fois que j'avais essayé, j'étais encore dans la maison de *monsieur Taritari*, vous le savez déjà. J'avais encore essayé plus tard, plus d'une fois, mais je me suis encore manquée! Était-ce parce que j'ignorais comment on se tue?

Non. Je suis convaincue que c'était mon destin qui décidait pour moi. Après avoir atteint l'objectif pour lequel j'étais revenue au Rwanda, c-à-dire me recueillir à l'endroit où j'avais abandonné ma mère, je devais retourner chez nous en Amérique et oublier l'Afrique pour toujours. C'était ça ma mission et rien d'autres. Coup de théâtre, je n'avais pas trouvé l'indice que j'étais venue chercher à cet endroit, mais je m'étais recueillie, mais soudainement je ne voulais pas retourner en Amérique. Je ne m'attendais pas à cette réaction, mais mon ardent désir de vivre venait de s'envoler.

Tous les mauvais souvenirs de cet endroit se sont rapidement appropriés de mon âme et je n'avais plus envie de vivre. Je me sentais replonger dans le vide, faire une descente vertigineuse vers le néant. Je n'avais pas eu ce sentiment depuis quelques années, mais il revenait et il était intense; c'était comme si je répondais à un appel invisible qui venait de cette rivière que je connaissais bien. J'entendais des voix des gens que je connaissais qui m'appelaient, je voulais irrésistiblement aller vers elles.

Cher Lionel, crois-le ou non, si tu étais arrivé une petite demi-heure plus tard, les choses se seraient passées autrement; l'envie de mourir était redevenue encore plus forte qu'avant, et cette fois-ci je ne me serais pas manquée. Ma présence en ce lieu avait réveillé tous mes vieux démons. Je venais de décider de donner mon corps à cette rivière, et je serais morte noyée car je ne sais toujours pas nager; mais qui sait? Peut-être que ce fleuve m'aurait vomie, la mort m'avait toujours refusée. Ce n'était pas facile pour moi de me retrouver aux bords de ce fleuve, revivre toutes les horreurs qui ont eu lieu à cet endroit. Toutes ces horribles scènes étaient restées collées dans mon cœur et ce souvenir perturbait tous mes plans. Il fallait que je revienne à cet endroit; je m'attendais à tout sauf à une telle rechute émotionnelle.

Après avoir regardé le film, *Au nom de tous les miens*, cela m'avait donné le courage de voir d'autres films de ma collection sur le génocide des Juifs, puis je m'étais concentrée sur ceux du génocide contre les Tutsi. Je me rappellerai toujours cette nuit-là, elle avait été longue et cauchemardesque.

J'avais pris un bon bain, commandé en ligne un bon souper et pris un bon verre de vin, pourtant je n'avais pas l'habitude de boire. Après le film *"Au nom de tous les miens"* qui m'avait tellement bouleversée mais qui m'avait donné aussi le courage d'en savoir plus, j'ai continué avec *"Sometimes in April"*, qui était aussi sur mes rayons. Je ne savais pas à quoi m'attendre avec ce film et je suis tombée de très haut. Je ne sais pas si vous l'avez vu, sinon vous devriez. C'est un film qui vous arrache les tripes, qui vous recouvre de la chair de poule du début à la fin. Pour moi ce film reste le meilleur des films que j'ai vus sur le Rwada; il m'a beaucoup renseignée sur beaucoup de choses que j'ignorais sur le génocide contre les Tutsi. Il a été bien arrangé par monsieur *Raoul Peck,* ce cinéaste francophone d'origine haïtienne.

Il a été interprété par des acteurs de grand talent : *Idriss Elba, Oris Erhuero, Debra Winger et Carole Karemera* d'origine rwandaise. C'est une fiction, évidemment, mais pour moi il reste un des rares témoignage qui soit bien documenté, plus proche de la réalité du génocide des Tutsi, qui retrace les choses telles qu'elles se sont passées entre avril et juillet 1994. Il vous montre clairement le chemin de croix des Tutsi, même de certains Hutu qui avaient décidé de ne pas suivre les anges de la mort. J'avais retenu trois scènes en particulier, des moments qui m'avaient sérieusement troublée : l'une se passe à l'intérieur de l'église Sainte-Famille de Kigali, la capitale du Rwanda, la deuxième dans une école de filles à *Kibuye*, et la troisième au Tribunal Pénal International pour le Rwanda, à Arusha. Avant de le mettre à l'écran, on constate que Raoul avait pris le temps de comprendre le dilemme existentiel de la minorité Tutsi qui était obligée de vivre en marge de la société. Quand on observe attentivement ce qui se passe dans ces scènes, même un étranger arrive à se faire une meilleure idée de l'origine de l'idéologie raciste des Hutu.

Le courage de madame *Karemera* et son refus de baisser les bras, même quand il n'y avait plus d'espoir, dans ces locaux de l'église Sainte-Famille m'avait laissée en pièces détachées. Cette actrice talentueuse a conquis toute mon admiration, c'est grâce à son ardente volonté de vivre que je ne voulais plus lâcher. Je ne sais pas combien de fois j'ai regardé ce film, je ne pouvais pas m'en lasser. Le jour suivant je n'en pouvais plus et j'avais dû envoyer un message à mon employeur pour lui dire que j'étais malade, que je devais prendre quelques jours de congé pour me reposer.

J'ai ensuite débranché tous mes téléphones et regardé tous les films que je possédais, et c'était toute une école. Le seul génocide que je connaissais avant, c'était celui qui m'avait enlevé toute ma famille et le viol dont j'avais été victime chez monsieur X. J'ignorais totalement les raisons qui avaient conduit à une telle cruauté, à l'échelle nationale. Le visionnement de ces films m'avait démontré à quel point je n'étais qu'une femme égoïste qui ne pensait qu'à elle. J'avais toujours cru que j'avais souffert plus que tous les autres pendant ce génocide et je me suis rendue compte qu'il y avait eu d'autres gens qui avaient autant souffert, sinon plus que moi.

J'avais honte de moi, mais *"Sometimes in April"* m'avait redonné du vent dans les voiles et je n'avais pas arrêté de voir tous les autres films que je possédais : *Left to tell; Shooting dogs; Shake hands with the devil; My neighbor my killer; A Sunday in Kigali; 100 days; Beyond the gates; Living together again; In Rwanda we say...; The family does not speak dies*, etc... Je les regardais nuit et jour sans interruption, c'était à devenir fou. J'en avais eu une perspective différente de ce que je croyais savoir, c'était une semaine de prise de conscience et de découvertes. Au lieu de piquer une crise de nerf, il est né en moi une détermination de lutter pour vivre, et non de survivre, pour la gloire des miens.

Je ne voulais plus penser au décrochage, je venais de trouver une porte de sortie de ma crise. Cela m'avait aidée à mieux organiser mon voyage au Rwanda, une étape que je ne pouvais plus ignorer. Je me suis mise à l'œuvre et c'était comme si je préparais mon voyage de noces. J'étais fébrile à l'idée que ce voyage me permettrait de renouer avec mes origines, exorciser mes démons, et mettre un peu plus de lumière dans la suie noire qui enveloppait ma vie depuis plus de vingt-cinq ans.

Je me disais que si une femme comme *Carole Karemera* avait réussi son pari, une femme comme moi qui n'avait pas lâché, qui avait tout essayé pour maximiser ses chances et que sa ténacité avait payé, pourquoi ne suivrais-je pas son exemple? Je l'avais vue franchir des obstacles redoutables qui se dressaient sur son chemin, elle ne les évitait même pas mais fonçait tout droit dedans! Pourquoi je ne me battrais pas avec la même détermination pour franchir les miens, avec tous les moyens que j'avais à ma disposition? En effet, j'avais une chance que beaucoup d'autres rescapés n'avaient jamais eue, car j'avais été prise en charge par de bonnes gens qui ne pensaient qu'à faire mon bonheur, mais je préférais vivre avec mes mauvais choix, en marge de tout!

Ce n'était pas de gaîté de cœur, j'étais malade et je l'ignorais. Quand on est malade, généralement on va voir son médecin quand on en a; mais il reste que le meilleur médecin pour vous, c'est vous-même d'abord, les autres posent parfois et même souvent de mauvais diagnostics avant de traiter votre mal. C'est en regardant ces films que j'avais découvert que quelque-chose ne tournait pas rond dans ma tête; en réalité j'étais dans la peau de quelqu'un d'autre et non la mienne. La résilience des autres m'ont fait réfléchir et j'avais découvert des pouvoirs qui dormaient en moi, que je n'avais jamais essayé d'exploiter. Ne pas profiter des opportunités qui étaient à ma disposition était un mauvais choix qui avait des conséquences dramatiques sur mon avenir, c'était regrettable. J'étais une fille gâtée avec des parents attentionnés qui assuraient tous mes besoins, y compris mes caprices, mais je continuais à me lamenter!

Ma conclusion avait été peut-être très sévère contre moi-même, mais je me trouvais ingrate de ne vivre que pour moi! J'avais une bonne carrière et une santé physique de fer, malheureusement la santé n'est pas que physique, mais on peut vivre avec quand on sait où on va. Cette semaine d'absence au travail a été très utile pour moi, elle m'avait permis de faire une introspection pour arrondir mes horizons. Mes nouveaux parents m'avaient ouvert toutes les portes sur l'avenir, mais je n'étais entrée dans aucune d'elles. Je déclinais coup sur coup toutes les opportunités, que même mes parents biologiques n'auraient pas été capables de me donner. J'étais allée jusqu'à refuser une demande en mariage très convoitée, ce qui avait choqué tout mon entourage, mes parents en particulier. Est-ce que je comprenais ce que je faisais réellement?

Je pense que non; c'est ce que je croyais mais j'avais tort de vivre comme une ratée alors que j'avais les moyens de mener une vie de princesse. J'étais soumise à une force invisible qui me disait que je n'existais plus, que je n'étais qu'une illusion, que mon corps n'avait jamais quitté la maison de monsieur Taritari, que je serais toujours la femme de cet individu jusqu'à la fin des temps, pourtant il était mort. Après cette nuit-là j'étais une nouvelle créature. J'avais compris qu'il était temps que je réapprenne à vivre en commençant par être reconnaitre la bonté de ma famille d'accueil.

Je me suis rappelé les mots de *Martin Luter King* qui avait dit : *si tu ne peux pas voler, cours; si tu ne peux pas courir, marche; si tu ne peux marcher, rampe, pourvu que tu avances et refuses qu'on t'enlève ta dignité!* Fin de citation. Cette famille et toutes mes amies ne demandaient qu'à me laisser aimer, mais je ne leur donnais pas cette occasion alors que c'était entièrement dans mon intérêt. Quand, enfin, j'avais pu raisonner normalement, j'ai regretté tout le temps perdu dans des sottises égocentriques et juré de le rattraper en me comportant différemment. C'est à ce moment-là que j'avais réussi à prendre une décision ferme de retourner au Rwanda sans délai, et de ne plus faire annuler mon billet de voyage sans raison : il fallait à tout prix que je revienne me recueillir au lieu où ma famille avait péri. J'avais commencé à réfléchir à fonder une famille éventuellement et faire des enfants. Pour la première fois je voyais le danger de vivre seule. Je voulais reconstituer l'arbre généalogique de ma famille car j'étais la seule qui avait survécu, je me disais que c'était pour cela que Dieu avait épargné ma vie.

C'était bien beau tout ça, mais il y avait un gros défi à relever avant d'arriver à fonder une famille. Comment peut-on se marier et faire des enfants quand on se sent incapable d'aimer un homme? Après un temps de réflexion objective, j'avais eu quelques débuts de réponse aux nombreuses questions que je me posais, qui étaient de vraies épines dans mes pieds. On dit la meilleure façon de corriger ses erreurs, c'est d'abord de les reconnaître.

J'avais tout ce qu'il faut pour mener une vie de princesses mais j'avais une vie misérable. Je faisais même semblant d'avoir un amour réciproque pour mes parents adoptifs alors que je ne sentais rien à leur endroit. C'était malsain, mon comportement laissait à désirer mais ce n'était pas ma faute. Mes amies étaient parfois subjuguées par mon attitude mais elles avouaient, à mon grand étonnement, qu'elles me comprenaient. Moi je savais que je ne pouvais plus aimer.

Ce soir-là je tenais à enlever cette barrière sur mon chemin. Mes parents et mes amies étaient si heureux de me voir briser la glace et aller vers eux, c'est ainsi que ma résurrection avait commencé. Ils avaient patiemment attendu ce moment sans savoir à quel moment il viendrait. Quand elles m'ont dit qu'elles me comprenaient quand même et qu'ils me pardonnaient, ce fut le plus grand cadeau que je pouvais recevoir de ces gens! Je n'avais jamais ressenti un tel soulagement depuis l'époque du génocide. C'est extraordinaire ce que les gens de différentes origines ont fait dans ma vie, depuis l'Afrique jusqu'aux USA. Les parents adoptifs en font beaucoup quand ils en ont la volonté et les moyens, mais rares sont les bénéficiaires qui leur en soient reconnaissants, et c'est vraiment dommage.

Voilà, c'est ça le portrait plus ou moins proche de ce qu'aura été ma vie depuis 1994; je me sens bien maintenant de l'avoir tracé pour vous. Vous voyez combien le Bon Dieu a été généreux avec moi depuis la précipitation de mes parents dans la mort.

Ils sont disparus de ma vie très tôt et leur absence a laissé trop de vide et de défis sur ma route, mais je suis encore là. J'étais trop jeune pour me frayer un chemin toute seule, mais Dieu a remplacé ma famille biologique par de bonnes gens qui ont su me guider, me prendre par la main et me montrer le chemin. On est plus attentif et plus sensible à ce que fait l'ennemi dans notre vie, mais peu d'attention aux gens qui nous font du bien. Le diable est toujours dans notre oreille pour nous distraire, nous détourner de la grâce divine, c'est pour cela que rares sont ceux ou celles qui s'accrochent à ce qu'il y a de plus précieux dans tout être humain, l'amour du prochain!

On s'attache très solidement au présent alors que ce n'est pas lui qui a de la valeur. Je dis ceci en connaissance de cause mais si vous voulez plus de preuves, allez poser la question aux gens de différents âges et catégories : demandez-leur ce qu'ils feraient si on leur donnait la garantie qu'ils vivraient dix mille ans, en bonne santé. Ils seraient émerveillés d'avoir l'assurance d'une telle longévité et s'attacheraient davantage au présent; ils soigneraient leur apparence et oublieraient rapidement que même dix mille ans d'une vie garantie auraient une fin. Notre vie est une suite de bons et mauvais moments, mais elle est limitée dans le temps quelle que serait sa longueur, qu'on appelle la longévité. Ce n'est pas peu, dix mille ans, mais c'est infiniment petit par rapport à la notion du temps.

N'y-a-t-il pas déjà eu plusieurs centaines de portions de dix mille ans avant nous? Des générations anciennes, des gens ordinaires, des gens célèbres, des rois et des Pharaons, des voleurs et des vagabonds, des mercenaires et des génocidaires il y a plus de dix mille ans? Où sont-ils aujourd'hui?

«*Présent*" signifie, en anglais, comme en français, "*cadeau*". Dans la nature de l'homme, on s'attache au présent, en tout ou en partie, parce qu'on aime les cadeaux. Je vous donnerais un exemple atypique que je connais, qui se passe chaque année en Amérique du Nord pendant la période des fêtes de Noël et du Nouvel An. Selon la tradition nord-américaine surdimensionnée, les gens échangent démesurément des présents; ils dépensent des milliards de dollars en l'espace de quelques jours du mois de décembre, en achats de gâteries, de nouveaux habits, de voyage et de cadeaux d'amis qu'ils échangent pour vivre pleinement cette euphorie temporaire de Noël.

Beaucoup de familles ne se rencontrent qu'à Noël, même celles qui habitent dans une même province, ou même ville. Cette période est sacrée pour les Canadiens en particulier. Ils se retrouvent en famille juste le temps d'échanger des présents et plus rien ne se passe jusqu'à la prochaine Noël. Voici ce que j'ai observé, qui m'avait vraiment surpris : certaines personnes âgées reçoivent des présents tellement bien emballés de ceux et celles qu'ils aiment mais ne les ouvrent pas. Ce n'est pas la valeur des biens matériels emballés dans ces paquets qui les intéressent, mais l'amour et la passion avec lesquels ces paquets ont été emballés.

Ils aiment mieux ne pas les défaire et les gardent tel qu'ils sont, sans les ouvrir, pour les regarder plus longtemps à défaut de regarder leurs enfants ou amis. C'est pour ça qu'ils s'intéressent peu à leur contenu et les gardent parfois jusqu'à la Noël suivante! J'exagère, diriez-vous! *Peut-être un peu,* mais je vous dis que c'est très troublant ce qui se passe pendant cette période, surtout pour les personnes du troisième âge qui doivent attendre 365 jours, seules dans leur chambrette d'asile où on les cache pour mourir comme les fameux *oiseaux de Colleen McCullough qui se cachent pour mourir.* Ces aînés souffrent, pour la plupart, de la maladie d'Alzheimer justement pour tout oublier, jusqu'à ne plus savoir qu'ils ont jamais eu une vie, qu'ils ont eu des enfants.

Est-ce mieux que ces patriarches oublient tout, jusqu'aux noms de leurs enfants, leur femme, leur mari et tout ce qu'ils ont aimé dans la vie? J'ignore si c'est mieux, mais je sais qu'ils souffriraient encore plus s'ils étaient conscients de ce qui leur arrive, eux qui ont tout bâti pour nous, mais qu'on ne leur accorde plus que trente petites minutes de notre temps, une fois par an! Tout quitter sans regarder en arrière tout en étant encore là, sans vraiment être là, change quelque-chose pour ces gens? Voilà ce que nous faisons de notre vie. Cela ne veut pas dire que leur famille les aime moins, c'est la conséquence inévitable de la vie, *dite moderne*, que la civilisation Occidentale nous impose. On n'a plus le temps, ni pour soi ni pour personne.

Nous nous attachons tellement au présent sans penser à demain ni même regarder attentivement ce qui s'est passé hier, ni même prendre un petit moment pour nous remettre en question. On ne déchire pas l'emballage qui nous cache la vraie personne qui est en nous pour découvrir qui nous sommes, et ce que nous valons. J'ignore comment vous avez dirigé la vôtre, ça ne m'intéresse même pas de le savoir, mais comme ces vieillards qui sont dans ces couloirs de la mort qu'on appelle communément *nursing-homes*, ces gens vivent des miettes de la terre qu'ils ont défrichée, ils sont à la merci des employés payés au salaire minimum, peu enthousiastes à faire leur travail comme il faut. Pourquoi ouvriraient-ils ces cadeaux, quand ce qu'ils veulent est tout simplement un peu d'attention de ceux et celles qu'ils ont aimés, eux qui ne savent même plus ce que ça veut dire «*aimer*»!

Comme eux, je n'avais pas ouvert mon présent jusqu'au jour où j'avais rencontré le fameux Burkinabais dans cet avion, on s'en souvient...! Je n'avais jamais encore rencontré la jumelle qui vivait en moi; j'ai vécu à côté de moi-même pendant très longtemps. N'eût été le choc provoqué par la peur irrationnelle de ce voyageur inoffensif, je marcherais encore à ce jour à côté de ma vie. Il était temps que j'ouvre mon présent. La plupart des rescapés du génocide contre les Tutsi font comme je faisais. Peu sont ceux et celles qui ont ouvert leur paquet pour découvrir leur présent! Ils vivent comme si le génocide était encore en cours, au rythme des lois criminelles des génocidaires.

Ils n'osent pas lever les yeux sur la montagne qui voile leur horizon, mais il est temps qu'ils cessent de s'accrocher à la mauvaise mémoire et regarder la vie passer; c'était exactement ce que voulait l'ennemi des Tutsi. Est-ce si difficile?

Oui, c'est même très difficile, mais si on avait toujours peur de tout ce qui est difficile on n'accomplirait rien dans la vie, car tout est difficile. Ma semaine de congé a été intense et riche en émotions contradictoires mais m'avait beaucoup aidée à changer, de la voie lente à la voie rapide. Aujourd'hui je suis déterminée à rester dans cette voie rapide et maintenir la vitesse du trafic routier, sinon je me rangerai sur le bas-côté et regarderais les autres routiers continuer le chemin sans moi. Quand on roule toujours dans la même voie et à la même vitesse, on gène la circulation et ennuie les autres routiers, puis on n'est jamais sûr d'arriver à destination à temps.

Tout ce qu'on peut faire, c'est de blâmer ou se plaindre de ceux qui roulent plus vite. Mon comportement post-génocidaire était comparable à ceux-là, je passais tout mon temps à blâmer et à me plaindre. Nous avons des besoins qui varient d'un individu à un autre, mais ils ont toujours des points communs.

Il n'existe pas de mots justes pour définir le génocide, seuls ceux et celles qui l'ont survécu lui trouveraient un nom, s'ils arrivaient à parler. Les professionnels de recherches scientifiques, les curieux, les politiciens, les experts de droits et libertés, personne de ceux-là ne peut prétendre nous donner une définition plus juste et complète de génocide, que celle qu'en donnent ceux et celles qui ont été là, qui en ont été la cible. Ne me prenez pas au mot, je n'essaye pas de dénigrer le Juif-Polonais que nous connaissons tous, le juriste *Raphaël Lemkin*, cet avocat qui a donné, avant tout le monde, la définition de génocide. Il l'avait défini comme il l'entendait à son époque, mais elle ne répond pas à mes attentes. Je ne minimise pas son travail, *qui suis-je pour le faire*, mais je pourrais dire que sa définition est incomplète, car elle ne me dit pas pourquoi tous les miens ont été décimés.

Chaque fois que j'essaye d'aller au-delà de cette définition pour

Rwanda 1994 : Les angoisses d'Adelaïde

trouver la pièce manquante. Personnellement je trouve que le génocide est un monstre à plusieurs têtes, un trou sans fond qui avale les enfants comme les vieillards, un volcan qui gronde et crache une coulée de lave bouillante, un démon transfiguré en miliciens hutu qui se promène avec une machette qui suinte de sang. L'ai-je mieux défini que *Me Lemkin*? Certainement pas. Cela n'a même rien à voir, mais au moins ma définition fait peur, très peur... Il faut vraiment avoir peur du génocide quand on l'a vécu, car là on sait de quoi on parle.

Le génocide contre les Tutsi avait des particularités qui lui sont propres et uniques, qui montrent le côté subtile et imprévisible de ce monstre, que *Me Lemkin* ne pouvait prévoir en 1943. Je ne voudrais pas m'attarder sur le vaste complot néocolonial qui a planté cette mauvaise graine de la haine dans la tête des politiciens hutu rwandais, je mettrai plutôt l'emphase sur un angle qu'on oublie souvent de parler. Tous les génocides sont mauvais et condamnables, mais la nature de celui-ci est unique et n'est comparable à aucun autre de ceux qui ont eu lieu avant lui : *il n'y a pas eu de force destructrice extérieure qui soit venue tuer les Tutsi; ils ont été ravagés par leurs frères Hutu.*

Comment comprendre qu'un bon matin, votre voisin, votre frère quasiment se lève, prenne une machette et commence à tuer vos enfants et violer votre femme? Pas un cas isolé, pas deux, pas mille, mais tout le pays, commençant à la même date et la même heure, parce que les leaders de ce pays avaient donné l'ordre de commencer le travail? La cohabitation des Tutsi et des Hutu avait traversé des siècles en harmonie, comme ailleurs, jusqu'à ce qu'arrive un colon au début du vingtième siècle, déguisés en porteurs l'évangile de Jésus. Ce peuple ne s'était même jamais posé de questions sur leurs origines, pour eux le Rwanda était leur monde. Ils ont tout partagé même s'ils n'avaient pas grand-chose pendant plus des millénaires, jusqu'à l'introduction du baptême qui a été le point d'encrage des divisions *tribales* sur nos colline. L'hypocrisie complice de l'église et de la tutelle belge avait commencé par nous dénaturer en nous enlevant notre nom pour le remplacer par un nom d'emprunt, celui de leurs ancêtres défunts, sous prétexte que le nôtre était païen.

Ils ont commencé par nous donner des nouveaux noms : des Jean-Jacques, des Joseph, Bernadette, Anne-Marie, Arthemon, etc… et la flamme était dans le foin. L'étape suivante a été de nous forger une carte d'identité basée sur des données fausses, tout ça avec l'intention de nuire. Ce fut cet endoctrinement qui a fait avancer le profilage ethnique et conduit ce peuple à l'enfer de 1994, eux qui étaient venus pour nous montrer le chemin qui mène au ciel ont poussé trois-quarts de notre peuple aux enfers. *Oui, la place de ceux qui commettent le génocide ne peut être que l'enfer.*

Ce n'était pas compliqué dans ce pays en friche, où 100% de ce peuple était analphabète, un peuple docile qui répondait présent au petit doigt de l'homme en soutane, cet homme qui le terrifiait parce qu'il ne lui ressemblait pas. Près de la totalité des Rwandais avaient suivi ces aventuriers sans savoir dans quel piège ils venaient de tomber. Une petite poignée d'individus mal intentionnés avaient réussi à rouler tout le monde dans la même farine, même ceux qui voyaient venir le danger avaient fermé les yeux pour avoir la paix, jusqu'à ce que la catastrophe s'abatte sur nos têtes. Ils ont suivi aveuglément leurs enseignements peu catholiques, obscurs et même perfides à bien des égards, ce qui avait permis aux intrus de prêcher la manigance et faire avancer leur vraie mission. L'évangile était un bon prétexte, mais ce n'était pas pour l'évangile du Christ qu'ils étaient venus; ils étaient là pour leurs intérêts. Ils ont ainsi réussi à nous faire renier nos valeurs intrinsèques afin de nous réduire à servitude au nom du nouveau monde douteux pour lequel ils prêchaient.

Qu'est-ce qu'ils ont été dupes, nos ancêtres! Pourquoi les avaient-ils crus? C'est probablement une question bête que je pose, car je sais qu'ils ne pouvaient pas leur résister. Maintenant qu'ils nous ont appris à lire et à écrire, la seule bonne chose qu'ils nous ont laissée, *quand même,* c'est qu'on peut oser leur dire nos quatre vérités maintenant, même si c'est trop tard.

On sait désormais comment ça se passait dans leur propre pays, que ce soit en France des rois, en Chine des Empereurs, dans la Russie des Tsars, la Belgique des monarques ou l'Angleterre de la reine éternelle... Ils nous ont fait haïr notre roi alors qu'ils avaient le leur, et ignominieusement abusé la confiance de ce pauvre peuple confus, qu'ils manipulaient à leur guise avec des mensonges. Ils nous ont enseigné des dogmes de la vie éternelle, dont le plus grossier était de dire tous les soirs : *«heureux les pauvres, car le royaume des cieux leur appartient».*

Je me demande où était passé la sagesse légendaire des patriarches Rwandais, même s'ils n'étaient pas assez philosophes pour comprendre ces détours. Le goût du sucre et du sel qu'on leur distribuait en échange du baptême nous fait comprendre la longueur de la couleuvre qu'on leur enfonçait dans la gorge. Ils pouvaient tout gober sans réfléchir en autant qu'on leur en donne plus de ces nouveaux produits industriels et de la bière embouteillée. L'époque des turbulences politico-sociales a été très longue, tant de signes avant-coureurs avaient sonné l'alarme mais personne n'avait voulu les entendre cette sonnerie; seul le roi *Yuhi-V, Musinga* l'avait vu venir, tous les autres regardaient ailleurs *(inda yari yasumbye indagu – on ne pensait plus qu'à son ventre)!*

La notion du sacrifice pour l'amour de la patrie était morte et enterrée, parce que le colon en avait fait un péché mortel selon les lois de l'Église. Personne ne voulait voir la malédiction qui se préparait à l'horizon que ces patrons indignes obscurcissaient chaque jour. Le roi Yuhi avait essayé de dénoncer cette intrusion, il avait même prévenu ses chefs, mais la machine du mal était trop puissante pour lui tout seul.

Aujourd'hui on connaît les grands coupables même s'ils continuent à le nier, mais ils ne pourront pas nier, *ad vitam aeternam* car les faits sont têtus! L'église et l'administration coloniale nous ont trahis, de même que les dirigeants locaux qui ont manqué à leur devoir d'écouter et protéger le roi et son peuple de l'intoxe nocive venue de l'étranger. Je reste convaincue que les hommes *(abagabo)* de ce temps-là étaient capables de mettre des balises nécessaires pour limiter les dégâts, mais ils n'avaient pas voulu écouter leur roi, préférant obéir au roi des Belges qu'ils n'avaient même jamais vu. Ils auraient pu extirper l'ivraie de leur champ avant que toute la plantation ne soit contaminée, ils savaient que *qui sème la haine récolte la mort!* Ils ont vue pousser cette ivraie *(ibisambo - gourmands),* et l'ont laissée grandir à côté des bons plants alors qu'ils savaient que l'ivraie grandit toujours plus vite, plus haut et plus large.

Elle a donc pris rapidement tout l'espace et étouffé toute la récolte, cela ne pouvait pas se passer autrement, c'est ça qui a causé la désolation à notre peuple. On avait laissé le champ libre à l'ennemi qui a eu tout le temps de multiplier ses pièges, et les gens tombaient dedans comme du petit gibier. Même aujourd'hui ces faiseurs de malheur ne se tiennent jamais loin. Ils nous regardent ramasser la crotte qu'ils ont semée sur nos terres et rient de nous, et même avec ça, leurs lobbyistes sont actifs dans les coulisses et tendent d'autres pièges. On voit beaucoup de gouvernements africains difonctionnels, parce qu'ils sont sous des influences négatives, et rares sont les Chefs d'États de cette région du monde qui vivent vieux quand ils ont essayé de résister à ces corrupteurs.

Le génocide visait exclusivement le Tutsi même s'il a fauché un certain nombre de Hutu au passage, plus particulièrement ceux ou celles qui refusaient de s'associer à ce crime d'État. Ils ne pouvaient pas être épargnés, mais ceci n'est une raison de sortir les pour dire qu'il y a eu un double-génocide comme en entend depuis quelque temps cette amalgame qui n'est fondé sur aucun fait, je le dis sans a priori. Un certain nombre de Hutu ont été tués, personne ne peut le nier, mais aucun d'eux n'a été tué parce qu'il né hutu. Aucun. Le Rwandais d'aujourd'hui n'a plus rien en commun avec celui d'hier, il a appris désormais à faire la part des choses malgré les influences négatives dont on parlait tout à l'heure. Des Hutu intègres qui ont refusé de troquer leur intégrité, on les a vus, ce serait ingrat de ne pas les reconnaître, le gouvernement dirigé par le FPR en a fait des héros de la nation, et ils le méritent sincèrement.

Ils ont reçu des médailles d'honneur, de leur vivant ou à titre posthume, ça fait du bien dans les deux cas à leur famille. S'ils ont été victimes de leur courage d'avoir refusé de participer à cette folie collective meurtrière, on ne peut pas comparer leur mort à celle des Tutsi qui étaient traqués, juste pour ce qu'ils sont. Mais alors, comment ont-ils fait pour se distancer de cette folie, faire cavalier seul à côté de leurs frères devenus tueurs, aller volontairement vers la mort en protégeant ceux qui étaient pourchassés, quitte à mourir avec eux? Un début de réponse se trouve dans notre culture. Même si la folie génocidaire a fait d'énormes dégâts dans notre société, le mur de la haine que le colon avait bâti entre le Hutu et le Tutsi était quand même mince.

Les relations fraternelles entre Rwandais avaient pris de bonnes racines dans certaines régions du pays, c'est pour cela d'ailleurs que le génocide n'a pas été uniforme dans toutes les régions du pays malgré les politiques racistes qui étaient en vigueur depuis près de soixante-quinze ans. Mais que reste-t-il de ces groupes ethniques que l'église et ses suppôts avaient artificiellement créés à partir des critères aussi invraisemblables que la taille des individus, la forme de leur nez, en passant par le nombre de vaches qu'ils pouvaient posséder, selon le premier recensement démographique douteux qu'ils ont mené dans le premier quart du vingtième siècle.

Mais quel mépris de leur propre science, de définir les gens sur de telles bases? L'Église catholique qui enseigne la valeur du pardon s'esquive par tous les moyens, elle refuse de présenter ses excuses, mais elles se trompe, elle finira reconnaître et payer pour les torts qu'elle a causés à notre peuple, peu importe le temps qui va passer. Main dans la main avec l'administration coloniale, l'église de Rome a déchiré notre société, en lui faisant renier sa culture et ses croyances, c'est surtout ça qui a ouvert la brèche à tout le mal qui nous est arrivé. La préparation du génocide contre les Tutsi a été une très longue préparation, depuis leur intrusion et ils le savent. Les missionnaires ont piétiné nos valeurs avec leurs gros sabots au lieu de continuer dans le chemin du bon sens, car ils disaient, eux-mêmes à leur arrivée, que la vie et l'organisation de la société Rwandaise les avaient agréablement surpris. Ils savaient que la notion de l'ethnie rwandaise était une bombe à retardement, à court ou moyen terme. Quand le jet du président Habyarimana s'est écrasé dans sa propre court, *une énigme en soi,* les chefs génocidaires imputables de son assassinat en ont profité pour brouiller les pistes en accusant le FPR, car il leur fallait un bouc-émissaire pour ce crime, alors que c'était un signal du déclenchement de l'apocalypse annoncé.

On savait tous que ce président était fatigué, tiraillé d'un côté par la rage de la guerre et menacé de l'autre par sa femme et ses puissants beaux-frères corrompus qui convoitaient son trône. Je ne dis pas que ce président était bon, *même pas proche,* mais je peux affirmer qu'il était le moins mauvais par rapport à ses « *beaux-frères et cousins* », tous originaires du nord. Il avait le soutien inconditionnel du président français, François Mitterrand, une illusion d'amitié indéfectible qui avait précipité notre pays dans les profondeurs de l'horreur. Le Président Habyarimana ne jouait plus son rôle de chef d'État depuis longtemps, tout le monde le savait; son autorité avait glissé dans les mains de son entourage direct qui semait la terreur. Quand il a unilatéralement signé les *Accords de paix d'Arusha* avec les rebelles du FPR, ce que ne voulaient pas ses détracteurs, il savait qu'il n'avait aucune chance de survivre à ce geste.

Il y avait dans son sillage, des apôtres du mal comme le colonel *Théoneste Bagosora, Félicien Kabuga, Ndahimana* et beaucoup d'autres qui œuvraient activement autour du même objectif : *l'organisation de l'apocalypse, réussir le génocide le plus rapide et le plus cruel de tous les temps!* Comme dans toute entreprise, ils s'étaient départagé les tâches selon leur expérience et leur capacité, les uns dans le domaine de la logistique des massacres, dans la manipulation des foules qui revenait à *Léon Mugesera*, des rédacteurs de communiqués incendiaires, à *Ngeze Hassan dans le Journal Kangura*, des démographes improvisés qui avaient produit et distribué des listes de Tutsi et leurs adresses, à l'argentier Kabuga, rien n'avait été laissé au hasard! Connaissant ça se fait, aujourd'hui, que le monde puisse permettre à ces gens de prétendre que le génocide des Tutsi a été un acte spontané à la suite du crash de l'avion présidentiel? Toutes les raisons qu'ils avancent n'ont aucun sens, *c'est du déjà-vu* et ils n'ont aucun alibi.

Ce génocide avait été planifié depuis la nuit des temps, ce n'était pas un cataclysme naturel ni un acte de guerre mais un génocide dans le vrai sens du terme. Ces cruautés étaient attendues depuis l'assassinat du *Roi Mutara,* en 1959. Personne n'ignorait que l'extermination des Tutsi aurait lieu, on se demandait seulement quand elle aurait lieu. Ils avaient concocté des stratagèmes pour fausser les pistes, creusé des fausses communes capables d'engloutir des milliers de Tutsi en un tour de main, dans la nuit du six avril 1994, plus rien ne pouvait arrêter cette machine de la mort. Le génocide ne visait pas seulement les Tutsi vivants, mais aussi des générations à venir.

Sinon, dites-moi pourquoi ils détruiraient systématiquement les femmes enceintes et le fœtus qu'elles portaient, si le génocide était une affaire politique? On parle rarement de cet angle de leur cruauté, pourtant le sadisme de détruire même le fœtus était inscrit à leur agenda. Pourquoi pensez-vous qu'ils descendaient aussi bas, jusqu'à haïr quelqu'un qui n'était même pas encore né?

Le seul but de leur plan était d'empêcher la femme Tutsi de procréer; ils devaient détruire la femme *(la mère - nyina w'abantu)*; ils avaient vulgarisé le viol sexuel collectif précisément dans ce but. Ils avaient même recensé les jeunes hutu malades du virus du Sida, à qui on avait assigné ce maudit rôle violer les femmes Tutsi pour les contaminer. C'était si peu demander à ces désespérés... L'extermination du vieillard au nouveau-né visait à rayer le Tutsi de la face de la terre, *comme les dinosaures, il y a 65 millions d'années!* Pour les femmes tutsi qui avaient eu le malheur d'épouser des Hutu, *et elles étaient nombreuses,* elles ont souffert un double drame. Souvent elles acceptaient ces mariages pour se sortir de la misère, surtout qu'elles étaient convoitées pour leur beauté légendaire, mais elles pensaient aussi qu'elles protégeraient ainsi leur famille à travers lien social, qui fonctionnait parfois.

Leur frères et sœurs pouvaient aller à l'école, et même continuer à l'université... Quand le génocide avait commencé, ces pauvres femmes avaient suivi leur mari en cavale, par amour ou par peur, mais elles ont été systématiquement rejetées ou décapitées dans des camps de réfugiés par leurs propres conjoints. Toutes les raisons étaient bonnes pour les humilier avant de les tuer, les accusant, d'avoir mis au monde des bâtards qui entachaient la pureté de la race. C'était ça qui se faisait à l'époque de l'idéologie nazie qui faisait massacrer les Juifs, les Noirs et les Tziganes pour préserver la pureté de la race aryenne, disaient-ils! Si, par malheur, ces hommes apprenaient que leur beau-frère ou belle-sœur avait rejoint les rangs de la rébellion patriotique, la mort était immédiate, accusé de trahison.

Quand les rebelles sont entrés triomphalement dans la capitale du pays, la quasi-totalité des hutu, génocidaires ou pas, avaient pris la fuite par peur de représailles et s'étaient massivement installés à l'est du Zaïre. Dans leur petit monde, les Hutu n'avaient jamais pensé qu'ils pouvaient, un jour, devenir aussi des réfugiés, du jour au lendemain. Ceci aurait-il été une bonne chose s'ils étaient partis sans laisser autant de dégâts derrière, car ils auraient compris ce que ça signifie de vivre, apatride, au gré de tous les vents. Les Tutsi, eux, avaient vécu plus de trente-cinq ans sous le statut de réfugié ou de demandeur d'asile, de pays en pays, sans jamais prendre de racines nulle part; il était temps que ces Hutu apprennent comment on arrive à survivre avec rien, de toujours tout recommencer à zéro, eux qui étaient habitués à tout avoir sur des plateaux d'argent. Il n'y avait pas au Rwanda un seul Hutu qui pouvait s'attendre à un tel revirement de situation.

Qui aurait pu penser au plan B, si même les planificateurs de génocide étaient confiants d'arriver à faire un crime parfait? Perdre la guerre au bout du canon des rebelles tutsi n'avait pas traversé leur esprit. Tout bêtement ils ignoraient que ces jeunes gens qui se battaient pieds nus étaient déterminés à aller jusqu'au bout du bout, ils n'avaient pas grand-chose à perdre mais tout à gagner; aucune armée ne pouvait se mettre au travers de leur chemin, et ça, ces Hutu gourmands l'ignoraient. Prises de court par leur détermination et leur savoir-faire guerrier, ces masses de populations ont plié bagages en une nuit et pris le chemin de l'exil. C

'était malheureux à voir, mais c'était leur tour de goûter à cette expérience; ils ont échoué le test, en quelques jours. Ils ne savaient pas comment on fait quand on devient réfugié. Les chefs de guerre imbus de leur arrogance et ivres de pouvoir avaient oublié une chose essentielle, qu'il n'y a rien de plus facile que de tuer, mais que les conséquences sont toujours impitoyables, c'est une réalité aussi vieille que le monde. Les empires s'effondrent et les dictateurs tombent dans l'oubli les uns après les autres depuis l'antiquité, mais on n'apprend pas la leçon.

Il y a eu : *Néron de l'empire Romain et ses fantasmes, il n'est plus là; Hitler et le nazisme qui a fait six millions de morts parmi les Juifs et 60 millions d'autres victimes qui a connu une fin inattendue suite à sa folie; Augusto Pinochet du Chili; Saddam Hussein qui disait que Dieu a eu tort de créer les Perses, les Juifs et les mouches; Gnassingbé Eyadéma du Togo, le célèbre ami de la France-Afrique qui régna en maître incontesté pendant 38 ans; Mobutu Sese-Seko du Congo qui avait rebaptisé son pays (devenu le Zaïre) et, dit-on, enrôla de force plus de 2000 étudiants universitaires dans l'armée pour qu'ils apprennent à lui obéir et fermer leur grande gueule, et j'en passe...*

Est-ce que les aspirants au pouvoir du *Parti Parmehutu* du Rwanda ignoraient tout ça? Pendant qu'ils planifiaient le génocide des Tutsi, ils auraient dû prévoir un plan B pour ces pauvres populations qui les suivaient comme des moutons de Panurge. Ils auraient dû les préparer à l'éventualité d'une misère, après une défaite possible des FAR. Ils n'ont pas su comment affronter des nouveaux fléaux de maladies dangereuses comme le choléra qui les a tués massivement à l'Est du Zaïre. Hélas, tout cela est arrivé, on peut espérer qu'ils ont compris tout le mal qu'ils avaient imposé aux Tutsi pendant plusieurs dizaines d'années, qu'ils en ont profité pour méditer les mots de *Philippe Barthorotte*, qui leur éviteraient de refaire les mêmes bêtises, je cite :

Une société qui interdit à outrance de protéger chacun contre soi est une société qui n'a pas une grande idée de l'homme et qui, tôt ou tard, se demandera s'il ne faut pas penser à sa place! Ce grand penseur dit aussi : *il y a deux sortes d'hommes : on n'en connaît qui habitent leur chrysalide et ceux qui la brisent pour se faire papillons* .

On peut penser, depuis un certain temps, que certains Hutu auraient commencé à comprendre ce que signifient exactement les mots de ce penseur. En effet, on les voit quitter leur pays d'asile et rentrer librement au pays avec leur famille sans craindre pour ce qu'ils ont fait en 1994. Ils rentrent quand même parce qu'ils n'en peuvent plus d'avoir faim et froid, à l'extérieur, vivre dans la crotte et l'anxiété, courir le monde sans but et sans destination; ils ont la hantise d'être recherchés, de tomber malades, d'être méprisés. Hélas, ils peuvent s'estimer heureux d'avoir eu cette option de retour volontaire dans leur pays qui les attend les bras ouverts, même les combattants qui déposent les armes sont acceptés en dépit de ce qu'ils ont fait avant de se retrouver à la galère!

L'absolution est totale sur leur passé, ils le savent et en profitent de façon abusive, mais c'est mieux ainsi. Peut-on espérer qu'ils ont compris que ça suffit maintenant, qu'ils feront désormais attention à ne plus laisser personne penser à leur place, comme le dit si bien *Barthorotte*, qu'ils ne tenteront plus jamais de lever une machette sur le cou de leur frère Tutsi? On a le droit d'espérer qu'avec le temps, nos concitoyens arriveront à ne pas laisser les autres penser pour eux. On les a positionnés sur une bonne piste, rien ne les empêche de décoller.

Il faut qu'ils commencent par refuser l'oreille à ces détracteurs qui n'aiment l'Afrique que quand elle est en conflit fratricide, c'est ce qui fait leur affaire, notre misère mais leur poule aux œufs d'or!

La gloire? Les honneurs? La richesse? De gros muscles ou tout ça dans une même valise, rien n'équivaut à la liberté de penser, d'arriver à une vie pleine et complète dont le seul et unique prérequis est la joie de vivre. Quand cette joie vient à manquer, on passe à côté de sa vie et pas à peu près...! Ceux qui ont tué les Tutsi depuis les années 60 jusqu'à la solution finale de 1994 l'ont fait avec entrain et enthousiasme, mais où sont passés aujourd'hui tous ces individus qui croyaient être le nombril de la terre? Ils courent le monde, eux qui faisaient la loi et la terreur, maintenant ils ont peur; ils marchent la tête baissée entre les montagnes de cette planète, celles-ci se resserrent comme un étau autour d'eux, ce monde devient de plus en plus trop petit pour les cacher.

Ont-ils la joie de vivre? Ils mentiraient s'ils répondaient oui...! On ne peut pas être bien dans sa peau quand on vit en cavale, quand on doit fuir le regard de Dieu et des hommes, plus dangereusement encore quand on fuit devant sa propre conscience car ils en ont une malgré les apparences. Ils avaient bien planifié ce crime et son impact, mais ils avaient sous-estimé les conséquences du mal, c'est pour ça qu'ils payent et payeront encore longtemps un prix lourd, le mal qu'ils ont fait est irréversible. Les mauvais politiciens Hutu ont forcé le petit paysan à prendre la machette et tuer l'ennemi du Rwanda, le Tutsi, car ils ne pouvaient les convaincre autrement. C'est ça qui arrive quand on est berger de moutons, ils apprennent à obéir au petit doigt à leur maître. Tu te lèves, ils se lèvent aussi, tu te mets en marche, ils te suivent, tu te jettes à la mer, ils se jetteront derrière toi, faudrait-il qu'ils se noient.

C'était ça que les Partis Parmehutu et le MRND avaient appris aux Hutu pendant 35 ans de pouvoir oppressif. Ils devaient obéir à toutes sortes de lois qui discriminaient les autres sans poser de question. Ce que voulait le chef, *c'était aussitôt fait...* Qui étaient ces autorités, pensez-vous? *Des bourgmestres barbares, des Conseillers communaux idiots, des Chefs de cellule et des Nyumba-kumi soulards,* que des gens qui pouvaient qu'obéir, qui imposaient la terreur aux villageois. Voilà ce qu'était devenu le peuple rwandais; c'est pourquoi, quand on leur demandait de tuer les Tutsi et violer leurs femmes, ils les tuaient et violaient leur femme sans réfléchir et sans poser de question. Ils avaient été dressés comme on dresserait un chien-policier!

Dès la déroute de l'armée nationale devant ces rebelles du FPR qu'ils méprisaient, les chefs génocidaires ont été exfiltrés par un avion spécialement affrété pour eux, par le gouvernement français. Là où le bât blesse, ils ne pouvaient pas penser à ceux et celles qu'ils avaient lancés dans cette activité criminelle bête, qui leur obéissait au petit doigt. Qui aura oublié des campagnes incendiaires du *Dr. Léon Mugesera, Jean Kambanda, Dr. Nsengiyaremye* et tant d'autres? Le temps arrange parfois des choses à sa façon, mais on ne s'en rend pas toujours compte, sinon on jouerait moins à ce jeu-là. Le président français, François Mitterrand avait tout essayé pour aider ces tueurs, mais il avait oublié qu'il ne vivrait pas éternellement pour garantir la protection de ses garçons.

C'était vraiment ses garçons...

Aujourd'hui ils sont recherchés par la justice, car les faits sont têtus, et le Président Mitterrand n'est plus là pour les défendre; l'État Français en a plein le cul, à ce jour. Trop de hutu-génocidaires sont éparpillés sur leur territoire, c'est une grosse épine dans le pied de ce jeune Président, Monsieur Macron; il a toute la bonne volonté du monde de trouver la solution qui s'impose mais il hésite, car il se bute aux accrocs têtus, les sangsues de la France-Afrique. *C'est quand même putain, ce qu'on voit à distance!* Comment un pays qui est la mère du droit de l'homme devient-il un havre de paix pour les génocidaires en cavale, un dépotoir de criminels qui ont le sang des bébés Tutsi sur les mains? Ils sont partis sans regarder en arrière, abandonnant à leur sort ces foules qu'ils avaient soulevées au meurtre, laissés à la merci d'une misère sordide et menacés par la faim et des fléaux de maladies mortelles. Pendant ce temps, ces seigneurs de la mort se la coulent douce au Champs-Élysées, entourés de bons avocats qui doivent défendre leur cause perdue, prouver leur innocence, dire que leurs clients n'ont rien à se reprocher, qu'ils n'avaient que fait faire écraser des cafards nuisibles!

Aujourd'hui, 26 ans plus tard, ils s'obstinent dans le déni mais la carapace de leur mensonge s'amincit chaque jour. Elle est de moins en moins étanche, son blindage ne les protégera plus pour longtemps. Il n'y a rien de nouveau dans ce que nous voyons. En effet, on ne peut pas chercher et trouver la justice auprès de la loi, quand votre conscience-même vous condamne! Ils empruntent la voie du mensonge pour jouer au cache-cache, espérer ainsi que la longueur du temps réglera leur problème mais cela n'arrivera pas. Le crime de génocide est éternel. C'est triste de voir leurs enfants grandir dans la brousse, ces innocents qui naissent sur le chemin de l'exil ne devraient pas manger de ce fruit amer, il n'est bon que pour leurs parents, eux qui récoltent ce qu'ils ont semé. Ces pauvres gosses traînent ce boulet sur leurs petits pieds, mais faudrait-il rappeler qu'on rappelle à ces réfugiés *"nouveau-genre"* qu'ils ont le choix de rentrer dans leur pays, c'est volontaire et gratuit. Cette opportunité avait été systématiquement refusée aux réfugiés Tutsi par les régimes hutu qui se sont succédés au pouvoir pendant près de quatre décennies!

Pourquoi, diable, ne saisissent-ils pas cette chance tant que le livre du pardon est encore ouvert? On sait que la plupart de ces criminels, *que du petit monde,* le voudraient bien, mais ils sont pris en otage par leurs seigneurs qui leur promettent encore le ciel, à moins qu'il ne s'agisse *du ciel qui leur tombe dessus* au moment où on se parle, au Zaïre... On les empêche de profiter de cette clémence rare et limitée dans le temps, et c'est dommage pour leurs enfants. Tout crime, quelle que soit sa nature peut vieillir sauf le crime de génocide, je ne sais pas combien de fois il faudra le répéter pour que toute l'humanité le comprenne. Mais au fait, quand on parle « *d'humanité entière* », de qui s'agit-il? Où était, *cette humanité entière*, en 1994?

Que des mots, que de mensonges...! L'ONU existe les années 40, elle a pignon sur rue à New-York; pour qui existe-t-elle! Pour tous, mais pas pour les Tutsi? Une chose est sûre, elle n'a jamais été là pour eux, quand ils en avaient désespérément besoin. Encore aujourd'hui, elle n'est pas visible dans des activités significatives de la réconciliation qui a été initiée au Rwanda, ni dans le processus de réparation des dégâts qui ont été faits sous leur observation. Cette fameuse ONU n'arrive même pas à aider les criminels hutu qui ont des remords, qui voudraient rentrer dans leur pays, qui sont fatigués d'être pris en otage par ces forces du mal, responsables de la terreur qui opère dans les forêts du Zaïre. La réconciliation entre Hutu et Tutsi, qui s'arrache sur la peau des dents, est indispensable à l'avenir de ce pays, mais les moyens de la renforcer sont très limités. Là aussi, on ne voit pas cette fameuse ONU!

L'État rwandais n'aurait pas fait mieux s'il avait puni le mal par le mal, le pardon était le meilleur investissement qu'il avait choisi de mettre de l'avant pour les générations futures. Il faut, à tout prix, que nos petits-enfants aient une meilleure chance de redevenir une nation unie, comme avant, et tout indique qu'on est sur la bonne voie. Notre génération à nous, peut-être même la suivante, subissons des contrecoups de la mauvaise mémoire qui nous hante, c'est normal parce que c'est récent, on n'oublie pas ces images d'horreur du jour au lendemain! Cette page de notre histoire est lourde à tourner, mais le temps s'en occupera. C'est pour cela que ces pauvres hutus qui meurent de faim et de maladie dans les forêts du Zaïre ne devraient pas écouter ces leaders médiocres qui les manipulent à partir des eldorados qui les hébergent, en Occident, pendant qu'ils dépérissent, eux et leurs enfants, de famine et de maladies. Ces pays les laisseront tomber un jour, bientôt même...

Même la France, leur ami fidèle, devra le faire car François Mitterrand n'est plus; il avait confirmé son amitié dans leur Journal

« *Kanguka* » du 6 décembre 1990, quand les dix commandements racistes étaient publiés, sous le grand titre : « *un véritable ami du Rwanda* » à la Une de cette publication avec la photo du président français, bien cadré en page de couverture! *Plus éloquent que ça on meurt!* Juste au lendemain de cette publication, le ministre français de la Coopération, *monsieur Marcel Debarge,* avait fait un voyage au Rwanda pour encourager l'éclatement des partis d'opposition qui pouvaient retarder le génocide, à défaut de l'arrêter, d'où était né le *réseau-zéro* criminalisé, tout juste un an avant le génocide. Avait-il condamné ce journal qui publiait officiellement les dix commandements de la haine, qui stigmatisaient les Tutsi, avec la photo de son Président bien en vue? Non.

Quand le livre du pardon sera fermé, vous serez éternellement traqués jusqu'à la fin des temps. Ceci est vrai; si je fabulais ou disais n'importe quoi, appelez cela comme vous voulez, mais sachez que si cela était faux, l'extermination des Juifs par le régime nazi ne serait pas encore aujourd'hui un dossier d'actualité, soixante-quinze ans plus tard! On ramasse encore les génocidaires nazis, ici et là. Pas plus tard qu'il y a deux ou trois ans, on n'en a encore cueilli un, le docteur de la mort d'origine autrichienne qui porte le nom *d'Aribert Heim;* il a été arrêté en Bolivie à l'âge 93 ans, il était recherché depuis l'Holocauste juif. Voir «*The Gardian publié le 27 février 2008*».

Continuez à nier, défendez-vous bec et ongles par le mensonge mais n'oubliez pas que ce genre de crime colle à l'âme et à la peau. Ils vous rattraperont même après votre mort, attendez-vous à faire face à votre Créateur, Il vous attend de pied ferme! Même ceux qui ont été libérés par des juges complaisants, ceux-là mêmes dont les dossiers ont été délibérément bâclés par corruption, car *le génocide dans ces pays-là n'est pas important,* pour ne pas citer le Président Mitterrand...!

Que ce soit à Arusha ou ailleurs dans le monde, ces dossiers seront révisés. Il est insupportable qu'un juge digne de sa robe de magistrat puisse arriver à un verdict, dans certains cas connus, où de vrais monstres ont bénéficié des circonstances atténuantes ou condamnés à des peines allégées, ou obtenu des libérations indues! Ce n'était ni jute ni équitable, surtout pas après avoir empoché tant de milliards de dollars des fonds publics internationaux, qui étaient dépensés dans des extravagances outrancières, sans donner des résultats escomptés.

On ne devrait pas oublier qu'il y a eu quand même certaines choses de grande importance que le TPIR *(Tribunal Pénal International pour le Rwanda)* avait réussi à faire, même si on se plaint de sa méthode de travail; ils ont contribué à la reconnaissance du génocide contre les Tutsi, et même à la continuation de la poursuite des présumés coupables : dans le procès du bourreau de la commune de Taba, le bourgmestre *Akayesu Jean-Paul,* ses avocats s'étaient acharnés à prouver que les massacres des Tutsi n'étaient que des massacres et non un génocide, selon la définition connue; ils tenaient à justifier que les Tutsi n'étaient pas une race, ce qui était vrai. Les juges avaient unanimement conclu qu'il s'agissait bel et bien de génocide, parce que l'administration belge avait fait des Tutsi une race dans leur identité nationale.

- Ironiquement, le fameux premier ministre *Kambanda Jean* avait clos ce débat en plaidant coupables aux onze accusations, dont la préparation politique préméditée et la mise en exécution du plan de décimer les Tutsi, en tout ou en partie;
- Ce même tribunal avait également retenu que le viol sexuel avait été utilisé comme une arme de génocide, car il visait à détruire la femme Tutsi;
- Enfin, cette même cour avait aussi décrété que plus personne, quel que soit son argument, n'aura le droit de ramener ce débat de déni de génocide contre les Tutsi à ce tribunal ni dans le monde.

*La reconnaissance de ces points par cette cour était cruciale, sinon on serait encore aujourd'hui dans le débat de faire reconnaître la destruction des Tutsi comme étant un génocide; c'était précisément l'objectif des

avocats de monsieur Akayesu. Je disais que certains individus ne pouvaient être libérés sous aucun prétexte, peu importe l'indépendance du juge, mais on a vu certains cas. Ceci me ramène à la minceur de la carapace du mensonge, même s'il leur sert encore. Cependant, le temps arrange bien de choses, je peux vous dire que les cas qui ont été biaisés se retrouveront en appel spécial, un bon jour, car les bons juges sont nés! Ils seront en service, ce n'est qu'une question de temps *(ngo na mukuso abyara umuhungu – même la marâtre finit par avoir un fils)*! Des individus qui jouissent d'allégement de peine quand ils ne le méritent pas devront comparaître de nouveau, sinon autant déclarer qu'il n'y a pas eu de génocide contre les Tutsi, que la cour de l'ONU avait erré dans son jugement, mais c'est trop tard pour ce recul. Il n'y a pas de mots assez forts pour exprimer la colère qu'on ressent quand on est rescapés, quand on voit de telles farces, ces criminels le savent eux-mêmes, ils ont une âme même s'elle est souillée. Leur douleur est comme une auto-flagellation secrète au fond de leur intimité, mais ils ne peuvent l'avouer.

Mon cher oncle, j'ignore si vous avez suivi le procès de monsieur Léon Mugesera qui avait fui au Canada; sa procédure judiciaire avait duré seize ans; c'est très long d'attendre un verdict pendant seize ans, mais on l'a attendu avec patience, de très près et de très loin, car on sait que le temps n'accepte pas ce qui est fait sans lui. Les gens arrivaient de partout pour assister à ses audiences, qui étaient comme un théâtre, un spectacle dont on ne pouvait plus passer : *son avocats flamboyants qui insultait publiquement le Président Rwandais, ces partisans qui acclamaient bruyamment son avocat principal, ces rescapés effarés, attentifs à chaque mot prononcé à la cour, ces journalistes mal informés qui disaient n'importe quoi, quitte à blasphémer, ces docteur-linguistes qui jouaient à l'idiot en traduisant faussement le discours de Mugesera en français, ce froid glacial qui nous gelait la moelle des os, quand on devait manifester notre colère, etc…*

Je vous le dis, cher oncle, c'était dur et très désagréable d'écouter la défense de cet homme. Mais quand le verdict de la cour suprême du

Canada est tombé, c'était comme si une météorite venait de frapper la face de la terre. On n'avait tremblé, tellement on y croyait plus! Le mot « *coupable* » était venu comme une bombe et nous avait pris de court, les faits n'avaient jamais été aussi têtus. Le sarcasme de son entourage immédiat s'était soudainement tu, le silence était complet, ses avocats ont failli s'évanouir. Ils n'avaient plus qu'à avaler leur mépris et toute l'arrogance qu'ils avaient démontrée inutilement, l'épée de Damoclès venait de tomber et elle tombait lourdement, car cette décision de la cour suprême était sans autre recourt possible.

Je vous dis ceci pour confirmer que tout n'est pas perdu, que les procès biaisés d'Arusha, de France et d'ailleurs, seront un jour revisités. C'est ça la beauté de la souveraineté d'avoir de bons juges. Ce qui est beau dans tout ça, qui devrait être un bon message pour tous les cas comme celui-ci; on sait que monsieur Mugesera n'avait tué personne avec ses mains; il n'avait pris ni fusil ni machette, mais des armes encore plus redoutables, sa langue fourchue et son influence politique avaient une longue portée.

On se rappellera toujours qu'après son discours inflammatoire de moins d'une heure qu'il avait prononcé à *Kabaya*, en 1992, entre trois et quatre cents Tutsis avaient été instantanément massacrés, sur son appel. Il avait cru pouvoir s'en tirer à bon compte mais le voilà condamné à la réclusion à perpète, après près de vingt ans de garde à vue et plusieurs dizaines de millions de dollars engloutis dans les poches des avocats. Cela devrait servir de leçon à ceux qui continuent de jouer avec les mots, ces négationnistes du génocide des Tutsi qui se moquent du monde entier. *Les mots, encore les mots, les mots faciles, les mots magiques, ces mots qui tuent!* Pensez-vous que monsieur Mugesera avait une vie entre 1992 et 2012? Je ne le crois pas.

Tous ces innocents qu'il avait fait assassiner se reposent, ils sont en paix mais pas lui. Il n'a pas été en paix depuis ce jour, et il l'est encore moins aujourd'hui. Même s'il était libéré, il ne serait toujours pas en paix. Malgré les appuis inconditionnels qu'il avait au Canada, ses sponsors avaient fini par le larguer devant la rigueur de la loi. Pour sa défense, monsieur Mugesera avait choisi de manipuler les nuances du verbe de notre langue, lui le linguiste, laquelle langue il avait utilisée pour convaincre les Hutu à passer à l'acte radical d'envoyer le plus grand nombre de Tutsi chez eux, en Éthiopie, par un raccourci *(inzira y'ubusamo)* de la rivière *Nyabarongo*, source du Nil. D'après une affirmation néocoloniale insensée, les Tutsi du Rwanda seraient originaires d'Ethiopie.

C'est pour ça que ce vil personnage demandait qu'on les renvoie là-bas, morts que vivants, via cette majestueuse rivière de plus sept mille kilomètres, de sa source à la mer méditerranée. On lui a cloué le bec derrière les barreaux où il vit, la mort dans l'âme; son ciel est tombé en même temps que son verdict et il n'en a pas fini avec sa conscience, car il en a, lui-aussi. Pourtant, s'il avait été docile et moins arrogant tel qu'on le connaît, il aurait reconnu ses torts, comme ses pairs plus intelligents, et aurait éventuellement bénéficié d'un allégement de peine. Ne dit-on pas que le péché avoué est à moitié pardonné? Il ne pouvait pas être libéré, il le savait même s'il joue au plus fin, son rôle d'incitation à la haine est un crime de tous les crimes.

Hélas, Dr Mugesera n'est pas un homme d'humilité; il choisirait mourir deux fois plutôt que de se rabaisser devant ces Tutsi en reconnaissant ses crimes pour bénéficier de leur pardon, comme d'autres Hutu l'ont fait. Il n'ignore pas que ceux qui ont fait ce pas, plaidé coupables et demandé pardon jouissent en ce moment de la vie qu'ils ont enlevée aux autres, mais son entêtement ne lui permettrait pas d'aller jusque-là. Même les pires miliciens *(ba ruharwa)* ont profité de la clémence traditionnelle des juridictions *gacaca*, qui avait surpris le monde entier. Je m'arrête ici avec ces procès, on parlera de tout ça une autre fois.

Avant de faire ce détour, je vous disais que ma vie était un désastre, comme le voulaient ceux qui nous ont tués, quand bien même le destin avait mis sur ma route de bonnes gens; je pense entre autres à monsieur Sylvain! Cet homme avait veillé sur moi comme si j'étais sa propre fille; il m'avait protégée pendant plusieurs semaines dans cette vallée dangereuse, jusqu'à ce qu'il soit tué à son tour. On me l'a enlevé au moment où j'avais le plus besoin de lui, j'étais complétement perdue.

Je pense aussi au général *Fuamba* et son épouse, Chantal, qui avaient redessiné le plan de mon avenir et fait de moi ce que je suis devenue. Ils avaient tout fait pour me faire oublier que je n'avais plus personne, et même changé la tendance de la courbe de ma vie en m'envoyant en Amérique. Et enfin, j'ai été particulièrement choyée d'avoir la famille que j'aie en ce moment, ces Américains qui m'ont adoptée; vous les verrez, ce sont des gens formidables! Je ne remercierais jamais assez le Seigneur pour tant de miracles qu'Il a faits dans ma vie, plus encore celui d'aujourd'hui de nous avoir réunis de nouveau!

Tu avais tout à fait raison tout à l'heure, cher Lionel, en disant qu'on ne se quittera plus jamais! En effet, je suis convaincue que notre destin nous a préservés pour une raison, on ne connaît pas encore laquelle mais il va falloir qu'on la trouve ensemble. Nous essayerons de ressusciter la souche de notre arbre généalogique, tirer note lignée familiale de l'oubli, l'homme propose et Dieu dispose, *Alléluia!* Il nous appartient désormais de nous prendre en mains et cesser de nous lamenter chacun dans son coin; ce n'est pas constructif et cela ne résout aucun problème.

Chère Adélaïde, quelle nuit, quelle surprise, mais quel bonheur aussi. J'ignore si je devrais te dire merci mais je le fais quand même; après avoir entendu tout ce que tu as vécu pendant ces vingt-cinq dernières années, ton histoire me laisse sans voix; je suis particulièrement heureux de t'entendre reconnaître que c'est par la grâce de Dieu que tu as survécu à toutes ces épreuves, mais nous aussi! J'avais du mal à l'accepter auparavant, mais maintenant je sais que Dieu est Amour, c'est indéniable. S'il a épargné notre vie, c'est pour une mission comme tu le disais si bien, j'espère qu'on la trouvera ensemble. Tous les drames que tu as vécus pendant si longtemps me prouvent que j'avais tort de douter de la bonté divine, moi qui ne manquais pas d'occasion de Le blâmer. J'avais des doutes sur Son existence parce que je me méfiais de tous ces gens qui prêchent en son nom, ces pasteurs qui prétendent comprendre ce qui se passe dans les Cieux alors qu'ils ne comprennent même pas ce qui se passe sur terre.

C'est révoltant de les entendre prêcher haut et fort au nom de Jésus qu'ils connaissent mal, surtout ceux-là qui ont trempé, de près ou de loi, dans le génocide des Tutsi, qui n'avaient rien fait pour interpeller ceux qui l'ont planifié, ni dénoncé leurs fervents acolytes qui l'ont mis en exécution. Après le déluge, ils continuent aujourd'hui à faire preuve de négligence, de mépris même, que des mots vides, des sermons mal expliqués ou des langues bizarres qu'ils parlent haut et fort pour impressionner les foules qu'ils ont quasiment pris otage spirituel; ils tombent souvent dans des extravagances mondaines ignominieuses, ils en ont même fait leur devise : les meilleurs pasteurs d'aujourd'hui sont ceux qui rêvent de s'acheter un jet privé, une limousine kilométrique ou conduire un Range Rover présidentiels, dont ils n'ont pas besoin, et ils y arrivent. Rares sont ceux qui ont fait un élan de solidarité significatif pour secourir ces naufragés de génocide de façon concrète, pourtant c'est ce que Jésus aurait fait, s'Il avait été physiquement encore avec nous, comme il était en terre de Galilée! Voilà la seule raison qui me pousse à me méfier de ces prédicateurs de catastrophes.

J'ai toujours été lente à suivre ces Pharisiens nouveaux genres, mais voilà que depuis le retour d'Adélaïde vient tout changer; je vois désormais la vie différemment. Ton aventure, chère nièce, vient de m'ouvrir les yeux sur une autre perspective que je n'avais jamais pris en ligne de compte : il n'y a rien qui arrive par hasard, tout arrive parce que ça devait arriver comme nous l'enseigne la philosophie amérindienne qu'on a vue. Dieu est Tout-puissant, c'est par Sa grâce que tu sois revenue parmi nous, une nouvelle branche vient de pousser sur notre arbre généalogique, Amen.

J'ai écouté attentivement l'histoire troublante de ta rencontre avec le fameux voyageur Burkinabais; cette rencontre n'était pas fortuite, elle avait été organisée avant même ta naissance, ce n'était pas un hasard; c'est arrivé parce que ça devait arriver, c'était ton moment; cet homme était en mission double mais il l'ignorait : la mission divine pour t'apprendre une leçon, et sa propre mission professionnelle. Dieu a toujours opéré à travers les hommes, et même les choses de Son choix, Il ne se trompe jamais. Cet homme était là pour toi, c'est pour cela que tu as changé de vie après cette rencontre. C'est de cette manière que les anges se manifestent, ils ont un pouvoir de transfiguration pour opérer en nous sans nous alarmer. Vos sièges côte-à-côte dans cet avion n'étaient pas une coïncidence, tout était inscrit dans le plan divin pour que s'accomplisse ce que Dieu avait dit sur toi *(urwandiko)*, il faut que tu y croies! Tu dis avoir refusé de lui donner ta carte d'affaires, mais moi je te dis qu'elle n'aurait pas servi à grand-chose; il ne t'aurait jamais recontactée car sa mission était terminée. Comme je viens de te le dire, Dieu a toujours utilisé les hommes, n'importe où et dans n'importe quelles circonstances. Il en a utilisé un certain nombre de fois dans ta vie, comme dans la nôtre d'ailleurs, Denise et moi. Il n'a pas encore fini son œuvre en nous, je sens que le meilleur est à venir!

Puisque cet homme étrange est apparu dans ta vie pour sortir ton cœur de son hibernation, il te revient, d'ores-et-déjà, de trouver ce qui reste à faire pour compléter le travail qui a commencé en toi. Ne laissez pas s'éteindre ce puissant rayon de lumière qui a éclairé ton âme dans cet avion, qui t'a sortie des ténèbres de l'isolement. Il a chassé d'épaisses couches de suie noire dont tu étais couverte par l'ennemi, c'est ça qu'on appelle l'œuvre du diable. Crois-moi, ma chère Adélaïde, je peux te garantir que tu vas réaliser des choses grandioses, le monde viendra à tes pieds car le Seigneur a entendu tes lamentations, tes prières et tes jours sont bénis, tout est là pour le confirmer.

Denise faillit tomber de sa chaise en écoutant son mari parler ainsi; elle était troublée de l'entendre parler comme des grands prophètes, du calibre de Daniel de l'Ancien Testament; c'était énorme pour Lionel qui ne connaissait même pas le chemin qui mène à l'église, qui dénigrait tout ce qui avait l'air spirituel.

Est-ce toi qui parles ainsi, mon cher Lionel? Qu'est-ce qui te prend, tout à coup? D'où vient toute cette inspiration que j'entends dans ta bouche pour la première fois? Tu te moquais allègrement des pasteurs jusqu'hier, mais aujourd'hui tu parles comme un Apôtre? Depuis quand tu as changé de camp? Tu ne m'en avais jamais parlé! Denise était une femme très pieuse, elle était si heureuse de voir son mari reconnaître enfin la vérité divine, lui qui ne voulait rien savoir des affaires de l'église. Elle priait toujours en silence pour ce que son mari se convertisse, un jour, et avait espéré ce miracle. Elle éleva la voix et dit solennellement : je te rends grâce, Seigneur, Toi qui as su garder Adélaïde pendant tout ce temps d'affliction et nous la ramener saine et sauve. Je Te bénis aussi pour mon mari, merci de nous avoir sauvegardés pour voir tous ces miracles de Ta main. Amen!

Tu sais, Adélaïde, j'avais souvent entendu parler de toi. Ton retour aujourd'hui est une double bénédiction pour ma famille, mon mari était au bord de la folie, car il n'avait jamais voulu accepter que vous fussiez mortes, ta mère et toi. Il ne voulait pas y croire, affirmant même qu'il vous reverra, que vous étiez encore en vie. On en riait, mais voilà que tu surgis de nulle part comme par magie, et ce n'est pas tout : tu deviens un pont qu'il traverse en ce moment pour se réconcilier avec son Créateur. Personne ne l'avait jamais entendu parler des affaires de Dieu mais voilà qu'il joue soudainement au prédicateur; il ne lui reste plus qu'à parler en langues dont il se moquait allègrement. C'est extraordinaire ce qui lui arrive ce soir!

N'exagère rien, chère Denise, je ne suis pas prédicateur et ne parlerai jamais en langues, mais j'aimerais que vous compreniez une chose : je n'ai jamais eu de problème avec Dieu même si je n'en avais pas l'air. Vous n'avez jamais *(je parle des born-again - abakiriye agakiza)* fait aucun effort de comprendre mon approche spirituelle. J'avais perdu l'estime en ces individus qui parlent de Jésus à tort et à travers, qui disent n'importe quoi pour leur propre gloire. Jésus, Lui-même, n'avait-il pas dit que nous reconnaîtrions ceux qui prêchent en son nom par les fruits qu'ils produisent? Où sont-ils, ces fruits? Les as-tu vus depuis le génocide des Tutsi? Pourtant mon approche est toute simple : il faut être en mesure d'identifier l'œuvre de Dieu dans la vie de tous les jours, et non dans la bouche de ceux qui parlent de Lui pour leurs ambitions.

On n'a pas besoin de suivre le premier venu, uniquement parce qu'il parle en des langues étranges et invraisemblables, comme si Dieu ne pouvait pas comprendre toutes les langues qu'Il nous a données pour communiquer entre-nous! Ce qui me différencie aujourd'hui de l'homme que j'étais hier, j'ai compris que Dieu fait ce qu'Il veut de tout ce qu'Il a créé, quand Il le veut! La notion que nous avons du temps, nous, hommes de peu de foi, n'est pas la même qu'a notre Créateur! Même si j'étais agnostique ou athée comme tu l'affirmes, il y a maintenant de bonnes raisons de changer de camp, après avoir entendu Adélaïde affirmer autant de miracles que Dieu a fait dans sa vie.

Tu sais ce qu'avaient fait *Pierre, André et Jacques*, selon l'Évangile de Matthieu? Ils avaient tout laissé pour suivre Jésus sans regarder en arrière. C'était leur temps, c'est le mien aujourd'hui. Je suis très reconnaissant que Dieu ait décidé de nous ramener notre enfant, *dans Son temps;* qu'Il soit loué! Mais dis-moi, Adélaïde : comment se fait-il que malgré le temps qui a passé, après tant de malheurs qui se sont acharnés sur toi, ta mémoire soit restée intacte? Tu n'as rien oublié de ce que tu avais vu, il y a 26 ans, pourtant tu n'avais que sept ans!

Je suis de loin plus vieux que toi, mais il m'arrive d'avoir de gros trous de mémoire quand j'essaye de me rappeler des moments que nous avons vécus à cette même époque! Ils m'ont laissé de séquelles physiques, mais pas toi. C'est sûr que je voudrais en apprendre davantage mais à présent tu devrais admettre que tu es fatiguée, et tu as faim parce que tu n'as rien mangé depuis ton arrivée. Nous avons tout le temps de parler de tout ça, soyons sages et prenons une pause, demain sera un nouveau jour. Avant cela, je voudrais que tu me dises une chose que j'aimerais vraiment savoir, que je ne voudrais pas remettre à demain : peux-tu me dire, juste en quelques mots, pourquoi ton père avait décidé de vous faire partir de chez-vous dans la nuit du 6 avril? Le génocide n'avait pas encore commencé!

On était tous aux aguets, impatients de savoir ce qui allait se passer si le Président signait les Accords de paix comme prévu, contre le gré de son équipe. On était sûr qu'il y aurait finalement la paix après cette signature; nous étions restés barricadés chacun chez soi dans l'attente interminable de l'issue de ce sommet, mais votre famille avait pris la fuite cette même nuit. Quand on nous a indiqué l'endroit où les miliciens vous avez interceptés, où ton père avait eu le combat de sa vie contre ces barbares qui a malheureusement mal tourné, peux-tu m'éclairer un peu là-dessus, s'il te plaît? Te rappelles-tu cette étape aussi?

Ça m'a toujours intrigué et j'aimerais que tu m'en parles avant qu'on aille nous reposer. Je pourrais tout oublier sauf ça; avant d'entrer dans ces détails, j'ai une ou deux questions à vous poser, vous deux : êtes-vous si sûrs que vous avez encore assez d'énergie pour écouter cette histoire? Moi ça ne me dérange pas, mais je vous préviens : ce sera long et très pénible! Vous êtes-vous jamais demandé pourquoi il n'y avait aucune barrière visible dans la journée ni même au début de la nuit du 6 avril, et qu'elles étaient partout, dès le lendemain très tôt, au matin du 7 avril? Les aviez-vous vues, Lionel?

Non; maintenant que tu attires mon attention là-dessus, c'était étrange, en effet. Pensez-vous que ces barrières avaient poussé dans la nuit comme des champignons?

Et s'elles ne poussent pas comme ces légumes, cela veut dire que quelqu'un s'en était occupé; qui est-ce et à quel moment? Comment les pauvres paysans de colline pouvaient-ils pu monter ces barrages au matin du 7 avril, dans tout le pays? C'est inimaginable; les barrages avaient été montés dans la nuit du 6 et non au matin du 7 avril, avec l'aide des professionnels; je pense aux gendarmes et au génie militaire qui n'étaient pas au front à ce moment-là. Peu de gens ont cherché à savoir comment ça s'est passé cette nuit-là, pourtant c'était une étape incontournable qui devait être complétée avant de donner le signal de commencer le génocide; ce travail était trop colossal pour le demander aux seuls paysans de le faire, en quelques heures du matin du 7.

Dès lors, tout laisse supposer que ces paysans avaient participé à ce montage de barrages, mais la coupe et la livraison du bois doivent avoir été faites par le génie militaire, cela ne pouvait être fait autrement à moins que quelqu'un me l'explique. Je me suis toujours demandé comment ceux qui nient la préparation de ce génocide pourraient justifier ce phénomène du montage de barrages. C'est une observation pertinente; on avait vu de barrières qu'au matin du 7 avril mais je ne m'étais jamais posé la question de savoir à quel moment elles avaient été montées, ni comment ni par qui. Tu n'auras pas fini de m'étonner, chère Adélaïde. Et pourquoi donc ton père avait-il décidé de vous faire partir au milieu de la nuit du 6 avril? Comment avait-il su que le génocide commencerait dès le matin du sept? Je connaissais bien ton père, il n'était pas du genre à donner ses mains à couper, mais il avait quand même pris un gros risque de fuir avec toute sa famille en moto! Comment aviez-vous fait pour monter à cinq personnes sur cette machine? Quand on m'avait raconté son combat contre ces roublards, j'avais tout de suite reconnu mon homme!

Il ne pouvait, en aucun cas, tendre le cou sans se défendre. C'est déjà lointain tout ça, mais j'aimerais quand même que tu m'en parles, en tes propres mots. Je tiens à savoir ces détails et le dénouement tragique de son combat; je suis convaincu que les miliciens-hutu reconvertis qui racontent les exploits de Claver continuent de mentir. Claver était l'homme que j'avais toujours admiré, je ne l'oublierai jamais. On donne de lui une description biaisée, car ils ne le font que pour la diversion; ils ont peur de se compromettre, être arrêtés éventuellement si on entrevoyait certaines incohérences dans leur témoignage. Ils vantent ses exploits guerriers mais tiennent toujours à ajouter qu'ils ce qu'ils ont entendus, qu'ils n'ont pas assisté eux-mêmes à cette confrontation. C'est justement ça qui m'a mis la puce à l'oreille.

J'ai toujours senti qu'il y avait anguilles sous roche, qu'ils ne disaient pas toute la vérité alors qu'ils ne risquaient rien, car il n'y avait pas de témoin oculaire qui pouvait les confronter avec la bonne version des faits, mais à présent ce n'est plus le cas parce que tu es là. Ils s'amusent avec ce combat que ton père avait mené, c'était devenu comme une légende; ils en parlent comme on parle du célèbre roi du Rwanda, *Ruganzu Cyamatare (le conquérant)*, dont les épopées guerrières ont traversé des siècles. Ils comparent les prouesses et la témérité de Claver à celles de ce héros Rwandais de tous les temps. Te rappelles-tu tout ça? Étiez-vous encore ensemble quand il se battait?

Oui, on n'était encore tous ensemble, excepté mon grand-frère, Pierre; il avait été tué avant même qu'on ne quitta la maison. Comme je vous l'avais dit, je ne peux rien oublier de ce qui s'est passé à cette époque à ma famille! J'ai vu mon frère mourir, j'ai assisté à la mise à mort de mon père et partagé la détresse de ma mère pendant qu'on la violait! Est-ce des choses qu'on oublie? Quand papa avait été lapidé jusqu'à la mort, mon monde s'était écroulé! Je me disais que tout était fini pour moi et ma mère, mon autre frère venait d'être tué aussi. Comme il ne restait plus que nous, deux femmes éplorées sans aucune protection, on ne pouvait plus rien espérer, on savait qu'on allait mourir aussi, mais voilà je suis encore ici à vous raconter tout ça.

Oui je m'en souviens comme si c'était hier, cette période m'a marquée au fer rouge, j'en ai des stigmates indélébiles. Aux USA où j'habite depuis plus de quinze ans, je parle très peu de ma mésaventure personnelle quand mes amies proches m'y poussent, rarement j'ai eu le courage de parler de ce combat tragique de mon papa, ni mes dernières avec ma maman; avec vous c'est différent, je sens que j'arriverai à vous raconter ce que vous voulez savoir. Il était temps que je partage ce fardeau avec quelqu'un, des gens comme vous, car ça vous concerne.

J'attendais cette question de toi, c'était inévitable de la poser et je vous le dirai avec plaisir. J'avais toujours gardé mon chagrin à moi, toute seule, je ne voulais pas le partager avec les gens qui s'apitoient sur mon sort, c'est pour cela qu'il me fera plaisir de vous en parler, car c'est votre histoire! Elle est longue et douloureuse, elle risque même de vous heurter. Je ne suis même pas sûre si vous voulez vraiment l'entendre maintenant! Et si on n'en parlait une autre fois, demain peut-être? Les émotions que je vous ai fait vivre depuis hier ne suffisent pour aujourd'hui?

S'il te plait, Adélaïde, si tu te sens la force de continuer, comment je ne le pourrais pas, moi-même? Mais tu as peut-être raison, je m'inquiète pour Denise!

Ne vous inquiétez pas pour moi, je n'ai pas de problème du tout. Je suis tout à fait en forme et ne voudrais manquer cette histoire pour rien au monde! Si je ne me sentais pas bien, je vous le dirais. Allez-y, Adélaïde, il est essentiel que tu nous parles de ça, je sais à quel point Lionel y tient.

Eh bien, puisque vous insistez, ce n'est pas moi dirais non. Vas-y sans crainte, de toute façon on entend rarement de bonnes nouvelles dans notre quotidien, on n'en a l'habitude. Je suis curieux de connaître la vérité parce je n'avais jamais entendu des assassins louanger leur victime, mais ceux-ci ne tarissent pas d'admiration pour ton père.

Vraiment? De quoi d'autres parlent-ils au sujet de mon père ou du reste de ma famille? Que j'aie donc hâte de rencontrer ces individus! J'aimerais les rencontrer et leur poser quelques questions. J'espère que ce moment se présentera.

Tu l'auras cette occasion, mais ces gens-là ne parlent que de Claver; je ne les ai jamais entendus parler d'aucun autre membre de votre famille. Je t'amènerai les voir quand tu seras prête pour ça, ils n'habitent pas loin d'ici et ils ne s'en cachent pas. J'ai hâte moi-même de voir les yeux qu'ils vont faire quand ils apprendront que tu es la fille de Claver, que tu es revenue, qu'ils ont de bonnes chances d'être amenés aux bancs des accusés puisqu'on a désormais un témoin pour les confronter.

C'est étrange ce que je ressens en ce moment, mon oncle! C'est comme si tout ceci n'était qu'un rêve; tu sais quoi? Si tout ceci avait été un roman tu n'aurais pas eu besoin de me demander pourquoi nous avions quitté notre maison dans la nuit du 6 avril, ni de la fin tragique de ma famille; c'est par ces lignes que ce roman aurait commencé puisque c'est ça le début de l'histoire. Je réalise que mon histoire va de la fin au début, pourtant ce n'est pas fait exprès, c'est exactement comme ça que ça devait se passer. On parle depuis hier, mais on n'avait pas encore abordé cette phase cruciale, alors qu'elle aurait dû être au commencement, mais rappelez comment on s'est rencontré...

Nous sommes partis de chez nous au milieu de la nuit du 6 avril, l'un de mes frères venait d'être tué. Mon histoire ne pouvait pas être racontée dans l'ordre logique des choses ordinaires, car elle n'est pas ordinaire. Et d'ailleurs, n'eût été ton obstination de vouloir regarder ma photo à tout prix, on se serait tout simplement fui, ni vu ni connu. L'histoire des rescapés de génocide des Tutsi n'est pas une histoire comme les autres, elle se raconte à l'envers parce qu'elle défie toutes les lois logiques. Toutefois je suis très optimiste à présent, la nôtre est en voie de se replacer à l'endroit. Mon père, ton beau-frère, a été tué devant moi, par lapidation. Dieu ait son âme! Ces miliciens qui parlent de lui comme d'un héros, pour une fois ils ne mentent pas; ils raison de vanter ses mérites même si j'ignore dans que contexte ils parlent de mon père. Papa avait toujours été formidable pour moi, mais il a été extraordinaire en cet après-midi du 7 avril avant de quitter ce monde. Il est mort comme un héros, il restera dans mon cœur tout le temps qui me reste à vivre. J'ai eu cette chance inouïe de voir de mes propres yeux à quel point il était brave et téméraire face à tous ces tueurs, même si cela ne veut pas dire que je suis heureuse d'avoir assisté à sa fin tragique!

J'aurais souhaité que ce moment n'ait jamais eu lieu mais Dieu, Lui seul, savait qu'il devait arriver. Grâce à ce moment j'ai découvert en cet homme beaucoup de choses que j'ignorais de lui; ce malheur a été suivi par tant d'autres juste après sa mort, et je me disais qu'il ne pouvait y avoir aucune autre petite fille de l'âge que j'avais qui aurait eu un papa aussi vaillant que le mien. Il était vraiment unique, les hommes de ce calibre n'existeront plus. Les miliciens-hutu avaient été obligés de le tuer par lapidation parce qu'ils n'arrivaient pas à le tuer autrement. Il avait résisté pendant de longues heures, seul contre une multitude de tueurs, un moment qui est très précieux pour ma mémoire. Nous n'avons pas été surprises par sa mort, ma mère et moi, mais par ses prouesses. Il a rendu l'âme sous une pluie de pierres, c'était une cruauté jamais égalée. Tant qu'on y est, je vous parlerai aussi des derniers moments avec ta sœur, ma mère... Je vous dirai comment nous nous sommes séparées, ce fut le moment le plus sombre de ma vie. C'est un regret que je traîne avec moi depuis tout ce temps, un souvenir de culpabilité qui me traumatise depuis que j'ai atteint l'âge adulte.

Je pense toujours au dernier regard qu'elle avait posé sur moi, je ne pourrais jamais l'oublier. C'était ma vie contre la sienne, un sacrifice que je n'avais pas vu venir, peut-être que j'étais beaucoup trop jeune pour comprendre certaines choses, heureusement d'ailleurs, sinon je serais probablement restée près d'elle, et morte avec elle. Je l'ai quittée sans savoir que je ne la reverrai plus jamais, mais ce geste d'amour infini allait devenir un boulet sur ma conscience, il est lourd à porter. Je traîne ce remords, impuissante, et j'ai regretté pendant longtemps d'avoir survécu sans elle, au point de penser que j'ai été pour quelque chose dans sa mort. Je me dis que j'aurais dû rester après d'elle, mourir ensemble si on ne pouvait pas s'en sortir ensemble.

VIII

QUEL EST LE VRAI SENS DE LA VIE

La majorité des Tutsi n'ont appris la mort du Président de la République que dans la matinée du 7 avril 1994, mais les Hutu, les paysans de collines inclus savaient qu'il mourrait s'il signait ces fameux Accords de Paix avec les Tutsi, que le génocide des Tutsi commencerait au même moment que sa mort. Du préfet au chef de la colline *(nyumba-kumi)*, ils étaient dans le secret du diable et n'attendaient que le signal fatal de commencer leur basse besogne. Ils nient aujourd'hui, bec et ongles, fabriquent des justifications et des contre-preuves, mais la vérité est là, claire et limpide.

Tous les responsables et partisans du Parti au pouvoir savaient qu'il allait mourir à son retour d'Arusha, ils étaient sûrs qu'il signerait, la pression était très grande et cet homme était politiquement et militairement épuisé. On se posait la question tout à l'heure de savoir comment et quand les barrières avaient été montées, pourtant c'est ça qui explique que ce génocide n'était pas un acte spontané comme ils prétendent. Je ne sais même pas pourquoi les démagogues de ce monde hypocrite regardent ailleurs alors que toutes les preuves sont réunies pour le prouver. Si les barrages ne pouvaient pas pousser comme des champignons dans la nuit, c'est que quelqu'un les avait faits monter; qui est-ce et pour quelle raison si ce n'était pas pour exterminer les Tutsi?

Quelle magie avaient-ils utilisée pour compléter un travail aussi colossal en quelques heures de la nuit du 6 avril? Les Tutsi étaient enfermés chez eux en attendant les nouvelles d'Arusha, car il avait été annoncé que le Président de la République y était retourné pour conclure ces négociations de paix, qui devaient marquer la fin des hostilités et la vie des Tutsi en dépendait. Ce que des gens ordinaires ne savaient pas, c'est que les extrémistes hutu étaient tous opposés à la signature de ces accords de paix, alors que le Président ne pouvait plus reculer. C'est pendant cette soirée angoissante que les auteurs de ce génocide avaient fait monter ces barrières, avec ou sans les Accords de Paix signés. Le Président avait été condamné à l'unanimité par sa propre famille et les membres influents de son Parti.

On lui reprochait d'être faible devant ces rebelles, que s'il signait avec ces Tutsi, il allait mourir avec eux. Pour les Hutu c'était une occasion idéale pour compléter leur rêve de tous les temps, "l'extermination des Tutsi". Ils étaient aux aguets, attendant les instructions du colonel Bagosora. Voici ce qu'avait écrit *Alexis Masciarelli de Liberation* à ce sujet, publié le 3 avril 2002 : *«Arusha, au nord de la Tanzanie, 1993 - La scène se passe un an avant le génocide. Le gouvernement rwandais, dirigé par une majorité hutue, négocie des accords de paix pour un partage du pouvoir avec la rébellion armée tutsie du Front patriotique rwandais (FPR) installée dans le nord du pays.... Théoneste Bagosora, alors directeur de cabinet au ministère rwandais de la Défense, claque la porte des pourparlers. Un négociateur du FPR raconte : « On est monté tous les deux dans la même voiture et Bagosora m'avait lancé : «Je rentre au Rwanda pour préparer l'apocalypse." »*

Chaque colline avait sa propre barrière sous la supervision des chefs de cellule selon le plan diabolique du génie militaire probablement, car cela ne pouvait pas être complété par ces pauvres villageois seuls; ça n'a l'air de rien mais c'est une tâche difficile à accomplir dans ces quelques heures de la nuit noire par les paysans! Une fois complété, il ne leur restait plus qu'à attendre le signal convenu pour commencer le travail *(gukora-tuer)* et tout indique que le signal n'était nul autre que le crash de l'avion du Président! Certaines gens pensent que beaucoup de Tutsi auraient pu fuir dans la nuit du crash de l'avion présidentiel s'ils avaient été dans le secret des diables, mais c'est faux.

Nous, on l'a su, on a fui, mais on n'est pas allé assez loin. Tout avait été planifié de telle sorte qu'il ne pouvait y avoir d'échappatoire, même un oiseau qui vole aurait eu des difficultés à sortir de ce pays dans la nuit du 6 avril. Du moment que le signal de commencer le travail était donné, c'était fini, il n'y avait plus aucune chance.

Je ne pourrais pas vous dire l'heure précise, mais je crois que ce jet présidentiel avait été descendu un peu avant vingt-une heure. À cette heure-là beaucoup de barrières étaient déjà en place, mais les gens l'ignoraient car ils étaient tous confinés dans leur maison. Je l'affirme parce que je les ai vues, j'étais sur la route avec ma famille, à moto, sauf Pierre qui avait déjà été assassiné au début de la soirée. Comme vous le savez déjà, on nous avait arrêtés à l'une de ces barrières, c'est là où mon autre frère et mon père ont été assassinés. Quand la capitale s'est réveillée au matin du 7 avril, c'était trop tard, il n'y avait plus moyen de circuler ni à Kigali ni dans aucune autre ville du Rwanda, même pas les campagnes dans les plus éloignées.

Tous les points de sortie du pays étaient bouclés, criminellement surveillés par la milice armée de machettes, de gendarmes et les commandos français à certains endroits. On les a vus demander la carte d'identité à quiconque essayait de traverser une intersection de rues. Toute personne qui avait des traits physiques douteux, qui ne corrépondaient pas visuellement aux traits attribués aux Hutu à première vue, cette personne était requise de présenter sa pièce d'identité. S'il s'avérait qu'elle était Tutsi, son voyage se terminait là; on la tuait sur place sans poser d'autres questions, quel que soit son âge ou son état de santé, en voiture ou à pieds! Personne ne pouvait échapper au contrôle d'identité. En plus des barrières, les listes des Tutsi avaient été dressées et distribuées, cellule par cellule, quartier par quartier, ville par ville. Quand le clairon de la mort a sonné, les contrôleurs d'identité ne visaient plus seulement ceux qu'ils avaient marqués comme étant des complices du FPR *(ibyitso);* ils séparaient systématiquement les Tutsi des Hutu comme on séparerait les haricots du gravillon avant de les faire cuir.

Cette cruauté s'est accélérée comme un feu de brousse dans tous les coins du pays; et comme il n'y avait que des pyromanes et pas de sapeur-pompier, le feu ne pouvait que s'accélérer. Toutes les maisons et endroits susceptibles de cacher des gens étaient scrutés au peigne fin. Rien n'était fait à l'improviste, tout avait été bien étudié, ils avait un plan à suivre. Les villes et les villages étaient fouillés de fond en comble, le pays était en sang et en flammes au même moment. Les charniers à ciel ouvert se remplissaient à vue d'œil, ils étaient déjà plein de cadavres dès la première heure de la matinée du 7 avril. Cette destruction sauvage de l'homme par l'homme a continué à un rythme fou pendant trois mois. Les rapports internationaux rapportent que ces cruautés faisaient entre 8 000 et 10 000 victimes par jour, chaque jour, c'était du jamais vu!

Chaque nouveau jour était encore plus cruel que le jour précédent malgré la présence des *Casques-Bleus,* dont le nombre avait été expressément réduit au lieu d'être augmenté. Le Conseil de Sécurité de l'ONU faisait la sourde oreille à la sonnette d'alarme du Général Roméo Dallaire, alors Chef de Mission de la Paix de l'ONU, « *MINUAR - Mission des Nations Unies pour l'Assistance au Rwanda»*. On dirait que toutes les puissances de la terre et de l'enfer s'étaient liguées pour ignorer l'extermination des Tutsis! En grandissant, j'avais pensé que grâce à la popularité du multipartisme politique coalisé, s'ils avaient été conséquents avec leur discours, peut-être auraient-ils été d'un certain renfort aux combattants du FPR qui tentaient de mettre fin aux massacres, mais presque tous les membres de ces partis d'opposition avaient fait volte-face et adhéré eux-mêmes à cette vague criminelle, soit par peur, par lâcheté, ou tout simplement pour rester fidèles à leur *hutunité (si je puis me permettre...)!*

Les Tutsi avaient beaucoup misé sur l'éventualité de la pacification stipulée dans les Accords de Paix d'Arusha, qui était la seule et unique possibilité du salut, même si ce salut était très improbable.

Tout le monde croyait tellement en la force de ces accords qu'il n'y avait presque pas de raison de douter, de quitter le pays avant. Pendant ce temps, les Tutsi ignoraient que la machine de la mort avait été huilée, qu'elle était en place depuis longtemps et que plus rien ne pouvait l'arrêter à ce stade-là. Le colonel *Théoneste Bagosora* avait fini de peaufiner l'apocalypse qu'il avait annoncé en claquant la porte à Arusha, il devait le mettre en exécution coûte que coûte. Je voulais vous faire ce portrait pour m'assurer si nous sommes à la même longueur d'ondes avant d'aborder le sujet qui t'intéresse, soit de savoir pourquoi nous sommes partis de chez nous dans la nuit du 6 avril, pendant que les autres Tutsi étaient barricadés chez eux.

Ce fut ta sœur *(ma mère)* qui eût vent de l'assassinat imminent du Président s'il signait ces Accords de Paix! Tout son entourage, les autorités civiles et militaires, de même que tous les membres de *l'Akazu,* personne ne voulait de ces négociations de paix qui, disaient-ils, humiliaient les Hutu face à ces rebelles Tutsi. D'une part, il n'y avait aucun Hutu qui mettait en doute la victoire militaire des *FAR (Forces Armées Rwandaises)* surtout qu'elles étaient renforcées par la présence armée des commandos français, résultat de l'indéfectible amitié des Présidents Français et Rwandais, *François Mitterrand et Juvénal Habyarimana.* Les Hutu radicaux avaient joint leur voix à celle du Président français; ils avaient juré que si le Président Habyarimana défiait la voix du peuple et signait le pacte de paix avec ces rebelles Anglo-saxons, qu'il serait considéré comme un traître à la *cause hutu* et auraient automatiquement signé son arrêt de mort! Eh bien, il l'a quand même signé ce pacte de paix malgré les menaces, on connaît la suite! Je pouvais à peine lire l'heure à cette époque-là comme je vous le disais, mais je crois qu'il devait être un peu après minuit quand nous avons quitté chez nous.

Nous avions à peine roulé quelques heures, entassés à quatre sur la Kawasaki de mon père, à quatre et non à cinq parce que mon frère, Pierre, venait d'être tué. J'étais la plus petite de la famille, papa m'avait mise devant lui, à peine perchée au-dessus du réservoir à essence pour faire un peu plus de place en arrière pour maman et mon autre frère, Marc. C'était extrêmement dangereux de rouler dans ces conditions, mais je n'avais pas très peur entre les bras de papa qui conduisait ce bolide qui s'affolait sur des chemins tortueux et mal éclairés, mettant les feux de route par intermittence... Je pouvais être éjectée à tout moment mais je me sentais en sécurité malgré de violentes secousses. Dans ma tête de petite fille innocente, aucun malheur ne pouvait m'arriver tant que papa serait avec nous. Je me foutrais du reste du monde aussi longtemps qu'il serait là; au bout d'un certain temps sur ces chemins, il manquait de plus en plus de précision dans sa conduite, tellement il empruntait de mauvais chemins.

Il a donc décidé de revenir sur la route. Quelques minutes plus tard sur cette route, nous sommes tombés sur une barrière, nous avons même failli l'enfoncer parce que papa ne l'avait vue qu'à la dernière minute. C'était un tas de gros morceaux de bois d'eucalyptus. En l'apercevant papa avait freiné de justesse, assez brutalement pour éviter cette collision qui s'annonçait fatale, mais les freins n'avaient pas suffi; il perdait le contrôle de sa moto et avait dû emprunter l'astuce bien connue d'utiliser ses pieds comme freins supplémentaires pour la maîtriser. C'est alors qu'on a réalisé qu'on venait de tomber dans le piège. Il y avait tout autour de cette barrière un attroupement de hideux individus armés de machettes et de massues cloutées.

Je les voyais assez distinctement sous le faisceau des phares de la moto, car papa ne les avait pas éteintes. Il n'y avait pas de doute qu'ils nous attendaient car ils avaient reconnu le bruit de la Kawasaki de papa, il n'y en avait pas deux comme ça dans le coin. Comme possédés de démons, ces hutu-miliciens se sont mis à crier dans un bruit infernal, sortant de toutes parts comme des fourmis en scandant : *mort aux cancrelats, tuez-moi ces cafards*, etc...! Qu'est-ce qu'il était terrifiant, ce moment-là!

À cette époque-là mon père travaillait pour un organisme international Japonais, on lui offrait souvent des voyages au Japon.

C'est eux qui lui avaient donné cette moto. C'était une machine presque unique en ville et mon père était populaire pour ça. Ces miliciens savaient donc que c'était lui qui arrivait. Ils nous ont attaqués, mais j'ai remarqué qu'ils hésitaient, qu'ils avaient même un peu peur malgré leur nombre et leurs machettes. Et pour cause, mon père était physiquement fort et athlétique; on disait aussi qu'il maîtrisait des habiletés en techniques martiales, mais je ne l'avais jamais vu se battre, je ne savais même pas ce que c'était, le karaté.

Certains enfants de mon âge me disaient qu'ils avaient entendu dire que mon père pouvait voler comme *Jackie Chan,* ce chinois dont on connaît les cascades dans des films de Taekwondo. Il me semble que cette bande de tueurs le savaient aussi, c'était pour cette raison qu'ils hésitaient avant de nous attaquer. Il paraît qu'il avait aussi des ceintures en Kung-Fu mais j'ignorais tout ça, je ne savais même pas à quoi ça sert. Je ne pense pas que personne de notre famille l'avait vu à l'œuvre avec ses talents. Lui-même n'en parlait pas, mais il y avait chez nous, accrochées au mur, quelques photos de lui en *Kimono de Karatéka.* Il les avait ramenées de son dernier voyage au Japon en même temps que cette moto. Les miliciens continuaient de tournoyer autour de nous en criant des mots méchants pour l'intimider, mais n'attaquaient pas.

Moi je tremblais, mais papa était resté lucide. Il ne semblait même pas ébranlé alors que nous, on n'était mort de peur! Comme j'étais devant tout le monde, je suivais tout ce qui se passait, j'étais hors de moi. Les cris de ces sauvages m'avaient tellement terrorisée que je n'osais pas les regarder. Je ne voyais pas ma mère ni mon frère car ils étaient dans le dos de mon père, mais je devinais qu'ils étaient dans le même état que moi, gelés de panique malgré l'assurance de papa qui semblait bien en contrôle de ses nerfs. J'ai remarqué que la plupart de ces tueurs marchaient pieds nus, comme moi d'ailleurs, car j'avais quitté la maison sans mes souliers, notre domestique avait tout volé avant de rejoindre les escadrons de la mort, lui-aussi! Chose étonnante et pour des raisons difficiles à comprendre, ces miliciens portaient chacun un chapelet de la Sainte Vierge-Marie autour du cou; était-ce un de leur signe de ralliement? Le sais-tu, Lionel?

Certains portaient de vieux pantalons maladroitement enroulés autour de leurs gros mollets, d'autres étaient en haillons faits de feuilles sèches de bananiers, probablement pour faire peur à leurs victimes avant de les tuer, mais ils portaient aussi un chapelet. Il paraît qu'ils s'habillaient toujours en haillons à chaque saison de machettes car ce n'était pas la première fois qu'ils tuaient les Tutsi, mais cette manie de chapelet était nouveau! Leurs machettes suintaient du sang frais, ce qui signifie qu'il y avait eu d'autres victimes qui étaient arrivées avant nous...

Mon père n'avait pas coupé les gaz de sa moto, il tournait au ralenti et le maintenait en équilibre avec les pieds. Il avait probablement un plan en tête mais on ne pouvait pas savoir lequel; on ne réfléchissait plus! Soudain, il nous dit à haute voix, de nous accrocher comme il faut, puis mit les gaz à fond. La Kawasaki cracha toute sa puissance dans un bruit infernal, réussit à sauter pour atterrir de l'autre côté de cette barrière. C'était extrêmement risqué à cette vitesse et l'inévitable arriva.

C'est dans cette manœuvre hasardeuse que mon frère, Marc, devait perdre la vie. Il était à peine suspendu aux écrous latéraux de la roue arrière, agrippé dans le dos de maman, mais dans cette accélération brutale, il a été éjecté et est tombé au milieu de ces loups qui n'attendaient que ce moment; la moto avait complété son saut, mais ce pauvre garçon avait volé de son côté. Il n'est pas mort à la suite de cette chute, mais à cause des coups de machettes qu'on lui a infligés. Quand la moto a fait cette embardée mortelle, maman avait senti que son fils venait de tomber; elle avait poussé un cri de détresse très effrayant en disant à mon père d'arrêter. Il s'est arrêté net et s'était retourné pour faire face à ce troupeau de tueurs qui lui criaient dessus.

J'ai vu Marc se relever, il n'était même pas grièvement blessé; malheureusement un de ces individus diabolique qui était presqu'à sa hauteur s'était précipité sur lui avec sa machette pour lui couper la tête. Dans un réflexe d'auto-défense, Marc croisa les bras devant ses yeux pour barrer le coup, mais ce coup de machette était tellement puissant que les deux moitiés de ses deux avant-bras plièrent en « V » instantanément! Ses os avaient été broyés sous la violence de ce coup mortel, le sang giclait de ses nerfs comme des tuyaux d'arrosage. C'était presque l'aurore *(mu museso)* du 7 avril 1994, un moment magique qui annonce la fin de la nuit rwandaise, qui exhibe des couleurs enivrantes et multicolores qui précèdent le lever du jour. On pouvait tout voir dans cette pénombre même sans les phares de la moto.

Il y avait aussi la lumière du feu de bois que ces tueurs avaient allumé; Marc avait certainement perdu connaissance, on ne se doutait pas qu'il ne pouvait pas survivre à l'impact de ce coup de machette; il n'avait même pas eu assez de souffle pour pousser son dernier cri, il est mort comme un agneau, au bout de son sang.

C'est dans ces conditions que j'avais perdu mon deuxième grand-frère en moins de cinq heures de temps. Sans se presser et visiblement sans signe de panique, papa est descendu de la moto en la laissant tourner au ralenti. On était tombées chacune de notre côté par rapport à la moto, ma mère et moi, terrorisées à mort devant cette horrible scène mais on n'avait rien de cassé. Désarmés devant l'agonie de ce garçon qui perdait tout son sang, ce fut le moment non seulement le plus terrifiant de ma vie mais aussi une épreuve sans précédent pour mes parents, qui perdaient leur deuxième enfant en l'espace de quelques heures!

C'est alors que j'ai vu quelque chose qui m'a marquée pour la vie, qui fait que je n'oublierai jamais mon père quoi qu'il arrive, faudrait-il que je vive dix mille ans! Il s'est résolument avancé vers le milicien qui venait de tuer mon frère; les autres miliciens se sont agglutinés comme des fourmis autour de la reine, surpris par la témérité de cet homme qui osait les narguer; comme nous, ils ne comprenaient pas ce qu'il voulait faire, car il était inimaginable qu'il puisse les affronter, les mains nues puisqu'il n'avait aucune arme!

On soupçonnait qu'il pouvait probablement se défendre, peut-être tenir le coup pour quelques moments, mais ses chances de survivre étaient très minces! Son calme et sa témérité avaient semé l'émoi parmi ces tueurs, étonnés par ce seul cafard qui pouvait leur tenir tête pendant tout ce temps.

Quel culot... disaient-ils! Viens, espèce de vaut-rien, avance encore si tu oses, on va te montrer de quel bois on se chauffe, sale vipère! *(Akanyu kashobotse - Vous êtes finis, toi et tous les vôtres)...!*

J'ai regardé mon père dans les yeux et j'ai vu un homme que je ne reconnaissais plus. Sa face habituellement joviale n'était plus la sienne et ses yeux doux et brillant étaient devenus graves et rouges, de colère et de chagrin, mais il n'avait pas peur. Comment ne pas avoir peur dans ces conditions? Je l'ignore. Je me rappelle avoir rampé en contournant la moto pour aller du côté de ma mère; pendant ce court moment, papa s'avançait tranquillement vers ces miliciens, c'est peut-être pour cela qu'ils ne m'avaient pas vue aller vers ma mère, ils avaient les yeux rivés sur chaque mouvement de papa, et nous aussi d'ailleurs! Ma mère tremblait de tout son corps en implorant la Vierge-Marie d'intercéder pour l'âme de cet homme qui allait se livrer à ces monstres! On ne pouvait plus qu'espérer qu'il soit suffisamment bon en ses fameuses techniques de combat, sinon c'en était fini pour lui, et nous après lui.

On se demandait forcément comment il allait s'y prendre même avec son savoir-faire s'il en avait... Sa détermination, en soi, était une arme redoutable, on pouvait quand même le voir en dépit du fait que le nombre de miliciens-hutu était énorme pour un seul homme. D'un bond extrêmement rapide comme celui d'un tigre, je l'ai vu voler comme un aigle et atterrir à côté de ma mère; il s'est penché à son oreille et lui a murmuré quelques mots, ces mots que j'ai entendus aussi car j'étais juste à côté d'elle. J'ai précieusement gardé ces mots, les tout derniers qu'il avait prononcés avant de mourir; c'était très émouvant! J'avais toujours cru que mon père était un roc, qu'il n'était pas un papa comme les autres, qu'il était invincible et immortel mais j'étais dupe, personne n'est immortel. Voici ces mots qu'il avait dits à ma mère, qui m'ont marquée depuis ce jour : « *écoute-moi bien, mamy... : je vais me battre contre ces misérables miliciens; ils sont très nombreux pour moi tout seul, je ne me fais pas d'illusions là-dessus, ils m'auront mais je n'ai pas le choix; j'en suis conscient mais il faut que je le fasse; mon but n'est pas de vaincre mais de les distraire aussi longtemps que je pourrai, afin de vous permettre fuir, Adélaïde et toi.*

Il va falloir faire vite, je ne sais pas combien de temps je peux tenir le coup, mais je ferai tout ce qui est à mon pouvoir pour les retarder. C'est une occasion qui ne se représentera, ni plus tard ni jamais pour vous, il faut donc en profiter! Courrez comme vous pouvez vers les marécages et cachez-vous. Si Dieu le veut, je vous y rejoindrai, sinon je vous souhaite bonne chance, mon amour! Prends soin de notre bébé, c'est le seul qu'il nous reste, je vous aime. Que Dieu vous accompagne!

Il ne m'avait rien dit, moi; il a seulement passé ses gros doigts dans les tresses de mes cheveux et s'est éloigné rapidement. Ce moment avait duré à peine quelques secondes mais avait creusé un gros trou dans mon âme, un trou si profond qu'il est encore béant à ce jour, le temps, si long et puissant soit-il, n'est pas arrivé à le fermer. C'est la toute première fois que je dis ces derniers mots de mon père. Je les avais gardés pour moi seule; je me disais qu'ils ne concernent que moi mais aujourd'hui je réalise qu'ils vous appartiennent aussi; personne d'autre ne les avait jamais entendus avant vous.

Il s'est rapidement éloigné de nous; je l'ai vu tirer, avec calme, la ceinture de son pantalon; il a enlevé aussi sa jaquette de cuir, enroulé calmement cette ceinture autour de son poignet droit et la jaquette autour de son poignet gauche. Ni moi ni ma mère, ni même ces miliciens, personne ne pouvait comprendre ce qu'il comptait faire; maman pleurait déjà et priait fort, atterrée et désespérée.

On l'a vu ensuite se diriger vers ces coupeurs de tête qui l'observaient, inquiets, peut-être intimidés aussi. Maman avait la main sur son cœur en récitant des prières en cascades, c'était troublant d'entendre cette prière. Quand elle avait vu son mari s'avancer vers cet attroupement; contrairement à moi, elle avait fermé les yeux pour ne pas voir la suite. Elle n'a pas été capable de regarder le combat de son mari, mais moi si. J'étais dangereusement terrifiée mais confiante, pour moi mon père était invincible...!

Je savais qu'il se jetait dans la gueule du loup mais personne ne pouvait prétendre être plus fort que mon père, j'en avais la certitude même si je ne l'avais jamais vu se battre; il ne pouvait que battre ces idiots, j'en étais absolument convaincue.

Le temps d'un éclair, je l'ai vu faire un bond de guépard et rattraper le gars qui avait l'air très menaçant, qui n'avait pas arrêté de l'insulter en crachant par terre en signe de mépris; il lui assena un coup extrêmement violent avec le bout métallique de sa ceinture au niveau de la nuque, celui-ci s'effondra dans un râle de porc égorgé; il resta à terre et ne bougea plus. Était-il mort? Je l'ignore mais il ne s'était pas relevé. Dans ce même élan, il en avait rattrapé un deuxième, un troisième, un quatrième, etc..., les amochant avec la même force en faisant vibrer sa ceinture autour de sa taille comme un enfant qui jouerait à la toupie; ces chenapans tombaient les uns sur les autres dans un râle de douleur épouvantable, il les poursuivait avec la même rage et les cognait sans pitié; la moitié de la foule avait fini par fuir dans le bois. Contre toute attente, sa ceinture devenait une arme assez redoutable. Il se protégeait la face avec sa jaquette de cuir qui lui servait de bouclier. Quand il faisait un pas en avant, ces bandits couraient et se dispersaient à reculons, mais revenaient; tellement ils étaient nombreux.

Il me semblait que mon père était dans son élément, comme si c'était quelque-chose qu'il avait toujours fait. En le voyant j'avais encore plus confiance en ses habilités de combat légendaires, désormais une réalité à mes yeux. C'était très humiliant pour ces dizaines de voyous qui fuyaient devant un seul homme, sans arme! Ils reculaient mais revenaient à charge à tour de rôle, papa continuait à les frapper sans ménagement; dépendamment de la partie du corps qu'il atteignait avec la boucle de sa ceinture, la cible atteinte ne revenait pas. La majorité de ceux qu'il atteignait restaient à terre et abandonnaient le combat, même quand ils n'étaient pas gravement blessés. Ils restaient couchés par peur de revenir, ils devaient faire croire à leurs collègues qu'ils étaient mal en point.

Comme deux idiotes, nous étions restées là, maman et moi, alors que c'était le bon moment de fuir, c'était précisément pour ça que papa se battait. Ce n'était pas que nous avions voulu désobéir, nous n'avions pas eu le courage de partir sans connaître l'issue de ce combat. Nous étions cachées dans un bosquet touffu d'où je pouvais tout voir, maman n'avait eu le courage d'assister à ce combat du siècle, sauf vers la fin, mais quelle fin...!

Ces miliciens ne s'intéressaient pas à nous, pas avant d'en avoir fini avec papa. Il fallait se débarrasser de lui d'abord et avant tout, d'autant plus qu'ils ne s'attendaient pas à ce qu'un seul cafard puisse leur opposer une résistance aussi féroce pendant de si longues heures. Le corps de Marc gisait toujours au sol et n'avait pas bougé; pour moi il était mort, je ne pouvais pas me faire d'illusions là-dessus; à mon grand étonnement, j'ai réalisé qu'il bougeait; il n'était pas mort; il avait perdu beaucoup de sang mais il était encore vivant. Je n'ai pas cru mes yeux quand je l'ai vu essayer de se lever. Le milicien qui lui avait coupé les bras était caché derrière un buisson, et remarqua qu'il n'était pas mort et se dirigea vers lui.

Dans un dernier effort, ce jeune homme avait réussi à s'adosser contre une termitière abandonnée qui était là. C'était surréel de savoir qu'il vivait encore. J'ai secoué ma mère pour qu'elle voie ce miracle. Elle était très soulagée de savoir que son fils était encore avec nous, qu'il n'était probablement que blessé, que papa pourrait éventuellement le sauver quand il en aurait fini avec ces tueurs, mais on se trompait! Nous nous sommes quand même accrochées à ce mince espoir, qui fut de courte durée! Ce tueur s'était précipité sur Marc et lui avait tranché la gorge; il avait déjà les avant-bras pliés en v, cette deuxième attaque fut un coup de grâce! J'ai vu sa tête tomber sur sa poitrine, et tout son corps rouler quasiment aux pieds de papa; celui-ci n'était pas très loin de cette horrible scène. Un long filet de sang sortait de ses deux artères aortes comme d'une pompe d'arrosage, éclaboussant tout ce qui était autour de lui, papa inclus. Je me demande encore aujourd'hui comment mon pauvre papa avait pu rester debout, devant ce deuxième drame sans s'effondrer, car il avait quasiment assisté aussi à l'assassinat de son premier fils, Pierre, qui avait été tué la veille, dans les mêmes conditions.

Nous étions pétrifiées, maman et moi; on n'arrivait même pas à pleurer; plus tard j'ai compris qu'on ne pleure que quand on se retrouve dans un contexte qui stimule cet élan émotionnel *(uvuga aba atarabona – on peut parler tant qu'on n'en a pas encore assez vu...)*! La succession de tant d'événements dramatiques dans notre vie nous avait vidées de toute émotion, on n'était plus que des fantômes. Je suis incapable de trouver les mots justes qui décriraient mieux l'état qui était le nôtre, c'était l'apocalypse dans notre famille. Je n'avais jamais imaginé que de tels malheurs existaient.

En grandissant j'avais continué à croire que cela n'était arrivé qu'à notre famille, jusqu'à ce que j'eusse lu des livres et regarder des films d'horreur. C'est à ce moment-là que j'avais compris que cela était déjà arrivé aux autres aussi, qu'il y avait même eu *l'Holocauste* des Juifs et bien d'autres grands malheurs dans le monde. J'avais à peine sept ans mais je réfléchissais déjà comme une vieille personne, mais j'ignorais que l'homme vis-à-vis de l'homme pouvait se transformer en monstre aussi rapidement et avec une telle cruauté.

Tout ceci n'est pas un conte de fée, c'est mon histoire, des choses que j'ai vécues. Mon père était tout couvert de sang, le sang de son fils qui l'avait éclaboussé, qui mourrait à ses pieds; je me demandais ce qu'il pouvait ressentir à ce moment précis, et ce qu'il comptait faire. Allait-il continuer à se battre contre ces génocidaires? C'était impossible, ils étaient tellement nombreux, et on voyait qu'il était fatigué. On était restées cloîtrées dans ce buisson et n'osions même pas chuchoter entre-nous. J'ai regardé ma mère dans les yeux et j'avais vu que son regard était vide, sa face livide et figée dans le temps comme une statue de plâtre. Elle se rendit compte que je l'observais un peu trop longtemps, que je cherchais désespérément un certain réconfort auprès d'elle; elle avait eu un réflexe nonchalant et involontaire de m'attirer à elle, sans rien dire, et m'avait embrassée sur le front en me caressant les cheveux, comme avait fait mon père plus tôt avant de se lancer dans ce combat. Je pouvais soupçonner ce qu'elle pouvait penser à ce moment-là mais je me suis abstenue de lui poser des questions, son état m'effrayait! Allait-elle mourir, elle-aussi? J'étais sa petite dernière dans l'ordre de naissance et bientôt dans la mort aussi; je n'avais pas de doute, nous allions mourir aussi, ces mécréants nous chercheraient dès qu'ils en auraient fini avec papa et ce n'était plus qu'une question de minutes!

À force de regarder la mort dans les yeux, j'avais cru qu'il était possible de l'apprivoiser, la banaliser même pour ne plus en avoir peur, mais j'avais réalisé qu'avoir peur était une sensation sur laquelle on avait aucun contrôle. La décapitation de mon frère devant moi, qui s'ajoutait à la mort de mon autre frère, *Pierre,* la tête de mon père qui n'allait plus tarder à rouler devant nous, tous ces sentiments se bousculaient en moi et me tétanisaient; j'avais extrêmement soif, mais de la nausée aussi. Nous avions assisté à ce combat unique en son genre que papa avait livré à ces individus aux allures lucifériennes, un spectacle absolument délirant, c'était sûrement ça qui me donnait la nausée. J'avais senti que ma mère aurait aimé voir la terre s'ouvrir sous nos pieds et nous avaler, que de tomber dans les mains de ces barbares, mais la terre s'est moquée d'elle, elle-aussi, comme tout le monde à cette époque.

Elle ne disait rien mais je savais qu'elle était en train de prier, au moment où je doutais de l'existence même de ce Dieu et son amour dont tout le monde m'avait parlé! Où était-Il? Pourquoi n'était-Il pas intervenu quand nous avions besoin de Lui, plus que jamais auparavant? Nous considérait-Il comme ses enfants, nous aussi? C'était un moment indicible, mais je ne pleurais pas, maman avait cessé aussi de pleurer! En grandissant j'avais compris aussi que pleurer est un caprice, un privilège de certaines circonstances, une expression d'émotion qui nous envahit et déborde dans nos yeux, auquel on résiste rarement, surtout quand on est confiant d'obtenir ce qu'on désire, autrement cette émotion ne déborde vers l'extérieur, quand on n'espère plus rien. Cette émotion est naturellement activée à la fois par le malheur ou le bonheur, malheureusement nous n'étions ni dans l'un l'autre de ces états; ce malheur n'avait pas de qualificatif et ne pouvait se définir, ne se comparer à rien qu'on connaissait déjà dans la vie.

Notre survie, *s'il y en avait une*, était étroitement liée à celle de mon père, mais on voyait qu'il était vidé de toute son énergie. Il s'était battu pendant plus de trois heures contre ces bâtards, il était si fatigué qu'il titubait et manquait de s'écrouler au moindre mouvement. Qu'est-ce qu'il était vaillant, pauvre papa! Il avait fait un exploit jamais vu, même pas dans un rêve; il était vraiment unique, mon père. Il ignorait toutefois que nous étions encore là, qu'on l'avait observé pendant tout ce temps.

Pour la première fois on lui avait désobéi, une chose que je n'avais jamais fait; personne ne pouvait défier son autorité, pourtant c'était un homme très gentil, qui parlait peu. Il aimait beaucoup lire et nous disait toujours de ne pas le déranger quand il lisait. Néanmoins je ne regretterai jamais de lui avoir désobéi dans ces circonstances, sinon je n'aurais jamais su quel homme il était vraiment! Depuis ce jour, j'essaye en vain de comprendre le sens de la vie surtout quand je me rappelle la vie modeste et confortable que nous menions chez nous avant le génocide. Nous étions une famille unie et très paisible, pleine d'amour et d'avenir, je n'avais aucune raison de penser qu'une telle chose pouvait nous arriver. La chasse à l'homme et la mise à mort systématique des Tutsi a brutalement mis fin à tous mes rêves d'enfant; à ce stade-là je n'avais aucune raison de croire que Dieu existait, qu'Il était équitable comme on m'avait toujours dit, tout au long de mon enfance.

Ce n'est que plus tard que j'avais réussi à comprendre que Dieu ne fonctionnait pas comme les hommes, qu'Il n'est même pas à blâmer pour nos bêtises. Il nous a donné la capacité de nous prendre en mains, de faire nos choix et d'exercer l'autorité sur notre conscience.

De ce fait, nous sommes entièrement responsables de nos actes, bons ou mauvais; il nous appartient, dès lors, de trouver des solutions adéquates quand nous subissons des contrecoups de nos choix. Nous devons nous attendre à répondre de nos actes et sur ce que nous avons fait de la vie qu'Il nous a prêtée, chacun la nôtre, même si nous faisons toujours semblant d'ignorer que ce jour viendra. C'est bien dommage de penser comme ça, car personne n'échappera au dernier jugement; on devra forcément expliquer la façon dont nous avons géré notre vie sur terre; certaines gens n'y croient pas, peut-être ont-elles raison mais rien ne démontre qu'ils n'ont pas tort plutôt. Mourir, en soi n'est pas si grave, même si ça la mort nous afflige quand nous perdons un être cher, mais cela ne devrait pas nous surprendre puisqu'on meurt toujours de quelque chose! Ce qui est choquant, c'est quand quelqu'un, un être humain comme vous et moi décide de vous enlever la vie, de supprimer votre existence quelque que soit la raison, que vous soyez né Tutsi dans le cas qui nous concerne! C'est une abomination. Vous décidez délibérément d'enlever la vie à votre semblable et vous vous dites, *un peu pour vous calmer les nerfs*, qu'il n'y aura pas de procès?

Il n'y en aura peut-être pas sur cette terre injuste et remplie d'iniquités, mais Dieu est impartial, Il sera impitoyable à votre endroit! Ceux qui ont fait ce crime le rencontreront et trembleront devant sa face, j'en ai la certitude! On se plaint souvent de ne pas voir Dieu mais on Le verra, le moment venu! Ceux qui organisent des génocides méprisent son nom, qu'ils arrêtent donc de se cacher la tête dans le sable, ils entendront parler de Lui, sa colère s'abat toujours sur les buveurs de sang des innocents; elle s'abattra sur eux comme *une foudre sans eau (inkuba itagira amazi)* jusqu'à leur énième génération. Ce n'est pas moi qui parle mais les Saintes Écritures : *Exode 20 : 5 – 6, je cite : Moi, l'Éternel ton Dieu, je suis un Dieu jaloux qui punit l'iniquité des pères sur les enfants jusqu'à la troisième et la quatrième génération de ceux qui me haïssent, Dieu qui fait miséricorde jusqu'à mille générations à ceux qui L'aiment et qui gardent Ses commandements* » : - *(Tu ne tueras point - Ntuzice)*!

Aussi, n'est-il pas la honte de l'humanité entière d'avoir manqué au devoir d'arrêter le génocide contre les Tutsi, alors qu'elle pouvait? Pourquoi les a-t-on laissés mourir comme des mouches? Pourquoi personne n'a rien fait pour arrêter ce carnage alors que ce n'étaient pas les moyens qui manquaient *à la France, aux USA, au Royaume-Uni, au Canada?* Ils ont délibérément choisi de regarder ailleurs, d'interdire même de prononcer le mot *génocide,* d'une part, parce que la race noire ne pèse pas lourd dans la balance du pouvoir de ces superpuissances qui gouvernent ce monde pourri, au Conseil de Sécurité en particulier, cet organe miné par l'arrogance suprématiste dont les membres permanents pensent qu'ils sont plus grands que Dieu Lui-même!

Les membres cet organe croient qu'ils sont les seuls à être debout, ignorant ainsi qu'ils regardent les autres de haut parce qu'ils les avaient mis à genoux, *(pour ne pas citer madame T. Morrisson)*! Il va sans dire que le Rwanda, dans son état, était un pays d'aucun intérêt pour ces décideurs de la vie ou de la mort du reste de l'humanité; ce petit pays était totalement inconnu, personne de ces géants aux pieds d'argile ne pouvait même pas localiser où il était sur la carte du monde, à part le Président François Mitterrand qui en avait fait son champ privé. Il n'y avait donc pas surprise qu'il ait eu la mainmise sur le sort des Tutsi. N'avait-il pas solennellement déclaré dans *le Courrier International,* je cite :

Dans ces pays-là, un génocide n'est pas important?

Que pouvions-nous attendre d'un homme qui pouvait faire de

telles déclarations publiques ? Il avait expressément donné le ton, le génocide ne pouvait que faire son chemin; ces mots du Président Mitterrand sont restés dans ma mémoire, ils sont extrêmement préjudiciables pour toute l'humanité, mais ne m'ont pas étonnés, car c'était lui la référence, le paternel du continent noir, de la *France-Afrique* à *l'Afrique des Grands-Lacs*! On se rappelle qu'il y avait, en même temps que le génocide des Tutsi, la coupe du monde de football *(soccer world cup)*. Pendant que je voyais la mort dans les yeux de mon père, que je sentais l'odeur du sang chaud de mon frère, le reste du monde était dans la fièvre et l'allégresse des jeux olympiques, les yeux rivés aux écrans de leur téléviseur! Ma mère était tellement dévastée, ce mot n'a même pas assez de force pour décrire ce qu'était son état, mais ceci n'avait pas empêché le monde de s'éclater. J'ai gardé l'image de ma mère quand elle était recroquevillée sur elle-même à l'intérieur du buisson qui nous abritait de façon sommaire; elle ne disait rien mais je pouvais lire dans ses pensées; elle se demandait forcément ce que nous allions devenir après la mort imminente de son mari, et cette mort s'approchait à grand pas! J'aurais aimé sortir précipitamment de notre buisson, aller me jeter dans les bras de mon père pour lui dire adieu, lui dire pour la dernière fois à quel point je l'aimais et que je l'aimerai même après la mort, mais je ne l'ai pas fait. Il ne fallait même pas y penser car j'aurais inutilement exacerbé notre misère.

La seule chose dont j'étais capable de faire à ce moment-là était de garder les yeux ouverts pour ne rien manquer de ce qui allait suivre. Je tenais à tout prix à graver ses dernières images tatouées sur mon cœur pour ne jamais en oublier une seule, et c'est ce que j'avais fait. C'est le plus grand souvenir que je garde de lui et il est très précieux pour moi. Je me console parfois d'avoir eu cette chance qui n'arrive pas souvent dans la vie d'un enfant d'admirer la bravoure de son père, d'apprécier à sa juste valeur son sacrifice ultime, mais je ne le souhaite à aucun autre enfant! J'ai été témoin de ses capacités sportives inusitées et du pouvoir qu'il avait démontré en se battant seul contre une multitude de miliciens-hutu enragés.

Il bondissait comme un fauve d'un tueur à un autre, les frappant avec le bout métallique de sa ceinture qui, mine de rien, constituait une arme redoutable. J'étais heureuse de voir ces chenapans s'écrouler dans un râle de souffrance atroce, tomber les uns sur les autres en échappant leur machette. En un moment donné, j'avais souhaité qu'il ramassa une de ces machettes pour s'en servir contre ses agresseurs, mais il ne l'avait pas fait. Cet outil lui aurait été utile mais il l'avait dédaigné. Ces longs et hideux outils étaient tout rouges du sang frais, dont le sang de son fils, ce qui justifie probablement pourquoi il ne voulait pas les toucher.

Ma mère qui avait eu le courage de regarder les derniers moments de vie de son mari était soulagée de voir qu'il n'avait pas cherché à se salir les avec ce matériel maudit... Je me rappelle l'avoir entendue pousser un grand soupir et remercié le Seigneur que papa n'ait pas cherché à tuer quelqu'un, même si eux ne faisaient que ça. Cela prend un cœur solide de pas chercher à tuer ses ennemis pour sauver sa peau; mon père avait réussi à le faire, j'en ai été témoin.

C'est rare pour un homme qui savait qu'il allait mourir, mais maman avait raison, salir son âme et ses mains ne valait pas la peine! Je me demande si ces miliciens étaient surpris ou soulagés de voir que papa n'était pas intéressé à se servir de l'une de leurs machettes, ils devaient redouter ce qu'il aurait été capable d'en faire, lui qui les avait humiliés et tenus en haleine pendant de longues heures, rien qu'avec une simple ceinture. J'étais fière de mon papa même si j'avais la certitude qu'il allait mourir, et nous juste après lui.

Les miliciens s'affaiblissaient, eux-aussi, malgré leur nombre. En dépit de son enthousiasme et ses capacités de commando, ces malades mentaux étaient sûrs qu'ils l'auraient à l'usure, qu'il allait tout de même finir par s'écrouler à cause de la fatigue et à la pression. À force de le regarder, j'étais envahie par un sentiment d'amour immense et d'admiration à l'infini pour cet homme qui avait réussi une telle épreuve d'héroïsme contre cette bande de tueurs, malgré leur rage haineuse et leurs armes! Je ne l'aurais jamais cru capable de faire de tels exploits guerriers. Pendant tout le temps qu'il se battait, aucun de ces miliciens n'avait cherché à savoir où nous étions passées. Ils étaient préoccupés par ce combat, car il fallait d'abord éliminer ce cafard avant de passer à autre chose. Ils voulaient non seulement le tuer parce qu'il était Tutsi, ils voulaient surtout tuer l'homme qu'ils avaient toujours haï par jalousie et convoitise, ce même homme qui arrivait à les humilier dans ses derniers moments.

En observant mon père plus attentivement, j'avais remarqué qu'il saignait à son bras gauche, pourtant je n'avais pas remarqué à quel moment il avait été blessé. Il en était conscient parce que je l'avais vu s'arrêter et regarder sa blessure. Il avait alors déchiré son T-shirt et s'était fait un garrot à l'avant-bras pour arrêter cette hémorragie qui allait compliquer la situation. Après avoir fait son nœud, il a mis sa jaquette de cuir autour de son cou et s'est dirigé vers sa moto. Il a relancé le moteur et foncé tout droit dans cette foule de criminels. La plupart de ces conards étaient au sol, hurlant de douleur due aux coups de la ceinture. Il s'est mis faire des sauts périlleux avec sa moto, comme s'il s'amusait… On ne voyait pas ce qu'il voulait faire, mais on n'a pas tardé de comprendre que c'était une autre tactique de combat encore plus originale.

Craignant les roues de la moto, les miliciens se levaient et courraient dans toutes les directions pour éviter les roues mordantes de ce bolide, mais il les rattrapait assez vite; il ne se gênait pas de rouler par-dessus leur corps, effectuant des sauts dangereux sur leur tas de merde et en blessant plusieurs à la fois. Ils essayaient de se protéger la face avec leur main pleine de sang mais les roues de la Kawasaki étaient agressives et impitoyables! Malgré sa blessure qui saignait encore, il n'avait pas cessé d'utiliser sa ceinture en même temps qu'il faisait ces acrobaties avec son bolide, comme s'il était au dos d'un cheval de course. C'était un combat époustouflant, un thriller hollywoodien que je n'oublierai jamais! On ne voulait toujours pas partir.

Le temps de ce combat était très précieux pour moi; il ne aurait été très utile pour fuir, d'aller loin, mais nous n'en avions pas profité comme papa l'avait prévu, mais je ne le regrette rien. Nous avions peut-être trahi sa confiance car il se battait pour nous donner cette chance, qu'on n'avait pas saisie, mais j'ai eu cette chance rare de connaître toutes les qualités qu'il avait. Ce n'était pas possible de partir avant d'avoir vu le dénouement de ce combat. Est-ce que je blâmerais ma mère pour n'avoir pas suivi les consignes?

Au contraire, je crois même que j'aurais dit non s'elle avait voulu qu'on parte avant d'avoir vu comment ça se terminerait. C'était si captivant que je ne pouvais même pas détacher les yeux de ce champ de bataille. C'était comme dans un film à suspense, avec la seule différence que le héros de ce film était mon père! Comme les héros de film meurent rarement, je me disais qu'il avait peut-être encore une chance, comme tous les héros.

C'était pénible de savoir qu'il avait déployé tout cet effort pour rien, qu'il allait finir sa vie de cette manière. Au bout de quelques moments d'acrobaties périlleuses avec sa moto, je l'avais vu arrêter sa machine; j'ai pensé qu'il manquait de carburant mais ce n'était pas ça; il avait scruté l'horizon comme s'il cherchait à nous apercevoir, être sûr qu'on était déjà loin. J'ai eu un pincement au cœur, me demandant ce qui se passerait s'il nous voyait... Il aurait su qu'on l'avait désobéi pour la première fois, mais ce n'était pas nous qu'il cherchait. Il voulait voir où se trouvait la dépouille de son fils; il tenait à le voir pour la dernière fois et l'avait trouvé.

Il s'est dirigé vers lui, s'est agenouillé devant ce corps mutilé pendant un court moment, puis lui a fermé les paupières comme on fait d'habitude aux morts encore frais; je l'ai vu se faire un signe de croix avant de lui recouvrir le visage avec sa jaquette de cuir. Il s'est éloigné à reculons sans le quitter des yeux, on a compris qu'il venait de décider d'arrêter de se battre. Il avait encore besoin de cette jaquette dont il se servait comme un bouclier, mais il avait choisi de la laisser à Marc, lui qui n'avait plus besoin de rien sur cette terre! Papa retourna à sa moto. Il ignorait toujours que nous étions juste-là, à quelques mètres à peine, qu'on l'avait observé, qu'on avait tout vu. Il aurait été affligé de savoir que nous avions trahie sa confiance pour la première fois, que nous étions des femmes désobéissantes, c'était ça qu'on craignait.

Il était si préoccupé qu'il n'avait pas vu un des tueurs qui se dirigeait vers lui en brandissant une machette. Quand je l'ai vu s'avancer vers lui, j'ai failli crier pour attirer son attention; c'était trop risquer car je les aurais ainsi indiqué notre cachette. Au moment ou j'ouvrais la bouche pour alerter papa de faire attention à ce tueur, maman avait eu le temps de me fermer la bouche avec sa main. Grâce à son flair martial, il l'avait senti de lui-même, juste à temps, puis avait fait un saut de côté tout en faisant un croc-en-jambe à ce coupeur de tête qui tomba sur sa face et se cassa la gueule.

Celui-ci se blessa gravement au visage car je le voyais saigner du nez en se relevant. Papa l'avait roué de coups violents avec sa ceinture, des pieds à la tête. Il frappait en même temps tous ceux qui avaient essayé de venir en aide à leur collègue, ils s'affolaient dans toutes les directions en fuyant la ceinture. Nous étions un peu soulagées de voir ça, même si papa n'était pas au bout de ses peines. Chaque moment du temps qu'il lui restait à vivre était un risque fatal, il pouvait être décapité à tout instant, à moins d'un miracle! Maman avait justement prié pour ce miracle, on l'avait espéré même s'il était très improbable, hélas, il n'y a pas eu de miracle! Ce ne serait pas exagérer si je vous disais qu'il n'y a pas eu un autre papa comme le mien, mon père était vraiment spécial.

Quand ce type qui avait failli le tuer s'est remis de son étourdissement, papa ne faisait plus attention à lui, car il savait qu'il ne reviendrait pas. Il se battait avec l'autre groupe, c'était à n'en plus finir... Ce voyou s'était dirigé calmement vers la dépouille de Marc et lui pris la jaquette de cuir dont papa lui avait recouvert le visage. Il se la mit sur le dos, comme si c'était sa propre jaquette, pour une fois qu'il allait porter une jaquette de cuir dont il était incapable de se procurer lui-même. Pour moi c'était insupportable, surtout qu'il faisait cela pour narguer papa, une raison suffisante pour moi, dans mon esprit d'enfant, qu'il aurait dû lui tordre le cou au lieu de le laisser s'en tirer aussi facilement. S'il lui avait au moins coupé une main, il lui aurait ainsi empêché de continuer à tuer d'autres gens innocents! Hélas, il l'avait laissé voler la jacquette de Marc, comme si papa ne cherchait plus de bagarre.

Il avait, à ce stade-là, compris qu'il perdait son temps, qu'il n'en viendrait jamais à bout avec tous ces tueurs; il était complétement vidé de toute son énergie, il était moralement et physiquement dévasté. Il marcha en titubant vers sa moto et essaya de la relancer, mais celle-ci ne répondait plus; il était très déçu et savait que c'était la fin. Je l'ai vu jeter cette moto par terre avec colère et désolation; il lui avait même donné un coup de pied dans le réservoir, comme si une moto pouvait souffrir…! Il était frustré et totalement désarmé. Le réservoir était à sec et la moto n'était plus d'une aucune utilité.

IX

MON PÈRE A ÉTÉ LAPIDÉ DEVANT MOI

Il s'est alors produit quelque-chose qui nous avait pris de court, tellement surprenant qu'on avait pensé qu'il s'agissait de miracle. C'eût été trop beau pour être vrai si ce qu'on avait vu c'était avéré réel. Sur ordre du chef de bande, tous les miliciens se sont agglutinés autour de lui, comme les joueurs basket-ball autour du coach. Ils se sont consultés pour quelques instants puis se sont dispersés dans le bois, y compris celui-là qui semblait être leur chef. Ils se sont évaporés dans la brousse, comme si quelqu'un ou quelque-chose les avait soudainement effrayés. On n'avait pas entendu ce qu'ils s'étaient dits pendant cette consultation, on ne pouvait même pas le deviner; ils sont complétement disparus de notre champ de vision, comme par magie, on ne les entendait même plus; c'était à devenir fou.

On ne savait pas si on pouvait aller vers papa pour au moins lui parler, ou fuir immédiatement. Avaient-ils d'abandonné ce combat ou ils étaient appelés à une mission encore plus urgente? Et si c'était ça, pourquoi ce serait au moment où mon père était à bout de forces? Ils avaient cherché sa peau tout cet après-midi, ils allaient l'avoir et ils abandonnaient? J'avais intimement pensé que la magie de la prière de ma mère avait fonctionné, que le Saint-Esprit les avait fait fuir… Ils étaient tous partis, seul le voleur de la jaquette de Marc était resté, occupé à l'essayer sans arrêt; il n'avait même remarqué que ses collègues étaient partis.

Où étaient-ils allés? Qu'est-ce qui les avait fait fuir? C'était un mystère; maman me regardait comme s'elle cherchait quelque réponse dans mes yeux, mais il n'y avait que la peur et l'amertume, mais un peu de surprise aussi à cause de tout ça. Qu'allions-nous faire? On n'arrivait pas à nous parler, notre langue était ankylosée dans notre bouche, et il n'y avait rien à dire après avoir assisté à toutes ces scènes d'horreur pendant tout l'après-midi. Le temps de nous poser toutes ces questions, moins d'une demi-heure plus tard, nous avons entendu un bruit assourdissant qui venait de la montagne; tous ces tueurs revenaient en force, je pense même que leur nombre avait doublé; ils étaient encore plus bruyants et plus féroces qu'avant.

Une multitude de hutu en furie déferlait de la colline vers nous en hurlant comme s'ils poursuivaient un gibier. Ce fut avec stupeur que nous les avons vus apparaître devant nous. Quand ils étaient partis, papa n'avait pas compris ce qui se passait non plus et n'avait pas bougé. Totalement épuisé, il s'était assis pour se reposer un peu.

Ces génocidaires revenaient chacun avec une charge sur le dos, ils ramenaient des kilos de pierres qu'ils étaient allés ramasser. En les voyant revenir, on avait tout suite compris l'objet du coaching qu'ils avaient eu avant de se disperser dans la brousse. Au signal du superviseur, le même type qui les avait coachés, ils ont commencé à lapider mon père à une cadence effrénée, c'était épouvantable à voir. *Oh Dieu de miséricorde...! Quels monstres....! Mais quelle malédiction sur leur âme!* Ils avaient compris que c'était le seul moyen de l'avoir, car personne n'osait s'approcher de lui. Ils avaient été terrorisés par sa ceinture dont il avait fait une arme redoutable, il l'avait encore dans sa main. La lapidation était le seul moyen de se débarrasser de lui sans s'exposer aux coups et blessures.

De gros morceaux de pierres commencèrent à voler de tous les côtés, s'abattant avec une extrême violence sur sa tête et partout sur son corps. Il n'avait plus que ses bras nus pour se protéger la face, car il avait laissé sa jaquette à Marc. Comme vous pouvez l'imaginer, il n'en a pas eu pour longtemps, *pauvre papa!* Personne ne peut survivre à une telle monstruosité. Je l'ai vu tomber à genoux sous l'impact de cette pluie de pierres. Il saignait abondamment et a succombé à ses blessures, après avoir perdu la dernière goutte de son sang. C'est ainsi que mon père est passé à l'autre monde, il a subi une mort sordide et extrêmement cruelle; que Dieu ait son âme, *vaillant papa!*

C'était une nouvelle méthode de torture, paraît-il; elle n'avait jamais été utilisée dans l'histoire récente des génocides contre les Tutsi, car 1994 n'était pas la première cruauté que les Hutu imposaient aux Tutsi. Même une fois à terre, les pierres n'avaient pas cessé de pleuvoir sur le corps de papa, comme de la grêle, pourtant il avait rendu l'âme. Je l'avais vu lever les yeux et les mains vers le ciel, comme s'il priait. Je pense et espère qu'il avait vraiment pensé à confier son âme au Seigneur, lui qui ne priait pas avant. Seule ma mère allait à l'église tous les matins et tous les dimanches, et récitait seule son chapelet à la maison chaque soir; papa ne s'en moquait pas mais n'avait jamais été chaud avec les affaires de la foi; il était tout le contraire de ma mère qui lisait toujours sa Bible tous les jours. À ce moment-là, ma mère voyait tout, elle avait les yeux hors de la tête et tremblait comme une feuille.

Après s'être assurés que papa était bien mort, ces ignobles individus se sont précipités sur lui, fiers de leur basse besogne; ils chantaient victorieusement d'avoir assassiné un homme innocent, d'avoir écrasé la tête d'un autre serpent, et cela n'avait même pas suffi; ils ont aussi donné des coups de pied ce qui restait de cet homme, troué ses yeux avec des pics de métal et pissé sur son corps; ils ne lui avaient rien épargné de leurs actes d'imbécillité criminelle. Jamais papa n'avait poussé de cri à aucun moment, il est mort en stoïque qu'il a toujours été, personne ne l'avait jamais vu se plaindre quelle que serait sa douleur.

Voilà mon oncle, c'est comme ça qu'il est mort, mon père,

ton beau-frère, c'est ce que tu voulais savoir! Comme des fourmis, d'autres miliciens accourraient de partout en hurlant des chants vicieux et peu glorieux, fiers de leur butin. La mort de mon père était tout un événement pour eux, ce qui était étrange pour un homme ordinaire comme lui. On dirait que c'était une épine qu'ils enlevaient de leur pied, tellement ils les avaient embarrassés. Ils étaient heureux, soulagés de le voir hors d'état de nuire.

La plupart de ces individus pervers manquaient, soit la moitié d'une oreille, soit une partie de leur gros nez ou un œil crevé : la ceinture de papa avait fait beaucoup de ravages qu'on ne l'avait pensé. Quand ils se sont assurés qu'il ne respirait plus, tous ceux qui se cachaient encore dans des buissons en sont sortis, peu rassurés; on voyait qu'ils avaient encore peur de lui, *même mort!* Vous rappelez-vous qu'on appelait les Tutsi des serpents? Cet après-midi-là, ils avaient raison d'avoir peur du cadavre de mon père, l'expression « *on ne touche pas dans l'œil du serpent, même mort* » avait tout son sens véritable! Ils avaient continué à chanter leurs hymnes d'enfer pour célébrer cette manche gagnée, après de si longues heures d'humiliation par un seul homme contre une foule. J'aurais préféré vous épargner tous ces détails si tu n'avais pas insisté.

J'ignore ce que vous avaient dit ces ex-miliciens au sujet de la mort de mon père, moins encore ce qui les avait poussés à l'admiration de sa fin tragique, mais c'est ça la bonne version des faits. Il est mort comme il a vécu, vaillant et téméraire, c'est ainsi qu'il est mort *Ngaboyisonga*, mon père éternel, mon héros et mon ami.

Pour moi papa n'est pas mort, il vit. Il a tout simplement déménagé dans un autre monde, ses derniers moments sur terre restent sacrés dans mon âme, c'est pour cela que je n'avais pas voulu raconter son histoire à personne avant vous! Elle était restée enterrée dans mon jardin le plus secret, je ne comptais même pas la raconter à personne. Maintenant je ne suis plus seule à porter ce fardeau de mémoire, elle devenait de plus en plus lourde à porter sur mes frêles épaules, vous m'enlevez la moitié de son poids! Le combat de mon père a été l'un des grands moments de ma vie, c'est tout ce qui me reste de plus précieux de lui ; bien sûr que je n'oublie rien de tout ce qu'il avait fait dans ma vie depuis ma naissance jusqu'à ce sinistre septième jour du mois d'avril 1994, mais son combat et sa mort restent le plus beau souvenir qu'il m'aura laissé. Il n'était l'égal de Christ, il n'aurait même pas été digne de dénouer le lacet de ses sandales comme dirait *Jean le Baptiste,* mais il nous avait aimés jusqu'à mourir pour nous, à sa façon ! Il m'a laissé cet héritage d'amour et de sacrifice, je ne l'avais compris à cette époque, mais avec l'âge, je trouve ça extraordinaire...

Après sa mort, ces malheureux ont démontré leur côté le plus bestial, mais ne comptez pas sur moi pour tout vous dire, comment ils avaient traité sa dépouille. Vous n'avez qu'à fermer les yeux et vous verrez ce qu'ils ont fait de son corps sur lequel ils devaient se venger, comme s'il pouvait encore souffrir. Il leur avait prouvé qu'ils n'étaient qu'un ramassis de pauvres cons, assoiffés de sang et du pouvoir qu'ils n'ont jamais eu, qu'ils ne méritent même pas... Pour ma mère, son dernier souhait avait été d'espérer que son mari avait vraiment pensé à confier son âme à Dieu au dernier moment, qu'il avait eu ce réflexe ultime et spontané de confesser ses péchés pour avoir son visa d'entrer dans le royaume des Cieux.

Papa ne pouvait pas aller ailleurs qu'au Ciel, je le crois comme fer. En effet, son remarquable séjour sur terre touchait à sa fin, ce serait malheureux s'il n'avait fait que du bien dans ce monde, et pour tout le monde, parfois jusqu'à s'oublier lui-même pour aider le bonheur des autres, et ne pas connaître la vie éternelle. Aujourd'hui, j'ai de bonnes raisons de croire qu'il avait eu le temps de faire sa prière à son dernier soupir, non seulement par ce que je l'ai vu lever les bras au ciel, mais parce que tout le monde affirme qu'avant de rendre son âme, tout être humain prend ce dernier moment pour se réconcilie avec son Créateur !

Il semble même que ceux qui ont mené une vie d'athée changent de camp, juste avant de mourir, même si personne n'en est jamais revenu pour nous dire ce qu'il faut faire. Ce serait dommage si la vie d'un homme comme mon père devait finir dans l'oubli du temps! Pourquoi Dieu Lui-même, aurait perdu son temps à créer un homme de ce calibre tout en sachant qu'il n'avait aucune chance à la vie éternelle, Lui qui sait tout d'avance? Ma mère qui, d'habitude, pleurait si facilement n'avait pas eu la force de pleurer la mort de son mari, son ami de toutes les circonstances et le père de ses enfants! Cette mort n'était pas une surprise, nous l'avions attendue tout l'après-midi, car on voyait qu'il ne pouvait pas survivre à moins d'un miracle, et le miracle ne s'était pas produit. En grandissant, j'ai compris pourquoi mes grands-parents nous disaient parfois des mots durs, qui pourraient être considérés comme des mots méchants, mais qui reflétaient toute la vérité vis-à-vis des bahutu, nos voisins qui étaient vraiment mauvais, car je les connaissais pour les avoir côtoyés depuis mon enfance.

C'était un avertissement à la prudence, elle était essentiellement basée sur des expériences malheureuses qu'ils avaient vécues depuis les années 60'. Mon grand-père nous disait souvent ceci : *bana banjye mujye mumenya kwitondera abahutu, bahinduka nk'ijuru, bakaba inyamaswa – Ô jeunes gens, soyez sur vos gardes vis-à-vis des bahutu, ils sont capables de se transformer en monstres, en une nuit!*

Qui pourrait défier les conseils de ce patriarche aujourd'hui? Ce qui saute aux yeux, ces hutu auxquels mon grand-père faisait allusion sont tous devenus des criminels, ils ont tué beaucoup de gens; ils n'auront donc pas démenti cette affirmation en 1994; bien au contraire; ils ne pourraient même pas argumenter là-dessus. Cette constatation remonte d'il y a très longtemps, elle a été confirmée lors du génocide. Les Hutu-génocidaires n'avaient jamais manqué l'occasion de maltraiter leurs compatriotes Tutsi, sans raison historique connue, à part des zizanies séparatistes préfabriquées par les colons belges depuis les années 30'...

Les bibliothèques du monde sont remplies de témoignages de ce passé douloureux, qui avait été renforcé par la vague indépendantiste panafricaine des années 60! J'avais beaucoup aimé mon père pendant toute mon enfance, une enfance tronquée, car je n'avais que sept ans quand le génocide a éclaté; je n'étais pas la seule personne qui aimait cet homme, même les gens du village aimaient mon père, parce que c'était vraiment un homme bon. Il n'avait jamais failli à ses obligations de père, de mari et de voisin, tout le monde pouvait compter sur lui. Il a fini sa vie en beauté (*adahemutse*), lui qui était allé jusqu'à se sacrifier pour nous.

Peu importe tout le bien qu'il avait fait à ses voisins avec qui il avait vécu presque toute sa vie, ils ne l'avaient pas pris en compte; ils l'ont envoyé à la mort sans merci et dans l'humiliation qu'il ne méritait pas. Pourquoi l'avoir lapidé? Ils auraient pu faire venir un policier qui lui aurait tiré une balle dans la tête s'ils étaient incapables de le tuer avec leur machette! Ça m'encourage de savoir qu'il ne souffre plus là où il est… Ils avaient tellement insulté son cadavre, arraché les yeux et les ongles, pour vous dire à quel point ces gens étaient devenus fous. Cet homme ne pouvait plus souffrir! À quoi ça sert de torturer un cadavre? Ils voulaient chacun un morceau de ce corps, comme un butin de guerre, mais quelle imbécilité!

Il n'a pas eu le temps de nous dire adieu, autre que dans le dernier petit message qu'il avait chuchoté dans l'oreille de ma mère, mais je n'ai pas de doute que sa dernière pensée avait été pour nous. Il devait se dire qu'il ne mourrait pas en vain, car il croyait que nous devions être déjà loin, que nous avions profité de la distraction qu'il avait provoquée pour nous permettre de fuir. À aucun moment il n'avait soupçonné que nous n'étions pas parties; il ignorait totalement que nous avions assisté à son combat jusqu'à la fin; heureusement d'ailleurs, car ceci lui a permis de rendre son âme avec le sentiment du devoir accompli.

Ce sacrifice m'avait permis de découvrir ses talents et toute sa splendeur, un magnifique souvenir à garder ce celui qu'on avait tant aimé. Je le trouvais encore plus beau et sublime, aussi solide qu'un roc pendant qu'il faisait ses bonds de tigre entre les miliciens qu'il cognait avec sa ceinture, sans pitié. Quand il a décidé de ne pas se salir les mains en se servant de l'une des machettes qu'ils abandonnaient en fuyant, au grand soulagement de ma mère, il s'était hissé au sommet de la générosité et son vrai caractère. J'ai eu cette chance inouïe de comprendre à quel point il nous aimait, même s'il ne nous le disait jamais! En effet, dans les habitudes de beaucoup de Rwandais, les mots *"je t'aime"* sortent rarement de leur bouche à l'endroit de leur femme ou leurs enfants, et inversement. Mais attention, cela ne veut pas dire que les Rwandais aiment moins, c'était même le contraire. Vous verrez rarement un Rwandais, même s'il était le plus attaché à sa femme, qu'il soit Hutu ou Tutsi, sentir le besoin de justifier son attachement par des gestes anodins quotidien, tel qu'on observe chez les Occidentaux. Ils n'éprouvent aucun besoin de répéter des « *je t'aime-moi-non-plus* », juste pour le dire, parfois au bout des lèvres seulement sans rien ressentir! Selon le pacte de mariage traditionnel rwandais, on se mariait pour avoir des enfants et des vaches, qu'on cherchait ensemble; c'étaient les seules ambitions d'une vie de couple qui étaient la source du bonheur et de la richesse; s'aimer dans l'acte de mariage devenait un devoir moral permanent qui avait beaucoup d'obligations civiques, ce ne pouvait être sentiment frivole, sinon vous perdiez le respect dans votre collectivité.

En général, les Rwandais étaient un peuple naturellement monogame, rares sont des hommes qui avaient plus d'une femme, ou une femme qui aurait eu officiellement plus de deux maris, car cela existe aussi dans certains pays d'Afrique. Les divorces étaient très peu nombreux, mais peut-être plus maintenant, ils ont appris à se marier à l'occidental, la tendance de relations conjugales change selon les chaînes de télévision auxquelles on est abonné! À cette belle époque, tu aurais rarement vu un homme Rwandais marcher dans la rue main dans la main avec sa femme, ou l'embrasser en public.

Jamais! Pourtant la femme rwandaise avait toujours été considérée comme une reine dans son noyau familial, et dans son village, sauf s'elle avait eu le malheur de ne pas avoir d'enfants. Elle était beaucoup moins respectée. Par conséquent, il y avait très peu de violence conjugale, mais cela ne veut pas dire qu'elle n'existait pas du tout. Ils savaient qu'ils s'aiment quand ils étaient mariés, et l'étaient généralement pour la vie. Les divorces étaient rares car c'était la honte dans les bonnes familles, personne ne voulait en arriver là.

Je ne dis pas que ceux qui s'embrassent en public ou se tiennent par la main ont tort ou ne devraient pas le faire, je dis simplement que cela ne faisait pas partie de la culture rwandaise d'hier. Je voulais vous expliquer pourquoi mon père ne nous disait jamais qu'il nous aimait, mais on savait qu'il nous aimait. On n'avait pas besoin de le lui dire non plus, il savait aussi qu'on l'aimait plus que tout. Aussi, je ne l'avais jamais entendu dire à ma mère qu'il l'aimait, pourtant ils s'aimaient et se respectaient énormément. La seule fois que je l'avais entendu lâcher ce mot *«je t'aime, à ma mère»*, c'était au moment où il allait se battre contre les miliciens. Ils furent ses tout derniers mots!

C'est quand même étrange, dans mon cœur mon père n'est pas mort... Je le porte en moi tous les jours et je sais que je le reverrai, car que j'ai la foi et crois en la vie éternelle. Pour ma mère aussi, le corps de son mari n'était plus avec nous, elle était fière de l'avoir vu se mettre à genoux, aux derniers instants de sa vie, se confesser tout juste avant d'être mis à mort. Elle tremblait parce qu'elle était très malheureuse et ne tarissait pas de beaux mots à l'endroit de son mari. Elle disait des mots doux et tendres, des mots d'amour et de gratitude, si déchirants à entendre, ces mots magiques que j'entendais pour la première fois dans sa bouche. J'avais eu peur qu'elle ne craque mais elle avait tenu bon, elle était restée forte jusqu'à la fin.

Voici ces quelques mots qu'elle avait dits très spontanément. Je les avais gardés dans mon cœur depuis tout ce temps, de la même manière que je gardais précieusement ceux qu'avait dits mon père, au tournant de sa vie et ces mots étaient directement adressés à moi : *ihorere mwana wanjye wirira niko imfura zigenda; so yari imfura none dore abaye intwari bose babireba; reka yigendere nubwo agiye akiri muto; niba Imana Ikurokoye, uzaharanire kuba imfura nka so; uramenye ntuzatatire igihango; uzahorane urugwiro n'umurava mubantu, kandi nibinaba ngombwa uzemere ubizire aho guhemuka; ubu aho so ari aranyunva, nuwo murage nawe ubwe yari kugusigira, kandi ntacyiwuruta. Ibyo ujye ubizirikana buri munsi mwana wanjye, kandi nawe uzabirage abo uzasiga, kuko mbizi neza ko uzarama nukomeza kwisunga Imana yawe.*

En voici une traduction approximative : « ne pleure pas ma fille, ainsi vont les âmes nobles bien-nées; ton père a toujours été intègre et loyal toute sa vie; si Dieu t'en donne une chance, bats-toi pour les bonnes causes, comme il a toujours fait, faudrait-il y laisser ta peau, comme il vient de t'en donner un si bel exemple; soigne ton langage et ton attitude au milieu des autres, sois digne de ton père pour l'honneur de la famille, c'est cet héritage que je te laisse, c'est le même qu'il t'aurait laissé aussi, il est le plus beau de la somme de tous les biens de la terre! Tu le laisseras aussi à ta postérité si Dieu le veut, mais je sens que tu vivras vieille. Adieu mon enfant et sois béni »!

C'était plus fort que moi! Je pense constamment à ces mots de mes parents, ces mots qu'ils ont pourtant dits séparément mais qui avaient la même teneur et le même message. Dès que j'ai atteint l'âge adulte, il ne passait pas un seul jour sans que je ne médite sur ces mots de mon héritage. Je pense à ça avec gratitude et tristesse, mais en même temps je réalise que c'est un fardeau lourd à porter! En tant que chrétienne pratiquante que je suis devenue, je ne doute point que mon père dort, qu'il se réveillera au dernier jour et qu'on se réunira de nouveau en famille, car il était un homme juste! Des gens comme lui ne pouvaient pas mourir aussi simplement, uniquement parce que certains hutu méchants avaient décidé de le supprimer des vivants!

Ne pensez pas que je bluffe ou dis le contraire de ce que je pense, vous perdriez votre temps et le mien aussi, si vous essayiez de m'en dissuader, car je n'argumente jamais sur les affaires de la foi. Je prends toujours mes distances face à quiconque essaye de me dire le contraire de ma conviction par rapport à Dieu, car j'y crois mordus. Ils ont tué le corps de mon père, mais il est vivant et vivra toujours. C'est sous cette corde d'espérance que ma vie est attachée, elle me retient et me fait espérer à la vie éternelle! Après m'avoir annoncé le contenu de mon héritage, ma mère avait fermé les yeux parce qu'elle n'était plus capable de suivre ce que les miliciens faisaient de la dépouille de son mari, mais moi si; je tenais absolument à tout voir, et j'ai tout vu.

J'avais accepté sa mort, car elle était visiblement inévitable, elle ne me faisait plus peur, d'autant plus que j'étais convaincue qu'il serait au Ciel dans quelques heures... Ses bourreaux étaient fiers d'avoir tué cet homme innocent, qui n'était même pas armé; ils avaient du vrai plaisir à se moquer de ses restes, apparemment sans avoir conscience de la malédiction qu'ils avez attirée sur eux et leurs générations futures; c'était une abomination intergénérationnelle, selon les Saintes écritures. Ma famille a été décimée, comme c'est le cas de beaucoup d'autres Tutsi, *entre 1959 et avril 1994!* Ces pauvres gens n'avaient d'autre culpabilité que d'être nés des Tutsi, on les a tués rien que pour ça! Comment peut-on comprendre une telle chose à l'âge que j'avais en 1994?

Comment l'expliquer aux autres gens, même aujourd'hui en tant qu'adulte que je suis devenue? Pendant qu'ils lapidaient mon père, j'avais reconnu beaucoup de visages parmi ses assassins, car ils étaient presque tous nos anciens voisins; je les connaissais de près ou de loin. Il y en avait même qui étaient assez proches de notre famille, je les voyais souvent parader chez nous pour n'importe quelle raison. De ma cachette, je pouvais même les entendre, ils discutaient sans se gêner de la témérité de mon père; je ne comprenais pas comment ils pouvaient louanger un homme qu'ils assassinaient.

Ils disaient entre- eux qu'ils admiraient cet homme, qu'il avait toujours été bon et généreux, etc..! Quelle misère quand même d'admirer les qualités d'un homme qui vous a fait du bien mais le tuer au lieu de le secourir, quand il avait besoin du retour de l'ascenseur.

Même si nous admettions que les Hutu avaient leurs raisons de haïr certains Tutsi à ce point, rien ne justifie l'extermination systématique de tous les Tutsi, du fœtus au vieillard, en passant par les bébés! Pourquoi n'ont-ils pas au moins eu la décence d'écouter la richesse des célèbres conseils d'Antoine de *Saint-Exupéry* dans *le Petit Prince* où il dit et je cite:

C'est une folie de haïr toutes les roses parce qu'une épine vous a piqué; abandonner les rêves parce que l'un d'eux ne se soit réalisé; condamner toutes les amitiés parce qu'une d'elles vous a trahi, ne plus croire en l'amour parce quelqu'un vous a été infidèle!

Parmi ces coupeurs de tête, j'en ai entendu un qui expliquait qu'il avait compris à quel point les Tutsi étaient vicieux, que mon père en était le meilleur exemple! Comment se fait-il, disait ce même individu, que ce seul homme ait été capable de résister à notre équipe, lui qui n'avait aucune arme? Nous sommes toute une foule de gens forts, armés et motivés, mais il a réussi à nous intimider pendant de longues heures, jusqu'à nous faire fuir? N'avons-nous pas été obligés de le tuer par lapidation, uniquement parce qu'on n'arrivait pas à le tuer autrement? Je n'avais jamais vu personne se battre avec une telle prouesse.

Moi je pense qu'il avait des pouvoirs magiques, disait un autre intervenant; ce cafard était vraiment dangereux, ça ne s'explique pas autrement. Le chef ne sera pas content aujourd'hui, nous avons perdu trop de temps aujourd'hui. Un si grand group de miliciens pour tuer un seul cafard tout un après-midi? Attendez-vous à être puni, le boss ne sera vraiment pas content avec nous. C'était ça la conversation qu'ils avaient pendant qu'ils traînaient les restes de mon père vers une autre barrière, de l'autre côté de la montagne.

Ils voulaient, bien-entendu, vanter leur prise auprès des autres bourreaux, car mon père était parmi les Tutsi les plus recherchés de la ville. Quand ils sont disparus derrière le bosquet en scandant leurs chants d'enfer, nous sommes sorties de notre tanière; c'était le moment de fuir, on n'attendait plus rien; nous avons couru comme nous avons pu, mais pas pour bien longtemps, car ils sont revenus. Ce n'était pas une surprise puisque nous savions qu'ils reviendraient, ils voulaient ma mère et savaient que nous n'étions pas loin. En moins d'une heure plus tard, nous les avions entendus revenir à toute vitesse, ils courraient dans notre direction en renversant tous les buissons, on aurait cru qu'il s'agissait d'une une horde d'éléphants de la savane qui avaient humé l'odeur d'une source d'eau pendant la saison sèche!

Les gars, disait l'un, probablement leur chef : où sont passées ces femmes? Retrouvez-les vite, amenez-moi Margo *(ma mère)*. C'est ma femme désormais puisque son arrogant mari est mort! Dépêchez-vous de la trouver et ne la touchez surtout pas; je vous promets de vous loger une balle dans le crâne si vous touchez à Margo; elle est à moi tout seul! Le type qui parlait n'était pas là au moment de l'affrontement avec mon père, car il avait un fusil d'après ce qu'il disait; il l'aurait fusillé s'il avait été là depuis le début, parce qu'ils n'arrivaient pas à se débarrasser de papa.

J'ai toujours eu un béguin pour cette femme, je l'ai enfin... J'avais même pensé à demander sa main quand elle était jeune mais je ne l'avais pas fait, car je savais qu'elle et sa famille se moqueraient de moi; les Tutsi ont toujours méprisé les Hutu; c'est pour cela j'avais toujours haï son mari, il avait pris la femme que j'avais aimée toute ma vie, mais c'était un amour malheureux. Je suis très content qu'il soit mort mai.

Mbega igituza cya Margo - mbega amatako - mbega ikibuno, mbega-mbega... - Avez-vous vu sa poitrine, ses cuisses, sa croupe, ses...! On les entendait clairement discuter de ces obscénités en fouillant nos traces dans ces hautes herbes. Ils avaient hâte de retrouver ma maman qu'ils avaient toujours convoitée d'après ce qu'ils disaient eux-mêmes, qui confirmait ce que nous avait dit Donat. Étonnamment ils la voulaient chacun pour soi, et non pour le chef, c'était une obsession de tout le monde, leur désir le plus fou! Maman qui avait tenu bon face aux autres épreuves que nous avions traversées depuis la veille, l'assassinat de ses deux fils et la lapidation mortelle de son mari, mais les déclarations de cet individu qui voulait la prendre pour femme était comme un dernier clou sur son cercueil.

Elle était si terrorisée que je ne reconnaissais plus son visage, cette révélation était comme la fin du monde pour elle. Tout son corps s'était soudainement recouvert de la chair de poule, et son cœur battait à tout rompre. Elle s'arrêta net, elle ne voulait plus continuer à fuir; elle me prit dans ses bras et entonna la louange de la Vierge-Marie, les yeux tournés vers le ciel, et elle explosa en sanglots. Visiblement elle avait reconnu la voix de l'individu qui racontait tout ça, qui fut son soupirant de tous les temps; c'était le brigadier de la commune, un sale mec qui puait du bec et du nez, aussi laid qu'un pou. J'avais reconnu sa voix, moi-aussi, je le connaissais car j'allais à la même école que ses vilains garçons, de vraies brutes qui battaient les autres enfants de mon école, surtout les filles Tutsi.

Même l'enseignante avait peur de ces garçons, elle ne pouvait rien leur dire parce qu'elle avait peur de leur père qui se promenait toujours avec son fusil. Maman m'avait regardée avec ses gros yeux remplis d'eau, tellement désespérée car elle savait ce qui l'attendait. Elle n'avait pas de doute qu'elle allait être violée par tous ces voyous. Je ne savais pas ce que c'est qu'un viol, mais il m'a semblé, à cet instant, que le viol devait être quelque-chose qui faisait mal, qui devait faire plus peur que la mort elle-même, car l'état d'âme de ma mère s'était instantanément détérioré, rien que pour avoir entendu ces Hutu raconter tout ça. Elle en avait si peur qu'elle n'arrivait plus coordonner ses gestes, je ne voulais pas en rajouter en lui posant des questions idiotes, même si j'aurais aimé lui demander ce que c'est un viol.

Sans me lâcher, elle s'était mise à genoux pour être à peu près à la hauteur de mon visage et récitait encore sa prière interminable en me regardant droit dans les yeux. Moi je pleurais déjà, j'avais très peur! Elle savait qu'elle me tenait dans ses bras pour la dernière fois, qu'ils allaient nous séparer dans quelques minutes! Je me rappelle très bien chacun de ses mots et gestes, mais surtout son regard, car je ne l'avais jamais vue me regarder de cette façon-là! C'était un adieu mais moi je ne l'avais pas encore compris. Je ne pouvais pas le comprendre mais je crois que c'était mieux ainsi, j'ignore comment j'aurais réagi si je l'avais compris dès les premiers instants.

Tu avais tout à fait raison, cher Lionel, mon père était vraiment un homme différent; avec le recul, je le réalise, ne fusse qu'en pensant à ces dernières heures et celles de ma mère, et j'y pense constamment. Quand je pense à son combat dont j'ai été témoin du début à la fin, cela provoque en moi un sentiment de profonde gratitude, et je me dis que s'il avait encore été là, ma mère n'aurait pas été aussi effrayée.

Au début, je ne comprenais pas pourquoi il s'était engagé dans ce combat tout en sachant qu'il ne pouvait pas en venir à bout, mais il avait raison, il devait penser aussi à ce que nous avait dit Donat. Parfois je me dis qu'il ne serait peut-être pas mort s'il avait fui, après une heure de combat contre ces tueurs, mais j'ai changé d'avis avec l'âge. J'avais compris que c'était effectivement la meilleure décision à prendre, sinon je ne serais même pas ici à vous parler de tout ça, et notre famille aurait été totalement anéantie. Quand je l'ai vu s'écrouler sous la pluie de pierres, je lui en avais un peu voulu; j'étais idiote pour comprendre tout ça, il avait bien fait même s'il a payé de sa vie, puisque je suis là. J'avais toujours pensé qu'il n'avait pas besoin de faire un tel sacrifice puisqu'on devait mourir, mais aujourd'hui je ne vois plus ça sous cet angle.

Il savait ce qu'il faisait et pourquoi il devait le faire. Je ne sais pas s'il y a eu d'autres Tutsi qui avaient essayé de résister aux tueurs, comme mon père, mais ce n'était pas évident. Pour comprendre comment un homme pouvait se faire confiance à ce point, jusqu'à décider d'attaquer une multitude d'individus armés de machettes, ce n'était pas donné au premier-venu! Pour mieux comprendre ce phénomène, j'avais juré que quand je serai grande, je deviendrais championne en arts martiaux; c'était mon rêve, j'estimais que c'était la seule façon de comprendre comment cet art de combat avait pu aider mon père à tenir debout autant d'heures face à ces tueurs, rien qu'avec une ceinture. Je me suis faite confiance et tenu parole dès que j'ai atteint l'âge de me faire inscrire au club de Karaté.

J'ai performé, je m'entraînais tous les jours avec rage et détermination de comprendre ce phénomène, j'étais déjà ceinture noire à l'âge de quinze ans. Je voulais à tout prix avoir la maîtrise de cet art, découvrir tous ces secrets. Effectivement j'avais compris qu'avec une confiance de soi de ce niveau, on peut changer le monde, pas seulement en arts martiaux mais dans n'importe quel domaine. Vouloir ressembler à mon père, à tout prix, était devenue une idée obsédante pour moi. Je m'améliorais chaque jour, chaque semaine, jusqu'à devenir accro de ce sport, une vraie passionnée des arts martiaux, même si je n'avais pas le physique athlétique de mon père. Je n'étais pas bonne uniquement en karaté, je l'étais aussi en Kung-fu, en réalité je suis une arme qui se promène... J'ai même gagné beaucoup de trophées dans des championnats scolaires et universitaires.

C'est une autre étape de ma vie qui m'a beaucoup servi, qui m'avait démontré que papa pouvait faire fuir tous ces tueurs, les faire battre en retraite rien qu'avec sa ceinture! Au début je me disais aussi que si nous avions écouté son conseil et fuir pendant qu'il se battait, je serais encore à ce jour avec mère, mais j'avais tort sur ce point.

On n'échappe pas à son destin quelle serait votre stratégie. Papa avait mené une vie modeste mais très convenable, mais cela ne l'avait pas empêché de connaître une fin tragique; c'est arrivé parce que c'était son destin. Il a emporté une partie de mon cœur dans sa mort, son combat a été une preuve de son amour inconditionnel à sa famille, et son courage restera longtemps la lumière de mes pas, car j'ai fait un vœu de ne jamais le décevoir dans tout ce que je fais. Hélas, j'avais échoué une seule chose; il aimait beaucoup son pays mais moi, les génocidaires m'avaient fait détester ce pays et je le regrette. Aujourd'hui j'espère qu'il me voit de là-haut; je suis une fervente croyante de la vie après la mort, il sait que je viens de franchir un autre pas, que je ne suis plus à la merci de la mauvaise mémoire du génocide des miens.

C'est ce que maman m'avait dit de faire, je dois protéger cet héritage d'intégrité patriotique, il vaut son pesant d'or. Ceux qui ont tué mon père payeront, je le sais, et ils payeront un lourd tribut pour ce crime, que ce soit sur terre, au ciel ou en enfer, peu importe, il faudra qu'ils payent car ils ont dépassé les limites de l'acceptable. Dès que j'ai été convaincue de tout ça, j'ai cessé de pleurer ma famille et commencé à faire tout ce que je pouvais pour me tenir debout. Je pense à eux tout le temps, évidement, car je n'arrive pas oublier mes frères; ils étaient si jeunes et trop beaux pour mourir aussi injustement, mais c'est leur mémoire qui me pousse à m'améliorer chaque jour davantage, être une meilleure personne, ambitieuse et compétitive malgré tous les défis et ce sentiment me rassure! Personnellement j'avais espéré que mon père s'en sortirait, mais maman n'avait pas été de cet avis à aucun moment; hélas, c'était elle qui avait raison, elle avait toujours raison, ma mère!

Ce n'était qu'une illusion de petite fille naïve qui croyait à l'invincibilité de son papa chéri, logiquement ce miracle ne pouvait pas arriver. Je me rappellerai toujours cette phrase que ma mère m'avait dite, en kinyarwanda, quand elle avait vu son mari s'écrouler sous des tonnes de pierres; c'était une lamentation mélodieuse mêlée de prières qui m'avait arrachée le cœur :

Karaveri arapfuye nyabusa..., yewe Bikira Mariya Ugira impuhwe..., yewe Mana y'i Rwanda wadutubaye! Mbese Mana nikuki wadukuye ho amaboko, n'iki twagucumuye ho? – Il est mort Claver..., ô Sainte-Marie prend pitié, ôh, Dieu du Rwanda prend pitié...! Oh mon Seigneur-Dieu, pourquoi nous as-tu abandonnés, qu'avons-nous fait de si offensant à ton nom pour nous laisser dans les mains de nos ennemis?

Je sentais que son cœur saignait en voyant ma mère respirer si péniblement; j'avais eu peur qu'elle ne mourût instantanément d'un arrêt cardiaque. À ce moment précis quelque chose s'est brisée en moi, cette chose que je ne suis pas capable de définir, mais dont je suis sûre que chaque orphelin de génocide aurait ressenti à un moment ou un autre. N'avez-vous jamais ressenti des moments comme ça?

Vous savez, j'ai été si bavarde que je ne m'étais même pas rendue compte que je m'étais légèrement éloignée de notre sujet, mais il était essentiel pour moi de vous expliquer cette période de ma vie qui m'avait sérieusement bouleversée; si je n'ai pas satisfait vos attentes, on y reviendra, mais globalement je vous ai donné le portrait plus ou moins complet du combat de mon père; mais il reste autre chose à vous dire au sujet de ma mère, qui lui est arrivé après la mort de papa : elle a été violée devant moi par des douzaines de Hutu enragés; elle le savait, elle s'y attendait...

Comme je vous le disais, ces violeurs nous avaient rattrapées; ils la désiraient à la folie depuis toujours, ils l'avaient dit eux-mêmes, ils nous avaient trouvées sans difficultés, car maman avait tout simplement abandonné la lutte; c'était la fin de notre route, de notre vie, on l'avait accepté comme notre destin. En tant que croyante, elle voulait consacrer le reste du temps qui nous restait à vivre à la prière. Tu la connaissais bien ta sœur, cher oncle, elle ne pouvait pas courir, on ne pouvait pas aller loin; elle ne voulait même pas essayer de se cacher en rampant dans ces herbes luxuriantes de la vallée, avec ça nous n'avions aucune chance d'échapper à ces tueurs qui voulaient la retrouver à tout prix. Nous étions conscientes qu'il ne nous restait à peine que quelques minutes à vivre ensemble; à part la prière, on ne savait pas comment vivre notre dernière heure.

Étrangement maman n'était plus trop effrayée, elle ne tremblait même plus comme avant. Avait-elle accepté ce qui lui arrivait? Je ne peux l'affirmer mais je pense que oui, mais elle était très inquiète pour moi.

Cependant, j'ai sauté une étape qui t'intéressait. Tu voulais savoir comment tout cela avait commencé, pourquoi nous avions quitté notre maison dans la nuit du 6 avril plutôt qu'au matin du 7 avril comme tout le monde.

Oui, c'est ça ma question, mais ce que tu viens de nous dire est tout aussi important à savoir. Tu m'étonnes franchement avec ta mémoire, je ne sais pas comment tu as fait pour ne rien oublier de cette époque.

X

QUAND LA RUMEUR DE GÉNOCIDE SE CONFIRME

Le soir du 6 avril était un soir comme les autres soirs, aucun présage ne laissait penser que nous étions à la veille de l'apocalypse annoncé par *le colonel Bagosora,* que nous allions tous mourir...! Peu de gens savent, même encore aujourd'hui, ce qui s'est réellement passé dans la nuit du 6 avril 1994, parce que le crash de l'avion du président avait pris tout l'espace; on ne pouvait parler d'autre chose! Je vous l'avais déjà dit en quelques mots mais ça ne me dérange pas de vous en reparler plus en détails, vous dire ce qui avait motivé mon père à nous faire partir de chez nous au milieu de la nuit maudite du 6 avril 1994.

Comme tous les soirs, papa était rentré de son travail vers 18 heures, sans le moindre souci; il avait garé sa Kawasaki au même endroit, vous savez qu'il était un grand passionné de moto. Il s'intéressait peu aux voitures, disant que la moto était le seul véhicule qui pouvait lui procurer une sensation de liberté qu'on ne trouve dans aucun autre type de véhicule. Sa moto ne passait pas inaperçue, aussi bien dans notre quartier que dans toute la ville; tout le monde savait quand il partait et quand il rentrait à la maison. Après avoir garé sa machine, il est venu vers moi; à ce moment-là je jouais à l'aquarelle dans la cour arrière, sous la lumière du néon car il commençait à faire noir. J'ai couru dans ses bras, comme j'avais l'habitude de faire.

Il me soulevait haut dans les airs et me balançait pour me faire peur; cela me faisait peur effectivement mais j'étais rassurée dans ses bras! Je savais qu'il ne me ferait aucun mal

Où est ta mère, ma fille? Tu es toute seule à la maison?

Non, le boy *(domestique)* est dans la cuisine; maman est sortie, elle m'avait dit qu'elle allait voir tante Mado mais qu'elle n'allait pas tarder.

Et tes frères, où sont-ils à cette heure tardive? Ils devraient être occupés à faire leur devoir en ce moment! Ils n'écoutent jamais, ces deux-là! Ce n'est pas normal que les enfants traînent dehors ces temps-ci, et le couvre-feu commence bientôt! Je ne peux pas savoir où vont les garçons, papa! Je sais cependant qu'ils ont fini leur devoir, maman les avait vérifiés avant de leur autoriser d'aller jouer avec leurs amis; je suppose qu'ils sont allés au nouveau terrain de volley-ball, c'est là où vont traîner les garçons depuis que la ville a installé des lumières. Pendant que je discutais avec mon père, maman fit soudainement irruption dans la cour, atterrée et essoufflée comme s'elle avait couru un marathon. Elle répétait des mots incohérents, tout le contraire de son tempérament habituel, papa n'y comprenait rien, moi non plus :

Turashize mwo kanyagwa mwe! Yewe Bikiramariya Nyirimpuhwe aba bana turabekeza he weeee (Ô Signeur Jésus, c'en est fait de nous! Ô Sainte Vierge-Marie prends pitié, qu'allons-nous faire avec ces enfants, Seigneur)?

Elle répétait ces mots, en boucle en implorant le Ciel, visiblement en détresse. J'étais effrayée de la voir dans cet état, et papa la regardait avec circonspection; je suis sûre qu'il pensait comme moi, que maman perdait la tête pour je-ne-sais quelle raison; ça se voyait dans ses yeux, elle était extrêmement terrorisée!

Qu'est-ce qui t'arrive, Margo? T'es sûre que tout va bien?

Elle n'était même plus capable de répondre, elle pleurait comme pas permis! J'étais confuse car je ne l'avais jamais vue pleurer; mon père avait beaucoup insisté pour savoir ce qui se passait, il était très anxieux pour elle mais maman n'arrivait pas à expliquer ce qui arrivait de si nouveau et si dramatique. Instinctivement j'avais pleuré aussi, même si je ne savais pas pourquoi elle pleurait ainsi, ni pourquoi papa était aussi inquiet. Il s'est approché de moi et m'a dit à l'oreille de ne rien craindre, que tout ira bien, que maman devait être très fatiguée mais qu'elle allait se calmer. Effectivement elle s'est un peu calmée et commencé à nous raconter ce qu'elle avait appris chez tante Mado.

Tante Mado était sa demi-sœur mariée à un officier militaire Hutu, haut gradé. Tu dois connaître ce gars, Lionel; c'était un type bien, originaire de Gisenyi. C'était par ce canal que ma mère était toujours à l'affût des dernières nouvelles politiques, car des officiers comme lui venaient le voir pour boire et discuter des derniers développements du conflit qui opposait les FAR *(Forces Armées Rwandaises)* et le FPR *(Front Patriotique Rwandais)*. Papa l'avait écoutée calmement, puis je l'avais vu hocher négativement la tête; apparemment il n'avait pas cru à cette histoire qu'il trouvait abracadabrante, et cela révoltait ma mère.

Tu ne me crois pas, c'est ça? Je te jure, Claver, ce ne sont pas des ragots de femme comme tu aimes dire, c'est très sérieux cette fois-ci. Je sais que tu ne veux rien savoir de tout ceci mais tu vas le regretter si tu continues comme ça; je te dis que c'est fini, nous sommes condamnés. Que tu me croies ou pas, cela ne change rien au stade où nous en sommes, c'est trop tard. Est-ce que tu as écouté les nouvelles depuis que tu es rentré du travail?

Non, pourquoi? Je viens juste d'arriver! Qu'y a-t-il de si nouveau à la radio qu'on ne connaît pas déjà? Tu devrais t'y faire, chère Mado; calme-toi et cesse d'écouter cette femme ivrogne qui colporte n'importe quelle saloperie de la bouche de n'importe quel militaire devenu soulard!

Ngo ari businye, kandi nasinya ngo arabizira, n'abatutsi twese turapfana nawe – Il paraît qu'il va signer; s'il signait, il mourra sans faute et tous les Tutsi avec lui! De quoi tu parles, Margo? Qui va signer quoi? Et même si tel était le cas, en quoi cela nous concerne-t-il? Je t'ai toujours dit qu'il faut éviter ces femmes de militaires; quand la buée de l'alcool leur monte à la tête, elles disent n'importe quoi; tu as tout intérêt à m'écouter. Et ce n'est pas tout, je te prie de me croire, et saches que je ne suis pas folle. Tu ne fais pas attention à ce je dis, mais tu devrais; nous sommes en danger de mort, c'est imminent même si tu continues à ne pas me croire. Où sont les garçons? Où sont mes enfants? Où sont passés tes frères, Adélaïde, le sais-tu?

Au lieu de répondre aux questions de papa qui commençait à se montrer impatient, elle s'est mise dans tous ses états en réclamant ses garçons!

S'il te plait, Claver, dépêche-toi; il faut que tu retrouves les garçons; il faut qu'ils rentrent à la maison immédiatement! Turashize Nyagasani weeee! Sais-tu où ils sont allés, *Adélaïde*?

Mais maman, je viens tout juste de te le dire, je l'ignore... puis, c'est toi-même qui leur avais autorisé d'aller jouer au volley comme d'habitude. Je suppose qu'ils devraient se trouver au terrain de jeux, mais ils ne devraient pas tarder car l'heure du couvre-feu approche, à moins qu'ils ne se laissent distraire par leurs nouveaux amis. Mais qu'est-ce que tu as maman? Ce n'est pas la première fois que Pierre et Marc traînent dehors, tu n'en avais jamais piqué une telle crise; vous le savez, les garçons ça fait ce que ça veut de temps en temps! Je ne sais pas ce qui vous prend tous les deux, papa m'avait aussi posé la même question tout à l'heure! Voulez-vous que j'aille les chercher? Je suis sûre qu'ils sont à ce terrain-là!

Non, pas toi; tu ne bougeras pas d'ici.

Hey... hé... Adélaïde! Qu'est-c'est cette façon de parler à ta mère?

Laisse-la tranquille, veux-tu? Quelle importance à présent! S'il te plaît, Adélaïde, vas plutôt me chercher la radio dans ma chambre, c'est l'heure des nouvelles.

Papa était confus! Il n'avait jamais vu ma mère lui parler sur ce ton et ne comprenait pas la raison de toute cette panique; on savait tous qu'il y avait la guerre qui opposait le FPR et les FAR depuis au moins trois ans; elle faisait ravage aux frontières avec l'Ouganda, c'était assez loin de nous. À cause de cette foutue guerre, les rumeurs étaient nombreuses et pouvaient aller dans tous les sens; les gens ne s'habituent pas à l'insécurité, surtout pas au bruit de canon et aux crépitements d'armes lourdes qu'on entendait parfois dans la nuit, qui faisaient trembler les toits de maison. Je suis allée chercher la radio que maman demandait; c'était effectivement l'heure des nouvelles mais curieusement il n'y avait pas eu de nouvelles. Le bulletin du soir avait été remplacé par une musique tonitruante plutôt inquiétante, ce qui en rajoutait à la lourdeur de l'atmosphère qui pesait sur notre maison ce soir-là. Tout semblait figé; maman perdait la tête et papa semblait ne pas savoir ce qu'il devait faire.

Moi-même malgré mon âge, j'avais un mauvais pressentiment; je craignais que l'impatience de papa ne se transforme en colère, il était à fleur de peau et fort peu disposé à attendre la fin de cette affreuse musique avant de connaître la suite de cette histoire de Mado. Il insista pour que maman lui dise calmement ce qu'elle avait appris chez Mado, qui allait signer quoi, quand et pourquoi.

Avant même que maman ne fasse de réplique, elle fut interrompue par l'arrivée de Marc, mon grand-frère; il revenait tout seul, essoufflé comme maman un peu plus tôt; il ne parlait pas et ne voulait pas répondre aux questions pressantes que lui posait papa; il voulait savoir pourquoi il revenait sans son frère, et pourquoi si tard!

Combien de fois vous ai-je dit de rentrer avant qu'il ne fasse nuit? Le pays est en guerre, vous le savez mais vous n'écoutez pas! Tu n'as pas de cœur jeune homme, je ne peux pas imaginer comment tu as osé laisser ton frère seul dans la nuit par les temps qui courent!

Marc regardait obstinément ses pieds et n'osait pas lever la tête pour parler à son père qui était furieux. Il était terrifié, de grosses bulles de larmes coulaient sur ses deux joues mais ne disait toujours rien. On voyait que quelque chose s'était passée; il devait avoir un secret qu'il ne voulait pas partager et cela le tourmentait. Papa qui, d'habitude, était de nature très calme lui hurlait dessus pour l'obliger à dire où se trouvait Pierre, mais il n'arrivait pas à le lui faire avouer.

Une voix à la radio annonça à cet instant-même que le bulletin de nouvelles allait suivre. Papa se tut et prêta l'oreille au commentateur, mais ce bulletin spécial annoncé n'avait pas été lu. Plus étrange encore, le type qui parlait à la radio n'était pas le journaliste habituel que tout le monde connaissait. Je m'en rappelle parce que papa s'en était exclamé en posant la question sur l'identité de ce nouvel individu à la radio. Tout était nouveau ce soir-là. Nous avons attendu ce fameux communiqué qu'on annonçait mais qui ne venait pas, même les journalistes étaient confus, au point qu'ils ne mettaient même pas de musique de transition comme d'habitude, c'était le silence complet. À certains moments on pouvait penser que les journalistes avaient abandonné le studio, car il y avait trop de vide.

Contre toute attente, ce fameux communiqué a été finalement été lu en, kinyarwanda et en français: « *Banyarwanda, Banyarwandakazi, ba militantes namwe ba militants; hagiye kuba akantu – Rwandaises, Rwandais, militantes et militants, quelque chose va arriver!* Maman et papa se regardaient, perdus et confus; ils ne savaient même pas s'il s'agissait de Radio-Rwanda ou d'un autre diffuseur, mais tout prête à croire qu'il s'agissait de la radio des mille collines; c'était une radio-diffusion qui avait été mise en ondes par les extrémistes *de hutu-power*, pour approfondir l'idéologie de la haine. C'était un vaste réseau qui, non seulement propageait la haine contre les Tutsi mais enseignait aussi comment les faire souffrir en les blessant mortellement avec des machette pour qu'ils meurent lentement, à petit feu! Ils insistaient pour que les Hutu apprennent vite ces méthodes pour en tuer le plus grand nombre possible en peu de temps.

Le journaliste est soudainement revenu en ondes : *Banyarwanda, Barwanashyaka ba MDR-Parmehutu ni mutege amatwi – Rwandais, Rwandaises, membres du parti MDR-Parmehutu, écoutez tous : Hagiye kuba akantu – Hagiye kuba akantu...*

On avait espéré qu'il allait finalement dévoiler le suspense et livrer ce communiqué, mais il avait encore répété ce qu'il avait dit plutôt, avec plus de hargne et de moqueries vis-à-vis des Tutsi, mais sans rien de nouveau. C'était pénible de l'écouter répéter continuellement les mêmes mots *(hari akantu kagiye kuba...!)*, comme s'il n'avait rien d'autre à dire. On dirait qu'il le faisait exprès pour tenir son audience en haleine avant de lâcher sa bombe. Étrangement maman connaissait déjà le contenu de ce communiqué, Mado le lui avait lu, c'était ça qui l'avait mis sens-dessus-dessous!

Elle nous dira un peu plus tard que Mado lui avait lu la copie de cette annonce, qu'elle-même avait obtenue du collègue de son mari; il était fort probable que ce journaliste lui-même ne savait pas encore ce qu'il y avait dans ce message, qu'il devait attendre des instructions précises avant de l'annoncer au grand public. D'après l'information de tente Mado, tout dépendait de l'heure de retour de l'avion présidentiel, sinon tout indiquait que les extrémistes Hutu avaient eu vent que le général Habyarimana avait déjà signé les fameux *Accords de paix d'Arusha* qui devaient départager le pouvoir entre le FPR et le gouvernement Rwandais, contre la volonté de l'AKAZU.

La revendication la plus attendue de ces Accords de paix était le rapatriement des exilés Tutsi, ces plus anciens réfugiés de l'Afrique des Grands-Lacs, et l'entrée de rebelles au sein de l'armée de la République. C'était énorme pour ce régime corrompu des Hutu du nord qui se comportaient comme des princes. Ces Accords stipulaient aussi le départ immédiat de tous les militaires étrangers, dont les para-commandos français, et cela ne faisait pas l'affaire du Président Mitterrand. On se souvient que l'Akazu était un Club criminellement organisé, qui avait été mis en place par les frères de la première dame en collaboration avec *le Colonel Bagosora*, ainsi que d'autres officiers supérieurs du nord, de même qu'un grand nombre d'hommes d'affaires originaires du nord du pays. Selon tante Mado, les membres de ce club avaient formellement interdit au président de la République de signer ces papiers qui symbolisaient l'humiliation de *la race hutu (ils appelaient ça une race)!* Il savait que s'il signait contre la volonté de sa famille nucléaire et politique, qu'il aurait de la même main signé sa mort! C'est exactement ce qu'il a fait, tout en sachant qu'il n'y avait aucun Hutu qui était d'accord avec sa décision; pas un seul militant de son parti n'avait accepté le rapatriement des cafards (*inyenzi*), *le partage du pouvoir,* encore moins approuvé l'enrôlement des combattants du FPR dans l'armée nationale.

Le président Habyarimana n'avait plus le choix, il savait qu'il perdait la guerre car son armée avait commencé à capituler. Or, perdre cette guerre entre les mains des rebelles tutsi qu'ils méprisaient était la honte du siècle, aussi bien pour le peuple hutu que pour le président Français. Ce dernier avait promis de renvoyer ces rebelles d'où ils étaient venus à *nyakivala (nyak-valley);* c'était donc un grand désaveu pour lui; ils avaient sous-estimé ces jeunes gens, et n'avaient pris conscience de leur force de frappe qu'en voyant le bilan de la guerre qui leur parvenait jour après jour.

Une victoire militaire rapide qu'il avait promise à la population hutu n'était plus dans sa mire malgré la présence de l'élite militaire française, il ne restait plus qu'à avaler son arrogance. Il n'avait pas signé ces Accords de paix de gaîté de cœur, il n'avait plus le choix, car la panique de la déroute totale et complète de son armée avait gagné les hautes sphères politiques du Rwanda et même au-delà. Pour une fois les Hutu avaient peur des Tutsi depuis le roi Kigeli IV, Rwabugiri...

Près de quatre années de guerre et d'instabilité socio-économique commençaient à peser lourd sur les épaules de cet homme qui n'avait plus de pouvoir ni de collaborateurs sûrs, qui n'était plus conseillé que par des influences négatives qui voulaient sa peau. On lui avait clairement signifié, selon l'informatrice de maman, que s'il signait ces papiers, du coup il mourrait. C'est ce qui est arrivé; son avion a été abattu dans la nuit du 6 avril à son retour d'Arusha, après avoir signé ce célèbre document de paix.

Ses ennemis ne pouvaient pas lui permettre d'atterrir à Kigali après avoir fait à sa tête, qu'il avait mise à prix. À ce stade-là il aurait été capable de faire mettre ses détracteurs en prison, ce qui aurait retardé ou fait avorter le génocide qu'ils avaient concocté, mais je dis cela avec beaucoup de réserves. Abattre son avion était, selon toute vraisemblance, le signal que le colonel Bagosora et l'Akazu voulaient envoyer aux cavaliers de la mort pour qu'ils commencent le travail.

Vous êtes-vous jamais demandés ce qui se serait passé si le Président était rentré d'Arusha et avait atterri à Kigali, sain et sauf? D'après moi, il y aurait eu un coup d'État militaire cette même nuit, car le génocide contre les Tutsi devait avoir eu lieu, *anyway*, avec ou sans les Accords de paix! Les seules personnes qui avaient le pouvoir d'arrêter cette machine de la mort, qui en avaient la clé chacun dans ses tiroirs, c'étaient le *colonel Bagosora* et le Président François Mitterrand.

Il aurait suffi à l'un d'eux de s'adresser directement par la voie des ondes à cette population devenue folle; ils tous seraient rentrés chacun chez soi et attendu de nouvelles instructions. Connaissant mon peuple, je sais qu'ils auraient obéi, autre chose que nous disons dans le confort de notre salon ne sont que des spéculations, mais chacun a le droit d'opinion. Ceci est tellement vrai que même si leur missile avait manqué la cible, que le Président était arrivé chez lui sans incident, il aurait trouvé tous les Hutu du monde sur son chemin, ils n'étaient plus derrière lui, mais plutôt derrière sa femme et toute la bande de l'*akazu* depuis l'instant-même où il avait apposé sa signature sur ce document de paix, peu probable par ailleurs!

C'est ce qui m'amène à penser que ces malfaiteurs avaient en poche un plan B, qu'un coup d'État aurait eu lieu cette nuit-là. De toute façon les barrières étaient déjà montées à travers tout le pays, ils ne pouvaient pas les faire démonter comme par magie, elles allaient apparaître devant tous les caméras du monde. Le Président avait été remplacé au pouvoir par cette organisation parallèle, il ne jouissait plus de ses prérogatives présidentielles. Cela ne veut pas dire qu'il n'était pas au courant du plan de génocidaire, il avait toujours été en l'air depuis le président Kayibanda et son équipe; il le savait, mais rien ne prouve qu'il était nécessairement d'accord avec l'équipe qui était derrière ce vaste crime. Selon les médias locaux, le courant ne passait plus du tout entre le colonel Bagosora, démi de ses fonctions dans l'armée. La première dame et son Club "Akazu" ne faisait plus confiance au Président de Président de la République.

Après avoir signé ces Accords de paix avec les Tutsi, ses chances de rester en vie étaient minces et il le savait. Tout laisse penser qu'il ne lui restait qu'une seule option : « *changer de camp* ». Par changer de camps, je veux dire se ranger du côté du plus fort, et le plus fort n'était nul autre que le FPR.

Chercher la protection dans le camps ennemi n'a jamais fait de tort à personne, et cela n'aurait pas été une première; c'était le seul endroit qui pouvait lui garantir la vie sauve, et cette décision aurait très certainement fait avorté l'apocalypse du colonel Bagosora. Il était en danger chez lui car il avait désobéi au Président Français qui n'aimait pas ces Tutsi-Anglo-saxons. S'il n'avait pas été tué dans ce crash d'avion, mal-aimé dans son cercle rapproché et abandonné par Président Français, qu'est-ce qu'il serait devenu? Travailler main dans la main avec le FPR pour sauver le pays de ce bain de sang? Aurait-il prononcé un discours qui ordonnait au peuple de ranger leurs outils de la mort, faire ainsi avorter le génocide?

Je pense que le colonel Bagosora et la première dame devaient craindre ça. Ils savaient que le peuple pouvait écouter leur président, car les gens n'étaient pas nécessairement au courant de l'intrigue qu'il y avait. Je laisse ce débat ouvert mais je pense qu'il vaut la peine. La déroute des FAR et le retour en force des réfugiés Tutsi étaient une humiliation insupportable pour tous les Hutu du monde, un facteur de plus pour déclencher le génocide des Tutsi. Ils avaient attendu ce moment depuis la création du parti politique radical, *MDR-PARMEHUTU* qui avait été concocté dans les couloirs de l'évêché de *Kabgayi* par *Mgr André Perraudin*, le père spirituel de la haine du Hutu contre le Tutsi. Personne n'aura oublié le discours du premier Président Grégoire Kayibanda des années 60 qui disait : « *si les réfugiés tutsi (inyenzi) attaquaient encore le Rwanda, ils auraient automatiquement condamné leurs frères et sœurs restés au pays; nous les écraserions et les effacerions de la face de la terre, sans autre forme de procès »* ! Fin de citation. Ce président a été détrôné et assassiné dans l'humiliation par les Hutu du nord, avant d'avoir eu l'occasion de mettre ses ambitions abjectes en action, mais ses tombeurs ont suivi ses traces et complété ses rêves en moins d'une génération après sa mort!

Tuer le président Habyarimana était une conspiration sordide aux yeux de certaines gens, mais si peu de choses pour sa femme et ses beaux-frères! Il devait être sacrifié parce que sa mort était le seul et le meilleur mobile qui pouvait rassembler tous les paysans hutu autour de leur plan diabolique. Je me rappelle encore le fameux journaliste qui hésitait en ondes dans la nuit du 6 avril avant d'annoncer l'accident de l'avion du président. Il recevait probablement des instructions contradictoires et n'était pas sûr de ce qu'il devait dire ou ne pas dire. Les villageois hutu attendaient le signal qui devait être annoncé à la radio, mais je doute s'ils savaient que le signal qu'ils attendaient serait la mort de ce Président qu'ils adulaient. Voilà pourquoi le club de l'Akazu devait le tuer pour éviter qu'il ne s'adresse à la population, ce qui aurait eu un effet inattendu.

Les escadrons de la mort fraîchement mis en place par le colonel Bagosora et ses collaborateurs étaient aux aguets; le jour « J » qu'ils attendaient depuis plusieurs décennies était à leur portée, ils allaient enfin se débarrasser de ces cancrelats une fois pour toutes. Afin de recevoir les instructions au fur et à mesure et au même moment, on leur avait donné chacun un poste de radio et n'attendaient que le signal pour commencer le travail; ils l'attendaient avec impatience, prêts à sauter dans le feu de l'action. Rien ne pouvait plus freiner leur élan, car ils avaient été dressés à haïr les Tutsi depuis l'enfance, les miliciens étaient jeunes pour la plupart. Ils avaient reçu une mission claire : *massacrer le plus grand nombre possible de Tutsi en très peu de temps!*

Maman était au courant de toute cette information, tante Mado qui savait tout d'avance lui en avait parlé. Ma mère en avait informé mon père, mais celui-ci avait refusé de lui prêter l'oreille, disant qu'il s'agissait de ragots de femme; cette nuit du 6 avril 1994, cela n'avait rien d'un ragot; il l'avait lui-même pris ça au sérieux. Le danger que représentait ce vaste complot était imminent, malheureusement il était trop tard pour faire quoique ce soit pour se sauver. Cet officier militaire ivre qui avait lâché la bombe savait parfaitement ce qu'il disait quand il s'adressait à Mado. Il le savait parce qu'il était proche des hautes sphères politiques du gouvernement de l'AKAZU qui, en fin de compte, gouvernait le pays à la place du président Habyarimana.

Les chefs de l'escadron de la mort étaient dans le secret, c'est évident, même certains chefs de village devaient savoir que l'apocalypse commencerait dans la nuit du 6 avril. Ils attendaient un signal, mais tout prête à supposer qu'un petit nombre de ces individus savaient que ce signal viendrait du ciel, que l'avion du Président serait transformé en feu d'artifice par un missile. L'architecte principal de ce projet savait qu'il existait un comité de crise, que même la liste des dirigeants du gouvernement de transition avait été faite, dont le premier ministre désigné était *monsieur Jean Kambanda*, un Hutu du sud; celui-ci avait plutôt privilégié l'opportunisme que d'être conséquent avec la réalité politique du moment. En acceptant aveuglement de jouer le rôle de premier ministre de transition, il a fermé les yeux sur ses origines, donc sur ses ambitions politiques!

Originaire du sud, à Butare, comment ce pauvre type avait pu croire qu'il occuperait un tel poste dans un pays de Hutu arrogants du nord à cette période? Était-il dupe à ce point? C'était clair qu'on voulait l'utiliser pour amadouer les populations du sud, parce qu'il n'y avait aucune garantie que les gens de Butare suivraient leur plan criminel comme des moutons, surtout qu'il n'y avait presque pas d'interahamwe dans cette région. Les Bakiga *(gens du nord)* avaient besoin de ce geste de diversion pour faire croire à tous les Hutu qu'ils sont unis derrière une même cause. Ce malheureux premier ministre allait être éliminé en même temps que *son président*, de transition lui-aussi, monsieur *Théodore Sindikubwabo*, de Butare également.

Voyez-vous mon oncle, tu tenais à savoir l'élément déclencheur qui avait poussé mon père à nous faire sortir de la ville dans la nuit du 6 avril plutôt qu'au matin du 7. Pour papa cette information était cruciale et urgente. Après avoir écouté les nouvelles à la radio, il avait immédiatement pris sa moto et était allé à la recherche de son fils au terrain de volley-ball, mais il n'aura trouvé que son cadavre. Il avait été assassiné par ses jeunes amis d'enfance, nos voisins. Pourquoi cela s'était-il passé ce soir-là?

Lassés d'attendre le communiqué officiel pour commencer le travail, certains miliciens s'étaient mis d'accord pour commencer quand même; ils savaient sans le moindre doute que la date du 6 avril était la bonne, qu'ils n'étaient retenus que par l'annonce de l'heure. C'est de cette manière qu'à certains endroits de la capitale, même à l'intérieur du pays, le génocide avait commencé tôt dans la nuit du 6 avril, mais très peu de Tutsi l'avaient su. J'en entends parfois qui le contestent, pourtant c'est vrai! Il y en a eu beaucoup qui avaient ont été tués cette nuit-là.

Les Hutu, même ceux qui avaient refusé d'embarquer dans ces activités criminelles savaient que le génocide devait commencer cette nuit-là, les pilleurs et les prédateurs sexuels le savaient et avaient hâte de commencer à voler et violer les femmes qu'ils convoitaient. Leur nom et adresse avaient été répertoriés à leur insu depuis plusieurs semaines; cela n'était pas du tout compliqué, au Rwanda tout le monde connaît tout le monde, même un seul individu par village aurait suffi pour recenser tous les Tutsi qui y habitaient, sans devoir leur parler. On peut penser que tente Mado aurait été capable de déjouer ce plan s'elle en avait eu le courage, tellement elle en savait des choses! Si elle n'avait pas été tuée, je lui aurais demandé pourquoi elle n'avait pas essayé de divulguer toute cette information au grand public, quitte à en mourir! Peut-être aurait-elle pu sauver des vies ou devenir un héros de la nation!

Mais à qui aurait-elle pu parler si sa maison n'ouvrait la porte qu'aux officiers militaires anti-tutsi revenus du front, qui n'avaient qu'une envie : se soûler la gueule loin des yeux indiscrets pour oublier ce qui se passait au sein de leur armée mutinée à cause de la trouille. La déroute des FAR était imminente; c'était une honte difficile à digérer pour eux, en tant qu'officiers. C'est pour ça qu'ils perdaient les pédales et se réfugiaient dans l'ivresse pour avaler leur arrogance.

Papa avait écouté attentivement le rapport de ma mère sans faire de commentaires mais ne doutait plus de la véracité de cette information. Comme je vous le disais, il était allé chercher son fils et n'avait trouvé que son cadavre au lieu du crime; plus d'une douzaine de badauds suspects qui portaient chacun une machette et un poste de radio étaient encore sur le lieu, c'étaient eux qui l'avaient sauvagement assassiné. Ils ont eu peur quand ils m'ont vu et j'ai tout de suite compris qu'ils se reprochaient de quelque chose, mais j'étais loin d'imaginer que tout cela avait quelque chose à voir avec la mort de mon fils. Peut-être se demandaient-ils comment j'allais réagir dès que je ferais cette découverte macabre, mais je n'étais pas allé chercher la bagarre. Tout ce que je voulais était de retrouver mon garçon et repartir. Ils avaient chacun sa radio collée à l'oreille, visiblement ils attendaient ce fameux communiqué aussi. Ils savaient donc ce qui se passait. J'ai cherché tout autour de ce terrain mais je ne voyais pas où pouvait être Pierre.

Quand ils ont vu que je m'approchais de l'endroit où ils avaient jeté son corps, ils se sont retiré avec nonchalance et mépris, mais personne n'avait cherché à m'attaquer; ils m'observaient du coin de l'œil et me défiaient à distance en crachant par terre, vociférant même des insultes et j'en avais ras-le-bol; c'était difficile de contenir ma colère devant cette bande de voyous qui m'insultaient aussi gratuitement. Je ne voyais toujours pas où était Pierre et je commençais à me demander s'il était encore en vie ou si quelque-chose lui était arrivé, surtout que tout était suspect cette nuit-là.

Je me suis hasardé à poser gentiment la question, à haute voix; unanimement ils m'ont ri au nez avec sarcasme en me montrant du doigt où il était. Sous le faisceau lumineux des phares de ma moto, j'ai aperçu un corps, apparemment inerte, gisant dans une large flaque de sang; c'était Pierre!

Ses jambes avaient été écourtées et sa tête défoncée par un grand coup de massue *(ubuhiri)*; je ne voulais pas croire que c'était ce qui restait de mon fils que j'en étais étourdi. Tout tanguait devant moi comme si j'allais m'évanouir. Je suis descendu de la moto et me suis approché, le voir de près; son corps était encore chaud et son cœur battait encore, mais très faiblement. Je l'ai ramassé et l'ai mis au travers de mes jambes sur ma moto pour l'amener à l'hôpital. J'ai roulé comme un fou, ce n'était pas évident dans ces conditions mais il fallait faire quelque-chose. Hélas, je n'ai pas pu me rendre à l'hôpital, j'ignorais à ce moment-là que tous les chemins avaient été fermés depuis mon départ de la maison, qu'il n'était plus possible de circuler sur les routes de la ville. Dès le prochain croisement de routes, je suis tombé sur une équipe de tueurs qui gardaient cette barrière et j'ai compris que je ne pouvais pas me rendre à l'hôpital.

Chaque seconde comptait pour la vie de mon fils, je devais absolument faire vite, mais toutes les intersections étaient fermées. J'avais réussi à me faufiler dans les petites allées de derrière *(back-alley)*, c'est ça la beauté de la moto, mais même avec ça je ne suis pas arrivé à l'hôpital, et Pierre est mort sur mes genoux. Quand j'ai tâté son pouls, j'ai senti qu'il n'était plus avec moi. Il n'y avait ni piéton ni véhicule civil qui circulait à cette heure-là, seuls les militaires et les escadrons de la mort armés de machettes faisaient la patrouille. J'ignorais si le fameux communiqué avait enfin été rendu public à la radio, car je n'avais pas de radio sur ma moto.

En voyant toutes ces barrières, j'avais compris que les Hutu étaient déjà sur le pied de guerre, que l'apocalypse annoncé venait de commencer. Mado avait deux fois raison, j'aurais dû écouter ma femme depuis longtemps; j'avais perdu du temps précieux. Il devait être vers vingt-trois heures; il ne restait qu'à trouver un moyen de retourner à la maison, attendre le jour pour voir ce qu'il y avait quelque-chose à faire, mais surtout pour annoncer la mauvaise nouvelle. Les Tutsi avaient été condamnés depuis l'annonce du crash de l'avion présidentiel, mais je l'ignorais. Vois-tu, cher Lionel, quand papa nous a raconté tout ça, c'était comme dans un rêve, on pouvait difficilement croire qu'il disait la vérité, même si les restes de Pierre étaient là, devant nous.

Plus tard, je me suis demandé si mon père avait écouté ma mère quand il était encore temps, peut-être les choses se seraient-elles passées différemment pour notre famille, mais la vérité est que j'avais tort de penser ça! Le sort des Tutsi était scellé, on n'échappe pas à son destin! Je ne voudrais blâmer personne, il n'y a rien qui aurait pu être fait pour éviter ce qui est arrivé. Tout le monde savait qu'il allait y avoir beaucoup de dégâts matériels et de pertes en vies humaines, mais il était impossible d'imaginer qu'il y aurait un génocide aussi bien encadré, d'une telle ampleur!

Mon père aurait quand même dû écouter plus attentivement l'information qui venait de tante Mado. Ces militaires, soûlards soient-ils, avaient été consistants ave l'information qu'ils donnaient à Mado. Nous aurions eu le temps de fuir mais je doute que nous aurions pu être sauvés. Pour justifier le génocide généralisé, les maîtres de la mort devaient fabriquer une crise politique majeure, ils n'auraient pas trouvé mieux que l'assassinat du chef d'État; c'était tout trouvé, c'était plus que suffisant pour enflammer cette population conquise!

Exterminer les Tutsi était le plus grand rêve des Hutu depuis les années 60! Ne pensez pas que les extrémistes hutu n'étaient qu'une bande de fous; ils avaient tout orchestré et savamment planifié leur coup; s'ils n'étaient pas convaincu que toute la population de hutu sauterait dans la mêlée, machette à la main, ils n'auraient pas déclenché cet apocalypse! Les escadrons de la mort ont été les grands meneurs de ces atrocités, tous les autres devaient les suivre dans cette folie, par méchanceté et par crainte de représailles. L'opportunité d'éliminer cette vermine était une aubaine pour petits et grands, surtout qu'on leur avait dit à la radio qu'ils venaient de tuer le Président de la République, le père de la nation comme on l'appelait. Le club « Akazu » avait compris que cette annonce serait assez puissante pour canaliser tout le peuple derrière eux. Ce club était composé d'individus extrêmement dangereux, qui étaient activement opérationnels depuis le début des hostilités armées.

De l'autorité du Président Habyarimana il ne restait qu'un symbole, c'était comme s'il n'était plus là. Ils devaient quand même s'inquiéter un peu, craignant entre autre, qu'il pouvait y avoir des poches de résistance, surtout au sud du pays, car l'État Rwandais avait ignoré ces populations depuis fort longtemps. Ils étaient frustrés par l'arrogance et la méchanceté des gens du nord qui méprisaient toute personne qui ne venait pas de leur région, qui ne parlait pas avec leur accent. C'était ce constat qui les avait menés à nommer ce vieillard moribond, *Dr Théodore Sindikubwabo* pour être Président de transition et *Jean Kambanda* comme son Premier ministre, tous les deux originaires du sud. Ce n'était pas que ces *bakiga* appréciaient soudainement leur compétence, c'était un bluff politique mais ces bâtards n'avaient pas compris que leur promotion soudaine n'avait d'autre but que de calmer les esprits du sud afin de les rallier à la fièvre génocidaire!

Ils les auraient éliminés aussitôt après le génocide si leur piège avait fonctionné comme prévu. Une chose est sûre, les faucons de l'*Akazu* n'avaient pas l'intention de partager le pouvoir avec qui que ce soit, surtout pas avec quelqu'un du sud *(abanyanduga)*. Pourquoi donc ces deux vieux gamins ne s'étaient pas rendus compte de ce subterfuge, qu'on voulait les utiliser uniquement pour le temps du génocide des Tutsi et s'en débarrasser tout de suite après, comme on se débarrasse d'ustensiles à usage unique. Non seulement ils auraient dû refuser ce cadeau empoisonné, ils auraient même essayé de déjouer ce plan criminel car ils en avaient les pouvoirs. Il leur suffisait de dénoncer publiquement le plan génocidaire au lieu d'exhiber des pistolets de la vieille école comme le faisait le Premier ministre désigné, monsieur Jean Kambanda.

Ils se seraient ainsi dédouanés et se faire un crédit politique intéressant au niveau du peuple, mais la soif du pouvoir quelle que soit sa forme a été plus forte! Au lieu de faire de bons choix basés sur la sagesse, ils ont préféré se laisser porter sur ce nuage de fausses promesses, comme s'ils voulaient seulement faire inscrire leur nom dans le palmarès politique rwandais d'avoir été Chef de l'État et Chef du gouvernement. *Quelle imbécilité quand même quand on n'y pense!* Les planificateurs de ce génocide se faisaient du souci pour les gens du sud qui auraient probablement pu faire basculer leur plan en refusant d'embarquer dans cette folie meurtrière, non pas que les Hutu du sud avaient pitié des Tutsi; ils auraient refusé de se rallier uniquement pour se venger contre ces imposteurs du nord qu'ils haïssaient! Ceux qui étaient au Rwanda à cette époque le savent, il n'y avait pas de miliciens à Butare, les tueries y avaient commencé assez tard. Ces dissensions politiques qui opposaient ces deux grandes régions du pays s'étaient accentuées avec la naissance du multipartisme.

À cet égard, l'ancien préfet de Butare, *monsieur Jean-Baptiste Habyarimana* avait farouchement résisté à l'élimination des Tutsi de sa préfecture; il avait eu le courage de dire non à l'appel du déclenchement des massacres généralisés malgré la pression qui venait d'en haut; ce leader avait tenu bon jusqu'à ce que ces faux dévots, les *Sindikubwabo et Kambanda* envoient des gendarmes qui ont commencé par faire tuer ce préfet récalcitrant, avant de tirer sur des populations rebelles et les obliger à se mettre au travail comme les autres Hutu. La forte personnalité de ce préfet, *un Hutu pourtant,* avait fait une grande différence; un nombre significatif de Tutsi traqués avaient profité de ces quelques jours de résistance pour se réfugier dans le pays voisin. Si, mrs Kambanda et Sindikubwabo s'étaient rangés derrière ce brave préfet, ils auraient certainement sauvé le pays, le plan génocidaire aurait éventuellement avorté dans la région sud.

Peut-être aussi que monsieur Kambanda aurait eu quelques circonstances atténuantes à sa condamnation pour le crime de génocide! Accuser le FPR d'avoir abattu l'avion du Président ne disait absolument rien aux gens du Sud, ils auraient même pu applaudir ce crime, peu leur importait la mort de ce président qui ne les avait jamais aimés. Ils se foutaient à ce point des gens du nord. La vitesse du génocide des Tutsi était le secret de son succès. Tuer le plus grand nombre de Tutsi en peu de temps a été la seule réussite à leur bilan depuis l'indépendance du pays, c'est très malheureux.

Ce crime avait été tellement bien étudié qu'il ne laissait pas de place à la réflexion; tous les Hutu devaient se jeter dans les flots comme des moutons de Panurge en brandissant la machette, la seule façon qui pouvait garantir l'ampleur du chaos et donner des résultats escomptés. L'air dur du MDR-PARMEHUTU existait depuis le renvoi du régime féodal, personne ne pourrait vous dire ce qu'ils avaient fait dans ce pays pendant trente-cinq ans de pouvoir. Contrairement aux fausses théories démocratiques prônées par l'Europe Occidentale, l'anarchie et les incompétences politiques des héritiers du pouvoir féodal ont été un désastre, un vrai gâchis, une source de confusion au niveau du peuple qui avait été pris en otage par la corruption à tous les niveaux, politiques et militaires.

On disait au peuple rwandais, pour dire les Hutu, que leur ennemi numéro un était le Tutsi et non l'analphabétisme et la pauvreté. La haine ethnique qui avait été largement vulgarisée par le premier régime pendant treize ans, a été renforcée par la deuxième République pendant vingt-un-ans; celle-ci en avait ajouté un nouvel ingrédient à la haine ethnique, le mépris régional, le nord contre le sud, et la recette du chaos était au rendez-vous. Tout n'a pas encore été dit, même si nous avons lu le rapport *Mutsinzi*[3] et celui de tant

---

[3] http://mutsinzireport.com/

d'autres chercheurs indépendants, dont *le rapport balistique de l'Université britannique Cranfield* qui affirme sans détour que le tir présumé de Masaka est techniquement improbable. Leurs conclusions ont été corroborées encore plus récemment par un autre expert, le colonel français, *Guillaume Ancel,* qui était sur les lieux en 1994.

S'agissant du missile qui a tué le Président Rwandais, tous les rapports arrivent aux mêmes conclusions, contrairement à ceux de ceux qui ne se sont même pas rendus sur le lieu du crime, dont la mission principale était de camoufler la vérité, à l'instar du juge *Jean-Louis Bruguière* qui était clairement à la solde des dignitaires français. Ils sont aujourd'hui dans la merde jusqu'au cou face aux vérités-massues et incontournables.

Nous constatons avec satisfaction que les faits sont encore plus têtus qu'on ne le pensait, parce que les gens honnêtes et intègres existent encore dans ce monde. La sortie récente du Lieutenant-colonel *Guillaume Ancel* en est le plus bel exemple. Cet homme ne pouvait pas choisir de meilleur moment pour lâcher sa bombe, car s'en est une! Elle tombe directement sur la gueule des anciens collabos du Président Mitterrand, on ne les entend même plus. Ce colonel a choisi de cesser de porter ce fardeau criminel qui n'est pas le sien; il était temps! Il revient donc aux tenants de pouvoir français actuels de dire quoi faire de toutes ces révélations, car ils sont des héritiers légitimes de toute cette crotte.

Vont-ils la nettoyer et cesser de jouer à l'autruche devant le génocide des Tutsi, reconnaître leur part de responsabilité dans ce crime et réparer les dégâts pour normaliser les relations entre ces deux pays? Des gens honnêtes, il y en a beaucoup, en France aussi. *Guerres secrètes au Rwanda, au nom de la France,* est un livre qui a été publié par des journaliste Français, *Benoît Collombat et David Servenay.* Ils nous disent dans ce livre d'enquête avoir retrouvé des archives inédites et rencontré des témoins politiques et militaires qui, vingt ans après les faits ont souhaité témoigner pour l'histoire. Ils démontrent les entreprises d'intoxication politico-médiatiques qui ont voulu exonérer la responsabilité de la France, mais elles ont mal opéré car elles ont laissé des traces.

Tout ceci devrait motiver ce jeune nouveau-venu; ce jeune Président Français doit impérativement lever ce voile de la honte qui ternit l'emblème des droits et libertés légendaires de son de son peuple; ce qu'il doit faire n'est même compliqué; il donnerait simplement un coup de pouce aux initiatives de l'infatigable Commission d'Enquête Citoyenne, voir dans *Cahiers d'histoire - Revue d'histoire critique,* où on parle abondamment de guerre coloniale française, de génocide, de complicité, de négation et de désinformation[4].

Endosser ce crime au FPR n'avait nul autre but que d'affoler le peuple tout en détournant l'attention sur leur vrai rôle dans la préparation de ce génocide; il leur fallait un bouc émissaire, mais leur mensonge avait été monté sur des erreurs professionnelles sans équivoque. Même en admettant que leur fausse théorie pouvait tenir la route, ils n'arriveraient pas à expliquer comment le génocide a pu commencer en même temps que l'écrasement de l'avion du Président, même un peu avant dans certains coins de la capitale.

C'est exactement ce qui est arrivé dans le quartier ou nous habitions. Mon frère a été assassiné peu avant cet attentat de l'avion du Président. À moins de prendre les gens pour des valises, les avocats du diable qui prônent la libération, même conditionnelle, des gens comme *Bagosora* ou l'éternel Préfet de Ruhengeri, *Protais Zigiranyirazo* n'ont qu'un seul but dans leur vie d'avocat : *l'argent et toujours l'argent!*

C'est fou la longueur des couleuvres qu'ils essayent de nous faire avaler dans ces procès. Le pays était en guerre depuis plus de trois ans, cette guerre connaissait de plus en plus de sérieux revers dans le camp des FAR, tout indiquait que la soldatesque rwandaise devait capituler, d'un moment à l'autre, le compte à rebours avait même commencé. C'est précisément l'imminence de la capitulation

---

4   https://CRHC.revues.org/785

des FAR qui avait poussé le Président Rwandais à signer ces Accords de paix, et non qu'il fût soudainement revenu à la raison! Ce contentieux n'était pas nouveau, il existait depuis belles lurettes, tous les recours de négociations avaient été épuisés; il ne restait plus que le dernier pour ces plus anciens réfugiés de la région des Grands-Lac, le bruit de la kalashnikov était la seule voix que le gouvernement rwandais pouvait entendre!

A leur grande surprise, ils ont constaté que Les rebelles du FPR étaient plus futés et plus déterminés qu'ils ne l'avaient imaginé; ils avançaient résolument vers une victoire militaire, ce qui ne faisait pas l'affaire *de Hutu-Power*, moins encore du Président français qui ne jurait que par le démantèlement complet de ces cancrelats. Le président Mitterrand avait fait de cette guerre son propre combat, au risque d'hypothéquer non seulement son honneur personnel mais du peuple français aussi. Quant à ça, il a réussi son meilleur coup.

Bref, mon cher oncle, on n'en finirait pas avec ces analyses, chacun y va comme il l'entend, mais ce qui nous intéresse, toi et moi, ce n'est pas la politique mais notre nouvelle vie, celle qui nous reste! J'ai erré un peu avant de compléter l'histoire de mon père et tout ce qui c'était passé dans la nuit du 6 avril.

Je vous disais qu'il avait essayé d'amener mon frère à l'hôpital, mais qu'il n'y était pas arrivé à cause des barrières, jusqu'à ce que mon frère meure de ses blessures. Grâce à sa moto qui pouvait se tracer ses propres chemins, il avait pu revenir à la maison. Nous attendions désespérément son retour et on avait commencé à paniquer.

Pendant son absence, maman n'avait pas cessé d'écouter la radio qui crachait continuellement son venin, elle était sur le point de devenir folle et l'absence de papa avait exacerbé son état. Quand nous avons finalement entendu le bruit de la moto, c'était un grand soulagement. On était inquiets car on ignorait ce qui était arrivé à Pierre depuis le début de la soirée. Aussi, nous avions écouté tellement de propagandes haineuses pendant tout le temps d'absence de papa que nous en étions à l'étouffement. Mon frère et moi étions restés collés contre maman, elle-même fragilisée et dévastée par la peur et le désespoir. Elle ne savait pas quoi faire dans ce genre de situation, tout ce qu'elle pouvait faire était de réciter des prières sans répit. Marc ne facilitait pas les choses, il ne voulait toujours pas parler, et on soupçonnait qu'il savait ce qui était arrivé à son frère. Le retour de papa à ce moment précis était une bénédiction, nous étions au bord de la folie.

Comme il avait toujours fait, il a garé sa moto à sa place habituelle, coupé les phares et le moteur mais n'était pas descendu; il ne nous avait même pas adressé un seul mot, ce qui ne lui ressemblait pas. Mon frère Pierre n'était pas avec lui et je trouvais cela de tant plus curieux que ni maman ni Marc, personne ne lui avait demandé pourquoi il revenait seul; ce n'était pas moi qui pouvais prendre cette initiative risquée!

Sous la lumière du néon, je voyais que ses habits étaient couverts de sang, comme s'il avait fait un accident; toute cette situation était tellement inhabituelle que j'avais envie de crier, courir dans ses bras et lui demander ce qui n'allait pas, mais surtout chercher à savoir pourquoi il revenait si tard et sans mon grand frère. Il rapportait un énorme et affreux bagage, un gros sac noir visiblement lourd qui intriguait; il s'agissait des restes de Pierre mais on l'ignorait; personne n'aurait pu imaginer que Pierre pouvait se trouver dans un sac de poubelle!

Peut-être Marc l'avait soupçonné; il devait savoir ce qui s'était passé au début de la soirée même s'il n'avait pas ouvert la bouche depuis son retour. Maman était si concentrée dans sa prière qu'elle avait à peine remarqué le retour de papa et ne lui avait qu'à peine adressé la parole; il était encore assis sur la banquette de sa moto et regardait profondément ma mère pour essayer d'attirer son attention, mais celle-ci n'était visiblement pas disposée à interrompre la récitation de son rosaire. Pendant ce temps-là, la radio n'avait pas arrêté de cracher ses slogans de la mort, ce qui exaspérait mon père, et moi je n'en avais marre! On avait écouté que ça depuis son départ!

Malgré l'urgence de la situation, papa ne semblait pas pressé d'interrompre la méditation de ma mère pour lui annoncer la mauvaise nouvelle, lui dire ce qui était arrivé à Pierre! Je pense que cela l'arrangeait, car il devait se demander où il allait trouver les mots qui convenaient pour lui annoncer cette terrible nouvelle. Je me souviendrai toujours du visage long et livide qu'avait mon père à ce moment-là; ses yeux habituellement brillants étaient vides au milieu de son visage crispé, défait par un chagrin immense dû à tout ce qui nous arrivait. Il pouvait difficilement dissimuler sa tristesse mêlée de colère mais il ne pleurait pas; la nuit était avancée mais on n'était encore cloîtrés dans notre arrière-cour à écouter ces annonces diaboliques qui passaient en cascades à la radio. Comme si maman se réveillait d'un long sommeil, elle se tourna vers papa et lui dit, les yeux hagards :

Où est Pierre? Je te parle Claver, t'es sourd? Tu n'as pas trouvé mon garçon? Ne me dis pas que tu n'as pas trouvé mon enfant! Te rends-tu compte de l'heure? Et s'il était en danger, là-dehors tout seul? Et qu'as-tu fait depuis tout le temps que tu étais parti?

Papa la regardait sans rien dire... Pour la première fois de ma vie je voyais ma mère parler à mon père sur ce ton...! Elle était vraiment en colère et ne tenait plus en place, ce qui n'était pas dans ses habitudes de se comporter de cette façon-là. Plus surprenant encore, elle l'appelait par son prénom, ça aussi était nouveau à mes oreilles! Plus d'une fois cette nuit-là je l'ai entendue appeler papa « *Claver* »! D'habitude elle l'appelait papa-Pierre; c'est une formule de politesse courante qu'utilisent les femmes Africaines pour ne pas prononcer le nom de leur mari!

De la même manière, les hommes respectueux de leurs épouses empruntent cette même astuce et les appellent : *Mama-tel... (ajoutant le nom d'un enfant de leur préférence)!* C'est pour ça que j'étais quasiment choquée d'entendre ma mère appeler mon père, *Claver*, un signe qui prouvait que l'heure était grave, que les choses avaient vraiment changé pour le pire en seulement quelques heures de la nuit.

Ça m'arrachait le cœur d'entendre ça mais je n'avais qu'à m'y faire, surtout que maman y allait sans se gêner, et que papa ne semblait pas en être vexé.

Claver, m'entends-tu? Tu te moques de moi ou quoi? Où est Pierre?

Papa ne s'en formalisa pas trop et ne montra aucun signe d'agacement; il était resté impassible et ne voulait toujours pas descendre de sa moto.

Puis, sans se presser... il répondit : Margo! Es-tu devenue aveugle?

Lui-aussi l'appelait *Margo* au lieu de *Mama-Pierre* comme il avait toujours fait! Qu'est-ce qu'ils ont enfin, ces deux-là?

C'est à ce moment-là qu'il descendit de sa moto; il déposa doucement son bagage par terre et découvrit le visage de Pierre. Il s'approcha de maman, la prit dans ses bras et lui dit : il va falloir que tu sois forte, chère Margo; Pierre n'est plus avec nous. Il a été assassiné!

Qu'est-ce que tu dis?

Je dis que Pierre est mort, c'est lui qui est dans ce sac. Ces bâtards l'ont lâchement assassiné à coup de machettes, tu n'as même pas besoin de voir ce qui reste de cet enfant! J'ai tout essayé pour l'amener à l'hôpital mais on ne peut plus circuler en ville; nous sommes tombés dans le piège, la ville est encerclée, on va mourir tous; il n'y a rien qu'on puisse faire pour échapper à la mort maintenant. J'aurais dû t'écouter quand il était encore temps, malheureusement il n'y a plus rien à faire maintenant! Tout est fini pour Pierre, mais pour nous aussi, tous les Tutsi sont condamnés!

Je ne comprenais pas ce qui se passait vraiment mais je ne pleurais pas; j'ai vu ma mère s'arracher brutalement des bras solides de mon père, comme si elle avait été catapultée par une sorte de fronde géante et est allée s'écraser contre le mur de la maison, plusieurs mètres plus loin. Elle pleurait tellement fort en se roulant par terre, pourtant elle n'avait même pas voulu regarder ce qui restait de son enfant, ni chercher à savoir les circonstances de sa mort. Elle pleurait en s'arrachant les cheveux, papa la regardait à distance sans s'approcher d'elle pour la consoler. Je devenais folle car je ne comprenais pas comment des changements aussi dramatiques pouvaient nous arriver si vite; je n'avais jamais vu ma mère pleurer ni mon père faire une telle mine, ils étaient effrayants! J'ai tenté de m'approcher de maman pour me coller à elle, mais elle a eu assez de force pour me repousser; papa n'avait ni bougé ni parlé; l'atmosphère était on ne peut plus étouffante. Plus tard, j'ai compris que papa voulait laisser ma mère pleurer et faire son deuil, *seule et vite!*

Il savait que c'était inutile de chercher à la consoler parce que le pire était à venir! Il avait tout raison, ce n'était pas la peine de pleurer ni chercher à consoler ceux qui étaient capables d'y arriver. Après de longues minutes, maman s'était peu à peu ressaisie et cessé de se rouler par terre; c'est alors que papa avait repris son souffle et nous avait raconté ce qui s'était passé; j'ignore si maman l'écoutait ou pas, manifestement elle n'attachait plus aucun intérêt à quoi que ce soit, son cœur brisé n'avait plus d'espace pour recevoir plus de peine et de chagrin.

Quand je suis arrivé au terrain de volley, j'ai vu un attroupement de badauds armés de machettes; je ne pouvais pas deviner ce qu'ils avaient fait, mais c'étaient eux qui avaient tué Pierre; ils n'ont pas osé m'attaquer mais m'ont suffisamment provoqué que j'avais du mal à contenir ma colère. Quand j'ai finalement retrouvé Pierre, il était grièvement blessé et avait perdu presque tout son sang. J'ai tout essayé pour l'amener à l'hôpital mais je n'ai pas pu m'y rendre, tous les chemins qui mènent à l'hôpital sont fermés. Les tueurs sont partout, personne ne circule à part les escadrons de la mort; ils tuent tous les Tutsi, ce sera bientôt notre tour et on ne peut rien y changer.

Pendant que papa nous expliquait tout ça, la maudite radio des mille collines n'avait pas cessé d'émettre des slogans meurtriers, invitant les Hutu à se lever comme un seul homme contre les Tutsi. Ce médium de la haine rappelait constamment que les Tutsi avaient envahi la patrie, que tout bon Hutu avait l'obligation de prendre sa machette et défendre la souveraineté de la nation en tuant le maximum de ces cafards. Tuez-les tous, ne laissez personne qui porterait la nouvelle *(ntimusige nuwo kubara inkuru)!* N'ayez pitié ni pour les enfants ni les femmes, de toute façon ils n'en auraient pas pour les vôtres; tuez-les sans remords, ce ne sont que des cafards, même Dieu les a livrés *(n'Imana yabatanze)!*

On n'était là, hébétés à écouter cette folie sans rien faire, il n'y avait rien à faire! Je n'ai même pas eu l'occasion de pleurer mon frère, tellement le moment était intense, on n'était comme figés dans le temps et dans notre espace. Maman pleurait un peu moins bruyamment qu'avant, quand ses cris de douleur étaient si forts qu'ils auraient percé les murs du ciel, malheureusement ni les anges ni les hommes, personne ne les avait entendus, aucune aide n'était venue à notre secours. Je l'entendais murmurer sans arrêt : « *pourquoi Seigneur, pourquoi Pierre, pourquoi nous, parle-moi, Seigneur* »! Peu à peu elle avait retrouvé quelque force et avait ouvert les yeux; c'était insupportable de la regarder dans cet état. Elle était totalement désorientée, on pouvait lire un grand découragement sur son visage; d'habitude elle n'était pas aussi sensible à aucun événement, quel qu'il soit, mais c'était différent cette nuit-là.

Papa avait calmement écouté les communiqués endiablés qui déferlaient à la radio, j'avais cru qu'il s'en était même désintéressé mais ce n'était pas le cas; bien au contraire, il ne voulait pas en manquer le moindre détail. C'était comme une torture morale d'écouter toute cette barbarie radiodiffusée, qu'on ne pouvait éviter! Maman était là, assez mal en point mais presque stabilisée. Papa dont je croyais être calme malgré les circonstances nous a surpris.

Dans un geste de colère inattendue, il ramassa cette maudite radio et la balança par-dessus la clôture, comme s'il ne plus écouter ces slogans. En avait-il assez ou devenait-il soudainement fou? Il tenta de nouveau de s'approcher de maman mais cela n'a pas fonctionné plus qu'avant.

Je ne pense pas que cela fut une bonne idée de jeter cette radio, on en avait besoin malgré, et malgré le venin qu'elle crachait dans les ondes en continu. C'était difficile à écouter ces choses, mais c'était aussi la seule possibilité pour nous de savoir comment les choses évoluaient au-delà de notre maison. Il s'est penché sur ce sac qui contenait le corps de Pierre et nous a invité à nous approcher. Il tenait à ce que nous regardions de près ce qui restait de ce malheureux jeune homme. Nous nous sommes approchés, Marc et moi, mais pas maman. *Seigneur Jésus!* À la vue de ce qui restait de ce garçon, Marc avait instinctivement vomi et poussé un cri d'épouvante qui nous avait gelé le sang!

C'était extrêmement difficile pour lui, je comprenais cela, parce que d'une part, il connaissait les tueurs de son frère, probablement avait-il aussi échappé de justesse, et d'autre part, il perdait non seulement son frère, mais son meilleur ami et son grand confident de toutes les circonstances! Papa avait bien fait de nous montrer ce cadavre de Pierre, c'était important de savoir qu'il était bel et bien mort pour qu'on ne se fasse pas d'illusion à l'avenir. Il était immergé dans un immense bain de sang, son propre sang, c'était extrêmement effrayant. Nous nous sommes recueillis devant ce corps méconnaissable, c'était un geste essentiel mais dévastateur; cela m'avait personnellement aidé à accepter sa mort, c'est ça justement qui manque aux survivants de génocide qui n'ont pas eu la chance de retrouver les restes de leurs proches, car ils n'arrivent pas à faire leur deuil pour passer à autre chose.

Papa a de nouveau tenté de convaincre maman de s'approcher et voir Pierre pour la dernière fois, cette fois-là elle n'avait pas résisté. Papa l'avait aidée à marcher vers ce sac, hésitante, et nous l'avions suivie; la scène qui a suivi a été si troublante que j'en étais au bord de la folie. Elle s'est évanouie à la vue de la figure de son fils. Je l'avais regardé avant elle, c'était insupportable pour moi aussi, et c'était évidemment encore plus dur pour une mère! On n'aurait cru que ce jeune homme avait été heurté par un *camion-bulldozer* de plein fouet. Pierre était un garçon si gentil, plein de vie et de rêves, il était vivant quelques heures plus tôt mais voilà qu'il n'était plus de ce monde, lâchement assassiné pour des raisons aussi absurdes, *être Tutsi!* À ce moment-là papa ne restait plus en place; il tournait sur lui-même continuellement, regardant l'heure sans arrêt, regardant à gauche et à droite, fixant sa moto, hochant la tête, poussant de gros soupirs. L'air devenait de plus en plus irrespirable autour de nous, franchement j'ignore comment vous le dire autrement.

D'habitude mon père trouvait toujours une solution à tout problème qui se présentait, mais il était à sec cette nuit-là. Pour la première fois il ne savait pas quoi faire. J'avais même vu des bulles d'eau rouler dans sa barbe, il se les séchait nerveusement du revers de la main, mais peine perdue; elles coulaient à flot comme des yeux d'un jeune enfant, ce qui était absolument impensable pour un papa Rwandais de pleurer devant sa femme et ses enfants! Marc l'avait remarqué aussi; en tant que garçon à qui on n'avait toujours dit que les hommes n'ont pas le droit de pleurer, j'imagine que c'était encore plus difficile pour lui de voir son père perdre les plombs devant lui.

Ma mère était de nouveau par terre, dangereusement épuisée; quand elle s'est aperçue que son mari pleurait devant les enfants, elle s'est levée presque précipitamment; j'ignore où elle avait trouvé cette énergie, c'était comme si elle se réveillait d'un long cauchemar, que tout cela n'avait pas été réel. Elle venait à peine de réaliser à quel point la situation était plus grave qu'elle ne l'avait crue. Elle se dirigea tranquillement, sans aide, vers papa qui nous avait tourné le dos, résigné!

Maman avait soudainement cessé de pleurer, comme par magie! Elle s'accrocha à l'épaule de papa et l'obligea ainsi à avancer tous les deux vers ce sac noir qui contenait la dépouille de Pierre, finalement la seule sépulture qu'on pouvait donner à ce pauvre garçon. Papa avait encore les yeux humides, il se sécha rapidement et plus aucune bulle de larme n'a coulé de ses yeux; il essayait de s'en cacher pour que maman ne le voit pas, mais c'était trop tard, elle avait tout vu et en était horrifiée! *Oh culture quand tu nous tiens!*

Elle se mit à genoux et nous invita à la rejoindre; timidement nous avons obéi sans comprendre ce qu'elle voulait faire; elle entonna une longue prière qui n'en finissait pas, suivie d'une chanson exceptionnellement envoûtante qu'elle chanta seule; c'était une lamentation extraordinaire, on ne lui connaissait pas une telle voix de rossignol!

Quel hommage, quel moment elle nous fit vivre à cet instant! La mélodie de cette chanson était absolument rare, elle raisonne encore dans mon âme et me brise le cœur quand j'y pense! C'étaient des mots si poignants qui vous arrachent les tripes, qui nous avaient replongés en transe, *même papa, le dur à cuir,* n'avait pas résisté au charme de cette voix malgré les circonstances!

Elle chantait comme une sirène d'une voix brisée et tremblante qui faisait pousser la chair de poule! Quelle prestation, quel chagrin, mais quelle force de caractère avait ma pauvre maman! Cette chanson aura duré près d'un quart d'heure, un petit quart d'heure qui changea ma vie, ce qu'il en restait...! Nous étions à ce point catastrophés que sa voix nous avait transportés dans une autre dimension, au point de ne pas entendre arriver un visiteur qui tenait à nous voir cette nuit-là. C'était un vieil ami de la famille qui s'appelait *Donat Kibonge*. Donat était un gars vraiment bien, on disait qu'il était de l'ethnie *Twa*, la plus petite minoritaire des trois classes sociales du Rwanda, avec moins de 1 % de la population.

Qu'est-ce qu'il était drôle cet homme! Mes parents l'aimaient beaucoup, surtout ma mère, je l'aimais aussi parce qu'il me faisait rire tout le temps. Je le trouvais tellement drôle mais on ne le voyait qu'une fois par mois car il habitait loin de chez nous. On disait qu'il devait marcher presque deux jours avant d'arriver chez nous. Dans les conditions normales, il arrivait toujours très fatigué et assoiffé; maman lui donnait de la Primus dont il raffolait, une bière locale embouteillée. Il en buvait au moins deux à trois litre avant de manger son souper, et il était prêt à nous raconter des blagues à n'en plus finir! Il avait toujours quelque-chose à dire de rigolo quand il était rassasié, mais cette nuit-là il n'était pas venu pour nous raconter des blagues.

Il savait qu'on était en danger et s'était assigné cette mission suicidaire de venir nous prévenir *(kutuburira)*! Quand mon père l'avait vu arriver au milieu de la nuit, il s'était approché de lui pour savoir l'objet de cette visite aussi tardive, heureux de pouvoir lui demander comment ça se passait en dehors de notre maison. C'était assez tard, ce devait être aux alentours de deux heures du matin. Monsieur Kibonge était là pour nous dire qu'il avait appris que notre famille serait attaquée dès le lendemain très tôt; il avait été mis au courant par l'un de ses amis qui avait participé à cette réunion et ne voulait pas que nous soyons surpris par les tueurs dans notre sommeil, car il pensait que nous pouvions être attaqués avant la levée du jour.

Faites vite, avait-il insisté; vous devez quitter votre maison bien avant l'aube sinon vous serez brûlés là-dedans; ils vous massacreront sans pitié, votre famille est l'une des cibles principales de ce quartier; s'ils vous trouvent ici, vous serez anéantis à la machette avant la première heure et vos restes seront jetés au feu de votre maison car elle sera brûlée.

Tu dis qu'ils ont des listes des gens à massacrer?

Comment osez-vous me poser cette question? Vous n'êtes au courant de rien, vous? Les listes des Tutsi ont été dressées et distribuées depuis plusieurs jours déjà! Moi, je n'en ai pas eu de copie car je ne sais pas lire, mais tous les Hutu de mon village, de votre quartier aussi, en ont reçues; je le sais de source sûre car j'avais participé à quelques réunions moi-même... Les Tutsi doivent mourir sans exception et ce, dès demain très tôt. La seule personne qui sera probablement épargnée dans cette maison, c'est vous, *mabuja (patrone)*!

Vous serez épargnée parce que le brigadier communal a juré de vous protéger pour faire de vous sa deuxième femme, aussitôt qu'il aura tué votre mari. Et si vous refusez de devenir sa femme, il pense que vous allez refuser à cause du mépris légendaire des femmes Tutsi vis-à-vis des hommes au gros nez, alors il vous punira de la pire des façons. Il jure par tous les diables de vous violer pendant des jours avant de vous livrer aux vagabonds du quartier, pour un viol collectif avant de vous tuer, mais ce n'est pas tout; cet individu a hâte de vous tuer, *vous databuja*, de sa propre main; il semble qu'il vous a toujours détesté; il vous hait parce que vous avez épousé la femme qu'il avait aimée d'un amour malheureux, car il ne pouvait pas se faire d'illusions de lui demander la main; il savait d'avance qu'il n'avait aucune chance d'être aimé en retour par ce genre de fille!

Par-dessus tout, il convoite votre moto qui lui reviendra dès que vous aurez été tué. Cette moto est au centre d'une grosse dispute depuis hier, ils n'arrivent pas à s'entendre sur l'heureux élu qui en prendra possession car ils la veulent tous; même le conseiller communal a fait une lutte farouche au brigadier à cause de cette moto. Croyez-moi, chers amis, ces Hutu sont devenus fous *(abahutu basaze mba nkuroga)*! S'agissant de votre maison, ils sont en total désaccord et n'arrivent pas au compromis; aux dernières nouvelles, ils vont la brûler quand ils auront fini de piller. Quant à ça, c'est la grande casse, ils se cognent dessus sans pitié, le brigadier tient mordicus à avoir votre moto, votre femme et votre maison et les autres refusent avec véhémence, mais ils ont peur de lui car il a un fusil. Ils résistent à son égocentrisme, c'est pour cela qu'ils ont conclu de brûler votre maison.

Ce que je vous dis là est une information de source sûre, mon petit-frère était présent à cette réunion; ils ne pouvaient pas se méfier de lui car ils ignorent mes rapports avec votre famille, sinon je n'aurais pas osé venir ici; c'est très risqué. Je suis quand même content d'avoir pu venir jusqu'à vous cette nuit, c'est le risque que je devais prendre au nom de notre amitié pour que vous sachiez ce qui vous attend, dès demain, à défaut de pouvoir vous aider autrement. Je vous devais ça, c'est la moindre des choses! Vous avez toujours été bons pour moi et ma famille, je vous prie de prendre cet avertissement au sérieux; ils viendront vous tuer, c'est inévitable; faites quelque chose mais ne me demandez pas quoi, je l'ignore. Je crains qu'il n'y ait plus grand-chose à faire à ce stade-ci; le pays est tout encerclé du nord au sud et d'est en ouest, les miliciens-hutu sont partout, prêts à tuer tout Tutsi qui bouge.

Je suis d'ailleurs très étonné de voir votre fils ici, j'avais appris qu'il y avait un plan d'assassiner vos deux jeunes garçons pour les empêcher de rejoindre le FPR, mais ils auront peut-être changé d'avis. Je vois Marc, et si Pierre est ici aussi, que Dieu soit loué! Je savais qu'il y a une milice de jeunes tueurs qui avait reçu l'ordre d'aller de quartier en quartier pour donner l'exemple en tuant les Tutsi de leur âge pour donner l'exemple... Ils ont été dispatchés à travers tout le pays, listes à la main pour identifier les maisons-ciblées, surtout dans des endroits où ils savent qu'il y a de belles femmes à violer; c'est eux qui avaient reçu cette mission de tuer tes fils parce qu'ils cherchent leur mère; je m'étonne qu'ils ne soient pas encore venus, mais cela ne veut pas dire qu'ils ne viendront pas; ils peuvent être ici à tout moment, ou demain très tôt, soit dans quelques heures, à peine...!

Si vous ne partez pas tout de suite pour tenter votre chance dans les marécages, il sera alors impossible de bouger d'ici dès que le jour sera levé; n'oubliez pas que je subirais le même sort, même pire, s'ils me trouvaient ici, mais je m'en fous. Je devais le faire quoi qu'il en coûterait, pour ma conscience, malheureusement je ne peux rien faire d'autre pour vous aider même si je le voudrais de tout mon cœur. Je vous le répète, il faut partir, c'est maintenant ou jamais! Pour leur convoitise sexuelle démesurée pour *mabuja*, je peux parier qu'ils doivent être déjà en route, ils y tiennent, c'est leur désir le plus fou! Je vous conseille de ne pas hésiter; ne restez pas ici une minute de plus! Adieu, mes chers amis, je vous aime et vous souhaite la meilleure des chances. *(Murabeho bavandimwe, Imana y'i Rwanda Izabane namwe* – Adieu chers amis, q*ue le dieu du Rwanda vous accompagne)!*

Après avoir dit ces mots encore plus dévastateurs, notre ami disparut dans la nuit comme il était venu; son information était dangereusement troublante mais précieuse, au moins on savait ce qui allait nous tomber dessus dans quelques heures! Pendant que notre ami parlait, papa n'avait presque pas réagi, contrairement à maman qui tremblait des pieds à la tête; elle tremblait tellement fort qu'on pouvait entendre ses dents s'entrechoquer dans sa bouche, l'idée d'être violée par ces voyous lui était inconcevable. C'était stupéfiant de voir comment son état se détériorait à vue d'œil. Elle était si terrifiée qu'elle ne pensait même plus au cadavre de son fils, toutes ses pensées étaient dirigées à cette éventualité de viol collectif.

Comme je vous l'avais déjà dit, j'ignorais ce que c'est « viol »; c'était un mot nouveau dans mon vocabulaire mais je n'avais pas osé demander ce que c'est, mais il suffisait de regarder ma mère pour comprendre que ce devait être la pire chose qui pouvait lui arriver; elle en était terrorisée à mort!

Quant à papa, il semblait avoir la tête ailleurs mais personne ne savait à quoi il pouvait penser; son cerveau devait fonctionner à plein régime à ce moment, il lui revenait de trouver une solution quelconque immédiate. Marc était toujours dans son mutisme, totalement dévasté par la mort de son frère et meilleur ami qui gisait à nos pieds, dans un sac à ordures. J'étais un peu moins soucieuse de tout ça à cause de mon âge, mais j'avais très peur aussi.

J'avais énormément de questions à poser mais je n'osais pas les poser, je savais d'avance que personne n'avait le temps de répondre à mes stupidités, ce qui me menait à m'inventer des réponses à partir de la mine que je lisais sur les visages de papa et maman. Je comprenais que le viol devait être une chose horrible, peut-être plus fort que la mort elle-même, et cette chose m'effrayait sans savoir ce que c'était! Donat était un très bon ami et il l'avait prouvé; il a été la seule personne qui a fait fi des instructions des chefs de bandes criminelles pour nous informer de l'éminence du danger.

Il a été le seul à faire ça pour nous, même si nous avions d'autres amis, de faux amis en fin de compte! Il n'avait aucun pouvoir de nous protéger ni d'endroit où nous cacher mais, au moins, il a eu ce courage extraordinaire de défier ces lois sadiques pour arriver jusqu'à nous au milieu de la nuit, conscient que cela pouvait lui être fatal et tous les siens! Nos voisins plus immédiats, que nous avions toujours considérés, non pas comme de simples voisins mais comme nos frères et sœurs nous avaient trahis; les amis d'enfance de mes parents étaient devenus des traîtres, aucun de ceux-là n'était venu nous voir, ils étaient dans les confidence de génocidaires de notre quartier mais n'avaient pas essayé de nous avertir du danger que nous courions.

Nous partagions tout avant la guerre, il y en avait même qui disaient ouvertement qu'ils seraient toujours de notre côté quoiqu'il arriverait, mais tout ça n'était que mots et des mensonges! Tout avait basculé depuis le premier jour de la guerre de libération par *le FPR-Inkotanyi*. Je ne comprends toujours pas comment une personne normale arrive à prendre une autre couleur aussi vite qu'un caméléon! Je croyais aveuglément en l'amitié de nos voisins immédiats mais j'étais dupe! Je me suis quand même posée une question, que je n'osais pas poser à papa : allions-nous tous mourir dans quelques heures, pour de vrai? Comment pouvais-je douter à ce stade-là? La dépouille de mon grand frère qui gisait à nos pieds, *dans un sac de poubelle,* ne suffisait-elle pas pour tout comprendre?

J'étais à ce point idiote? Quelle autre preuve je cherchais à avoir? Après le départ de notre ami Donat, maman était sous le choc; elle avait les yeux hagards et était restée accrochée à l'épaule de papa pour ne pas tomber, car elle tremblait; elle était doublement fragilisée par tout ce qu'elle venait d'apprendre par rapport à son viol, qui s'ajoutait aux autres événements malheureux qui s'acharnaient sur notre famille depuis le début de la soirée! À ma grande surprise, ce fut elle qui insista pour que papa rouvre le sac mortuaire de Pierre pour qu'elle le regarde pour la dernière fois! Papa avait hésité mais ne pouvait pas lui refuser cela; il devait craindre que la situation ne se gâte vu comment elle avait réagi plutôt. Il restait sur ses gardes car il ne comprenait pourquoi elle tenait tant à regarder encore les restes de cet enfant. Elle s'approcha du sac, finit de l'ouvrir elle-même, avec précaution et l'observa assez longuement.

Elle le regardait en silence, c'était près de cinq minutes mais une éternité pour papa qui ne comprenait pas pourquoi elle se donnait autant de mal, car cet enfant était mort, et on allait le suivre; ce n'était plus qu'une question d'heures! Soudain, elle referma tranquillement le sac et tomba à l'envers, évanouie; ce que craignait mon père venait de se produire; c'était si grave qu'elle montrait des signes inquiétants, des convulsions de spasmes musculaires très violents, comme si elle avait une crise d'épilepsie subitement.

Papa eut beaucoup de mal à la maîtriser au sol pour éviter qu'elle ne se blessa; les yeux lui sortaient de la tête comme un crapaud et une longue bave visqueuse coulait des commissures de sa bouche, suivie d'un râle terrifiant qui sortait de sa gorge béante! Je n'avais jamais vu quelqu'un mourir, j'avais donc pensé qu'elle mourrait. Quand l'intensité de ses spasmes diminua, papa a profité de ce court moment pour se précipiter à l'intérieur de la maison; il ramena une paire d'oreillers et une couvertures qu'il disposa de chaque côté de ma mère pour la sécuriser et la maintenir au chaud éventuellement. J'avais pensé que cette nuit avait été la plus éprouvante et la plus inoubliable de ma vie, mais j'ignorais alors que le pire était à venir, on avait encore rien vu!

J'avais déjà vu mon père verser des larmes, en soi c'était énorme mais cela n'était rien par rapport à ce qui nous attendait dès le lendemain matin. Ce n'était qu'un avant-goût d'un long et pénible voyage sans retour que j'étais sur le point d'entreprendre, sans en avoir la moindre idée. Maman n'était pas en train de mourir comme je l'avais craint, elle n'était pas non plus devenue épileptique, c'était seulement un excès de chagrin qui était plus fort tout. Elle reprit tranquillement conscience, mais il y avait un silence trop lourd autour de nous, car papa ne disait rien, Marc non plus. Le temps passait vite, on s'avançait vers le jour suivant, pourtant on ne devrait pas être là, d'après les recommandations de notre ami Donat. Je regardais papa, en fait on le regardait tous les trois; il fallait qu'il dise ou fasse quelque-chose, surtout que maman était presque revenue à elle.

En grandissant j'avais compris pourquoi mon père avait eu si peur pour maman, quand elle avait eu sa crise; elle aurait pu mourir instantanément d'un AVC *(accident vasculaire cérébral)! En effet* j'ai lu dans une revue scientifique qu'une tristesse d'une telle intensité pouvait être fatale, et maman en avait montré des symptômes! Comment aurait-il fait s'il s'était retrouvé avec deux cadavres sur les bras en une seule nuit? D'après moi cela aurait perturbé son plan, *s'il en avait!* On n'avait pas le choix que de lui faire confiance, moi je savais qu'il pouvait sortir un lapin de son chapeau à tout moment, qu'il trouverait un moyen de nous sauver la vie à la dernière minute, comme au cinéma!

Maman était fatiguée mais récupérait assez bien; elle avait pu s'asseoir sans aide, c'était un bon signe. Soudainement elle s'est mise à genoux en posant ses deux mains sur le sac qui contenait le corps de Pierre et avait prié en silence. Après ça elle s'est levée et marché vers moi; elle m'avait demandé comment je me sentais, et m'avait serrée très fort dans ses bras. J'étais heureuse, je retrouvais ma mère, c'était ça, elle, la maman que j'avais toujours connue! Papa était encouragé de la voir dans cet état, il avait perdu la tête...

Depuis que j'étais revenue de l'école, je n'avais pas enlevé mon uniforme bleue-marine d'écolière comme d'habitude, mais j'avais enlevé mes pantoufles car elles me gênaient pour sauter à la corde, mon jeu préféré! Je jouais seule à la maison pendant que mes frères allaient jouer au volley-ball, le saut à la corde n'intéressait pas les garçons. C'est alors que maman avait insisté pour que j'aille chercher mes souliers dans la maison et changer d'habits, mais j'avais refusé d'y aller. J'avais peur d'entrer dans cette maison que je considérais comme une maison hantée, elle me faisait peur.

Papa avait alors appelé notre domestique pour qu'il m'apporte mes chaussures; il l'appela à plusieurs reprises sans obtenir de réponse, puis décida d'entrer dans la cuisine pour voir pourquoi ce type ne répondait pas; c'est à ce moment-là que nous avons réalisé qu'il était disparu, et qu'il avait emporté toutes ses affaires et les nôtres, dont les souliers de tout le monde. Ce pauvre type avait travaillé chez nous depuis toujours, longtemps avant ma naissance; il n'était plus considéré comme un domestique (*umuboyi*) mais un membre de famille à part entière! Dès lors mon père avait compris qu'il devait être de mèche avec les escadrons de la mort qui allaient venir piller avant de nous tuer. C'était plus facile de passer par lui, il connaissait tous nos secrets de famille et nos habitudes.

Ma mère fut choquée d'apprendre que ce gars soit parti et qu'il ait volé, lui qui était supposé être le premier à nous prévenir. Elle aimait beaucoup cet gars, qu'elle avait pratiquement sorti de la misère. Elle avait été si généreuse avec lui qu'elle avait beaucoup contribué à la construction de sa maison, à son village natal, une maison modeste mais matériaux durables.

Elle payait régulièrement les frais scolaires de ses deux enfants qui étaient rendus au secondaire... Tout ceci était très compliqué pour elle de voir que les choses pouvaient tourner aussi vite et aussi mal avec les gens qu'on connaissait, qu'on aimait et appréciait!

Pourtant, quand mon père était revenu du travail, ce boy était là; je m'en souviens car je l'avais vu quand j'étais allée boire un verre d'eau dans la cuisine, il repassait des habits; c'était peut-être à ce moment-là qu'il faisait sa valise! Mais comment avait-il réussi à emballer toutes ses affaires et les nôtres, quitter la maison sans que je ne le remarque? Tout le monde aurait pensé qu'il serait le dernier homme à nous trahir, pourtant il a été le premier à le faire. S'il avait fait ça à la famille qui avait nourri la sienne pendant de longues années, à qui d'autre pouvait-on faire confiance? C'était un employé modèle, poli et gentil que tout le monde aimait; on appréciait grandement le bon travail qu'il faisait chez nous et il en était grandement récompensé; il n'avait pas le salaire de domestique mais de fonctionnaire!

De mon côté, j'aimais bien ses deux petites filles que je

considérais comme mes sœurs; je leur envoyais régulièrement de petits cadeaux de fille : du linge, du matériel scolaire à chaque rentrée scolaire; maman me donnait un peu d'argent pour leur faire plaisir. Ma mère appréciait énormément les services rendus par cet individu qu'elle lui payait parfois le double du salaire convenu pour qu'il puisse terminer les travaux sur sa maison; il était traité différemment des autres employés qui travaillaient pour nous à cause de son honnêteté et son efficacité; tout le monde savait qu'il avait toutes les qualités qu'on recherche chez les employés de maison; papa ignorait qu'il était traité comme un prince, mais il le méritait bien. Mais alors, pourquoi nous a-t-il fait ce coup?

Pourquoi devait-il s'associer à ceux qui voulaient nous faire du mal, l'homme qui faisait partie de notre famille depuis le mariage de mes parents? J'espère qu'il ne vit plus, il ne pouvait pas survivre à une telle honte et d'ingratitude! J'imagine qu'ils doivent être nombreux à avoir fait ce genre de mesquineries, mais venant de celui-là, c'était difficile à accepter!

Denise et Lionel avaient l'air horrifié par l'étendue de ma misère; en me regardant ils pensaient à moi comme on penserait à un rêve qu'on avait eu mais qu'on avait vite oublié, dont on essaye vainement de reconstituer! Je ne doutais pas qu'ils avaient chacun connu leur lot de misères, en cette *saison de machettes* pour ne pas citer *Jean Hatzfeld,* mais il faut y aller au cas par cas; c'est plus sage!

Tu sais Adélaïde, dit Lionel comme s'il se réveillait; j'ai une surprise pour toi...

Je ne te crois pas, mon oncle; il ne pourrait y avoir de surprises pour moi! J'ai tendance à penser que j'ai tout vu et tout vécu dans ma vie, je serais franchement étonnée si tu parvenais à me dire quelque chose qui me surprendrait.

Peut-être pas, mais je voulais t'informer que je connaissais votre fameux domestique et toutes ces qualités, mais il n'est pas mort de honte comme tu disais; il vit tranquille sur sa colline dans cette maison que votre famille lui a fait construire; je voulais juste te dire que le ridicule ne tue pas; s'il pouvait tuer, peu de Hutu auraient survécus car ils ont fait des choses qui dépassent l'imagination.

Cela me surprend, en effet! J'espère que j'aurai l'occasion de le rencontrer, car j'aurais deux ou trois petites questions à lui poser...

Il n'y a pas que lui, chère Adélaïde! Tous vos anciens voisins que ta mère avait nourris et considérés comme de vrais amis de la famille ont fait pire que ce pauvre domestique; ils ne sont pas morts de honte pour autant; ils vivent comme un charme au milieu du butin qu'ils ont volé aux Tutsi après avoir décimé leur famille. Tu les verras tous, ils ne sont même pas en prison et ne risquent pas d'y aller, car personne ne les accuse de quoi que ce soit. Pour eux, ils ont accompli leur devoir civique comme le leur demandait l'État déchu, c'est ça leur défense. Puis, tuer les Tutsi n'avait jamais été un crime dans ce pays, tu le sais ça...! Les génocidaires qui avaient fui le pays sont revenus après quelques années de galère, mais c'est mieux ainsi, de deux maux il faut choisir le moindre! Pour t'aider à trouver les pièces qui manquent pour compléter ton puzzle, je te surprendrais encore davantage si je te disais que le fameux brigadier qui convoitait ta mère, qui a spolié vos biens, dont la moto de ton papa vit, lui-aussi, libre comme le vent? - Je le voyais de temps en temps passer avec cette même moto et mon cœur saignait à blanc à cause du chagrin. Ça me rendait malade mais je ne pouvais rien y changer.

Cette moto était la mienne aussi, je l'utilisais autant de fois que je voulais car ton papa ne me la refusait jamais; hélas, je n'avais aucune preuve exigible par la police et les tribunaux pour la récupérer. Il me narguait même, car il savait que je n'y pouvais rien.

Qu'est-ce que ça signifie tout ça, mon oncle? Tu le voyais rouler sur la Kawasaki de mon papa et tu ne disais rien? Le vois-tu encore? Sais-tu où il habite, ce type?

J'ai essayé mais je n'ai pas pu prouver au juge ce que je disais; tous les gens qui pouvaient témoigner ont tous été tués. Vingt-cinq ont passé et la moto a vieilli en même temps que son voleur, les deux ne sont plus des épaves, deux tas de vieux ossements et de ferrailles

rouillés; ce type n'est pas mort, comme je te le disais la honte ne tue pas les génocidaires! La dernière fois que je l'ai vu passer il n'y a moins trois ans mais il était méconnaissable; il avait repeint cette moto pour brouiller les pistes mais je savais bien que c'était la moto de Claver... Cela me surprendrait qu'elle soit encore en état de rouler....
Cependant, chère Adélaïde, il faut que tu comprennes une chose, c'est crucial pour toi : il n'y a pas un seul pays dans ce monde, même pas le plus puissant comme le vôtre, *les États-Unis d'Amérique*, qui serait capable de garder en détention autant de présumés coupables du crime de génocide et de crime contre l'humanité, les nourrir, les habiller, les soigner et les traduire en justice.

Peut-être le pourraient-ils et je dis n'importe quoi, mais notre pays n'a pas ces moyens; il est confronté à d'autres défis encore plus sévères et plus immédiats, dont la survie des rescapés et leur sécurité, car l'ennemi rôde encore. La poursuite et l'emprisonnement des criminels ne pouvait pas être la priorité des Rwandais devant tant d'autres urgences, ces criminels le savent et en profitent, ils abusent même de la générosité de l'État. Il fallait privilégier la réconciliation nationale à la place de mesures punitives, c'était ça la seule solution à long terme; il fallait se tourner vers l'avenir et non rester prisonnier de ce passé sombre, comme le voulaient nos tueurs! Ceci n'est peut-être une solution à ton goût, *ni du mien*, mais c'est la seule qui pouvait fonctionner pour nous, pour renaître de nos cendres.

Beaucoup de gens vous diront que cette option a beaucoup de zones d'ombre susceptibles de compromettre une paix durable, car les génocidaires avouent et regrettent leur crime, rien que pour s'en tirer à bon compte. Vont-ils tenter de se réorganiser et recommencer le génocide, car ils ne jurent que de finir le travail qu'ils ont commencé! S'ils trouvaient la moindre faille dans la gestion de la sécurité de ce pays, un autre génocide serait déclenché et serait encore plus cruel, mais l'État Rwandais en a bien conscience.

Merci de ce judicieux conseil, mais c'est très difficile pour moi de comprendre cette approche, peut-être que ça viendra avec le temps.

En tant qu'Américaine, ce genre de justice est incompréhensible; on l'observe de loin, mais beaucoup de gens semblent apprécier l'effort et la résilience de ce peuple. On entend des commentaires élogieux de ce jeune gouvernement de la part de ses visiteurs Américains qui vont et viennent, assez nombreux dans ce pays! Généralement les pays de l'Afrique noire sont souvent victimes de mauvaise la presse, mais le Rwanda fait meilleure figure en ce moment.

Si rien que vingt-cinq ans de stabilité politique et économique ont fait une si grande différence dans le quotidien des Rwandais, on peut se demander à quoi ressemblera ce pays d'ici vingt-cinq prochaines années, si on arrive à maintenir le cap!

Ceux qui cherchent encore à déstabiliser ce peuple oublient trop vite qui ils sont; ils oublient de prendre en compte que les penseurs de ce génocide et leurs commandites ne sont pas éternels! Regardez autour de vous : ceux qui ne sont pas morts ne sont plus que des épaves, tandis que ceux qu'ils ont déformés avec une idéologie toxique, qui réclament à coup de gueule la reconnaissance du double génocide, ces troubadours du mal qui prêchent dans le désert se fatiguent, s'entre-déchirent et s'éparpillent dans le nuage de l'oubli du temps! Ils savent qu'il n'y a pas eu de double génocide, mais leur déception a été trop grande de voir les FAR capituler devant les rebelles du FPR qu'ils méprisaient; ils n'avaient même pas de plan-B et ne savaient pas qu'ils seraient réfugiés un jour, à leur tour!

Avez-vous jamais pensé à quoi aurait ressemblé ce pays si tous ces criminels avaient fui ce pays sans avoir tué autant de monde et laissé derrière autant de cadavres? Ce pays serait un paradis sur terre à l'heure qu'il est...! Qui serions-nous aujourd'hui si au moins la moitié de nos familles étaient encore avec nous, et si les Hutu non-coupables de génocide étaient restés dans le pays? Ces gens ont fait trop de mal à ce pays mais leur plan a échoué; ils échoueront encore demain et après-demain, car les gens changent avec le temps; les jeunes Rwandais ne permettront plus à quiconque voudra les dévier de la bonne trajectoire déjà entamée. Si la tendance se maintient, le Rwandais de demain sera exempt de l'intoxication ethnique, le seul handicap qui l'empêchait de s'épanouir, de regarder au-delà la montagne.

On respire aujourd'hui une atmosphère moins polluée de haine et les résultats sont spectaculaires, personne n'aurait jamais pensé qu'ils étaient possibles dans ce pays. Il faut continuer à dépolluer l'air, la poussière des mauvaises politiques ne retombent pas assez vite; il faut continuer à enseigner les gens pour qu'ils comprennent mieux le sens du patriotisme et de l'appartenance. Quand on voit de gens éduqués qui osent promouvoir l'idée du double génocide, on se demande ce qu'ils ont appris à l'école.

Ceux et celles qui s'obstinent dans cette idéologie obsolète devraient aller chercher des réponses à leur problème dans l'holocauste juif. En effet, sous la gouverne de cet Allemand qui était devenu fou, *Adolf Hitler,* le chaos nazi avait fait plus de six millions de morts parmi les Juifs, mais plusieurs dizaines de millions d'autres gens ont été tués en même temps que les Juifs.

Parle-t-on de double ou de triple génocide ou seulement du génocide contre les Juifs? De la même manière, il est vrai qu'il y a eu des victimes parmi les Hutu, morts des conséquences de la guerre et autres calamités subséquentes à la guerre comme la dysenterie amibienne et le choléra, mais ils ne sont pas morts parce qu'ils étaient poursuivis parce qu'ils sont des Hutu!

Ce n'est pas compliqué de comprendre la différence que cela peut faire, et ce n'est minimiser la valeur de la vie des autres. La notion de double génocide est un complot suicidaire des négationnistes, qui vise un autre chaos, mais ils se trompent, le peuple Rwandais ne leur permettra jamais de retourner en arrière, de sortir d'une belle trajectoire.

XI

UNE SCÈNE TROUBLANTE

Après avoir constaté la disparition de notre domestique, papa avait compris que ce type était de mèche avec les tueurs, qu'il avait rejoint les escadrons de la mort qui viendraient nous tuer. Maman était mal en point mais reprenait conscience de la situation; elle avait réalisé qu'elle était plus grave qu'elle ne l'avait crue. Papa profita de ce *come-back* de maman pour nous expliquer ce qu'il comptait faire, et le faire immédiatement! Voici mon plan; il est périlleux mais il est le seul que nous avons, on doit l'essayer.

On était tous curieux de connaître ce plan, mais surtout s'il allait fonctionner, car plus rien ne fonctionnait normalement cette nuit-là; même-moi qui n'étais qu'un enfant insouciant, je n'avais été capable de comprendre ce qu'il proposait faire; n'était tout simplement pas réaliste, une suite d'acrobaties extrêmement risquées, mais on se devait de comprendre qu'il n'avait rien de mieux à faire; on était d'accord sur ce point! Il proposait qu'on s'enfuie à moto, tout le monde ensemble!

Au début j'avais pensé qu'il faisait des blagues mais il était sérieux. Il nous expliquait comment il était possible de nous mettre à cinq sur cette moto, tellement enthousiaste qu'il avait commencé à nous installer, l'un après l'autre, sur la minuscule banquette de sa Kawasaki : mes deux grand-frères, le vivant *et le mort,* et moi, mais il hésitait encore avec ma mère. Il fallait voir sa tête, cherchant les mots appropriés pour la convaincre qu'on pouvait y arriver. Tu la connaissais ta sœur, cher Lionel; à elle seule, la selle de cette moto n'aurait pas suffi pour son immense derrière... Elle était bien en chair, ma maman!

Cet exercice était extrêmement pénible pour nous, mais pour maman en particulier; elle ne voulait ni écouter ni essayer de monter sur cette moto malgré l'insistance de papa. Elle avait été catégorique disant qu'elle accepterait de mourir deux fois plutôt que de monter sur cette machine. Même en temps normal, elle haïssait les motos et avait toujours peur pour papa.

En effet je connaissais la moto de ton papa; elle était très puissante mais n'était pas conçue pour transporter plus de deux personnes. Malheureusement c'était le seul moyen qui nous restait pour quitter cette maison qui allait devenir notre tombe dans les quelques heures qui restaient avant la levée du jour, selon l'information de notre ami, Donat. Celui-ci était parti, la situation s'était détériorée dehors d'après ce qu'on entendait à la radio, mais l'idée de fuir à cinq fagotés sur cette selle minuscule n'était déjà pas brillante. Néanmoins, on ne pouvait pas le blâmer; il était dans l'obligation de faire quelque-chose et le refus de maman d'essayer ne l'avait découragé. Elle le regardait s'activer, sans rien dire, elle était sous encore le choc, dévastée par la mort de son fils.

Consciente que nous étions condamnés quoi que l'on fasse, maman ne voyait même plus l'utilité de fuir; elle était disposée à ce que nous restions sur place, prier et attendre nos tueurs; pour elle notre sort était scellé. Fuir à moto, pour elle qui haïssait cette machine n'était pas seulement impossible, c'était surtout une perte de temps et d'énergie pour rien; je l'avais entendu demander à papa s'il n'était pas devenu fou sans s'en rendre compte.

Il savait lui-même que ce n'était pas une idée de premier choix mais il fallait faire quelque-chose, quitter cette maison au plus vite. On ne pouvait pas rester là à attendre l'aube, surtout que la lumière du jour allait tout compliquer, car pour fuir, il faudrait le faire dans l'obscurité de la nuit. Je savais que papa ne pouvait pas rester les bras croisés, se résigner à attendre l'arrivée des miliciens qui allaient nous tuer un à un devant lui; cela ne lui ressemblait pas! Maman le regardait, traumatisée par la peur de cet engin qui était notre dernier recours et un fleuve de larmes dévalait sur ses deux joues; elle leva subitement les bras vers le ciel et fit une longue prière avant de dire, à voix haute :

Oh Claver, mon pauvre ami; as-tu perdu la raison? Comment peux-tu nous faire croire que ton plan peut fonctionner? Nous ne pouvons pas tenir à cinq sur cette maudite bicyclette, à moins que la douleur ne t'ait rendu aveugle pour le constater. Puis, même si nous arrivions à nous y entasser, elle ne pourrait pas rouler avec tout ce poids. Me vois-tu, moi, sur cette moto? Avec quelle ingéniosité réussirais-tu à la maintenir en équilibre de façon sécuritaire? Et même en admettant que tu réussissais à faire ce que tu nous proposes, où penses-tu nous amener, à présent? Il ne reste plus d'endroit où tu puisses nous amener! Restons ici et mourons dans avec dignité (*dupfe kigabo*), c'est déjà trop tard pour nous! Quand il était encore le temps, tu n'avais pas voulu m'écouter; tu me disais que je racontais des ragots de bonnes femmes et voilà qu'on est coincés. Pour ce qui est de ta moto, tu sais que même à moi seule, sa selle est trop étroite pour ma croupe, tu es mieux placé pour le savoir, non?

Oublie ça mon pauvre chéri; si vous réussissez à vous y mettre à quatre, partez sans moi, je ne vous en voudrai pas; mais si tu y tiens vraiment, si tu veux que je participe à ton plan de fou, j'accepterais à une condition : je propose que tu me laisses ici avec le cadavre de mon fils, tu pars avec Marc et Adelaïde; tu les déposes à un endroit sûr si tu arrives à en trouver un, peut-être chez grand-papa, puis tu reviens nous chercher, Pierre et moi, avec sa camionnette. Au-delà de ça, il n'y a rien de plus fou que de vouloir transporter quatre personnes sur cette machine, en plus d'un cadavre!

Ne dis pas de bêtises, Margo, je t'en prie! On n'ira nulle part sans toi, tu le sais! Je reconnais que ce n'est pas facile pour toi mais ce n'est pas impossible, mais on ne peut pas s'asseoir et attendre les tueurs sans rien faire! Tout ce que je demande, c'est qu'on essaye, qu'on se donne une petite chance, je sais que c'est faisable! Tout le monde sait que tu hais les motos, mais aujourd'hui il ne s'agit pas de faire ce qu'on aime ou n'aime pas, ce n'est pas un jour comme les autres; il faut absolument que tu fasses un effort et je sais qu'on arriverait, *qui veut peut,* tu connais cet adage! Nous avons déjà perdu du temps précieux dans ces discussions inutiles, on serait déjà loin si tu avais voulu coopérer.

Je sais d'avance tu n'aimeras pas plus ce que je propose plus objectivement, car c'est encore plus déchirant à accepter : Pierre est mort, on le sait; on sait aussi que ce sera bientôt notre tour si on ne fait rien! C'est très douloureux mais je suggère qu'on laisse ses restes ici, pour quelques heures, ainsi on gagnera un peu d'espace sur la moto; je vous amènerai directement chez mon père et reviendrai avec son pick-up pour ramasser les restes de Pierre. Il faut qu'on fasse vite, on a déjà un mort sur les bras, je vous laisse imaginer ce que ça va être quand il y en aura un deuxième et un troisième...! Qu'est-ce que t'en penses, Margo? J'ai besoin de savoir ton opinion.

Mon opinion? Tu veux vraiment connaître mon opinion sur tes idées? Oui je pense que je peux te le dire! Je pense que tu perds la tête, que tu deviens fou! Tu veux vraiment abandonner Pierre ici? Je ne bougerais pas d'ici sans lui, même s'il est mort! Comment peux-tu être aussi cruel? Tu me demandes vraiment d'abandonner mon fils à la merci des chiens errants, attirés par le sang chaud de ce pauvre garçon? J'ignorais que tu pouvais être aussi sadique! Ils nous l'ont tué et toi tu veux le laisser aux chiens? C'est ça que tu veux vraiment? Ignores-tu que ces bêtes vont le dévorer dès qu'on s'en sera éloigné? Moi, je ne ferais jamais un tel sacrilège! S'ils veulent me tuer ils me trouveront à côté du corps de mon enfant; je ne suis pas capable de l'abandonner. Après tout, quelle différence y-a-t-il entre mourir maintenant ou mourir demain?

Nous allons mourir, pas plus tard que demain, quant à ça, on ne peut rien changer, je le sais et je te l'avais dit même si tu ne m'avais pas cru. On ferait mieux de nous calmer, profiter des quelques heures qui nous restent à vivre pour prier notre Dieu, puis la levée du jour n'est pas loin. Pourquoi nous débattre quand on sait que cela ne nous avance à rien? Nous devons l'accepter dès maintenant *(kubyakira)*! Dois-je te répéter que si tu m'avais crue, nous n'en serions pas là aujourd'hui? Quoiqu'il en soit, je te répète qu'il est hors de question que je laisse le cadavre de Pierre à la merci des charognards, je mourrai à ses côtés s'il le faut.

Maman avait été catégorique et pleurait beaucoup, et moi aussi je pleurais. Papa était mal pris devant sa détermination de sa femme, il jurait au nom de tous les Saints et ne savait plus quoi faire. Il perdait le contrôle de la situation devant ma mère qui ne voulait absolument pas changer d'avis. J'étais bien trop jeune pour prendre part à ce débat d'adultes, mais je pensais tout de même que papa avait raison, qu'il fallait faire quelque chose; j'allais même un peu plus loin; je trouvais que maman commençait à aller un peu trop loin avec papa, elle devait l'écouter sans trop argumenter. Elle agissait comme si papa n'aimait pas Pierre. Il l'aimait, il nous aimait tous de la même manière, mais il fallait qu'il essaye de sauver ceux qui étaient encore en vie, pour si peu de temps soit-il! Nous avions le devoir d'avoir confiance en lui comme on avait toujours fait; c'était essentiel, puis, moi je ne voulais pas mourir!

Maman ne bougeait plus et ne voulait pas parler avec papa, je trouvais franchement qu'elle exagérait dans son obstination. Oui, c'était impensable d'abandonner le corps de Pierre, tout le monde pouvait comprenait cela, mais il était mort...! Notre ami, Donat, était passé comme un éclair et était reparti incognito; si au moins, il avait été encore là, peut-être aurait-il indiqué à mon père où nous pouvions nous cacher.

C'était l'impasse. Tout à coup, papa sortit précipitamment de l'enclos; on était terrifiés de le voir partir sans nous dire où il allait; il est resté derrière l'enclos près d'une dizaine de minutes, puis il est revenu avec la radio qu'il avait balancée par-dessus la clôture sur un coup de colère; elle était brisée mais il était un bon bricoleur, il a recollé ces morceaux, réarrangé piles et câblages, et on a pu réécouter les dernières nouvelles.

Comme on s'en doutait, la situation s'était sérieusement empirée à l'extérieur pendant le temps qu'on n'avait pas écouté les nouvelles. À ce moment-précis, le journaliste était en train d'inviter les Hutu à redoubler d'effort et massacrer le plus grand nombre de Tutsi possible, quel que soit leur genre et leur âge, répétant à cœur joie qu'il fallait venger le père de la nation qui avait été assassiné par ces cancrelats Tutsi.

La voie des ondes était inondée par ce venin et ce langage toxique; plusieurs journalistes se succédaient au micro pour justifier le bien-fondé de ce génocide, qu'il était temps que le Hutu soient débarrassés de cette vermine. Papa avait sagement écouté ces messages de fou, et maman s'était plus ou moins calmée, le temps d'écouter ce qui se passait, là-dehors. C'était épouvantable ce qui se disait en ondes! Tout à coup, papa éteignit la radio, regarda fixement ma mère et lui dit, sur un ton sèchement autoritaire :

Nous devons partir d'ici immédiatement, et je ne veux plus de discussions!

Maman qui avait été si obstinée avant cet instant obtempéra sans discuter comme on lui commandait de faire. Elle avait instantanément accepté de collaborer, et notre aventure en moto allait commencer! *Mais quel ton, et quelle autorité...!* Elle avait quand même écouté ces communiqués endiablés en même temps que papa; on en était tous terriblement terrifiés. Comme pour enfoncer le clou encore plus profond, un autre journaliste s'était mis à lire les noms de gens qu'il qualifiait de grands traîtres, qui avaient été déjà mis hors d'état de nuire, assassinés par les militants du parti; la famille de mon père, donc le nom de mon grand-père et sa famille étaient sur cette liste : sa femme (ma grand-mère), leurs enfants et petits-enfants étaient tous morts. Ils avaient été massacrés au même moment et au même endroit, peu après le crash de l'avion du Président, ils habitaient non loin de l'aéroport international de Kanombe.

Quand ce type eût fini de lire cette liste, il avait chaudement applaudi ces tueurs pour leur bravoure, d'avoir écarté pour toujours ces traîtres *(ibyitso by'inyenzi)*. Ils avaient lu aussi les noms de ceux qui étaient encore activement recherchés, et le nom de mon père lui-même était en tête de cette liste, ainsi que les membres de sa famille. Je n'avais jamais entendu des choses aussi horribles que cette nuit-là : « *soyez vigilants, ô gens du pays, les inyenzi sont partout; tuez-les sans pitié, n'épargnez personne*»!

On vous demande de serrer les coudes, nous devons les avoir et nous les aurons car nous sommes plus forts et plus nombreux. N'hésitez pas une seconde, nous avons l'obligation légitime de défendre notre patrie, ce n'est pas la leur... Vive la République, vive le MRND-PARMEHUTU! Ce type martelait ces mots avec un tel sarcasme qu'on le sentait au bord de la folie, s'il n'était pas sous l'effet de drogues dures. Il avait continué à louanger ces assassins qu'il qualifiait de braves militants du parti qui font du beau travail, parce qu'ils écrasaient ces cancrelats :

Attention-attention; j'en appelle à tous les Hutu du pays et même du monde entier; soyez attentifs aux instructions qu'on vous donne 24/7; ouvrez vos radios, sortez de vos maisons avec vos machettes et pourchassaient l'ennemi, le Tutsi est le seul ennemi du Hutu! Suivez le bel exemple des militants authentiques qui ont travaillé d'arrache-pied toute la soirée, qui ont déjà écrasé un grand nombre de ces cafards, mais on dirait que ces bestioles ont des capacités de ressusciter, on les voit partout! Délogez-les de tous les trous et finissez-en, le pays de vos ancêtres et de vos enfants compte sur chacun de nous!

C'était vraiment l'apocalypse tel qu'il avait été annoncé; papa et maman étaient restées bouche-bée devant ces communiqués diaboliques; ils se regardaient sans rien dire mais leur silence en disait long; ce temps des nouvelles les avait rapprochés, surtout la lecture en cascade des listes de gens recherchés qui avaient été déjà tués leur avait beaucoup traumatisé. Maman était redevenue plus lucide, mais une question encore plus compliquée se posait : papa comptait nous amener chez grand-père pour y trouver refuge, mais ils avaient été tués; qu'allait-il faire?

Toute sa famille avait été décimée car ils avaient eu le même réflexe que nous de se réfugier chez le grand patriarche; ses frères et sœurs avaient pensé qu'ils y seraient en sécurité pour quelque temps. Tout le monde avait pensé y trouver refuge parce que grand-père avait une très grande maison avec une clôture immense, faite de matériaux fortifiés. Parmi ces communiqués fous qui avaient été lus, on avait précisé que les miliciens n'avaient pas osé escalader ces murs, qu'ils avaient tout simplement lancé des grenades là-dedans, personne n'avait survécu.

C'était la consternation totale dans notre arrière, Cette nouvelle était tombée comme une foudre qui frappait notre maison; c'était particulièrement difficile pour papa qui devait trouver une solution à tout prix. Je l'avais vu tomber à genoux et pleurer si fort qu'il faisait pitié dans cet état. Mon grand-père était un homme bon, pour un Tutsi on peut dire qu'il était riche; en tout cas il l'était suffisamment pour faire des envieux parmi les politiciens et les voisins qui convoitaient ses biens.

Il possédait des biens de grande valeur : des camions de transport international, des buildings en ville et en campagne, des troupeaux de vaches, des plantations de produits agricoles et même des stations d'essence, sans parler d'enfants éduqués parce qu'il avait les moyens de soudoyer les dirigeants qui lui laissaient toute la latitude de les envoyer poursuivre leurs études à l'étranger; c'était d'ailleurs le cas de mon père qu'il avait envoyé compléter ses études au Japon. Pour les Hutu, c'était inacceptable qu'un Tutsi fasse des affaires lucratives au Rwanda et devenir riche; si vous lisez les dix commandements des Hutu, vous comprendriez que la discrimination avait atteint le niveau de la démesure!

Pour faire des affaires prospères dans ce pays, tout Tutsi qui en avait la capacité devait être sous-couvert d'un politicien influent ou d'un militaire haut gradé à qui il devait soudoyer en leur donnant des *actions-fantômes* en échange de la protection. Je les voyais défiler chez mon grand-père toutes les fins de mois pour collecter des dividendes monétaires comme s'ils avaient investi quelque-chose, m'avait-on expliqué plus tard. Pourtant, de tous ces escrocs, aucun n'était ne s'était montré pour secourir sa famille. Être Tutsi dans ce pays de Bahutu était hasardeux, on vivait comme des étrangers. Je me rappelle que papa nous avait dit qu'à son retour du Japon, il avait été obligé d'acheter un permis de résidence à Kigali, la capitale du pays alors qu'il était Rwandais, de père et de mère, qu'il était né au Rwanda.

Après avoir écouté tous ces communiqués, maman s'est jetée dans les bras de papa qui faisait pitié avec ses larmes; ils se sont enlacés pendant de longs moments sans rien dire. Connaissant ma mère, je savais qu'elle priait, elle priait dans toutes les circonstances. Je n'avais pas pensé aussi intensément à la mort avant ce jour-là; j'aimais beaucoup Pierre, mon grand-frère; de savoir qu'on allait tous finir notre vie de la même manière était insupportable pour moi, pourtant il n'y avait rien à faire pour changer le cours des choses. Je dis qu'il n'y avait rien à faire parce que mon père qui était supposé trouver une solution-miracle était dévasté par la mort de son fils, et de nous tous après lui; on ignorait s'il serait capable de faire quelque-chose pour nous faire sortir de pétrin.

Après avoir vu l'état de son mari, maman avait compris qu'il fallait collaborer à n'importe quelle suggestion, inclue l'option de la fuite à moto, même en laissant la dépouille de Pierre sur les lieux. Ça fait peur de voir un papa qui pleure, surtout quand il s'agit d'un dur à cuir comme le mien!

Cela avait suffi pour que maman comprenne enfin que la vie avait changé pour toujours, que plus jamais rien ne serait comme avant! Les hommes ne sont pas faits pour pleurer dans notre culture, mais ailleurs aussi; en effet j'avais entendu ça aussi en Amérique.

Quand cela arrivait, tout le monde était obligé de comprendre que les temps ont changé. Fuir à moto n'était pas une idée géniale, ni pour ma mère ni pour personne, mais elle comportait quelque chance d'après papa; c'était donc la seule possibilité qu'il pouvait envisager dans l'immédiat. Marc, mon frère, était resté muet toute la soirée, incapable d'accepter la mort de Pierre; il se comportait comme si ce branle-bas de combat ne lui concernait même pas, totalement absent. Longtemps plus tard, j'ai compris pourquoi ce jeune homme était si dévasté; il ne l'avait dit à personne mais devait avoir vu ce qu'ils avaient fait de son frère; il avait même dû échapper de justesse car il devait être tué lui-aussi. Il se sentait coupable d'avoir abandonné son jeune frère et ami à la mort, je ne l'ai compris que le jour où j'avais ressenti la même culpabilité d'avoir quitté ma mère au lieu de son supplice, même si je n'aurais pu rien faire pour la sauver.

La proposition de partir à moto était revenue en force, étrangement c'était maman elle-même qui réclamait qu'on parte, à moto ou à pied, pourvu qu'on s'en aille de ce lieu. Elle insistait qu'on fiche le camp malgré sa peine et sa douleur, papa en était très surpris de voir tout ce changement. J'imagine que ce devait être aux environs de trois ou quatre heures du matin du sept avril; il m'avait installée la première, au-dessus du réservoir à essence, entre les guidons de la moto, sous le regard ébahi de ma mère, mais elle ne discutait plus. On avait convenu qu'on laisserait le corps de Pierre sur les lieux car on n'avait pas d'autre choix, c'était absolument horrible d'abandonner ce jeune homme aux charognards.

On ne l'avait pas vu venir, mais Marc s'est subitement cabré; lui qui n'avait rien dit toute la soirée avait explosé et refusé de partir avec nous. Sans détour et sans se soucier de la réaction de son père, il nous accusait tous, surtout papa, d'être des monstres. Comment osez-vous faire ça à Pierre? Vous irez sans moi si vous décidez réellement de le laisser ici. J'attendrai que vous reveniez avec la camionnette de grand-père, c'était ça qui était son plan initial; il faut que quelqu'un reste ici pour le protéger contre les chiens, c'est le minimum qu'on peut lui faire, et moi j'ai le devoir moral de le faire!

Bref, on aurait dit que ce jeune homme n'avait même pas suivi ce qui se disait à la radio; mentalement il avait été absent toute la soirée, autrement il aurait su qu'il n'avait plus, ni camionnette ni de place où aller puisque la maison de grand-père avait été démolie à la grenade, et que toute sa famille avait été massacrée. Il ne nous restait que l'option de la moto, mais elle aussi avec son bruit, on ne pouvait pas aller loin. C'est bien beau, une moto, mais elle ne peut pas passer inaperçue, comme disait maman on perdait notre temps, c'était une façon de retarder la mort de quelques heures! Ainsi Marc avait l'air de n'avoir pas compris ce qui s'était passé depuis le début de la soirée, ou peut-être avait-il compris mais il s'en foutait; sans son frère, plus rien n'avait de valeur à ses yeux. Il se rebellait juste au moment où papa venait difficilement d'installer maman et moi sur cette moto. Papa se mit à négocier avec Marc, lui faire comprendre que nous devions absolument quitter ce lieu, mais celui-ci ne voulait rien savoir.

C'est alors que maman fut obligée de redescendre pour aider papa à convaincre ce jeune homme d'arrêter ces discussions inutiles et d'écouter son père. À cause de la frustration et la peur, en descendant maman avait fait une maladresse et s'était accrochée le pied dans une pédale et fit une mauvaise chute; on avait eu très peur qu'elle ne se brisât une hanche, mais c'était plus de peur que de mal. Marc s'obstinait toujours dans son refus même avec l'assistance de maman. Après avoir fait le tour des négociations pour ramener ce jeune homme à la raison, sans succès, papa s'est mis en colère et eût recours à la force!

Il a arrêté de négocier avec Marc et l'a ordonné très sèchement, de coopérer. Il lui avait commandé de faire ce qu'on lui demandait de faire sans aune objection. Après avoir réinstallé ma mère en selle, il avait brutalement arraché Marc du sol et l'avait flanqué dans le dos de maman; il m'avait aidé aussi à retourner à mon réservoir à essence; il avait encore répété à Marc de ne plus rouspéter, de bien s'accrocher et se tenir tranquille. Le jour allait bientôt se lever et nous apporter de nouveaux défis encore plus insupportables. À cette heure-là on était encore chez nous alors que Donat nous avait vivement recommandé de partir au plus vite.

Cette fois-ci, Marc avait obéi, nous étions prêts pour la grande galère, une étape de ma vie qui m'avait complètement marquée. Papa s'était prudemment glissé entre ma mère et moi et avait mis les gaz; il avait progressivement accéléré et on a finalement levé l'ancre. Il a roulé prudemment, mais la moto était pratiquement incontrôlable, déséquilibrée par ce poids mal réparti; c'était une sacrée aventure... Ajoutez à tout ça l'incertitude et la peur, cela vous donne un cocktail qui décrirait mieux l'état d'âme qui était la nôtre, celui de mon père en particulier, car c'était lui qui devait tout faire pour éviter un accident de la route qui devait compliquer les choses! Il ne savait même pas où il nous amenait, notre dernier rempart venait de s'écrouler, il roulait vers l'inconnu. On n'aurait pas osé lui demander où il comptait nous amener, on ne voulait pas en rajouter!

Il fallait d'ores-et déjà trouver une autre solution, au plus vite, mais cela aussi lui revenait. On sentait qu'il était nerveux, on le voyait dans sa façon de conduire; il faisait beaucoup de faux mouvements et des gestes imprécis en dépit du déséquilibre de son véhicule; moi je peux affirmer qu'il était nerveux car je m'étais engouffrée dans sa poitrine et sentais son cœur battre à tout rompre, sa respiration saccadée accusait un état d'énorme anxiété. Sa détresse a été rapidement contagieuse car elle était intense et pas facile à dissimuler; il faisait de remarquables efforts pour rester en contrôle de ses nerfs, mais le timbre de sa voix trahissait son désarroi. Nous, on n'avait pas le choix que de lui faire confiance. De mon côté, je me sentais en sécurité malgré tout, même si j'étais dangereusement perchée en haut du réservoir à essence, que je pouvais tomber sur le nez à la moindre embardée. Je n'avais rien à craindre tant et aussi longtemps que papa serait-là. Maman était si effrayée dans le dos de son mari qu'elle poussait des cris de panique au moindre zig-zag de la moto, je pense qu'elle avait plus peur de cette machine que des miliciens-hutu. Elle haïssait vraiment la moto!

Je sentais les bouts de ses doigts qui tremblaient dans mes côtes car elle avait solidement enlacé ses bras autour de la taille de son mari. Pendant ce temps, Marc luttait courageusement dans son dos pour ne pas tomber, c'était un risque bien réel pour lui, il était pratiquement suspendu dans le vide; il avait ses deux pieds à peine posés sur les écrous latéraux de la roue arrière, heureusement qu'il était sportif, moi je n'aurais même pas tenu cinq minutes dans cette position, surtout qu'il y avait des virages et des secousses sur ces chemins cahoteux. À plusieurs reprises, la roue avant se décollait du sol à cause de sa surcharge disproportionnée et nous manquions de faire une chute, mais papa savait parfaitement manier son engin, et maman ne facilitait pas les choses; elle ne restait pas en place, glissant à gauche et à droite sur son siège, débalançant ainsi notre véhicule. Elle bougeait constamment et le pilote devait s'ajuster en conséquence, car elle n'arrivait pas à contrôle sa peur.

C'est quand même bien d'être un enfant.... Au début je trouvais cette balade nocturne presque amusant, mais j'avais fini par avoir peur. Je voyais qu'il y avait le risque de faire un accident grave, mais au moins je pensais plus aux miliciens-hutu. Je voyais que je pouvais facilement être projetée sur la route et me casser la figure, même si papa me disait de façon répétitive de garder les yeux fermés pour avoir moins peur, mais je ne l'avais pas écouté; je voulais tout voir! Il mettait les phares et les éteignait de façon alternative, en fonction de l'endroit où nous nous trouvions pour minimiser le risque d'être repéré. Mais alors, que pouvait-il faire au bruit de la Kawassaki? Absolument rien!

Quand on arrivait à une montée, le moteur criait si fort comme s'il allait exploser; je m'enfonçais alors dans sa poitrine, la roue avant touchait à peine le sol, c'était vraiment terrifiant, mais maman était presque morte de peur! Nous avons roulé dans ces conditions pendant deux heures environ, sans incident, c'était tout un exploit de la part de notre pilote. J'appelais continuellement ma mère pour m'assurer qu'elle n'était pas tombée, surtout quand je ne ressentais plus les bouts de ses doigts dans mon dos. Elle me répondait et me tranquillisait mais à un certain moment elle n'avait pas répondu; j'avais alors appelé Marc, lui non plus n'avait pas répondu et j'avais paniqué; j'avais cru qu'ils étaient tombés, qu'il ne restait plus que mon père et moi et que celui-ci n'avait pas voulu que je le sache.

Je lui ai alors demandé pourquoi personne ne voulait répondre; il m'avait rassurée, tout en me rappelant que je devais lui faire entièrement confiance et rester calme, que tout ira bien. Il devait crier dans mon oreille à cause du bruit de la moto qui peinait à terminer une montée raide qu'on venait de commencer. Il devait appuyer un peu plus fort et plus longtemps sur les gaz, ce qui était effrayant car ce bruit nous attirait des problèmes et signalait aux tueurs notre position.

On voyait l'horizon au loin, il avait commencé à se démarquer; il exhibait des couleurs fascinantes, c'était de toute beauté mais personne n'avait de cœur à admirer des belles choses de la nature! J'ai aperçu le soleil levant pour la première fois, c'était une énorme boule rouge-sang; elle était si proche qu'elle m'avait donné l'impression d'être si proche qu'on pouvait la toucher, et je me suis exclamé à haute voix : *papa-papa, regardes...le soleil est différent, je pense qu'il va tomber dans la montagne....*

Calme-toi, Adélaïde, m'avait-il dit... Le soleil ne va pas tomber, mais toi tu pourrais tomber si tu continues à être distraite. Fais-moi confiance ma fille, tout ira bien, OK? Le ton de sa voix m'avait apaisée, en effet, et je me sentais moins vulnérable quand il m'avait parlé ainsi. Par contre, j'étais comme ma mère, j'oubliais parfois le danger imminent de nous faire intercepter par les miliciens-hutu et pensais plus à l'accident de moto qu'on risquait de faire à tout moment. On était presque à l'aube, le gros disque du soleil jaunâtre matinal n'avait pas cessé de changer de couleur, il était passé du rouge au jaune, son apparition majestueuse aux sommets de ces montagnes géantes était impressionnante. Soudain, j'ai eu une pensée troublée pour mon frère qui venait de mourir, dont le corps avait été abandonné dans une maison vide, ou il allait pourrir.

C'était quand même extraordinaire que nous ayons fait ça, même si nous n'avions pas le choix ni le temps; sur ce point j'étais d'accord avec Marc même si je n'avais rien dit. Je savais que c'était un choix déchirant pour mes parents, mais ils auraient peut-être pris le temps de mettre Pierre sous terre avant de partir. J'ai eu une pensée très attristée pour mes grands-parents, mes oncles et mes tantes, tous ces gens-là avaient été massacrés, calcinés dans les explosions de grenades dans la maison de grand-pa. Le risque de nous faire tuer était très grand, ce n'était même pas une éventualité mais une certitude; je trouvais que le monde est vraiment fou et que la vie était finalement inutile.

Plus rien n'était important pour moi, mais je croyais encore à la magie des papas et continuais à faire confiance au mien, même si sa marge de manœuvre était bien mince. Il était là et devait trouver une porte de sortie. « *Comme Marthe à Jésus, dans Jean 11* », je me disais que si papa avait été là, Pierre ne serait pas mort, il serait encore avec nous. Physiquement mon papa était un homme très solide, je n'avais pas tort de penser qu'aucun de ces tueurs-hutu n'aurait pu se mesurer à sa force; je n'avais pas de soucis à me faire de ce côté-là; hélas, j'avais terriblement tort! Je n'étais encore qu'une petite fille idiote pour croire à ça, et je n'avais surtout pas une idée des dégâts que pouvait faire, un génocide. J'étais absorbée dans ces pensées noires que je n'avais même pas remarqué que papa avait coupé les gaz de la moto et éteint les phares. On roulait au ralenti sur une pente, c'était presque le matin, l'heure qui précède l'aurore *(museke)*! Mon père transpirait dans mon dos et son cœur s'affolait dans sa poitrine; il était très inquiet. Il nous invita à nous accrocher solidement et de ne pas bouger; j'étais devant mais je n'avais rien vu; j'ignorais la raison de cette inquiétude subitement aussi accrue.

On le sentait alarmé, mais il n'y avait rien de nouveau que ces couleurs pittoresques qu'on voyait au loin à cause du soleil-levant. Peut-être avait-il soupçonné quelque-chose que je ne pouvais ni voir ni entendre. J'avais quand même reculé plus profondément dans sa poitrine, et cette fois-ci j'avais ressenti les des doigts de maman. Ouf...! Elle était encore avec nous, je m'étais inquiétée pour rien. Le flair de limier de mon père ne s'était pas trompé, on venait de tomber dans un piège, j'ai vu une barrière. Quand on a terminé la grande courbe qu'on faisait, il avait remis les phares en même temps qu'il accélérait, et le moteur de la Kawasaki a craché toute sa puissance. Il voulait sauter ce gros obstacle ou peut-être le contourner.

C'était un énorme monticule de bois qui bloquait la route de part en part; j'avais poussé un grand cri quand j'avais aperçu cet attroupement d'individus hideux et ivres qui criaient comme des malades; ils avaient chacun une machette dans une main et une bouteille de bière dans l'autre main, s'agitant comme des abeilles autour d'une ruche et hurlant comme des fous.

Ils étaient extrêmement agressifs à l'égard de mon père qu'ils avaient reconnu, chantant en chœur des mots infâmes pour se moquer de nous. Ils tourbillonnaient autour de cette barrière avec des menaces, il n'y avait pas d'autres possibilités que de nous arrêter. La plupart de ces miliciens étaient habillés en haillons, ce qui leur donnait des allures affreuses, apocalyptiques! Ils avaient allumé un grand feu autour duquel ils se réchauffaient par ce matin frais et brumeux du mois d'avril, on voyait qu'ils y avaient passé la nuit. Ils ne venaient pas tout juste d'arriver.

J'avais entendu parler de l'existence de miliciens mais je ne les avais jamais vus. En voyant ces individus j'avais tout de suite compris qu'il s'agissait de hutu-miliciens; je n'avais pas besoin de poser de question pour le savoir; j'avais compris aussi qu'ils allaient nous tuer, que notre vie s'arrêtait à cette barrière. En plus de la machette, ils avaient aussi une lampe de poche et un petit poste de radiorécepteur. Leur machette suintait de sang frais, ce qui voulait dire qu'elles avaient été utilisées avant nous, qu'ils avaient tué les fuyards qui nous avaient précédés sur ce chemin; je n'ai pas pu les compter mais ils étaient fort nombreux; je ne savais même pas bien compter à cette époque. Ils nous attendaient car ils avaient reconnu la moto de papa, il n'y en avait pas deux comme la sienne dans toute cette région. Ils nous criaient dessus à tue-tête comme s'ils voulaient provoquer la colère de mon père et chantaient en cœur :

niwe niwe niwe basha - niya nyenzi Karaveli ntabacike – c'est lui; c'est ce cancrelat de Claver; attrapez-le et tuez ce cafard; tuez-les tous!

En termes plus simples, ma mésaventure a commencé précisément à cet instant-là, à cette barrière.

Ma vie avait pris sa nouvelle forme presque instantanément et n'allait plus jamais fonctionner de la même manière; ce fut le jour où j'ai cessé d'être un enfant. Je hais la lettre « j », pour le *jour* « J », mais aussi parce que le génocide a officiellement commencé le Jeudi 7 avril. C'est le jour où j'ai perdu le reste de ma famille, car mon autre frère Marc a été tué à cet endroit, mon père aussi. Ce dernier a été tué par une mort atroce, par lapidation! Enfin, ce fut le jour où ils m'ont enlevé ma mère pour en faire leur esclave sexuel!

C'était à partir de ce jeudi que j'avais commencé à marcher seule dans la vie, jour après jour, mois après mois et année après année, jusqu'à hier, quand je t'ai rencontré dans la vallée. Plus étrange, hier encore, c'était un Jeudi...! Pourquoi *Jeudi* me colle-t-il à la peau? Je ne me rappelle pas le jour de ma naissance, mais il se pourrait que ce fût un jeudi aussi... Était-ce une coïncidence ou il y a quelque-chose qu'on devrait savoir autour de la lettre J?

À présent je suppose que vous savez à peu près tout sur ma tragédie; mes cauchemars auront duré un quart de siècle, mais depuis nos retrouvailles, hier, je sens que mon chagrin est un peu moins lourd. La question que je me pose maintenant, qui me fait des frissons malgré l'outrage du temps qui a passé, c'est de comprendre si réellement le combat qu'avait mené mon père contre ces hutu-miliciens valait la peine. Il ne serait peut-être pas mort s'il avait opté pour fuir au lieu de se battre contre cette bande de malades.

J'ai eu ce doute pendant très longtemps, mais je n'aurais peut-être pas dû, car c'est grâce à sa ténacité que je suis encore en vie. Avec le recul j'ai compris qu'à moins d'un miracle, rien n'aurait pu nous sauver ce matin-là, seule la grâce de Dieu pouvait, mais Dieu ne fonctionne pas comme les hommes; Il utilise les gens qu'Il a créés pour accomplir ses miracles, et dans ce cas-ci, Il avait utilisé mon père et lui avait donné la force de faire tout ce qu'il a pu réalisé dans la vie. Il s'était battu parce qu'il voulait nous donner une chance, ma mère et moi, je pense qu'il accomplissait une mission dont il ignorait l'origine. Il avait tenu bon jusqu'à la dernière goutte de son sang; il devait être convaincu qu'on était déjà loin, mais nous n'étions pas parties du tout.

Nous étions incapables de partir avant de connaître le dénouement de ce combat mais je ne le regrette pas. Je sais, par ailleurs, que même si nous étions parties, quelque-chose se d'autre serait arrivée, on n'échappe pas à son destin; ils nous auraient quand même rattrapées car il n'y avait pas d'endroit qui pouvait nous cacher, surtout qu'ils recherchaient activement ma mère pour des raisons que vous connaissez déjà.

C'était une journée absolument démentielle, les images *de ce fameux jeudi* demeurent encore collées au cortex de mon cerveau. Il m'arrive de réentendre le flou-flou empressé des de ces hutu affolés qui renversaient les buissons de fougères et de papyrus à la recherche de ma mère. À moins d'une heure après avoir tué mon père par des jets de pierres, ils s'étaient lancés à notre poursuite, cela n'avait pas été long avant qu'ils ne nous rattrapent. Ta sœur était une femme d'une grande beauté; même moi, sa fille, je le savais! Il n'y avait pas un seul homme qui ne l'avait convoitée au cours de sa jeunesse, sa beauté était devenue une légende dans toute la région! Elle était aussi reconnue pour se préoccuper du bien-être des autres, à commencer par les plus démunis. Son meilleur slogan était de dire que quiconque ne nourrissait pas les affamés quand il en avait les moyens condamnait son âme à la mort éternelle. À la maison elle nous enseignait l'amour de l'autre, disant que chaque être humain a le devoir de s'occuper du confort de ses semblables, sans condition! Notre maison était toujours remplie de gens qu'elle nourrissait, personne ne sortait jamais de chez-nous les mains vides.

Elle donnait du travail salarié aux pauvres qui pouvaient travailler, de la nourriture aux femmes du voisinage qui vivaient dans la misère la plus abjecte, souvent à cause de leurs maris oisifs, ivrognes et violents. Elle donnait du lait tous les matins aux mères qui allaitaient ou avaient des enfants atteints de la maladie dite *maladie de la pauvreté (bwaki)*; à mon grand étonnement, j'avais reconnu des visages familiers à ce barrage, des individus qui défilaient chez nous en cas de besoin. Quand je les avais vus à cette barrière, je m'étais dit qu'ils allaient nous protéger parce qu'ils nous avaient reconnus, mais ils n'y pensaient même pas. Eux aussi tenaient à violer ma mère, cette mère qui était la leur aussi car elle les avait nourris, et nourri leurs familles. Ils nous avaient tellement injuriées qu'on ne pouvait rien espérer de bon de leur part.

C'était très dur pour moi de comprendre comment, en une seule nuit, des gens pouvaient se transformer en monstres! Ma mère ne pouvait pas courir et ne voulait même pas essayer; quand le premier milicien nous avait repérées, blotties l'une contre l'autre au cœur d'un buisson, il avait explosé de joie en disant : *venez, venez, venez les gars, elles sont ici, ces putes!*

Des putes? Étions-nous des putes? Avant même qu'ils arrivent jusqu'à nous, ces brutes avaient chacun son pantalon au cou et couraient nus. Le premier qui était arrivé avait attrapé ma mère par le chignon de ses longs cheveux tressés et l'avait sauvagement jetée à terre; le deuxième était passé sur le côté et avait arraché le blouson qu'elle portait, après avoir arraché le clip de son soutien-gorge. J'étais extrêmement terrorisée devant ce drame; je voyais la nudité de ma mère pour la première fois. Je tremblais des pieds à la tête devant ces monstres, mais ils ne semblaient pas s'intéresser à moi, je me demandais même s'ils me voyaient ou s'ils ne voulaient pas me voir.

Ils se bousculaient violemment sur ma mère nue, ceux qui attendaient leur tour s'exclamaient joyeusement devant la beauté de cette mère éplorée, résignée! Maman était restée impassible, elle était si immobile qu'en un moment donné j'avais pensé qu'elle était morte, que son cœur avait cessé de battre. C'est alors qu'elle ouvrit les yeux et me regarda avec beaucoup d'intensité. Vous ne me croirez pas mais elle était sereine et ne cherchait même pas à se débattre! Elle avait compris que ça ne valait pas la peine de se débattre face à autant d'abrutis. Elle me regardait avec ses beaux yeux brillants, déjà remplis d'eau, mais sans cligner de l'œil (guhumbya); j'étais à quelques mètres à peine, bien visible, mais ces types ne me voulaient pas ou ne voulaient pas me voir.

Je sentais qu'elle cherchait à me dire quelque chose mais quoi? Que pouvait-elle dire de si important à ce moment-là? Timidement je lui avais souri, je ne savais pas quoi faire; j'ai été surprise de voir qu'elle me retournait le sourire. Comment pouvait-elle pouvait sourire dans cet état? Quelle mère, quel courage...! Elle ne cessa plus de me regarder avec insistance, ce qui m'avait permis de comprendre qu'elle avait un message à me transmettre, mais aucun mot ne pouvait sortir de sa bouche! Qu'avait-elle donc à me dire? Voulait-elle imprimer ce dernier moment dans les prunelles de mes yeux ou avait-elle un message particulier qu'elle voulait que je comprenne? L'idée de percer le secret de ce regard intense m'avait donné envie de pleurer, mais je ne pouvais pas pleurer; j'avais même failli courir dans ses bras, l'embrasser chaudement mais je me suis ravisée. Je ne pleurais pas, j'avais d'ailleurs cessé de pleurer depuis la mort de mon père, sa mort avait été plus fort que le chagrin du monde entier!

Même si j'avais pu pleurer, comment aurais-je osé le faire devant cette mère qui me souriait malgré sa torture? Elle souffrait terriblement mais elle ne pleurait pas. Je sentais qu'il fallait faire un effort pour décoder le message qu'elle voulait me transmettre, mais c'était presque impossible. Elle me regardait avec beaucoup de tendresse mêlée de mélancolie, mais je voyais que tout cela cachait une douleur extrême.

Comme dans une vision biblique, je cherchais désespérément à comprendre ce qu'elle voulait me dire, sans parler... Du coup j'avais déduit que c'était un signe d'adieu; elle voulait tout simplement me faire comprendre que je devais quitter ce lieu au plus vite, profiter de la distraction de ces violeurs pour me sauver, aller le plus loin possible. Mon cœur s'était mis à battre comme s'il allait me sortir par la bouche, car je n'étais pas sûre de mes conclusions. Accepter cette idée était une folie; elle ne pouvait pas me demander de l'abandonner, je n'étais pas capable de me résoudre à cette éventualité. Je partirai pour aller où? Non seulement j'étais sûre qu'elle voulait dire autre chose, mais qu'elle n'aurait pas voulu me demander de partir sans elle; et si cela était vrai, j'aurais quand même dit non; je n'étais pas capable de vivre sans elle, à quoi bon d'ailleurs?

J'ai de nouveau tenté de lire dans ces yeux, ils étaient encore plus insistants; elle a hoché la tête comme pour me dire que j'avais bien compris le message; elle ne pleurait toujours pas! De toute évidence elle ne voulait montrer aucun signe de chagrin à ces voyous; elle voulait à tout prix que je comprenne qu'il fallait absolument quitter ce lieu. Elle ferma les yeux pendant un court moment, et j'avais eu peur qu'elle mourrait subitement d'un arrêt cardiaque, mais elle rouvrit les yeux aussitôt et me regarda encore plus fort qu'avant. Ce fut mon tour de lui faire signe que j'avais compris, que j'espérais ne m'être pas trompée. C'était si intense que j'aurais préféré mourir que de partir de ce lieu sans ma mère!

Nous avions réussi à tout nous dire sans ouvrir la bouche à aucun moment, seule la complicité entre une mère et sa fille avait suffi pour changer les choses. C'était un quiz extrêmement compliqué, mais il fallait le résoudre sans se tromper, et agir vite. Si je me trompais dans mon interprétation de ce message, je me condamnais à mener une malheureuse *si je survivais!* À force de regarder ce que lui faisaient ces cons, je me disais que je n'avais aucune chance, *anyway*, que je risquais de mourir peu après ma mère, partir ou pas partir ne pouvait rien changer à mon sort.

C'était un langage de sourd-muet entre elle et moi, mais il fallait que j'obéisse à son désir. Je me suis résignée à quitter ce lieu, c'était son choix mais un choix déchirant que je ne pouvais même pas contester, et j'ai exécuté. J'avais tellement peur de ces monstrueux hutu, mais surtout d'avoir mal interprété la dernière volonté de ma mère; du coup, j'ai repensé aux derniers moments de mon père, lui aussi avait demandé qu'on parte pendant qu'il se battait contre ces miliciens; on ne lui avait pas obéi, pourtant on savait qu'il se battait pour que nous ayons une chance de fuir.

Faisait-elle la même chose? C'était son combat, elle allait mourir, *anyways*, et ne voulait pas recommencer la même erreur qu'on avait faite? Sans plus d'équivoque, j'ai senti qu'elle m'encourageait à réussir seule ce qu'on avait manqué de faire à deux! Je me suis résignée à la probabilité d'avoir bien compris son message comme une fatalité, mais j'avais de sérieux doutes. De toute façon, je ne pouvais lui être d'aucun secours; que je sois restée là ou pas, cela n'aurait rien changé à sa situation. J'ai alors fermé les yeux et prié pendant deux minutes; je voulais demander au Seigneur de me donner un signal qui confirmait que j'avais bien compris ma nouvelle mission, mais je n'ai pas eu aucun signal. Quand j'ai ouvert les yeux, elle me regardait encore plus intensément, déçue que je sois aussi idiote!

J'étais vraiment frustrée, craignant de désobéir à la dernière volonté de ma maman, dès lors je devais agir vite; j'ai souhaité la mort, il aurait été mieux pour moi de mourir que de l'abandonner. Pendant que je luttais contre mes angoisses et la décision à prendre, j'avais instinctivement commencé à reculer sur la pointe des pieds. Au moment où j'allais disparaître derrière un bosquet, je l'ai entendue monter la voix et se mettre à chanter la louange de la Vierge-Marie qu'elle aimait chanter.

Je suis revenue sur mes pas pour la regarder de nouveau; j'avais failli sortir de ma peau quand je l'ai revue; elle chantait si joyeusement cette louange bouleversante qu'elle ne se souciait pas du tout de ce que faisaient ces mécréants qui se bousculaient sur elle. Ces damnés de la terre ne faisaient aucune attention à la force de cette lamentation qui les condamnait aux enfers, qu'ils s'attiraient une malédiction intergénérationnelle qui s'abattrait sur eux et leurs familles, de père en fils, tel qu'il est écrit dans le livre de la Genèse! Le démon leur avait fermé le cœur, il n'y a pas d'autres mots pour le dire! Ils se disputaient les tours sur ma mère comme les vautours sur un cadavre; j'étais catastrophée, mais ils ne faisaient pas attention à ma présence; ils se donnaient des coups de poing et s'injuriaient assez violemment; ceux qui perdaient patience y allaient avec le dos de leur machette pour faire accélérer le temps de tours!

Ils avaient oublié les ordres de leur chef qui leur avait formellement dit de lui ramener ma mère sans la toucher, j'avais entendu cela. J'ignorais ce que c'est « *violer* », je n'avais jamais entendu ce mot, même pas à la télévision, ces pratiques n'étaient pas aussi popularisées qu'aujourd'hui, surtout pas au niveau de la culture rwandaise où les affaires de sexe étaient taboues et strictement confidentielles. J'aurais même appris que certains couples devaient se cacher pour faire l'amour, comme s'ils trichaient; ils fermeraient portes et fenêtres, tireraient les rideaux et éteindraient les lumières dans leur propre maison; j'ignore si ces pratiques étaient uniformes chez les Hutu et les Tutsi, mais cela me surprendrait si elles auraient survécu aux mondanités d'aujourd'hui.

C'était une bonne habitude qui aurait dû être sauvegardée, car je crois que les enfants ne devraient être exposés à ces choses-là, avant l'âge adulte. C'est probablement mon esprit archaïque qui parle, mais cette particularité était unique à notre peuple, mais avec l'arrivée de la télévision, tout a été copiée-collée au nom de l'émancipation de la femme, où tout s'accepte, s'importe et s'exporte. Quand ma mère a arrêté de chanter sa louange, elle avait de nouveau ouvert les yeux et m'avait vue; elle était totalement déçue. Elle m'a lancé de nouveau ce même regard profond et insistant, comme pour me demander ce que je faisais encore là, me dire que j'étais une fille indisciplinée. Cette fois-là ce n'était même plus une simple demande mais un ordre que je devais exécuter. Je suis repartie sans plus hésiter, sans même regarder en arrière.

Cet instant a profondément marqué ma vie; c'est le jour où je me suis séparée avec ma mère pour toujours! Voilà, cher Lionel, c'est tout ce que je peux te dire au sujet de ta sœur, j'ignore ce qui s'est passé après cet instant-là, je ne l'ai plus jamais revue. Pouvait-elle survivre? Cela m'étonnerait vraiment...! La nouvelle s'était répandue comme une traînée de poudre dans la région, que Margo (ma mère) avait été capturée après la mort de Claver. Tous les miliciens accouraient de tous les coins du village vers ce lieu maudit; ils voulaient tous avoir leur petit moment avec ma mère, morte ou vivante! Je les voyais dévaler la colline à toute vitesse, culotte à la main, c'était affreux à voir; parfois ils passaient si près de moi mains ne pouvaient me voir, ils étaient si pressés qu'ils n'avaient rien d'autre en tête. Moi je courrais dans le sens inverse et ne me faisais pas d'illusions quant au sort de ma mère; elle ne pouvait pas survivre à ces atrocités.

Ces zigotos se bousculaient sur elle comme des animaux de ferme, disant qu'ils avaient hâte de goûter au sexe de *tutsi-kazi*, (femme Tutsi), qu'elle devait être bien différente de leur propre femme! J'étais petite, ma taille était un avantage car je pouvais galoper dans ces hautes herbes de la vallée sans me faire remarquer; la végétation de cet endroit était haute et luxuriante par ce temps de grandes pluies du mois d'avril. Je courrais juste pour courir, mais je ne savais pas pourquoi je courais alors que je ne savais même pas où j'allais. Il fallait partir, aller le plus loin possible comme le voulait ma mère, mais c'était où, ce plus loin possible? Je n'ai même pas envie de vous dire que c'était pénible, douloureux ou malheureux; même la somme de tout ça ne suffirait pas pour vous faire comprendre ce que je ressentais cet après-midi-là! Sur mon chemin je croisais des individus que je connaissais, ils avaient chacun une machette, étrangement ils portaient aussi un chapelet au cou. Même des adolescents de dix à quinze ans faisaient partie de cette horde de tueurs, ce pays était réellement devenu un enfer sur terre!

Je me cachais quand il y avait le risque de me faire remarquer et courrais avec toutes mes forces quand ces bandes s'éloignaient. J'ai couru ainsi sans m'arrêter et sans regarder en arrière pendant des heures; je n'avais aucune notion du temps, mais j'estime qu'il devait être aux environs de seize ou dix-sept heures quand j'avais décidé de m'arrêter pour un petit repos. Je dis seize heures car le soleil commençait à décliner dans le ciel.

J'avais couru comme une folle dans cette plaine, tout en faisant attention de ne pas tomber dans les griffes d'une autre équipe de violeurs, mais il y avait peu de chance qu'ils me voient au milieu de cette brousse. Je ne connaissais pas du tout cette région, le risque de me perdre était grand; *me perdre,* comme si je savais où j'allais! Pendant que je courrais, je me suis quand même rappelée que mon oncle maternel habitait de l'autre côté de la grande rivière; c'était là où je devais essayer de me rendre. Non seulement je n'étais pas certaine de retrouver le chemin qui mènerait chez lui, je ne pouvais pas savoir s'il était encore vivant. Il était Tutsi, comme moi, et on ne tuait que les Tutsi; j'avais quand même continué ma course sans trop réfléchir, il fallait que j'arrive chez-lui avant la nuit.

Je savais qu'il habitait loin de chez nous même si je n'avais aucun repère, on y était allé en voiture et on avait roulé un certain nombre d'heures, mais c'était le seul endroit que j'avais en tête qui pouvait me garantir une protection, si j'y arrivais! Vivant ou pas, il fallait que je retrouve la maison de cet oncle, c'était le seul refuge qui restait, sur lequel je pouvais compter. Théoriquement, je me disais que j'y arriverais malgré les obstacles; j'anticipais qu'il y en aurait beaucoup d'obstacles à franchir, même en ne tenant pas compte du danger d'être interceptée par les miliciens. Parmi les autres dangers que je redoutais, le plus imminent était l'obscurité, car la nuit allait tomber en moins d'une heure!

J'avais une peur sacrée d'être seule dans le noir. Que faire alors? Y avait-il une magie qui pouvait empêcher la nuit de tomber? J'allais vraiment me retrouver toute seule dans l'obscurité de la vallée, au milieu des bêtes sauvages! Je me suis mise à genoux et prié pour demander la protection divine, me donner un peu de moral aussi, car j'avais la certitude que la prière qu'avait chantée ma mère allait m'accompagner, éclairer mes pas.

Je me disais que même la nuit pouvait attendre que j'arrive chez mon oncle avant de tomber; quand on a la foi tout est possible, c'est ce qu'on m'avait enseigné, et j'y crois même aujourd'hui! C'est ce que m'avait appris ma mère et je le crois toujours, même si la nuit était quand même tombée comme d'habitude!

J'avais hâte d'atteindre la rive de la grande rivière, dont je me rappelais, traverser le pont et arriver chez mon oncle avant la nuit. Eh bien, la loi de la nature s'est moquée de moi, l'obscurité commençait déjà à s'installer tranquillement malgré ma confiance en la prière! Bientôt tout serait noir autour de moi et dans mon cœur. Mon âme meurtrie était remplie d'images affreuses de miliciens qui se bousculaient sur ma mère, j'en avais un nœud dans la gorge qui m'étouffait; je connaissais la plupart de ces vilains individus et mon cœur saignait; j'avais pensé qu'ils nous auraient aidées au lieu de faire du mal à ma mère. J'étais triste parce que je savais tout le bien qu'elle faisait à leurs enfants quand ils étaient malades et affamés, et je maudissais la vie et tous ces Hutu! Ces images de viol de ma mère se mélangeaient avec celles des derniers moments de mon père qu'ils avaient lapidé jusqu'à la mort, tout était macabre et me rendait complètement folle.

J'ai beaucoup pensé à Dieu; ce Dieu tel qu'on m'avait parlé de Lui, à l'école comme à la maison; je me demandais où Il était et ce qu'Il pouvait être occupé à faire de plus important que de protéger son peuple qui se faisait égorger comme du bétail! On m'avait toujours dit qu'Il était Bon en tout temps, gentil et équitable avec tout le monde, mieux encore avec les enfants! Est-ce que je n'étais pas un enfant, moi? Pourquoi permettait-Il à ces brutes de s'acharner sur les Tutsi s'Il est Tout Puissant? Ne Lui suffisait-il pas de dire un mot et la paix revenait, comme par magie? Je ne trouvais pas de réponse à mes questions, et je ne pouvais même pas me permettre de pleurer!

Puis, qui suis-je pour questionner Dieu, *Ce Dieu invisible?* J'avais tant besoin de Lui mais Il n'était pas là pour moi; il fallait dès lors trouver une solutions rapide à mes problèmes, toute seule, ce que je n'avais jamais eu à faire du vivant de mes parents. Je ne savais même pas ce qu'on fait dans ces circonstances de survie, et pourtant je devais absolument réussir pour ne pas décevoir ma mère! Elle voulait que je sois forte et espérait ardemment que je survive! Elle m'avait lu son héritage et je m'en rappelais. Je devais donc tout faire pour tenir cette lourde promesse! Mon père et ma mère s'étaient sacrifiés tous les deux pour me donner une chance, pourtant ils ne s'étaient pas consultés; c'était leur instinct de parents qui les avaient probablement guidés, et je trouve ça extraordinaire. Il ne fallait pas me laisser distraire par ma peur et mon chagrin; je n'avais aucune minute à perdre, il fallait maximiser cette chance qui m'avait été donnée.

Le mois d'avril au Rwanda est toujours très pluvieux; généralement il pleut tous les jours; il s'est donc mis à pleuvoir en cette fin de journée; c'était une pluie torrentielle comme on en connaît dans la région des tropiques. Elle s'est abattue sur la vallée et il y avait trop de vent; cette pluie était providentielle pour moi, pour deux raisons : j'en ai profité pour courir sans ralentir, car je n'avais pas peur d'être remarquée, tout le monde devait se mettre à l'abri; elle était providentielle aussi parce que j'avais pu me désaltérer de cette eau pure et fraîche qui tombait du ciel; j'avais très soif et ça m'avait fait beaucoup de bien; j'avais repris des forces mais la peur de ces orages violents était un autre défi qui s'ajoutait à ma liste. Des éclairs brillaient dans le ciel, déchirant les nuages en de fortes lumières multicolores, suivies du tonnerre qui grondait et frappait fort, brisant des arbres dans les environs. C'était tellement effrayant, mais *à quelque chose malheur est bon*, dit-on! Ces orages m'avaient aussi permis de me soulager, d'une autre manière : je m'étais permise le luxe de pleurer...

En effet, je criais aussi fort que je pouvais sans souci de me faire entendre, car il ne pouvait y avoir personne d'autre dehors sous cette orage à part moi. J'avais crié toute ma douleur *(kuboroga)*, cela m'avait donné quelque réconfort. Je pleurais mais je n'avais pas arrêté ma course, car je savais qu'il n'y avait aucune chance de faire de mauvaise rencontre sous cet orage. Les gros sanglots qui m'étouffaient avaient beaucoup diminué, évacués dans le torrent de mes larmes vers mon ventre vide. C'est à cette époque-là que j'avais compris que pleurer est une automédication de grande efficacité, le seul remède qui atténue notre chagrin et nos crises d'angoisse.

Il avait tellement plu cet après-midi-là qu'il rappelait le déluge du temps de Noé qu'on nous avait enseigné à l'école. Je vivais des moments exceptionnels, c'était un jour rempli de drames et de tristesses comme aucun autre jour de ma vie. Je pouvais réfléchir comme un adulte en seulement quelques heures que j'étais devenue orpheline, de père et de mère. Quand j'ai arrêté de pleurer, j'ai ressenti en moi quelque chose de nouveau, de très spécial : *la rage de vivre!*

Avant cet instant je voulais mourir, et soudainement je voulais vivre, par tous les moyens! J'ai continué à galoper comme une gazelle à travers la plaine, il ne restait que quelques minutes avant que la nuit ne s'installe complètement. Sans prévenir, l'orage avait cessé aussi vite qu'il avait commencé; ça se passe toujours ainsi dans la région des tropiques. Une pluie pourrait tomber dru, avec une intensité terrifiante, puis le ciel s'éclaircirait en l'espace de quelques secondes, comme si Dieu s'amusait à ouvrir et fermer les vannes du ciel! Ce genre de pluie ne laisse même pas de boue dans certaines régions du pays, comme au *Nduga*, devenu *Muhanga*, qui est ma région de naissance. Je n'avais jamais vu de boue qui colle aux pieds après la pluie dans cette partie du Rwanda; il y avait même une anecdote pour ça : *inyamanza iti nzoza akarenge ntahe induga* – la bergeronnette aurait dit *qu'elle irait partout, mais qu'elle dormirait toujours au Nduga*. C'est un bel oiseau, toujours propre, il n'aurait jamais accepté de se salir les pattes dans la boue.

Cette pluie m'avait fait pensé au châtiment de Dieu : Il se serait finalement fâché contre ces miliciens-hutu devenus fous, qui massacraient ses enfants, sans aucune raison, qu'Il voulait les noyer dans ce sang innocent qu'ils versaient, qui coulait sur tous les flancs de ces montagnes bleues des mille collines, emportant des milliers de bébés et leurs mères vers des lieux insolites?

Je me demandais si cette pluie s'abattait sur la vallée uniquement ou sur tout le pays.

XII

JE N'AI JAMAIS SU NAGER

Quand la pluie cessa, les derniers rayons timides du soleil sont réapparus pour un très court moment; le soleil avait perdu sa vigueur et sa chaleur, comme moi il était probablement fatigué aussi, mais au moins il savait où il allait passer la nuit comme il fait chaque soir. Du soleil géant que nous connaissons il n'en restait plus qu'un gros disque rouge-sang qui s'éloignait avec nonchalance dans un spectre de couleurs magnifiques à l'horizon, exhibant toute sa splendeur aux sommets de ces montagnes gigantesques qui surplombent la vallée. L'obscurité qui me faisait si peur, dont j'avais une phobie démesurée s'était vite installée, la magie de ma prière n'avait pas été capable de retarder la nuit. J'allais être dans le noir total pour au moins une dizaine d'heures, je n'étais pas préparée à ce genre de vie.

Cela n'avait rien d'un caprice de petite fille mais une peur maladive que j'avais depuis mes plus tendres années, mes parents et mes frères le savaient. Cette peur s'était alors emparée de moi, faisant disparaître toutes les autres peurs qui m'habitaient depuis la veille. Je ne pensais ni aux animaux sauvages ni aux prédateurs sexuels hutu qui pouvaient me retrouver dans ce marais; être seule dans le noir avait pris le dessus sur tout autre chose qui pouvait faire peur! Non seulement la nuit était là, j'allais aussi plonger dans les profondeurs de la vallée encore plus sombre, car je devais me rendre à la grande rivière, trouver le pont, traverser et me rendre chez mon oncle! C'était une jungle de papyrus géants et touffus qui devait abriter toutes sortes de bêtes féroces, j'en entendais même qui hurlaient : il y avait des hippopotames, des crocodiles, des chiens sauvages, des sangliers, des loups, de gros oiseaux palmés et multicolores et des serpents kilométriques dont j'avais particulièrement horreur! Ma préoccupation ne se limitait pas à la nuit noire, mais pire encore; je m'avançais vers une rivière que je devais forcément traverser, alors que je ne savais pas nager! C'était un problème grave car je n'étais pas sûre de retrouver le pont qui menait à la maison de mon oncle.

Je pensais constamment à la fin tragique de ma famille, aux dernières heures de ma mère que je venais tout juste d'abandonner dans les mains de violeurs, et moi je risquais de mourir noyée dans cette rivière que j'entendais hurler, au loin. J'étais hantée par l'idée d'avoir abandonné ma mère, persuadée que je ne reverrai probablement plus jamais, mais il fallait que je commence à m'y faire car je ne pouvais rien faire pour changer à cette triste réalité. J'étais devenue ce qu'on appelle une orpheline totale, c'est ce qui arrive quand on n'a plus rien dans la vie; pas de père, pas de mère ni frère ni sœur, juste toi dans le néant! Tout le monde avait tué sous mes yeux, dans une même journée, le jour J du 7 avril 1994!

Était-ce juste moi dans ces conditions ou y avaient-ils d'autres gens comme moi qui souffraient ce même calvaire? Je marchais tête-baisse, prisonnière de ces pensées morbides, mon chagrin était si fort que j'avais l'impression de saigner de l'intérieur; cette sensation d'une hémorragie invisible devenait de plus en plus affolante qu'à un certain point, j'avais la certitude de sentir le goût du sang dans ma bouche! C'est alors qu'une question étrange traversa mon esprit :

« *Est-ce que j'existe? Suis-je vraiment vivante, moi* »?

C'était une remise en question invraisemblable mais sérieuse, suffisamment sérieux pour me troubler. Quand on se met à douter, plus rien ne tient debout. Je me suis convaincue que si j'étais encore vivante, mais folle, ou alors que j'étais morte comme tous les miens, qu'il ne restait de moi qu'un fantôme à qui mon âme avait affaire, car l'âme ne meurt pas... Ça on me l'avait appris aussi. Le doute est l'ennemi numéro un de l'homme, c'est pour cela que certaines gens n'arrivent pas à croire en Dieu... En effet ils tergiversent en cherchant continuellement la preuve de son existence, qu'ils ne voient jamais, alors qu'elle est là, près de nous! Elle palpable mais invisible à l'œil nu, car elle n'a pas de forme à laquelle on est habitué dans notre quotidien; c'est pour cela qu'on se perd dans le doute!

Dieu dont on nous parle dans la Bible n'est pas matériel, c'est un mystère, mais ce mystère devient concret quand on cesse justement de douter. Donc, j'avais essayé d'arrêter de douter de l'existence de Dieu, me dire constamment que je n'étais pas seule dans la vie, qu'Il était avec moi même si je ne Le voyais pas, même si je continuais à avoir peur. Je marchais, je pleurais, mais tout cela ne peut pas prouver que je vivais dans la peau d'un homme ordinaire. À moins de maîtriser ses peurs, il est pratiquement impossible de ne pas douter! Je ne pouvais plus réfléchir normalement, le cauchemar causé par les dernières images de ma mère nue, entre les mains des prédateurs m'avaient sérieusement troublée, et le noir de la nuit en rajoutait.

Ajoutez à ça le bruit du fleuve que j'entendais, que je ne pouvais pas éviter car il fallait le traverser pour aller chez mon oncle; il fallait trouver ce foutu pont au plus vite. L'idée avait trottiné dans ma tête tout cet après-midi, et voilà que j'y étais. On dit que le malheur ne vient jamais seul, moi je les avais tous dans la même journée. Dans mon esprit de panique, la rivière était à peine à quelques pas, car je l'entendais hurler. Je n'y étais préparée ni physiquement ni psychologiquement, et il n'y avait aucune chance de reculer. Plus j'avançais, plus je sentais que ma mort était proche; si je ne mourais pas dans cette rivière, je risquais d'être avalée vivante par le monstre légendaire des vallées, ou être tuée par une bête sauvage.

Même si rien de tout ça n'arrivait, il resterait à savoir comment j'allais faire pour passer à l'autre rive de cette rivière sans nager, si je n'arrivais pas à retrouver le pont? Si je vous en parle ainsi, vous pourriez penser que c'était une petite affaire, mais j'avais eu tellement peur que je n'arrivais plus à respirer normalement, mais j'avais tellement appris de choses nouvelles cette nuit-là : j'avais, entre-autre, compris que chaque fois qu'on dit qu'on a peur, en réalité *on a seulement peur de la peur!* Tout devient différent quand on est face à face avec le danger. On s'active à trouver une solution et avoir peur devient secondaire. On ne peut plus pleurer quand on est seul, on ne se lamente même plus; on arrive même à rire de soi! Je me rappelle, avoir ri de moi et je me parlais à haute voix.

N'oubliez pas que j'avais que sept ans!

J'avais pensé qu'il ne pouvait y avoir de pire misère pour moi que d'être seule dans la nuit, mais j'avais fini par réaliser qu'écouter une rivière qui gronde, savoir qu'il va falloir la traverser coûte que coûte alors qu'on ne sait pas nager, ça devient une hantise assez extrême. Pourtant, tout cela n'était rien par rapport au vrai danger au-devant duquel je courrais : *être rattrapé par les miliciens-hutu!* Je riais de moi et me moquais littéralement de mon comportement, mais je ne prenais pas le temps nécessaire d'observer la situation avant de réagir.

L'incertitude, l'inexpérience et les maladresses de toutes sortes me menaient parfois à faire des erreurs inutiles; je marchais comme un humanoïde de zinc en phase expérimentale, la tête baissée. J'allais tout droit devant en direction du bruit de la rivière, cet étrange bruit était mon seul repère. J'étais arrivée au fond de la vallée sans m'en rendre compte, tout était complètement noir. Je n'avais réalisé que j'étais au centre du mais que quand j'avais senti que mes pieds enflés pataugeaient dans une boue visqueuse. Vous vous rappelez que je marchais pieds nus, que j'étais très légèrement habillée aussi. Ajouter à tout ça la fatigue et les angoisses et vous aurez une meilleure idée de ce qui restait de moi, cette nuit-là.

Il ne fallait pas m'arrêter, je devais marcher tout droit jusqu'à ce que je retrouve la maison de mon oncle, c'était mon seul espoir. Mon sens d'orientation dans ces marécages était nul, chaque pas que je faisais à l'aveuglette était risqué; je pouvais m'estimer chanceuse d'avoir temporairement échappé aux machettes des miliciens-hutu, mais je n'étais pas au bout de ma peine ni à l'abri de mes malheurs. Je redoutais me retrouver les deux pieds dans la gueule d'un crocodile ou d'être avalée par un piton géant dont on disait capable d'étrangler et engloutir un enfant de ma taille; j'entendais ces histoires terrifiantes de mon oncle qui était un passionné de la chasse des marécages, je n'aurais jamais pensé que je serais un jour confrontée à cette peur. Pire encore, je risquais à chaque instant d'être happée par la boue mouvante dans laquelle je pataugeais, être aspirée vivante vers le ventre de la terre.

S'il y avait encore une petite chance de survie, elle n'était certainement pas derrière moi mais devant; il fallait continuer à avancer quoiqu'il en coûte, surtout pas reculer. Je me suis résolument engagée dans cette lutte inégale contre la vase qui me collait aux pieds, dans la profondeur des ténèbres de ces marécages inhospitaliers. Ce fut de longues heures de combat et d'immense chagrin, mais le plus pénible était de me frayer un passage entre ces racines de plantes sauvages enchevêtrées les unes dans les autres. Il faisait tellement noir que je ne voyais pas du tout où je mettais les pieds; je tremblais de peur, de soif, de faim et de froid, c'était la fin du monde dans mon âme!

Les chances d'arriver à la maison de mon oncle s'amenuisaient chaque seconde, mais je ne voulais pas y penser. Plus effrayant encore, je ne sentais presque plus mes jambes, elles répondaient de moins en moins car elles étaient trop enflées, et mes pieds nus étaient sérieusement tuméfiés. Je voulais tellement prendre une pause mais je ne pouvais pas me le permettre.

Le temps d'un éclair, ce que je redoutais est arrivé : je me suis fait prendre la jambe droite dans cette mélasse gluante et me suis enfoncée jusqu'au niveau de la cuisse. Ma jambe gauche était restée dehors, je vous mets au défi d'imaginer à quoi je ressemblais dans cette position! Je me suis débattue du mieux que je pouvais pour me libérer, mais en vain. Plus je luttais, plus profond je m'enfonçais dans cette vase. Tout était perdu, j'étais vidée de toute mon énergie, condamnée à rester là toute la nuit, ou peut-être pour toujours...

Je ne voyais pas comment je pouvais m'en sortir. Croyez-le ou non, une heure plus tard, je me suis endormie! Le corps humain a des secrets que la science n'a pas encore trouvés; qui croirait qu'un homme, si fatigué soit-il, pouvait dormir dans ces conditions, à cet endroit? Je ressemblais à une guêpe piégée dans une toile d'araignée, mais j'ai quand même dormi.

Je n'arrive toujours pas à comprendre ce phénomène, même aujourd'hui! Je me suis réveillée aux petites heures du matin mais je n'étais pas reposée pour autant; c'était le 8 avril, au matin du deuxième jour du génocide des Tutsi. J'avais faim et soif, mais le problème le plus urgent à résoudre était de dégager ma jambe de cette vase qui m'avait emprisonnée. Il faisait très frais, la vallée s'était enveloppée d'une brume matinale épaisse mais j'étais un peu soulagée de voir que le soleil se réveillait en même temps que moi.

Il envoyait déjà ses premiers rayons, je les voyais se faufiler entre les bottes de papyrus pour arriver jusqu'à moi, comme si quelqu'un avait eu pitié de mon état et les avait commandés pour moi. Les oiseaux de la plaine de toutes les espèces et tous les plumages confondus, de même que les autres bêtes des marais se réveillaient les uns après les autres. Je les entendais célébrer gaiement ce nouveau jour qui commençait. J'étais le seul être humain au centre de cette nature outrageusement hostile, mais il y a lieu de se demander qui était réellement sauvage, entre les hutu qui me poursuivaient et ces gentils animaux qui s'affairaient à leur routine quotidienne, sans se faire d'autres soucis inutiles. Ces bêtes pouvaient célébrer la vie dans l'allégresse même s'ils sont différents les uns des autres, ils partageaient la forêt sans se créer de problèmes de cohabitation, mais pas les Hutu et les Tutsi qui sont de même race, la race humaine!

Je sentais que je haïssais les hommes à cause de tout ce qui m'arrivait; en grandissant j'ai compris qu'il n'était pas nécessaire de rester prisonnière des idées négatives envers l'espèce humaine, il y aura toujours des hauts et des bas même, si le génocide est l'extrême des extrêmes! Les Hutu m'ont fait trop de mal en 1994, mais ils ne sont pas tous des monstres, je refuse de croire ça. Il y en a eu beaucoup qui ont montré leur côté sauvage, qui le sont peut-être encore aujourd'hui, mais il est injuste de les mettre tous dans le même panier. J'ai compris ça quand j'avais commencé à lire des journaux et des livres sur l'histoire du génocide des Tutsi; j'ai vu qu'il y avait eu quelques Hutu qui avaient catégoriquement refusé de participer à ces cruautés, qui avaient même réussi à sauver des vies. Mais ce matin-là, c'était difficile pour moi de comprendre comment les bêtes de la forêt pouvaient apprécier la vie ensemble, admirer la splendeur de la nature sans se chicaner, tandis que ces Hutu, plus intelligents que ces bêtes de la forêt s'acharnaient à exterminer leurs semblables Tutsi.

Ce mélange de merveilles et d'hostilités, ces odeurs suffocantes des fleurs sauvages qui avaient envahi mes narines, tout cela me préoccupait fort peu, car mon cœur n'était pas disposé à admirer de belles choses ni sentir de bonnes odeurs. Il fallait d'abord régler mon problème de survie en commençant par dégager ma jambe prise en captivité par la vase! Même si c'était encore tôt, j'avais déjà très soif et je ne savais pas où je pouvais trouver l'eau à boire, mais je ne perdais pas l'espoir; je me disais qu'une fois ma jambe libérée, je n'avais qu'à continuer ma route en direction du bruit de la rivière et trouver de l'eau en abondance! Je me suis remise au boulot; j'avais constaté avec stupeur que je m'étais enfoncée encore plus profond pendant mon sommeil, et j'avais sérieusement paniqué. J'avais compris que se faire avaler par la boue mouvante n'était pas un conte de fée comme je le pensais, c'est bien réel.

Je l'avais entendu dans des comptines pour enfants mais j'avais toujours pensé que cela ne pouvait pas se passer dans la vraie vie. Même mon oncle qui aimait la chasse du gibier de marais nous racontait ce genre de choses, mais j'avais toujours pensé qu'il exagérait un peu. Je me suis mise à creuser avec mes petites mains nues autour de ma jambe pour la déterrer; ce n'était pas facile mais il ne fallait pas lâcher! C'était qu'aux environs de l'heure du midi que j'avais réussi à me libérer; je peux dire l'heure avec certitude car on nous avait appris à l'école que quand le soleil se trouvait au-dessus de notre tête, *au zénith*, ce moment correspondait à l'heure du midi, dans notre zone géographique. J'avais dépensé le peu d'énergie qui me restait, j'étais complètement vidée et ma soif était intolérable.

Après avoir libéré ma jambe, je n'osais plus mettre un pied devant un autre, craignant de me faire engloutir encore, surtout qu'il n'y avait pas moyen de contourner la vase, elle était partout. J'entendais toujours la grande rivière gronder, elle me faisait peur mais en même temps je voulais atteindre sa rive au plus vite pour me désaltérer. J'avais une de ces soifs qui vous calcine la gorge, vous cuit la langue, le palais de ma bouche était devenu comme une plaque chauffante de barbecue. Soudain, un bruit bizarre m'a arrachée de ma rêverie; je me suis retournée et vu qu'il y avait juste derrière moi une antilope de couleur *grise-rayée*; elle me regardait avec curiosité, apparemment étonnée de voir cette nouvelle espèce d'animal qui marchait sur deux pattes au lieu de quatre. Elle était encore très jeune et n'avait probablement jamais fait de telle rencontre, ni vu un animal marcher debout dans cette vaste plaine.

Elle était si jolie, mais je ne savais pas s'elle pouvait être dangereuse ou pas; mon cœur battait la chamade et je n'osais plus bouger. J'avais fini par être convaincue qu'elle était inoffensive, seulement curieuse, autrement elle m'aurait déjà attaquée depuis tout le temps qu'on s'observait. Je ne lui trouvais rien d'animal, je n'avais aucune raison d'avoir peur d'elle. Elle me donnait l'impression d'avoir pitié de moi, de se demander même ce qu'une créature aussi craintive et idiote comme moi pouvait faire à cet endroit hostile aux animaux de mon espèce.

Après ce long face-à-face d'exploration réciproque, elle avait fini par s'éloigner et retourner à son lunch, comme si elle ne voulait pas en rajouter à mes soucis d'enfant perdue dans la forêt! Elle était indéniablement moins sauvage que les Hutu qui avaient tué mon père et violé ma mère; c'était l'envers de la médaille! La rivière était restée imperturbable, rien ni personne n'avait changé sa routine, sauf moi! C'était surréel. L'effet de la soif que je ressentais serait comparable à celui que décrivent les naufragés du désert, qui vont jusqu'à plonger dans une étendue de sable en la prenant pour un lac, un lac qui s'improvise dans leur imagination quand ils ont eu soif trop longtemps. Ce fleuve ne pouvait pas venir à moi, c'était moi qui devais aller vers lui; mon subconscient continuait à me rappeler que même après avoir bu de son eau, que je devais le traverser pour me rendre chez mon oncle…!

Vers le milieu de l'après-midi, j'étais désespérément épuisée par la chaleur et le vertige, j'avais commencé à voir les choses en double! J'ai aperçu d'autres animaux, un immense troupeau d'herbivores qui broutaient paisiblement les bourgeons tendres de plantes, qu'ils connaissaient sûrement, puis je me suis posée une question sur leur mode de vie dans cette forêt! S'ils naissaient là et grandissaient en ne mangeant que ces plantes, que cela ne les empêchait pas d'être si beaux et gras, pourquoi moi, je mourrais de faim en ce même lieu? Qu'est-ce qui m'empêcherait de faire comme eux, manger ces plantes comme ils faisaient?

C'est ainsi que j'ai arraché ma première plante et mangé son plus tendre bourgeon; je ne connaissais même pas sa nature mais je l'ai mis dans ma bouche; je l'ai mâché et avalé son suc; je m'attendais au pire, que j'allais probablement vomir, mais j'avais trouvé qu'il n'était pas si désagréable que ça! J'en ai mangé un deuxième, un troisième et je ne voulais plus compter. C'était parti; je me suis habituée à brouter comme tous les habitants de la vallée!

J'avais brouté pendant quelques heures à l'ombre d'un fucus, je cueillais aussi quelques fruits piquants car il fallait remplir mon estomac, *ma pense devrais-je dire*, et je ne m'en portais pas plus mal, du moins au début! Mes mâchoires me faisaient mal mais je devais forcer; j'ignorais si j'allais pouvoir ruminer, on ne parle pas de digestion ici, c'était la grande question du jour! Le suc de ces bourgeons pouvait être visqueux ou amer, ce dépendait de l'espèce que je prenais au hasard; ce n'était pas si mauvais... Bien sûr que ce n'était pas le goût de canne à sucre ni d'aucun autre légume connu dans le royaume des humains, mais certaines espèces de plantes étaient même rafraîchissantes. Que pouvais-je espérer d'autre? Je ne pouvais pas pleurer; j'aurais pleuré pour faire pitié aux animaux? Ils étaient occupés à manger leur lunch et n'avaient pas le temps pour moi. Je ne pouvais surtout pas penser à retourner à la terre ferme, car j'imaginais à quoi devait ressembler ce deuxième jour du génocide! Mieux valait rester dans cette vallée, mourir de faim et de soif que de se faire couper en morceaux avec des machettes.

Je n'avais plus de famille, j'étais seule au monde, je crois que même que ces antilopes l'avaient compris, car elles ne s'intéressaient plus à moi depuis un moment. Elles levaient la tête de temps en autre pour voir si je me débrouillais bien, *à la broute*, me laissant quelques moments pour admirer leurs beaux yeux brun-noir qui semblaient me dire que je n'avais pas à m'inquiéter, qu'elles n'étaient pas aussi méchantes que ces miliciens-hutu du pays d'où je venais. Pour manger elles devaient me tourner le dos, cela m'amusait d'observer leur longue queue qui ne restait pas tranquille; elle bougeait dans tous les sens pour chasser les mouches et les oiseaux-piqueurs qui se disputaient les tiques de leur peau! Cela m'attristait de ne les voir que de derrière, ça me donnait l'impression qu'elles voulaient me faire sentir, elles aussi, que je n'intéressais plus personne dans ce monde. J'avais pris le goût de brouter comme tous les herbivores et je m'en portais un peu mieux qu'avant.

Cependant, je ne pouvais pas rester là et me contenter de ces bourgeons, car l'homme n'est pas fait pour manger du fourrage. J'ai donc repris mon chemin en direction de la rivière. Plus j'avançais, plus le grondement des eaux se faisait encore plus menaçant; ce n'était pas facile de se frayer un passage à travers les racines de toutes ces plantes et leur feuillage, celui-ci avait déjà commencé à laisser entrer de moins en moins de rayons de soleil, ce qui voulait dire que la nuit allait encore tomber; j'allais passer une deuxième nuit d'affilée, seule dans le noir!

À force de persister, j'avais fini par me retrouver à la rive de la rivière qui hurlait comme un monstre! J'avais abouti en haut d'un précipice, une sorte de falaise qui surplombait une des courbes de cette immense rivière qui se tordait à perte de vue, dans l'immensité de la vallée. Du haut de ce dangereux *cliff*, j'ai vite compris pourquoi ce fleuve grondait aussi affreusement; ce n'était pas le bruit du fleuve comme tel, mais d'une cascade gigantesque qui déferlait avec toute sa puissance, fracassant ses flots nébuleux sur d'immenses rochers plus bas! J'étais perchée au-dessus de ces chutes, à peine accrochée à une branche d'acacia qui penchait la tête vers ces profondeurs de la mort; un pas de plus aurait été un pas de trop, je tombais dans cette chute et me cassais le cou sur des rochers. Je n'aurais eu aucune chance de survivre à cette chute mortelle, je me noyais dans ce tourbillon impitoyable qui projetait des bulles savonneuses dans les airs, comme des feux d'artifice pendant le temps de fêtes. De justesse, j'avais réussi à m'accrocher à cet acacia chargé de ses belles fleurs mauves et jaunes, celles-ci se détachaient et tombaient dans ces flots. C'était beau mais je n'avais pas le cœur à admirer les belles choses de la nature; j'étais ravagée par la peur mais j'avais tenu bon, suspendue d'une main au-dessus de la mort; l'instinct de survie qui opère en nous n'a pas de limites, car je n'avais jamais pensé que je pouvais être d'une telle prouesse.

Je n'osais pas regarder en bas à cause de la peur des hauteurs, d'être happée par le vide; En dehors des circonstances de la mort de mes parents, trois jours plus tôt, rien ne m'avait fait aussi peur que la puissance de ces cascades. Du coup, j'ai tout suite compris qu'il fallait oublier la maison de mon oncle, je venais de réaliser que je n'atteindrai jamais ma destination. Comment traverser cette immense étendue d'eau qui se torsadait en aval comme un serpent gigantesque? À moins de retrouver le pont que nous avions traversé trois ou quatre mois plus tôt, je ne voyais pas comment faire autrement. Il fallait quand même descendre des cimes de cet acacia, mais au préalable, j'avais profité de ces hauteurs pour scruter les alentours, essayant d'apercevoir ce qui ressemblerait au pont que je cherchais ; je n'avais rien vu de tel et tous mes espoirs s'étaient évanouis !

Je ne pouvais pas m'aventurer dans ce fleuve, même un nageur professionnel n'aurait pas pris ce risque. Tant bien que mal, j'avais réussi à quitter les airs et poser les pieds à terre, mais j'ai dû faire un long détour pour trouver une rive basse, car je devais me rapprocher du bord pour me désaltérer.

Quelle fut ma déception quand j'ai réalisé que l'eau de ce fleuve n'était pas buvable...! J'étais totalement dévastée, et le mot n'est pas assez fort pour exprimer ma déception. Ma gorge était complétement craquelée, il fallait que je boive mais l'eau de cette grosse rivière était imbuvable ; elle était de couleur *rouge-ocre* à cause de la boue, répugnante à l'œil nu !

Même au-delà de sa couleur repoussante, elle véhiculait toutes sortes de débris qui flottaient en désordre au milieu de ses vagues, charriant d'énormes arbres déracinés par les pluies torrentielles, mais aussi des animaux aquatiques. Il y en avait de toutes sortes : des hippopotames qui lézardaient avec nonchalance à moitié immergés dans ces flots, des crocodiles qui se faufilaient avec agilité entre ces gros hippos, très à l'aise dans cette eau boueuse. Les oiseaux-pêcheurs plongeaient à une vitesse vertigineuse dans l'eau et remontaient le bec chargé de poissons ; c'était un spectacle magnifique, il aurait été divertissant pour quelqu'un qui n'avait pas la tête ailleurs comme moi.

La seule chose qui comptait, qui était une priorité pour moi, c'était de trouver l'eau à boire, mais je ne savais pas où la trouver. Je ne n'arrivais pratiquement plus à ouvrir la bouche, mes lèvres craquaient et saignaient au moindre entrebâillement de la bouche. Ne sachant plus quoi faire, je me suis résignée ; je me suis allongée à l'ombre d'un ficus géant garni de belles fleurs rouges et pourpres caractéristiques de la saison. Il y faisait plus ou moins frais, mais je sentais que je pouvais m'évanouir à tout moment et je luttais pour garder les yeux ouverts sur ce fleuve, me demandant à quoi il sert, son utilité réelle, si personne ne pouvait boire de son eau.

J'étais en colère, j'aurais voulu lui dire qu'il ne vaut rien, mais je n'ai rien dit; je savais d'avance qu'il se moquerait de moi lui-aussi, qu'il était complice des hutu-miliciens, comme tout le reste du monde...! J'étais quand même fascinée par son allure majestueuse et son impétuosité; c'était la première fois que je voyais de si grandes étendues d'eau; imaginez comment je me sentais, seule au bord de ce fleuve, moi qui craignais même une flaque d'eau... Néanmoins, je trouvais que la nature était quand même mal faite; j'avais beaucoup de mal à comprendre comment on pouvait mourir de soif au bord d'une rivière! Je n'avais même pas cherché à tester son goût, sa couleur était suffisamment décourageante pour la mettre dans sa bouche. Elle était si sale que même de loin, on avait l'impression de sentir sa mauvaise odeur. Cet après-midi-là avait été particulièrement chaud, étrangement il n'avait pas plu depuis la veille, pourtant il pleut beaucoup au mois d'avril, mais peut-être pas dans cette vallée.

Je fondais comme du beurre sous ce soleil de plomb, j'avais perdu la totalité d'eau de pluie que j'avais bue deux jours plus tôt. La petite robe d'écolière que je portais était en lambeaux; elle s'était effilochée tout au long de mon chemin quand je me faufilais entre les joncs de papyrus et des buissons de toutes sortes. Je pouvais à peine me tenir debout, complètement épuisée mais je ne pouvais pas abandonner ce combat; il fallait faire quelque-chose, survivre par tous les moyens, car j'avais promis à ma mère de lutter jusqu'au bout du bout, de ne pas mourir...! J'ai difficilement marché en suivant les courbes de ce fleuve dans l'espoir de trouver le pont qui mène à la maison de mon oncle, mais je n'avais pas trouvé de pont.

Je titubais comme un ivrogne, mon squelette ne pouvait plus me porter, fragilisé par toutes sortes de privations. Curieusement je n'arrivais pas à détacher mes yeux de ce fleuve même si je commençais à tout voir en double. Soudain, j'ai vu passer sur l'eau quelque chose qui ressemblait à un corps humain au milieu des vagues; j'avais d'abord cru que ce ne pouvait être que des animaux marins et d'autres débris, surtout que je ne faisais pas tout à fait confiance à mes yeux fatigués. Motivée par la curiosité, je me suis approchée un peu plus de la rive la plus basse. Oh Seigneur... J'aurais aimé que ce soit une illusion visuelle, mais malheureusement j'avais vu juste; c'était effectivement des corps humains qui flottaient sur l'eau du fleuve comme du bois mort.

Des cadavres. J'ai ouvert grand les yeux et j'en ai vu d'autres; plusieurs dizaines de corps défilaient vers l'aval. Combien étaient-ils? Je ne peux pas vous le dire car je l'ignore, mais ils étaient trop nombreux. Ils passaient à un rythme fou, c'était absolument macabre. Je suis retournée à l'ombre de mon fucus, désespérément terrifiée. Si j'avais eu la force j'aurais pleuré, c'était épouvantable. De mon ombre, j'éprouvais une envie irrésistible de retourner à la rive et continuer à regarder ces corps défiler en aval : il y en avait des petits et grands, j'imaginais qu'il y avait des hommes, des femmes et des enfants.

Il y avait même des morceaux de carcasses d'animaux domestiques, des moitiés de vaches, de moutons et de chèvres. À mon grand étonnement, les crocodiles qui sont habituellement friands de viande, ces carnassiers par excellence ne semblaient pas se disputer ces aubaines de la chair humaine; ils n'avaient aucun besoin de chicaner, parce qu'il y en avait assez pour tout le monde, et pour longtemps.... Je me suis rappelé avoir entendu à la radio que les Hutu voulaient renvoyer les Tutsi en Éthiopie d'où ils étaient originaires, en les faisant passer par la grande la rivière!

C'était donc ça que monsieur Léon Mugesera voulait dire?

Mais alors, pourquoi ne les avait-on pas renvoyés vivants? Avaient-ils refusé de partir? Pourquoi refuseraient-ils de retourner dans leur pays d'enfance et choisir de mourir? Ne trouvant pas de réponse à toutes ces questions stupides, je me suis davantage découragée mais je n'étais pas capable de détourner les yeux de ce fleuve; je venais d'avoir une pensée absolument terrifiante :

Qu'allais-je faire si je voyais le corps de ma mère passer?

Oh Seigneur Jésus, aies pitié de moi...!

Pour des raison que j'ignore, ces cadavres flottaient sur le ventre comme s'ils ne voulaient pas me laisser voir leur face, ou s'ils avaient honte d'avoir été des Tutsi! Cela m'a quelque peu soulagée; même si elle avait été au milieu de cette course macabre, je ne l'aurais pas reconnue, car ils tenaient tous à cacher leur figure au monde des curieux, comme s'ils avaient eu honte de mourir dans des conditions aussi sordides! Vers la dernière heure de la journée, je me suis mise à avancer, à quatre pattes, car je n'arrivais plus à me tenir debout et j'avais beaucoup de vertige. J'allais mourir, je le sentais, mais malgré tout je ne voulais pas trop m'éloigner de la rive, car je n'avais pas complètement perdu l'espoir de trouver ce putain de pont...! J'étais distraite et dans mes derniers efforts de me mettre debout, malheureusement je me suis encore fait piéger dans la vase; je me suis débattue comme je pouvais, c'était suicidaire mais j'avais encore réussi à me dégager. Le soleil se couchait, je le voyais se glisser derrière la montagne, j'étais tétanisée à l'idée de me retrouver de nouveau seule dans le noir. La soif me brûlait les entrailles que j'avais l'impression de sentir la fumée carbonique dans mes narines; j'étais libérée de cette vase collante, mais la boue ensablée m'avait arraché la peau sur mes jambes et je saignais; saigner pour moi signifiait la mort, car j'avais peur du sang!

Dites-moi donc que je rigole!

Avoir peur du sang au Rwanda, en 1994?

Il y en avait à gauche, à droite, en haut, en bas, que du sang, et encore du sang...!

Pour mes blessures, ce n'était pas grand-chose; rien que de petites écorchures sans gravité, mon seul problème était la soif qui me desséchait le corps jusqu'à la moelle. Je me suis allongée à l'ombre d'un papyrus géant pour souffler un peu; j'avais même eu assez de force pour nettoyer cette boue en me frottant avec le feuillage que j'arrachais des plantes inconnues qui m'entouraient. J'avais même essayé d'en manger un peu, ce n'était pas nouveau pour moi car j'avais brouté un peu plutôt, mais celles-ci étaient amères et brûlantes; on dirait que toute la nature s'était liguée contre moi, aussi bien dans la vallée qu'à la terre ferme; je n'étais la bienvenue nulle part. J'avais eu des éruptions cutanées très douloureuses sur les mains, les cuisses et les mollets à cause de ces feuilles avec lesquelles je m'étais frottée.

Vous ne me croirez pas, mais quand cette douleur s'est apaisée, je me suis endormie à l'ombre de ce figuier... Est-ce que j'avais vraiment dormi ou j'avais tout simplement perdu connaissance? Pire encore, j'ignorais si je n'étais plus qu'un fantôme, que du pareil au même dans mon cas!

En grandissant j'avais réalisé que ma mésaventure ressemble étrangement à celle du célèbre *Mowgli de la jungle* que nous lisons dans des livres de contes pour enfants. Vous devez vous en souvenir, vous-aussi n'est-ce pas, Lionel et toi chère Denise? Tout le monde avait lu ce conte à l'école primaire...! *Mowgli* était un jeune garçon qui s'était retrouvé seul, abandonné au cœur de la jungle quand il avait à peu près mon âge. La seule différence entre lui et moi, c'est que son histoire est un conte à faire dormir debout les gosses, tandis que la mienne est authentique.

Comme j'étais mal habillée, j'avais chaud le jour et froid la nuit; c'est ça le contraste climatique des régions en dessous des tropiques, et ce mois d'avril était particulièrement chaud et humide dans la vallée! J'étais excessivement fragilisée par mes mauvaises conditions de vie : la soif, la faim, la peur, tout ce qu'il fallait pour être malheureux était réuni en moi, en plus des caprices du temps et de la température locale. Je me rappelle vaguement m'être allongée à l'ombre de ce papyrus touffu tout en regardant le soleil se glisser tranquillement derrière les sommets de montagnes, et ma mémoire s'éteignait tout doucement, jusqu'à sombrer dans le vide absolu. Je n'avais plus la force d'aller chercher de bons bourgeons comestibles que je connaissais : plus aucun de mes membres ne pouvait bouger.

J'avais à peine fermé les yeux que j'avais commencé à avoir des visions troublantes: dans ce rêve, je voyais ma mère vêtue d'une longue robe d'une blancheur éblouissante; je courais vers elle, heureuse de la retrouver, elle était absolument resplendissante dans cette robe de soie; au fur et à mesure que je me rapprochais, elle s'éloignait; je courais encore plus fort en criant *maman-maman, attends-moi;* elle ne s'arrêtait, apparemment elle ne voulait pas m'attendre. J'étais complètement dévastée; je ne pouvais pas comprendre comment, même ma propre mère ne voulait plus de moi. Elle me souriait avec amour, comme à la belle époque mais continuait à me fuir; c'était invraisemblable! Elle me donnait l'impression de flotter sur une sorte de nappe ouateuse faite de dentelles en spiral, elle était absolument magnifique dans cette robe d'une blancheur éclatante mais j'étais confuse de sa réaction.

J'ai redoublé d'efforts et couru derrière elle pour essayer au moins de m'accrocher à une dentelle de sa robe, mais je n'arrivais pas à l'atteindre. Comment pouvait-elle se ficher de moi, elle-aussi? C'était un cauchemar. Ce rêve a été d'une durée interminable, j'étais à la fois émerveillée de vivre ce moment magique mais surtout frustrée. Cette maman imaginaire, *qui fut ma mère,* avait fini par m'envoyer un long bisou de sa main gauche avant de disparaître dans les nuées, aspirée dans un tourbillon de nuage blanc qui tournoyait en vrille entre deux montagnes, exactement comme elle m'était apparue; tout ça était accompagnée d'une mélodie musicale extrêmement envoûtante qui m'avait brisé le cœur.

J'étais dans cet état de torpeur indescriptible, *mi-endormie mi-éveillée,* épouvantée de savoir que même ma propre mère m'avait rejetée; je pouvais accepter tout ce qui m'arrivait dans la vie, sauf ça! Pourquoi ne voulait-elle pas m'attendre? Était-elle fâchée que je l'avais abandonnée l'autre jour, entre les mains des prédateurs? Mais qu'aurais-je pu faire? C'était elle qui m'avait poussée à partir!

Elle m'avait clairement vue parce qu'elle me souriait mais faisait tout pour éviter que je m'approche d'elle... Elle aurait pu au moins me parler, me demander comment j'allais, comme elle avait toujours fait, mais elle n'avait rien fait de tout ça.... Je lui aurais dit que j'avais peur, que j'avais faim et soif et que j'étais malheureuse. Elle aurait remué ciel et terre pour me trouver de l'eau à boire, c'est ce qu'elle avait fait toute sa vie sur terre. Elle trouvait toujours des solutions où tous les autres pensaient qu'il n'y en aurait pas, comme une magicienne.

Elle m'aurait nourrie, elle qui nourrissait même les gens qu'elle connaissait à peine ou pas du tout, car ma maman n'était jamais prise au dépourvue, même dans des cas très compliqués. J'étais sa petite dernière qu'elle chérissait, pour qui elle avait un amour inconditionnel, mais elle m'avait reniée! Moi, j'avais pensé qu'elle était allée au Ciel, qu'elle avait rejoint papa, Marc et Pierre; je les imaginais ensemble mais apparemment ce n'était pas le cas. Et mais c'était oui, s'ils étaient vraiment au Ciel, quelle vie mène-t-on en ce Lieu si on doit oublier ceux et celles qu'on avait connus et aimés sur terre? Puis, je n'avais vu personne d'autre de ma famille que maman; elle était seule, voltigeant de fleur en fleur comme un papillon-monarque pendant la saison florale; elle était superbe mais troublante aussi! Au moment où elle disparaissait dans ce nuage derrière la montagne, c'était peu après le coucher du soleil; j'avais crié si fort que je me suis réveillée. Réveillée, j'ignore si c'est le mot, je ne sais même pas si j'avais réellement dormi.

J'étais étourdie, dans un état de somnolence et l'air manquait sévèrement à mes poumons calcinés par le feu de la soif. Je me rappelle avoir fait un effort surhumain pour ouvrir les yeux, regarder autour de moi, mais l'énergie me manquait; c'est alors que j'avais cru que j'étais en train de mourir mais je ne savais comment on meurt, même si j'avais vu des morts...! Je n'étais sûre de rien, je n'avais rien à comparer, j'allais mourir pour la première fois...

XIII

FAUT-IL CROIRE AUX ANGES-GARDIENS

Je ne sais pas si vous croyez aux anges-gardiens, vous, mais moi si. Quand je suis sortie de ce rêve de fou, j'étais étourdie; sincèrement j'ignore ce que je peux choisir entre dire que j'étais *à moitié vivante ou à moitié morte*. Je flottais entre deux univers inconnus de l'homme. Ce n'était pas facile de savoir où poser mon regard, tout avait été sublime, le temps d'un rêve! Si ça qu'on appelle la mort, alors ça vaut la peine de mourir!

J'étais dans un lieu sans apesanteur et je me sentais aussi légère qu'une plume; je voltigeais de fleur en fleur comme un papillon, exactement comme j'avais vu ma mère faire au-dessus des montagnes. J'étais enivrée par une sensation de douceur infinie, enveloppée dans une odeur magnifique au milieu de ces champs fleuris à perte de vue, bercée par une mélodie musicale impossible à décrire. Mais que m'était-il arrivé? Je ne voulais absolument pas revenir sur terre, mais il a fallu que je revienne; j'ai été déçue de constater que tout cela n'avait rien de réel.

Je me suis rendue compte que je ne pouvais pas bouger; c'était comme si j'avais eu des pouvoirs de me regarder de l'intérieur, et j'avais oublié à quoi je ressemblais de l'extérieur. J'aurais aimé qu'il y ait eu un miroir pour voir à quoi j'avais l'air; j'avais l'impression de me regarder du dedans en dehors; il y avait beaucoup de lumière à cet endroit; j'étais dédoublée comme si je me regardais dans un prisme déformant et j'avais du mal à me reconnaître. Je m'efforçais de regarder du côté de la montagne où j'avais vu ma mère voltiger avec un espoir de la revoir, mais elle n'était pas revenue. J'étais réveillée, tout en sueurs, ma conscience était encore ailleurs.

C'est alors que j'avais réalisé que j'étais revenue sur terre, et ce n'était pas ce que j'aurais voulu, car j'étais vraiment bien où j'étais dans ce monde d'illusions... Soudain, j'ai vu que tout était noir autour de moi, c'était la nuit; j'étais si malheureuse que j'ai refermé les yeux pour essayer de revoir ma mère dans ce pays des merveilles, mais je ne l'ai pas revue. J'ai attendu, j'étais sûre qu'elle reviendrait me chercher, qu'elle ne pouvait pas m'ignorer plus longtemps. Et s'elle revenait, comment me verrait-elle ? C'était trop obscur ! Peut-être que si, car elle était si brillante, elle-même, aussi brillante que l'étoile du nord dans sa robe blanche. Elle était la lumière elle-même...

Je ne perdais pas d'espoir, quelque-chose me disait que ma mère ne pouvait pas m'abandonner, qu'elle réapparaîtrait à tout moment; il suffisait de garder l'œil ouvert sur la montagne, elle avait vu ma détresse et ne pouvait pas m'ignorer pour plus longtemps ! Je regrettais même d'avoir douté de son amour, c'est un péché d'avoir des doutes sur sa propre mère. Le monde entier pouvait m'abandonner, c'était chose faite d'ailleurs, mais pas elle. J'étais au bord de la folie pour avoir eu ces pensées.

Hélas, j'ai attendu-attendu, mais elle n'est jamais venue, comme dans la ballade musicale de Christophe :« *Aline* », *des* années soixante. J'étais très triste, déçue d'être revenue sur cette terre des hommes, j'aurais aimé rester en ce lieu extraordinaire. Je ne savais plus où j'étais exactement, ma tête bourdonnait et je ressentais une fatigue si anormale que je ne pouvais bouger aucun de mes membres. Peu à peu ma mémoire revenait, et je me suis rappelé qu'il y avait eu, *il y a longtemps, une sale* guerre dans ma ville, peut-être dans tout le pays, ou qu'il y avait eu la fin du monde, mais ne me rappelais plus à quelle époque cela était arrivé.

La seule chose qui me revenait en mémoire, c'est qu'on ne tuait que des Tutsi, que j'avais perdu mes parents et mes deux frères, mes grands-parents et toute la famille élargie, uniquement parce qu'ils étaient des Tutsi. Moi-même j'avais subi des ces atrocités, dont un viol sexuel, car j'avais été prise en otage et j'étais morte de chagrin. Oui, j'étais morte de mes angoisses!

Personne ne m'avait jamais expliqué comment on devenait Tutsi, et je me demandais pourquoi les gens le devenaient s'ils savaient qu'on les tuerait, qu'ils seraient méprisés et égorgés par les Hutu? Pourquoi mes parents avaient-ils choisi de devenir des Tutsi s'ils savaient ça?

Peu à peu je reprenais conscience et me rendais compte que ce n'était pas un rêve même si je ne savais pas ou j'étais. Il n'y avait aucun signe qu'il pouvait y avoir d'autres survivants dans cette vallée, car je n'avais rencontré personne. J'étais si misérable de constater que je ne pouvais compter que sur moi-même, même ma mère n'avait pas voulu faire attention à mes appels ni prêter la moindre attention à ma souffrance! J'avais quand même gardé les yeux tournés vers la montagne, au cas où ma mère réapparaissait…

C'est précisément à ce moment-là que j'avais ouvert les yeux et constaté que j'étais dans les bras d'un inconnu, un homme; il était étranger à mes yeux, je ne l'avais jamais rencontré, ni dans la vraie vie ni dans un cauchemar. Sans même trop réfléchir, j'avais tout de suite compris que ce n'était pas un homme, mais un ange, que c'était maman qui me l'envoyait pour m'aider à défaut de pouvoir m'aider elle-même. Je le savais, elle ne pouvait pas m'abandonner aussi facilement. Oui, ça existe les anges, chaque personne en a le sien, j'en ai eu la preuve car j'ai côtoyé le mien. Ce n'était pas un rêve cette fois-ci, j'étais bel et bien dans les bras d'un homme en chair et en os, mais pour moi c'était un ange. Je l'ai regardé sans comprendre, il s'occupait de moi avec attention et douceur; il ne pouvait être venu que du Ciel, à moins que ce ne fut moi qui sois allée là-bas sans en avoir la conscience!

Peu à peu la mémoire me revenait, je commençais à me rappeler certaines choses. Je me suis rappelée, entre-autre, que j'étais morte il y a longtemps... Cet homme finit par me parler, me dire que quand il m'avait trouvée, qu'il avait pensé que j'étais morte, mais qu'il m'avait tout de suite reconnue. Il me berçait dans ses bras comme un bébé et me faisait boire de l'eau à petites gorgées dans la pomme de sa main; j'étais à moitié consciente et essayais de comprendre ce qui m'arrivait, et où j'étais. Je voyais ce Bon Samaritain pour la première fois; je ne pouvais pas croire mes yeux, tout était mystérieux pour moi. J'ai voulu crier, j'aurais vraiment crié si je n'en avais eu la force, mais il ne m'en restait plus! Peu à peu le nuage qui enveloppait mon âme se dissipait, je recouvrais mes esprits et voyait concrètement ce qui m'arrivait. J'ai compris que je n'étais pas au Ciel, que j'étais encore dans la même vallée, encore moins que cet individu n'était pas un ange, mais un homme!

Mais alors, qui était-ce? Comme est-ce que je m'étais retrouvée dans les bras d'un homme que je ne connaissais pas? Je voulais lui demander combien de temps j'avais été dans ses bras mais n'avais pas osé : *quelques heures ou quelques jours?*

Je n'en savais absolument rien, je ne savais même pas quel jour on était, mais qu'importe! La seule chose qui comptait pour moi, c'était le goût de l'eau fraîche qu'il me faisait boire à petites gorgées! Ce n'était pas de l'eau telle qu'on la connaît, elle était d'une fraîcheur absolument unique. Elle descendait dans ma gorge craquelée comme un baume sur une plaie et rafraîchissait ma mémoire, ce qui me donnait une sensation si douce et si merveilleuse que je n'avais aucune envie de me réveiller de mon état de léthargie profonde.

Quand j'y pense aujourd'hui, je me demande pourquoi les scientifiques s'obstinent à nous convaincre que l'eau potable n'a ni goût ni odeur ni couleur; je considère ça comme un mensonge scientifique...! S'ils pouvaient avoir la même soif que j'avais eue dans cette vallée en 1994, ils changeraient d'avis; ils comprendraient mieux l'effet de l'eau et toutes ses caractéristiques, dont sa couleur, son odeur et tous ses bienfaits avant de donner sa vraie définition. Je voulais en savoir plus sur cet homme et à quel moment il était entré dans ma vie, pourquoi et comment, mais je n'étais pas en mesure de lui poser des questions. C'était la nuit; je pouvais à peine le voir à la faible lumière du clair de la lune. Il me dira, de sa voix d'homme et non d'un ange, que quand il m'avait trouvée deux jours plus tôt, qu'il n'y avait presque plus de vie en moi; mais en tâtant ton pouls, il avait constaté que ton cœur battait, très faiblement mais le pouls y était encore.

Cet homme avait un nom, il s'appelait Sylvain.

Je pense que vous devriez le connaître. Il continuait à me parler, mais plus je l'écoutais plus j'étais confuse. Après un bon moment d'hésitation, je lui ai dit, sans détour, quand bien même je ne le connaissais pas encore assez, que j'avais très soif.

Oui, ma fille, je sais que tu as soif, que tu as faim aussi, mais je n'ai plus rien à te donner, pas maintenant. Comme tu peux le voir, mon outre est à sec, je t'ai fait boire toute l'eau qui me restait, mais ne t'en fais pas on va trouver l'eau qu'il nous faut; tiens bon, demain on aura l'eau, j'irai la chercher cette nuit, maintenant que tu es réveillée.

Pour être honnête, je n'étais capable d'attendre un jour de plus sans boire; c'était trop loin, demain! J'avais bu, mais pas assez; mes lèvres craquaient et saignaient, je crachais du sang. J'avais l'impression que ma langue était en train de cuire dans ma bouche comme un hamburger sur un brasier. Je me suis aventurée à poser la question à mon étrange protecteur, qui avait désormais un nom, monsieur Sylvain.

Monsieur Sylvain, pourquoi devriez-vous attendre demain si vous savez où trouver l'eau! Pourquoi n'irions-nous pas la chercher maintenant, tout de suite?

Tu ne peux pas comprendre, ma fille! Si je te demande de patienter jusqu'à demain, c'est tout ce que je peux te dire, mais sache qu'on n'a pas le choix. Il n'y a pas d'eau potable dans cette vallée, je dois aller à la fontaine, en ville, et je ne peux pas y aller que la nuit, sans quoi je me ferais tuer; je dois traverser au moins deux barrières avant d'arriver à la fontaine la plus proche. Tu sais ce que c'est qu'une barrière, toi, Adélaïde? Bien sûr que je sais ce que c'est, une barrière! Mon frère et mon père ont été tués à la barrière, c'est là où toute ma misère a commencé. Elles sont encore là, ces barrières?

Elles sont partout et elles y seront encore pour longtemps à moins d'un miracle! Néanmoins, il va falloir que tu me fasses une faveur : tu m'écouteras désormais, mais tu ne poseras pas de questions; on n'a pas de choix que de fonctionner de cette façon, sinon on ne s'en sortira pas. De toute façon il ne sert à rien de poser des questions qui ne peuvent avoir de réponses.

J'avais acquiescé mais j'étais déçue; j'avais trop de choses à lui demander.

Par contre, continue Sylvain, moi j'aimerais que tu me dises une ou deux choses; tu me répondras si tu connais la réponse, sinon on n'oublie ça. Peux-tu me dire comment tu as fait pour arriver jusqu'ici, toute seule? Où est ta mère? J'avais appris que vous étiez partis tous ensemble de chez-vous! On a su ce qui s'était passé aux autres membres de ta famille, qu'ils ont tous été massacrés, mais on n'avait aucune nouvelle de toi et mère; elle est où Margo? Lui est-il arrivé quelque-chose? Comment ça se fait que tu sois seule dans cette vallée?

C'est une longue histoire, Mr Sylvain! Je voudrais te dire tous ces détails mais je n'ai pas assez de force; je t'en parlerai dès que tu auras trouvé de l'eau, car je sens que je vais mourir de déshydratation; je pourrais m'évanouir à tout moment! Tu ne t'évanouiras pas, tu as passé ce stade; fais un petit effort et dis-moi ce qui est arrivé à Margo. Est-ce qu'elle a été tuée?

J'ai besoin de le savoir; on rentrera dans d'autres détails plus tard, dès que je serai de retour. J'ignore si nous avons un « demain » devant nous, mais il faut être optimiste. Nous pouvons remercier le Seigneur que nous soyons encore en vie, toi et moi aujourd'hui, c'est un miracle en soi, mais on ne sait pas à quoi ressemblera demain. J'ai vraiment hâte de savoir comment tu as fait pour arriver ici seule, et ce qui est arrivé à ta mère. Une petite fille Tutsi de ton âge qui a pu traverser seule toutes ces barrières, et qui plus-est, est la fille de Claver, l'homme qui était le plus recherché de la ville? Difficile à croire! Puis, à part la soif et la faim qui t'accablent, tu es en forme, tu n'es même pas blessée!

Il voyait que j'étais vraiment épuisée mais insistait pour que je lui parle de ma mère. Il ne m'avait pas dit comment il me connaissait ni comment il connaissait les membres de ceux et celles qui furent ma famille... Évoquer le nom de ma mère m'avait redonné un peu d'énergie, mais pas assez pour parler d'elle, et j'avais réussi à pleurer... Voyant que je baissais la tête pour pleurer, Sylvain avait été saisi d'une immense compassion et s'était excusé pour avoir insisté. Nous avons encore marché un peu, je m'appuyais sur son bras pour ne pas tomber; il disait que nous devions nous éloigner de cet endroit, qu'on était dans une zone assez dangereuse. J'ai voulu savoir pourquoi cet endroit était plus dangereux que tout le reste de la vallée, et il m'a rappelée qu'on ne posait de questions, mais que dans mon intérêt je devais savoir que les animaux préfèrent aussi les clairières, qu'il faut donc les éviter pour ne pas en rajouter à notre misère.

J'essayais de m'accommoder tant bien que mal au rythme de ses pas, heureuse d'avoir trouvé une compagnie sur laquelle je pouvais compter; manifestement cet homme avait du cœur et tenait à veiller sur moi, je ne voulais pas continuer à l'importuner avec mes questions idiotes. Je m'accrochais à son épaule et faisais moins attention où je mettais les pieds, et ce qui devait arriver, arriva! Je me suis fait engluer la patte dans l'argile mais cela ne m'avait pas trop inquiétée; c'était un petit problème car mon ange-gardien était là. Il avait vite réglé ce petit souci qui aurait pu être ma prison à vie si j'avais été encore seule; il en a profité pour me fustiger, sur un ton conciliant mais ferme, en disant :

Adélaïde, tu dois comprendre qu'il est crucial pour toi de faire attention où tu mets les pieds dans cette vallée; chaque pas pourrait te mettre en danger mortel. Je sais que tu es faible en ce moment mais tu dois quand même rester vigilante à tout ce qui se passe autour de toi. J'irai chercher de l'eau tout à l'heure, il me reste à trouver un endroit sûr où tu vas rester pour quelques heures; je devrais être de retour aussitôt que j'aurais trouvé l'eau et quelque-chose à manger. Je dois y aller, parce que tu dois manger.

Si tu ne mangeais rien d'ici demain, ton état va se dégrader encore plus, le mien aussi d'ailleurs! J'ignore ce qui nous attend demain, chaque jour apporte ses nouveaux défis, mais Dieu continuera à nous protéger; il est donc crucial que nous ayons des forces pour affronter ces défis comme ils viennent. J'ignore où j'ai trouvé des larmes, moi qui pensais avoir séché mes larmes; j'avais mal reçu l'idée de me retrouver de nouveau seule dans le noir, car il venait de dire qu'il irait sans moi. Je l'ai supplié de ne pas me faire ça, de me permettre d'aller avec lui, mais il avait catégoriquement refusé. J'ai lui ai fait comprendre que j'avais une phobie d'être seule dans l'obscurité, mais cela n'avait pas suffi pour le faire changer d'avis.

Je comprends, chère Adélaïde, mais tu n'as pas le choix que de rester; n'essaye même pas d'insister car tu ne pourrais pas me faire changer d'avis; je ne peux pas aller avec toi là où je vais, à deux nous serions deux fois plus en danger, ce qui compliquerait les choses! Aussi, si je ne partais pas on ne serait pas plus avancé, demain tu ne pourrais même plus bouger. Je ferais tout ce qui est à mon pouvoir pour revenir plus vite avec des provisions nécessaires, surtout de l'eau! De toute façon tu as déjà été seule au moins quatre ou cinq nuits dans le noir, ce ne sera pas une expérience nouvelle pour toi. J'en profite pour te féliciter, tu es une petite fille exceptionnellement courageuse; je n'en connais pas beaucoup de ton âge qui auraient été capables de faire ce que tu as fait.

Oui je sais, monsieur Sylvain, mais ce n'est pas pareil maintenant. Avant de vous rencontrer je n'avais pas le choix mais maintenant j'en ai. Il va sans dire que vous ignorez vous-même si vous allez revenir, il n'y a aucune garantie que vous ne soyez intercepté par les miliciens-hutu; j'imagine qu'ils doivent être partout en ce moment!

Ton observation est très pertinente, mais il faut rester optimiste, Dieu est avec nous, quoiqu'il arrive! Je n'exclue pas qu'il y a beaucoup de risques mais je dois y aller; ce serait encore plus malheureux de fuir la machette et mourir de soif, juste parce qu'on a eu peur d'aller se ravitailler à la fontaine! Il faut toujours faire ce qui est juste et bon ou mourir en essayant, c'est mon principe de vie! Si nous y allions tous les deux, qu'ils nous attrapaient, cela n'aurait pas été différent de rester ici et attende la mort sans se débattre et cela n'est pas une option envisageable pour moi. Je peux te promettre de faire très attention et faire confiance à Dieu, c'est tout ce qui nous reste à faire. Est-ce que tu sais comment prier?

Bien sûr que je sais prier; ma mère était une femme qui priait beaucoup, elle m'avait appris à mémoriser certaines louanges de la Vierge Marie. Pourquoi donc me demandez-vous ça? Voulez-vous me demander de prier pour vous? J'allais le faire même si vous ne me l'aviez pas demandé! Mais dis-moi, monsieur Sylvain : que se passe-t-il exactement? Pourquoi tout ceci devait arriver à ce moment, le savez-vous?

Tu as encore oublié ce que je viens de dire. Il est inutile de poser des questions qui n'ont pas de réponses, ma fille. J'aimerais pouvoir te répondre mais je ne sais pas quoi te dire, et crois-moi je suis sincère; personne n'aura de réponse juste par rapport à ce qui se passe contre les Tutsi, ni aujourd'hui ni demain! Pour l'instant, essayons de rester concentrés sur notre survie immédiate, avec la grâce de Dieu nous survivrons. Tu es quand même d'accord avec moi que Dieu nous a protégés jusqu'ici, toi et moi? Ce n'est pas qu'on est plus intelligents que les autres qu'on soit encore en vie, c'est par sa grâce. Dès lors, il n'y a pas de raison qu'Il nous l'enlève maintenant. Tu vas te calmer et attendre mon retour, tu continueras à prier avec confiance et tout ira bien. Tu sais que Dieu aime et écoute la prière des enfants, et ça je te le dis avec certitude. Ne lâche pas, je serais de retour aussitôt que possible.

Et quand vous serez de retour, on ira où ensuite?

Tu recommences encore...! C'est encore une bonne question mais je ne sais pas où nous irons, mais je sais que Dieu pourvoira; Il nous montrera le chemin!

C'est sur ces mots d'encouragement que Sylvain était parti, après m'avoir convaincue de toujours faire confiance en la force de la prière; il avait raison. Ça fonctionne chaque fois qu'on prie avec confiance. La preuve, je ne serais plus de ce monde à vous raconter toutes mes mésaventures, n'eût été par la grâce de Dieu! Avant de partir, Sylvain avait pris le temps d'aménager un abri pour moi; il avait creusé un large trou au pied d'un gros ficus pourri; c'était étonnant comme il faisait chaud à l'intérieur de cet abri! Cet homme connaissait beaucoup d'astuces de survie en millier hostile.

L'heure qui suivit son départ n'avait pas été de tout repos; j'avais peur mais au moins je n'avais pas froid comme avant. J'avais eu peur par ce que j'avais eu de la mauvaise visite après le départ de Sylvain; j'avais entendu un rôdeur se promener autour de ma cachette, il était resté là pendant de longues minutes et j'étais tétanisé de peur. Il avait fini par décider de s'en aller tout seul. *Tout seul?* Peut-être pas...! Je priais beaucoup à ce moment-là, je suis sûre que mes prières avaient été répondues. Tout laissait croire qu'il s'agissait d'un herbivore inoffensif, un mangeur de chair aurait humé mon odeur et serait venu me chercher dans mon trou.

Est-ce qu'au bout d'une semaine dans la forêt, a-t-on encore l'odeur des humains? Je l'ignore, mais je suppose que je devais plutôt dégager l'odeur d'un petit animal quelconque, surtout que j'avais brouté comme la plupart des habitants de ce cette région. À cause de la terreur, j'avais oublié la soif qui me brûlait la gorge; en réalité on perd tous les autres sens quand on a très peur, elle prédomine et contrôle tout notre être. Ce rôdeur était parti mais je ne pouvais pas savoir s'il ne reviendrait pas, ou n'y aurait pas un autre moins gentil.

Environ une heure après son départ, pour une fois que je me sentais confortable dans cet abri moins humide et je me suis endormie. Je suis incapable de vous dire quelle heure il était quand je me suis réveillée, mais j'étais encore seule dans mon trou; Sylvain n'était pas encore de retour. J'ai constaté que le soleil était encore loin de se lever, aucun oiseau n'avait commencé à chanter. Les oiseaux d'Afrique sont de bons réveils-matins, ils sont les seuls Africains qui soient toujours à l'heure...!

Sylvain n'était pas de retour, pourtant il m'avait dit que la fontaine était à moins de deux heures de route! Je n'avais pas réussi à me rendormir parce que l'absence prolongée de mon ange-gardien n'était pas de bon-augure; j'ai attendu patiemment mais mon cœur palpitait, car je ne pouvais pas savoir qui reviendrait le premier entre le rôdeur et monsieur Sylvain! Je me suis tenue tranquille dans mon trou pendant toute la journée, rongée par la peur et la soif, mais toujours pas de nouvelles de Sylvain! Ce fut vers le début de la soirée que j'entendis marcher dehors. J'avais d'abord pensé que c'était le rôdeur qui revenait, mais c'était Sylvain. Je n'avais pas sauté de joie, je n'en avais pas la force mais j'ai remercié le Seigneur pour sa bonté pour nous, pauvres humains.

Il a ouvert ma porte, c'était facile car c'était lui qui l'avait fabriquée et fermée avant de partir. Il m'a tendu la main pour m'aider à sortir du trou, j'étais très heureuse de le revoir; il rapportait tout un bidon rempli d'eau potable et un sac de provisions : des patates douces et du manioc cru; c'était tout ce qu'il avait trouvé mais c'était déjà un exploit de les avoir trouvés; j'ai bu à ma soif et mangé autre chose que le fourrage; pour la première fois depuis une semaine j'allais dormir sans sentir les brûlures de la soif et sans la peur au ventre, car j'avais un gardien très attentif à ma sécurité! Plus appétissant encore, il avait ramené aussi un bon régime de bananes mûres prêtes à la consommation. Toutes ces choses ne pouvaient être que la bénédiction divine, spécialement un bidon d'eau buvable; c'était inespéré! Sylvain m'avait expliqué avoir eu d'énormes difficultés à retrouver ma cachette, que c'était pour cette raison qu'il avait mis trop de temps à revenir.

Pour votre information au cas où vous l'ignoriez, il est relativement facile de se perdre dans une vallée marécageuse même en plein jour ! Vous pourriez tourner sur vous-même en pensant que vous avanciez pendant de longues heures, parfois même des jours, avant de réaliser que vous n'aviez que tourné sur vous-même.

Pourtant Sylvain était un connaisseur de ces lieux, il avait même posé des repères mais cela ne l'avait pas empêché d'avoir du mal à retrouver ma cachette ; il ne pouvait pas se permettre de m'appeler à haute voix de peur d'alerter des oreilles indiscrètes, on ne pouvait pas savoir si on était les seuls humains dans ce marais ! Je ne pouvais plus me tenir debout, mes membres inférieurs étaient mous et ne répondaient quasiment plus à aucune commande.

Dès qu'il m'avait sortie du trou, il m'avait immédiatement fait boire ce précieux liquide, au goulot de ce gros bidon. Il m'en avait aussi versé un peu dans mes cheveux, c'est ce qui m'avait ramenée assez vite à la vie. C'est fou ce qu'on n'a pas conscience de l'importance de l'eau dans notre quotidien, surtout quand on n'en a jamais manquée...! L'eau potable a un goût bien particulier, n'en déplaise les scientifiques qui disent tout le contraire, uniquement parce qu'ils n'ont jamais eu cette soif dont je vous parle !

Personne ne pourrait définir ce goût-là s'il n'avait jamais vécu cette expérience ; seuls les gens qui ont lutté pour leur dernier souffle, comme les naufragés de génocide peuvent reconnaître l'odeur et le goût de l'eau. Ainsi j'ai bu à ma soif et mangé ce manioc cru ; c'était tout un festin pour moi qui ne mangeais que du foin depuis une semaine. Je n'ai pas réfléchi deux fois avant d'engloutir une demi-douzaine de ces grosses bananes mûres ; je me rappelle que je n'avais même pas pris le temps de les éplucher ; j'avais vu comment faisaient les macaques de la forêt, eux qui ont su avant l'homme que les épluchures de la banane sont plus riches en matières nutritives ; puis, si j'avais déjà brouté comme une vache, ce n'étaient pas ces succulentes épluchures de bananes mûres qui pouvaient me faire du mal.

Après avoir bu et mangé, il ne me restait qu'une chose : dormir...! Pendant que je mangeais, Sylvain me regardait, profondément attristé et pleurait discrètement. Il essayait de fuir mon regard mais je l'avais vu; je trouvais ça normal, même mon papa avait pleuré devant moi! Le mythe des hommes Rwandais qui ne pleurent jamais était fini! Quand ils l'avaient dit, ils ignoraient alors qu'il y aurait un génocide contre les Tutsi, cet adage existe depuis belle lurette!

Sylvain m'a laissée dormir et veillé sur moi pendant mon sommeil; quand je me suis réveillée la nuit était tombait, et j'avais compris que j'avais dormi une nuit entière et la journée d'après! C'était dingue! Je n'étais plus la même personne, je me sentais des forces et j'avais regagné un haut niveau de fraîcheur! L'effet du sommeil a des secrets de réparation physiologique, et toute sa magie se passe dans le noir quand on dort. À mon réveil, j'ai constaté que Sylvain avait profité de mon long sommeil pour s'occuper à sa manière.

Il avait construit une cabane assez confortable pour nous protéger du soleil et même de la pluie en utilisant toutes sorte de plantes; je rajeunissais à vue d'œil et ne savais pas comment remercier cet homme. Sylvain était de nature calme et n'était jamais pris au dépourvu. Il était assis devant cette jolie maisonnette, notre nouvelle adresse, mais j'avais quand même remarqué que quelque-chose n'allait pas bien; il avait l'air très préoccupé. Je l'avais salué poliment, j'avais même pris le temps de lui dire toute ma gratitude pour tout ce qu'il avait risqué pour moi. Il en a été très touché, ma courtoisie l'avait ébranlé, ce n'était pas fréquent pour les gens de mon âge, mais c'était ça l'éducation que j'avais reçue tout le long de mon enfance.

Chez nous on devait obligatoirement dire merci, au moindre geste. Il a été très impressionné par mon niveau de politesse, mais pour moi ce n'était qu'une simple routine, presque involontaire. Ma mère était une femme intransigeante aux bonnes manières, elle était incapable de tolérer un enfant, même un adulte, qui oubliait ou négligeait volontairement l'usage des mots de politesse quand c'est requis.

Je me suis assise à côté de lui, il semblait perdu dans des pensées noires, et s'était à peine attardé sur mes élogieux remerciements de gratitude. Je n'avais pas oublié sa recommandation de ne pas poser trop de questions, mais j'avais quand même tenté ma chance et lui avais demandé ce qu'il comptait faire dès lors que nous avions repris des forces.

Comme je t'ai dit hier, chère Adélaïde, fais confiance à Dieu; Il nous dirace qu'il faut faire et nous montrera le chemin qui guidera nos pas. Tu le sais, Il aime les hommes qu'Il a créés, mais les enfants en particulier! Crois-moi, chère Adélaïde, Il te protégera toujours et en tout lieu; tout ce qu'Il attend de toi, c'est de lui faire entièrement confiance, tu ne devrais pas te faire trop de soucis par rapport à ton avenir. C'est sûr que tu connaîtras toutes sortes d'épreuves dans la vie, mais tout ira bien pour toi, « *ntanvura idahita – toute pluie s'arrête peu importe sa rage* »!

Je vous demande pardon, monsieur Sylvain; je sais que vous n'aimez pas que je vous pose des questions, mais vous allez me permettre de vous en poser quelques-unes par rapport à cette protection divine dont vous me parlez à chaque instant : pensez-vous que ce Dieu aura protégé ma mère?

Cette question tomba dans ses oreilles comme une bombe, il ne m'attendait pas dans ce coin-là! Je lui avais posé exprès cette question, comme si je voulais dégonfler son humeur qui était tendue. Moi j'avais retrouvé toute ma capacité de reconstitution de scènes antérieures qu'on appelle, *la mémoire;* je venais justement de me rappeler que deux jours plus tôt, cet homme avait voulu tout savoir au sujet de ma mère mais je n'avais pas été capable de lui raconter tout ça. Je ne posais donc pas de question, je répondais plutôt à la sienne qui était restée en suspens.

Il fut semblant de ne pas avoir compris ce que je voulais dire, mais c'était visible qu'il avait compris. Il se prit la tête dans les mains comme s'il essayait de fuir mon regard, qu'il se préparait à écouter la mauvaise nouvelle que j'allais lui annoncer à propos de ma mère. Il luttait visiblement contre des émotions contradictoires, ce qui n'avait pas échappé à mon attention; au lieu de me laisser parler, il m'avait reposé cette même question, sous une forme un peu plus détournée :

Dis-moi, Adélaïde : pourquoi me demandes-tu si Dieu protégera ta mère? Je t'ai déjà dit que Dieu aime tout le monde de la même manière, nous sommes tous Ses enfants, égaux à Ses yeux!

Mais alors, pourquoi me demandes-tu s'Il protégera ta mère?

Est-elle encore vivante, Margo? Dis-moi si elle est vivante, s'il te plaît...

Quoi? Comment connaissez-vous le nom de ma mère?

Je te l'ai déjà dit; je connaissais tout le monde chez-toi, jusqu'aux noms des membres de votre famille élargie, du côté de ton père que de ta mère; je les connaissais tous! Sans détour, je lui ai raconté ce qui s'était passé depuis que nous avions quitté notre maison, jusqu'au moment où il m'avait retrouvée : la mort de Pierre qui avait été la première victime de génocide dans notre famille, la visite nocturne de notre ami, *Donat Kibonge,* qui avait tenu à venir chez-nous au milieu de la nuit pour nous dire de fuir au plus vite, la fuite à moto, la mort de mon autre frère, Marc, la mort tragique de mon père, par lapidation, et j'avais terminé mon long monologue en lui racontant les circonstances de séparation de ma mère et moi. Je lui avais tout dit quoi; je n'étais pas entré dans les détails, mais il était horrifié!

Je n'avais pas manqué de lui dire à quel point j'étais fière de mon père, qu'il avait été tué comme un héros, d'une mort très cruelle par lapidation. Sylvain avait pleuré toutes les larmes de son corps...! J'ai fait du mieux que je pouvais pour décrire fidèlement ce que j'avais vécu depuis le premier jour de génocide, il n'en revenait pas. Apparemment il savait à peu près ce qui s'était passé; il ignorait seulement comment papa avait été tué, et ce que nous étions devenues, ma mère et moi.

Merci beaucoup, chère Adélaïde, de me raconter tout ça, tu es une petite fille bénie; tu as survécu d'extraordinaires drames, Dieu a épargné ta vie pour une raison que Lui-seul connaît. Quant à ton père, rien ne m'étonnerait de lui; je connaissais très bien Claver, il a toujours été vaillant et intrépide; il n'aurait pas été capable de donner son cou à couper, sans essayer de se défendre, mourir pour sa famille s'il le fallait, se battre jusqu'à la dernière goutte de son sang. C'était ça sa nature! Je suis très content de t'entendre dire que tu es fière de ton père, il le mérite, je le suis aussi même s'il n'était pas mon père, et je le serai tout le temps qui me reste à vivre.

Sylvain avait pleuré comme un gosse, tellement il avait été misérable d'entendre mon histoire; il s'arrêtait entre deux sanglots pour vociférer des jurons de dégoût contre les Hutu, disant qu'ils sont maudits, diaboliques, monstres, etc… il m'avait entraînée sur sa pente, je pleurais aussi. Je lui avais dit que j'étais désolée de lui avoir raconté tout ça, je n'aurais rien dit si j'avais su que tu en serais à ce point affecté. Pour ce qui concerne ma mère, je suis désolée mais j'ignore ce qui lui est arrivé après notre séparation. Elle était vivante quand je l'avais quittée, mais ce mot « *vivante* » n'est certainement pas le bon mot pour le dire, mais j'ignore comment te le dire autrement. Aura-t-elle été tuée ou mise en captivité après ce viol? Ces voyous avaient déchiré ses habits, elle était entièrement nue; ils se bousculaient sur elle à tour de rôle, nus eux-aussi, mais je ne savais pas exactement ce qu'ils faisaient, je n'avais jamais vu ça avant.

Au moment où je m'éloignais de ce lieu maudit, maman chantait la louange de la Vierge-Marie qu'elle aimait, elle la chantait tous les soirs avant d'aller dormir. C'était elle qui m'avait forcée à partir en utilisant des signes de ses yeux, et un peu de ses mains, car on ne pouvait pas communiquer autrement. J'avais compris qu'elle ne voulait pas que j'assiste à ce que faisaient ces individus pervers, c'était ignoble, en effet.

Sylvain n'en pouvait plus; il avait littéralement foncé sur moi et m'avait serrée si fort dans ses bras que j'en avais eu le souffle coupé; il semblait avoir perdu le contrôle de ses nerfs, tellement mon histoire lui avait fait mal. Il ne voulait même plus que je continue à en parler; il en avait assez entendu. C'est alors qu'il m'avait avoué des choses auxquelles je ne m'attendais pas : je ne te l'ai pas dit plutôt, chère Adélaïde, mais c'est le temps de te le dire maintenant : ta maman, Margo est ma cousine; c'est la fille de ma tante, la grande-sœur de mon père. Nous sommes donc de la même famille, toi et moi...

Je l'aimais bien, on a grandi ensemble et on avait toujours été complices en toutes circonstances jusqu'à son mariage; c'est pourquoi je venais souvent chez vous, j'avais une forte amitié pour ton père, c'était un homme absolument formidable. Tu étais trop jeune pour comprendre ce genre d'affinités relationnelles entre les familles, mais sache que nous sommes de la même étoffe!

Quand il m'avait fait cette révélation, Sylvain était si bouleversé que j'avais presque regretté de lui avoir raconté toute mon histoire, mais en même temps j'étais heureuse de savoir que nous étions parents. C'était une bénédiction d'avoir un parent, vivant, en cette saison des machettes! J'avais pensé que la façon dont il s'était occupé de moi depuis le début était un élan de solidarité fortuit entre fugitifs, mais je réalisais à cet instant-là qu'il avait une double raison de s'occuper de moi : l'obligation morale de protéger un enfant seul, perdu en forêt, quand on est humain, mais aussi parce qu'on était parents. Peu à peu, il s'est remis de sa colère et avait repris la conversation avec moi; il m'avait largement parlé de son amitié avec mon père, et avait conclu en me disant, une fois de plus, combien Dieu m'aimait, qu'Il me protégera partout où j'irai à condition de Lui faire confiance, que j'étais une petite fille bénie.

Compte-tenu de la précarité de notre situation, le moment ne pouvait être plus mal choisi de me parler de l'amour de Dieu pour les hommes qu'Il a créés, pour les enfants en particulier. Je trouvais ça un peu exagéré, que c'étaient des mots vides, des mots de désespoir qui n'avaient aucune logique... Je voyais que Sylvain le disait pour m'encourager à croire toujours en Dieu, qui était notre seul recourt, même s'il n'y avait aucun indice visible qui m'aurait aidé à continuer à Lui faire confiance, à part la présence de Sylvain lui-même. Ce Dieu était resté muet au moment où les tutsi, qu'Il avait créés, comme tout le monde, qu'Il était supposé aimer et protéger, ils se faisaient massacrer à la machette comme du gibier, et Lui ne voulait pas intervenir. Pourquoi?

Ma grand-mère m'avait toujours dit que nous sommes tous les enfants de Dieu, qu'il y avait un lien invisible qui nous attachait à Son amour inconditionnel, pourtant on l'avait tuée, pauvre grand-maman! Ma mère était une personne de grande piété, elle était allée jusqu'à chanter les louanges de la Vierge-Marie pendant qu'on la violait; ne m'avait-elle pas toujours dit de bonnes choses à propos de ce Dieu?

Pourquoi n'avait-Il pas voulu lui éviter toute cette humiliation? Comment voulez-vous, monsieur Sylvain, que je puisse continuer à croire à vos histoires? J'étais révoltée parce que j'étais trop jeune pour comprendre tout cela, mais aujourd'hui, plus d'un quart de siècle après le génocide des Tutsi, je pense encore à monsieur Sylvain et ses enseignements; je pense à lui avec beaucoup de gratitude, c'était un homme d'une grande sagesse et d'une générosité rare de notre temps. Il avait raison de dire que Dieu aime les hommes et les enfants en particulier; Il m'a effectivement protégée contre toute attente! Comment pourrais-je le nier quand on sait tous les dangers que j'ai traversés seule depuis 1994, et que je sois encore là? Il a généreusement veillé sur chaque moment de ma vie, je ne serais plus de ce monde n'eût été par Sa grâce! Le chemin a été long et pénible, mais il y a un temps pour chaque chose.

Je ne peux pas compter le nombre de pièges que l'ennemi m'avait tendus, dans lesquels je ne suis pas tombée. Si j'ai survécu à tout ça, je suis convaincue que c'était pour que soit accompli ce qu'Il avait dit sur moi; c'est ça que m'enseignait monsieur Sylvain, matin et soir. Si quelqu'un doutait que cet homme n'avait pas des qualités des anges, alors je ne croirais plus à l'existence des anges; rien ni personne n'aurait de meilleures qualités que lui pour ressembler aux anges! Il n'aimait pas que je lui pose des questions mais quand j'avais fini de lui raconter l'histoire de ma mère, j'avais aussi profité de ce moment pour lui en poser une, car je voyais qu'il était disposé à m'écouter; j'avais vite regretté de la lui avoir posée. J'ignorais à quel point cela lui ferait mal, c'était une question normale pour moi, mais une question de trop pour lui même si je l'avais posée de mauvaise foi :

Dis-moi, Sylvain, puisque tu me dis que Dieu aime et protège les enfants, te protégera-t-Il, toi-aussi, même si tu n'es plus un enfant? Dis-moi que tu ne vas pas mourir, toi aussi, comme mes parents et me laisser seule? J'aimerais sincèrement que ce Dieu te protège, non pas seulement parce que tu es la seule famille qui me reste, mais parce que je veux vivre à tes côtés tous les jours de ma vie, que ce soit dans cette vallée ou ailleurs. Je sens que je t'aime comme j'aimais mon père.

Bien sûr qu'Il me protégera, il n'y a pas de raison qu'Il ne le fasse pas; je peux te promettre aussi que je ne te quitterai jamais, quoiqu'il arrive, tu peux me faire confiance sur ce point.

J'ai retenu mon souffle car j'avais une autre question à poser mais j'hésitais; je pressentais qu'elle serait trop dure pour lui, car je connaissais à peu près la réponse avant même qu'elle me le dise. Il fallait que je la pose pour savoir, elle était lourde pour moi aussi.

Monsieur Sylvain, as-tu jamais eu des enfants? Et si oui, où sont-ils? Est-ce que Dieu les a protégés contre les Hutu?

Comme je m'y attendais, c'était une question qu'il ne fallait vraiment pas poser! Il baissa la tête pendant un long moment et pleura en poussant d'énormes sanglots qui faillirent l'étouffer.

J'étais allée un peu trop loin; j'avais fourré mon nez dans son jardin-secret et je le regrettais déjà. Il m'attira dans ses bras et me serra fort sans rien dire; de longues minutes plus tard, il me dit, avec une voix tremblante de chagrin : oui, ma petite Adélaïde, j'ai eu deux beaux petits anges, *Klara et Sandrine;* ils les ont tués dans les bras de leur maman, au matin du 7 avril; elles avaient à peu près ton âge; je n'étais pas avec eux, j'étais parti tôt le matin pour aller au travail comme d'habitude, je n'avais pas appris ce qui s'était passé pendant la nuit; quand j'ai vu la première barrière, j'ai fait demi-tour pour retourner à la maison mais je n'y étais arrivé que tard dans l'après-midi. J'avais perdu beaucoup de temps à jouer au cache-cache avec les miliciens. En arrivant, j'ai constaté que ma maison était remplie de sang, le sang de ma femme et mes enfants; même ma petite-sœur qui était de passage chez-nous avait été tuée avec elles. J'étais arrivé trop tard, mais même si j'avais été là plutôt, je n'aurais rien pu changer leur sort.

Maintenant elles sont au Ciel, je ne doute pas un seul instant qu'elles n'y soient pas allées; elles étaient si innocentes qu'elles ne pouvaient qu'aller au Ciel, car il existe vraiment. Elles ne souffrent plus comme nous et cela me rassure. Mais attention ma chérie, leur mort ne diminue en rien ce que je t'ai dit au sujet de Dieu. Ma femme et mes filles ont été tuées, de même que tes parents, mais cela ne veut pas dire que Dieu les a moins aimées; je dirais que c'est même le contraire! Il les a tellement aimées qu'Il a choisi de les avoir à Ses côtés! J'avais trop de peine quand j'avais vu leurs corps mutilés, entassés les uns sur les autres, allongés nues dans une immense flaque de sang; c'était si pénible que j'ai voulu me suicider; je ne voyais pas pourquoi je continuerais à vivre seul, ma femme et mes filles étaient ma seule raison de vivre.

Ces miliciens-hutu ne m'ont pas laissé le temps d'organiser mon suicide car ils me pourchassaient; ils voulaient me tuer et je voulais mourir; si j'ai fui, c'est parce que je ne voulais pas mourir dans leurs mains, avec une machette! Je leur ai échappés de justesse, ils ne m'ont même pas laissé une chance de mettre ma famille en terre. J'avais écouté Sylvain sans bouger, j'étais froide et inerte; j'avais attendu qu'il reprenne son souffle, il était si malheureux mais j'avais d'autres à lui poser à propos de Dieu : - monsieur Sylvain, peux-tu me dire pourquoi Dieu permet ce genre de choses?

Tu me dis qu'Il nous aime, qu'Il nous protège, toi et moi, mais Il n'a pas voulu protéger ma mère, mon père, mes frères tes enfants ni leur mère? Comment veux-tu que j'y comprenne quelque-chose, moi? Où est la logique dans tout ça? Pourquoi protège-t-Il les uns et ignore les autres? Pourquoi avait-il créé les Hutu, Lui qui sait tout d'avance? Ne savait-Il pas qu'ils tueraient les Tutsi? Est-ce que Dieu Lui-même, est-Il Hutu ou Tutsi? Est-ce qu'on peut dire que tous les enfants du Rwanda ont été tués à l'heure qu'il est? J'aimerais sincèrement que tu éclaircisses certaines choses pour moi, car elles m'intriguent; elles m'étouffent!

Je t'interdis de dire ce genre de choses au sujet de ton Dieu, et sache que personne ne t'a menti au sujet de Dieu. Il y a beaucoup de choses qui n'ont aucune logique dans la vie, ou qu'on ne peut pas voir, mais cela ne veut pas dire qu'elles n'existent pas. Ce que ta mère et tes enseignants t'ont appris à propos de Dieu sont correctes, Il aime tout le monde, mais Il aime les enfants en particulier, parce qu'ils sont innocents. Puis, Dieu n'est ni noir ni blanc, encore moins un Hutu ou Tutsi; je te prie d'arrêter de dire des profanations à Son égard, c'est un péché mortel. Je sais que ce n'est pas facile à comprendre pour un enfant de ton âge, mais tu comprendras quand tu seras grande, car quelque-chose me dit que tu vivras vieille.

Tu veux savoir si tous les enfants de ce pays sont morts; je l'ignore, cela dépend de quels enfants tu veux dire; pour les enfants Tutsi, c'est fort probable vue la vitesse à laquelle va cette cruauté, mais qui sait? Quelques-uns auraient pu survivre! Tu n'as pas besoin de plus de preuve pour ça, tu es toi-même Tutsi et tu es encore en vie; c'est justement ça le mystère de Dieu. Nous ne savons pas pour combien de temps encore en vie mais nous sommes là.

C'est quoi ce mystère de Dieu? C'est trop compliqué pour toi, Adélaïde. Écoute-moi bien ma pauvre fille; c'est justement pour ça qu'on dit que c'est un mystère, ne cherche pas à le comprendre maintenant; puis, ce qui se passe ici a un nom, ça s'appelle un Génocide, il dépasse tout entendement; on ne l'avait pas encore vu dans l'histoire de l'humanité sous cette forme, où plus de dix mille personnes soient massacrées par jour à l'arme blanche, sans utilisation d'aucune bombe atomique ni autre arme plus sophistiquée. Seuls les Hutu ont été capables de faire cet exploit jamais égalé. Le reste du monde nous observe mourir et s'en fiche, comme si les Tutsi ne comptaient pas pour le reste du monde.

Normalement ce rythme de massacre aurait dû faire trembler la terre, mais le monde continue à tourner comme avant, comme si rien de grave ne se passait. Voilà pourquoi nous devons continuer à faire confiance à Dieu, c'est tout ce qui nous reste à faire. Si une petite fille Tutsi comme toi soit encore en vie, une semaine depuis le début du génocide quand tous les autres ont été tués, cela devrait suffire pour que tu comprennes que Dieu fait les choses à sa manière *(God's way)!* Il est Omnipotent et Omniprésent, ça signifie qu'Il décide tout, qu'Il est présent partout au même moment. Il a choisi d'être avec nous, Il est là même si on ne le voit pas.

Maintenant j'aimerais qu'on change de sujet, ce genre de discussions ne nous mèneraient à rien; au contraire, elles nous déconnectent de l'essentiel qui est notre survie. C'est ça qui doit être notre priorité et voici ce que je propose : dès demain avant l'aube, nous allons quitter cette vallée; notre sécurité n'est pas garantie ici, même si le risque n'était pas immédiat. Il va falloir qu'on trouve un autre endroit plus sûr, sinon on risque de mourir de faim et de soif si nous restons ici. D'après ce que j'ai vu hier en revenant de la fontaine, il va être très difficile de retourner en ville pour nous ravitailler, car les escadrons de la mort sont partout, aussi nombreux que des fourmis; les entrées de la ville sont surveillées en permanence, il est donc essentiel que nous trouvions un autre refuge. Cela m'étonnerait s'ils ne venaient pas fouiller la vallée dès qu'ils auront tué le dernier Tutsi, là dehors.

Pour mieux nous cacher, nous devons nous enfoncer au cœur de la vallée mais le risque de nous éloigner trop de la fontaine d'eau n'est pas le moindre mal. Tout ceci sera de plus en plus compliqué, mais on doit tenir bon, on n'a pas de choix. Comprends-tu ce que je veux dire?

Non, justement; je n'y comprend rien mais je te fais entièrement confiance, j'imagine que tu sais ce que tu fais.

La vérité, c'est qu'à ce moment-là je ne l'écoutais presque plus; j'étais tellement fatiguée et tombais littéralement de sommeil que je n'avais même pas entendu la dernière phrase qu'il avait dite, en rapport à ce qu'on allait faire au cœur de la vallée. Il m'avait laissée dormir sur ses genoux, j'imagine que je devais ronfler comme dans le meilleur des mondes; je me sentais si bien et en sécurité dans ses bras. Lui non plus n'avait pas fermé l'œil depuis un certain nombre de jours, je crois qu'il avait dû s'assoupir après moi, il en avait besoin. Quand il m'a réveillée pour partir, un peu avant l'aube, j'entendais quelques chants d'oiseaux mais le soleil n'était pas encore levé. Sylvain était sur les nerfs, j'avais remarqué qu'il avait les yeux pochés, ce qui voulait dire qu'il n'avait pas dormi.

J'ignore comment cet homme parvenait à tenir debout, jour et nuit, sans dormir... Chaque fois que je voyais des étincelles dans ses yeux, et c'était le cas ce matin-là, je savais qu'il avait beaucoup d'inquiétudes en plus de la fatigue. En effet il y avait de quoi être inquiet car personne ne pouvait savoir ce qui pouvait nous tomber dessus à tout moment. Après m'avoir expliqué qu'on allait vers le cœur de la vallée, il a subitement changé de plan.

Nous devions plutôt tenter de sortir de la vallée pour nous trouver un refuge dans la montagne où il serait plus facile de survivre. Evidemment cela était de loin plus dangereux, car avant d'atteindre la montagne, il fallait traverser la ville qui était bourrée de miliciens aux barrières, la possibilité de les éviter était improbable. Pour ce qui me concerne, je n'avais pas peur depuis l'arrivée de Sylvain dans ma vie; cet homme s'occupait de tout, même s'il fallait avoir peur, il avait peur pour nous deux, ce n'était plus de mes affaires de m'inquiéter.

Écoute-moi bien ma fille : il va falloir que tu sois très attentive à ce que je vais te dire, c'est crucial; pendant tout le temps que nous allons marcher, et je te préviens on va marcher très longtemps, tu t'abstiendras de parler; nous devons être deux fois plus prudents, la moindre erreur pourrait nous coûter la vie; cette vallée est immense et dangereuse, on ne peut pas savoir qui fait quoi ni qui se cache où au milieu de toute jungle. Je marcherai devant et tu me suivras tranquillement sans poser de questions, comme tu as l'habitude de faire; on va essayer d'atteindre la montagne, c'est une tentative de dernière chance même si j'ignore moi-même ce que ça va donner.

C'est le jour, prends garde de ne poser tes pieds que dans les empreintes des miens, c'est la seule façon pour nous de rester ensemble et de ne pas t'engluer de nouveau dans la boue; j'essayerai de ne pas marcher trop vite pour toi, mais il va falloir que tu fasses beaucoup d'efforts pour rester avec moi. Si tu as des questions, poses-les maintenant, sinon j'exige le silence absolu dès qu'on se mettra en route.

Est-ce que c'est clair?

Oui, c'est clair, monsieur Sylvain.

Je le disais comme ça, mais en réalité ce n'était pas clair pour moi. J'avais à peine entendu ce qu'il avait dit, de toute façon moi je n'avais rien à comprendre car tout ce que j'avais à faire était de le suivre, ce n'était pas un sujet de débat pour moi.

Est-ce que je peux boire un peu d'eau avant de partir?

Bien sûr; vas-y, bois à ta soif, on amène ce qu'il en restera; on n'aura pas une autre chance de nous ravitailler en eau avant longtemps; tu peux aussi grignoter un peu de manioc si tu peux, tu auras faim car la route sera longue et harassante; n'oublies pas de prier tout en marchant, on n'en a bien besoin.

À l'heure du départ, j'ai eu subitement très mal au ventre; j'avais des douleurs intenses à l'estomac et des crampes si violentes que je pouvais difficilement me tenir debout. J'avais alors bu quelques gorgées d'eau en espérant que cela pouvait me soulager, au contraire j'avais eu une forte une diarrhée instantanée. C'était la première fois que j'avais été capable de faire caca depuis tout le temps que j'avais été dans ce marais. Je pouvais entendre des monstres qui gargouillaient dans mon bas-ventre, ils avaient probablement été secoués par le cyanure de ce manioc indigeste qui s'était accumulé dans mes intestins, de même que le fourrage que j'avais mangé!

Certaines espèces de manioc contiennent naturellement du poison violent, il faut être un connaisseur pour choisir l'espèce comestible. Et même avec ça, on doit manger du manioc avec modération. Ce qu'on mangeait à cette époque n'était pas nécessairement de meilleure qualité, pourtant je n'avais pas eu de problème jusqu'à ce matin-là. C'était une diarrhée sanguinolente si douloureuse que j'avais eu peur de mourir. En créant l'homme, Dieu avait pensé à tout; en effet cette diarrhée m'a sauvé la vie; la physiologie humaine a été naturellement programmée pour se défendre contre toute attaque, elle est capable de régler ce que même le meilleur médecin du monde ne pourrait faire. Le dépôt de cyanure que j'avais ingurgité était une sérieuse invasion à mon organisme mais mon métabolisme avait réussi à l'évacuer de mon corps.

J'avais mis trop de temps à faire ses besoins pendant que Sylvain s'impatientait; il n'avait pas arrêté de m'appeler, de me demander ce que je foutais dans ce buisson, mais quand une diarrhée vous prend, c'est elle qui commande. Sylvain était un homme bien mais il avait un gros défaut; il était impatient et même irritable, mais je ne pense que cela était dans sa nature, c'était plus tôt dû aux circonstances du moment. Il ne comprenait pas comment je pouvais mettre autant de temps aux toilettes. Quand je lui ai expliqué ce qui m'avait retenu, il avait compris malgré son impatience. Il m'avait même dit que j'étais chanceuse d'avoir un métabolisme qui fonctionne aussi bien, qui arrivait à me débarrasser de ces toxines mortelles. Il avait trop d'inconnus à trouver dans le puzzle qu'il devait compléter seul, ma présence ne lui était d'aucune utilité. Au contraire, j'étais une charge supplémentaire pour lui mais il ne s'en plaignait pas. Son seul désir était de me protéger par tous les moyens je le savais et le voyais dans chacun de ses gestes, et dans chaque initiative qu'il prenait.

XIV

UNE JOURNÉE INTERMINABLE

J'ignorais où nous allions, je doutais même si Sylvain lui-même le savait; il était probable qu'il n'en sache rien, mais qu'il estimait qu'on devait quitter ces marécages pour aller trouver un abri sec et moins humide, à la terre ferme. Depuis que je l'avais rencontré, c'était comme si j'avais fait un vide dans mon cœur, je n'avais plus besoin de penser; il pensait à tout et trouvait toujours des solutions à n'importe quel défi qui se présentait.

Il me rappelait beaucoup mon père. La marche n'avait pas été facile à travers toutes ces lianes entremêlées les unes dans les autres, et le temps était brumeux et froid. Sans se retourner, il marchait tout droit devant, me demandant de temps en temps si tout allait bien; je répondais qu'il n'y avait pas de problème, pourtant il y en avait. Je trouvais, entre-autre, qu'il marchait beaucoup trop vite pour moi mais je ne voulais pas me plaindre; je grelottais de froid alors qu'il transpirait comme un cheval, parce qu'il devait faire beaucoup d'efforts pour dégager le passage en coupant des lianes et des racines de toutes sortes avec un petit couteau de poche!

Les animaux de la vallée se réveillaient progressivement, on entendait leurs grognements cacophoniques tout au long de notre chemin; il y en avait qui pleuraient comme des bébés, d'autres qui m'amusaient; ils me faisaient penser à mon frère qui n'aimait pas se lever le matin pour aller à l'école; on devait toujours le hurler dessus pour qu'il sorte du lit et prenne son bain. Les Hutu l'avaient tué, c'était un garçon très gentil et très intelligent. Ces animaux m'auraient fait peur si Sylvain n'avait pas été avec moi; je ne craignais plus rien à moment-là. Des oiseaux s'étaient mis de la partie en chantant dans l'allégresse des mélodies moins effrayantes qui arrivaient à diluer ces ronrons sauvages et ennuyeux d'autres animaux.

J'écoutais cette musique toute seule, Sylvain n'avait pas l'air d'être intéressé par ce concert inédit, son esprit était ailleurs; il avait d'autres préoccupations. Nous avons marché pendant longtemps, le soleil tardait à nous envoyer ses rayons, je me demandais ce qu'il attendait pour se joindre à nous et me réchauffer. Ce ne fut que vers les onze heures du matin que la brume s'était dissipée, laissant place aux bienfaits magiques des premiers rayons du soleil.

J'en avais bien besoin mais pas Sylvain. Aussi, ma petite taille était un gros avantage, je pouvais me faufiler aisément dans de petits espaces entre joncs et racines, ce que Sylvain ne pouvait pas faire parce qu'il était très grand. Au début de l'après-midi je commençais à respirer de moins en moins bien *(kwahagira)* à cause de la vitesse de Sylvain à laquelle je devais adapter mes petits pas. Les marécages regorgent de toutes sortes de monstres, petits et grands; cette partie de la vallée était infestés de sangsues, qui sont de vrais vampires.

Une sangsue est une espèce de vers qui se déplace en faisant des contorsions de son corps minuscule, qui s'accrochent au corps humain et s'enfonce dans la chair de sa victime pour boire son sang, comme tous les vampires. Ce sont de véritables entomophages qui ont une astuce bien particulière d'anesthésier leur proie pour que celle-ci ne sente pas de douleur pendant qu'elle s'y accroche. Effectivement j'avais à peine senti un chatouillement à mes mollets sans savoir que ces bestioles s'étaient incrustées dans ma peau et commencé à se gaver du peu de sang qui me restait. Je n'avais ressenti de douleur à aucun moment, rien qu'une sensation de chaleur qui avait attiré mon attention. C'est au moment où je me suis penchée pour me gratter que j'avais vu une demi-douzaine de ces montres s'enfoncer dans ma chair, à la course. J'ai eu tellement peur que j'aie failli crier; j'aurais crié fort, ce qui aurait mis Sylvain en colère; j'avais mis la main sur ma bouche pour contenir mes hurlements, mais à un certain point je n'en pouvais plus et j'avais explosé en sanglots malgré l'interdiction de faire du bruit.

Comme je m'y attendais, Sylvain s'est mis dans tous ses états; il a piqué une crise de colère, il était vraiment furieux; il s'est retourné si vite que j'avais eu peur qu'il allait me gifler; quand il a vu ces bestioles, il avait compris la raison de ma panique et s'était calmé; il a pris le temps de les retirer une à une de ma chair, c'était un travail presque chirurgical qui avait contribué à l'apaisement de sa colère. Cela lui a pris du temps mais à quelque-chose malheur est bon, comme on dit; cela m'avait permis de me reposer un peu, car j'étais vraiment épuisée. Sylvain n'avait pas voulu qu'on prenne une pause. Il savait que je n'étais une petite fille capricieuse qui pouvait pleurnicher pour rien. Pendant le processus d'extirpation de ces bestioles de ma chair, quelques-unes se brisaient et une partie de leur corps restait dans ma peau; il connaissait des plantes qu'il frottait sur mon corps, pour prévenir l'infection.

Après ça il avait décidé de me porter sur son dos pour éviter que je me fasse encore mordre et crier de nouveau; c'était la seule solution car je risquais réellement de paniquer et ne plus mettre les pieds dans cette saloperie de mélasse visqueuse. J'avais vraiment horreur de ces vers; ne fusse que les voir se tordre dans cette vase visqueuse en essayant d'attaquer Sylvain lui-même me mettait hors de moi. Il n'avait pas à les craindre, lui, car il portait un *jean* assez épais et de grosses bottes de plastique; il avait dû faire un grand détour pour changer d'itinéraire à la recherche du chemin plus sec pour ne pas patauger dans cette boue de la couleur de métal rouillé, qui est l'habitat naturel de ces sangsues; ce n'était pas facile de trouver un endroit exempt de ces petites bêtes.

J'avais beaucoup prié pendant que Sylvain extrayait ces vampires de ma peau, je demandais au Seigneur de me venir en aide contre ces sangsues; elles m'avaient fait tellement peur que je ne pensais même plus aux véritables dangers, *les miliciens-hutu* qui pouvaient nous tomber dessus. C'était extrêmement éprouvant pour Sylvain qui devait me porter sur de si longues distances, car il était fatigué lui-aussi.

Vers la fin de la journée, nous pouvions entendre le bruit de la ville; on s'approchait du but. Au lieu de s'en réjouir, Sylvain eût l'air inquiet; son inquiétude s'amplifiait au fur et à mesure qu'on avançait vers la sortie des marais. On n'entendait même des chants odieux crachés par des haut-parleurs de la radio de la haine, nuancés et commentés par des journalistes fous et ivres, de la RTLM *(Radio-télévision Libre des Mille Collines)* :

Abatutsi bashize - Imana ntirenganya - les Tutsi sont finis, Dieu est Le seul justicier! C'était ça le refrain de la chanson qu'ils chantaient avec joie.

Sylvain était de plus en plus inquiet; il me disait qu'il entendait aussi l'agonie des gens qui n'en finissaient pas de mourir, des pleurs de femmes et d'enfants désespérés, mais moi je n'étais pas sûre d'entendre la même chose que lui. J'étais tellement fatiguée et j'avais si soif que mes oreilles bourdonnaient; je me foutais presque de ce qu'il disait. Il avait alors accepté qu'on prenne une autre pause, j'en avais vraiment besoin et cela m'avait fait du bien. J'avais d'énormes ecchymoses de mes mollets jusqu'aux cuisses, dues aux attaques de sangsues et d'autres bestioles qui vivent dans la vase; j'étais vraiment malheureuse.

On est resté là pendant un long moment; Sylvain restait aux aguets mais ne me disait plus rien. Le soleil commençait à devenir rouge dans le ciel et je tombais de sommeil. Tout à coup, nous avons été secoués par de violents crépitements d'armes automatiques, un signe assez clair que ça passait plutôt mal à l'extérieur de la vallée; cela ne valait donc pas la peine de nous y aventurer. Sylvain était sorti de notre buisson en retenant la respiration; pour la première fois je voyais qu'il pouvait avoir peur aussi. Grâce à son oreille fine, il avait perçu un bruit étrange qui se rapprochait et m'avait dit tout bas de ne pas bouger. Moi-aussi j'avais fini par entendre ce bruit qui ressemblait au bruit de pas hésitants qui s'avançaient vers nous, et mon sang avait gelé dans mes veines. Je me disais que les miliciens venaient d'arriver jusqu'à nous.

Sylvain vint plus proche de moi et mit sa grosse main sur ma bouche pour éviter que je crie de panique, avant de se retourner brusquement. Effectivement il y avait un homme qui nous suivait, mais Sylvain l'avait tout de suite reconnu. C'était un pauvre fugitif Tutsi comme nous qui errait dans cette immense vallée à la recherche d'une solution introuvable! Il avait reconnu Sylvain aussi, il cherchait désespérément une compagnie.

Rassurés, les deux hommes se sont mis à discuter, puis celui-ci nous avait dit qu'il n'était pas seul; il nous conduit à sa cachette, c'était un véritable camp de réfugiés! Sylvain avait reconnu tout le monde, ils venaient tous de la même région; certains étaient même ses voisins et amis; moi je n'avais reconnu personne même si eux, m'avaient reconnue car ils connaissaient mes parents. Il leur restait un peu d'eau, qu'ils nous avaient donnée, pour moi il était temps; j'étais complètement desséchée! Il leur restait aussi un peu de nourriture sauf qu'elle était vieille de quelques jours déjà; elle sentait le moisi! Ils me l'ont donnée, pour la première fois depuis plus d'une semaine j'allais manger la nourriture cuisinée, même s'elle était avariée! Je n'avais même pas senti cette odeur de putréfaction; elle n'était plus bonne à manger par un homme, elle aurait pu tuer même un cochon mais ne m'avait pas tuée, moi!

Sylvain avait faim aussi, mais il n'y avait pas touché, disant qu'il n'y en avait pas assez pour deux. La question de salubrité de cette manne ne s'était posée ni dans ma tête d'enfant affamé ni même pas dans ma bouche, je ne pouvais pas différencier les bons des mauvais goûts, mais dans les conditions normales j'aurais vomi. Sylvain avait pris place au milieu de ses nouveaux amis; ils ont discuté de toutes sortes d'approches et de stratégies de survie qui nous aideraient à sortir de cette impasse; ils étaient arrivés à la conclusion que quelques personnes, des hommes, devaient aller chercher l'eau, mais pour ça il fallait aller la trouver en ville.

Ce groupe était composé de cinq hommes, neuf femmes et sept petits garçonnets de mon âge, mais il n'y avait pas de filles. La plupart de ces pauvres gamins n'avaient pas de parents et ne savaient même pas ce qui leur était arrivé. Comme moi, ils avaient été récupérés sur le chemin par ces fugitifs; au plus fort de leurs discussions, les hommes n'avaient pas tardé à conclure qu'il était plus sage de ne pas sortir des marais, tant et aussi longtemps qu'ils ne sauraient pas exactement ce qui se passait en ville, que ce serait suicidaire de sortir de cette vallée ce jour-là. Pourtant c'était la voie obligée parce qu'on manquait cruellement d'eau potable, qu'on ne pouvait pas trouver dans ce marais. C'est ainsi que Sylvain, toujours plus téméraire et prêt à aider, s'est porté volontaire d'aller en ville pour voir ce qui se passait.

L'un de ses nouveaux compagnons avait offert d'aller avec lui mais il avait refusé, disant qu'il serait très imprudent de risquer plus d'une vie à la fois, exactement comme il m'avait dit quelques jours plus tôt. Avant de partir, il m'avait rassurée en disant que tout ira bien, qu'il n'avait rien changé à sa promesse de ne jamais me quitter quoiqu'il arrive, mais qu'il était crucial que l'un d'eux aille en ville et tente d'avoir de l'eau, et éventuellement quelque-chose à manger. Il m'avait rappelé que je devais me fier au Seigneur en tout temps, qu'Il me protégera comme Il l'avait fait jusqu'à ce jour.

Je n'étais pas du tout heureuse d'apprendre qu'il comptait me laisser au milieu de ces inconnus, mais je n'avais pas le choix; je ne voulais surtout rien savoir de ces garçons que je trouvais insouciants, stupides même parce qu'ils pleurnichaient comme des bébé-la-la; j'avais faim et soif comme tout le monde mais je ne pleurais pas, moi! Certains garçons allaient jusqu'à blâmer ces pauvres mamans qui n'avaient rien à leur offrir, et je trouvais ça injuste à leur égard, surtout qu'elles avaient été quand même été généreuses; elles n'étaient même pas leurs mères biologiques.

Quand ces gamins avaient essayé de m'approcher pour me parler, je leur avais montré que je n'étais pas d'humeur à parler avec eux, je trouvais qu'ils étaient mal éduqués. J'étais si triste que Sylvain partait sans moi, je ne savais pas ce que j'allais faire s'il ne rentrait pas. J'étais tellement habituée à sa présence à mes côtés que je me sentirais en danger quand je ne le voyais pas. Il était mon ange-gardien, mon ami et la seule famille qui me restait. Je l'avais alors regardé droit dans les yeux et lui avais dit : *(ndizera ko nta kintu kibi cyazakubaho papa - j'espère qu'il ne t'arrivera rien de mal, papa)*! Quand il avait entendu ces mots de ma bouche, Sylvain avait tressailli et poussé de gros soupirs! J'avais vu sa face se défaire comme si quelque-chose venait de se briser en lui; une mélancolie profonde et nostalgique avait traversé son regard, pris de court par cette révélation.

À ces mots, il vint s'échouer dans mes bras et m'avait serrée si fort contre lui que j'avais du mal à respirer. Il me disait combien il m'aimait, qu'il m'aimera toute sa vie, que je ne devrais pas m'inquiéter pendant son absence, qu'il reviendra comme il l'avait toujours fait, etc... Je lui ai souhaité bon voyage, mais il était sous le choc de m'avoir entendue l'appeler papa; j'étais vraiment sincère, c'est comme ça que je le voyais.

Il s'est levé avec un cœur chargé de remords et m'avait embrassée rapidement sur le front avant de s'éloigner sur la pointe des pieds. Je l'avais suivi des yeux jusqu'à ce que son ombre s'évanouisse dans la nuit; je n'ai même pas eu la chance de lui envoyer la main en signe d'adieu! Je n'arrivais pas à comprendre pourquoi cet homme devait toujours se sacrifier avec autant de zèle pour moi, et désormais pour d'autres fugitifs aussi, qu'il connaissait à peine!

Il avait son propre chagrin à endurer, mais il trouvait quand même le temps d'avoir du souci pour les autres. Quand il eût disparu dans la nuit, les images de mon propre père revinrent hanter mon âme, tellement le comportement de Sylvain me rappelait de lui! J'étais si triste de le voir partir que j'en avais eu la nausée et j'avais vomi toute la nourriture avariée que j'avais mangée; vomir m'avait sauvé la vie, car je m'étais dangereusement intoxiquée avec cette bouffe malsaine, je risquais de tomber malade pendant l'absence de Sylvain. J'ai demandé à Dieu que s'Il m'aimait vraiment, qu'Il me le prouve en envoyant ses anges accompagner mon nouveau père, jusqu'à son retour.

Le bref échange que nous avions eu avait été tellement fort, c'était comme si nous avions renouvelé nos vœux de fidélité. Cette nuit fut interminable et la plus triste de toutes les autres nuits que j'avais passées dans cette vallée maudite. On ne voyait même pas les étoiles dans le ciel, tout était réuni pour me rendre encore plus triste. Les mamans du camp nous avaient couchés tous ensemble dans un trou, froid et humide, ces hommes ne savaient même pas comment on prépare de bons abris, chauds et moins humides, comme le faisait Sylvain. Tout ce qu'ils étaient capables de faire mieux, c'était de discuter sans arrêt et fumer comme des fournaises; cette nuit-là je n'avais pas été capable de dormir, j'avais senti l'odeur du tabac toute la nuit et j'avais peur et froid. Cette odeur du tabac me faisait quelque bien, car elle me rappelait de bons souvenirs de ma famille. je la connaissais parce que mon grand-père avait l'habitude de fumer paisiblement sa pipe, uniquement le soir après le souper, en écoutant les nouvelles à la radio.

Plus les heures passaient, plus je m'inquiétais pour Sylvain; je ne me sentais pas bien du tout dans ce camp; ces hommes et ces femmes m'agaçaient sans aucune raison et je trouvais leurs enfants trop idiots pour leur faire confiance; je me suis réfugiée dans la prière pour tout le reste du temps en attendant la levée du jour, pourtant ils ne m'avaient rien fait de mal. J'ai toujours cru en la force de la prière, même aujourd'hui; je sais que l'impact d'une prière ne dépend pas de sa longueur ni son contenu, mais de la confiance qu'on met en notre Seigneur. Ce n'était donc pas grave de n'en connaître qu'une seule, comme c'était mon cas : *le Salut de Marie*. C'était la seule prière que je connaissais par cœur, que je répétais en spiral.

L'attente du retour de Sylvain avait été longue et angoissante, j'étais très anxieuse car il n'était pas de retour à l'heure prévue. Il n'était rentré qu'un jour et demi plus tard, mais une éternité pour moi. Quand je l'ai vu arriver, j'ai remercié le Ciel qui avait encore une fois accompagné ses pas et exhaussé mes supplications; j'étais si heureuse que j'avais chanté *Alléluia dans mon cœur,* car je n'avais plus d'énergie pour chanter! Mon cœur battait si faiblement qu'il pouvait me lâcher à tout moment; j'étais mourante, mais si heureuse que j'étais arrivée à faire un pari de ne plus jamais avoir de doutes dans ma foi, que je ferais toujours confiance au Seigneur quoiqu'il m'arriverait...! Je n'avais plus la force de me lever pour aller à la rencontre de Sylvain. La faim, la soif et le froid excessif de la veille m'avaient rendue inerte. J'étais en train de mourir! Quand Sylvain s'était approché de moi, j'avais remarqué qu'il avait beaucoup changé en l'espace de ces quelques heures; ce n'était plus le même homme, il ne me souriait même plus comme avant.

Son retour m'avait fait penser à *la colombe de Noé* au temps du déluge tel qu'on nous le lisiez dans *les Saintes Écritures!* Enfants comme adultes, nous attendions tous le retour de cet homme avec appréhension, notre vie était attachée à sa témérité; certaines gens somnolaient encore dans leur trou, affaiblis par la soif et terrassés par la faim, chacun espérait que Sylvain aura trouvé quelque-chose, surtout l'eau! Malgré leur condition de vie, ces garçons avaient dormi jusqu'aux petites heures du matin, mais pas moi; je n'avais pas pu fermer l'œil. Pour toute provision, il rapportait encore des patates douces et du manioc crus, mais de l'eau aussi. On attendait cette denrée comme Noé et ses hommes attendaient le retour de la colombe qui devait leur apporter une feuille d'olivier, un signe qui leur dirait que le niveau d'eau diminuait sur la face de la terre.

Le retour triomphal de Sylvain était incontestablement pareil, une bénédiction divine. Ces mamans avaient vite réveillé les garçons pour qu'ils mangent; ils étaient mourants. Elles les avaient sortis de leur trou, un à un, ces derniers étaient heureux qu'ils allaient enfin pouvoir manger. Quand ils virent qu'il s'agissait encore de manioc au menu, ils fondirent en larmes, déçus de voir de nouveau ce manioc amer qui leur dégoûtait. Ils pleuraient et quelques-uns étaient furieux contre ces pauvres mères pour ce déjeuner médiocre, c'était insultant pour ces mères qui n'y étaient pour rien.

Moi j'en avais l'habitude; j'avais tranquillement bu à ma soif et commencé à croquer mon morceau de manioc; j'étais dégoûtée aussi, non pas de ce repas mais du comportement de ces bambins impolis et ingrats. Cela me rendait encore plus malheureuse de voir ces garçons s'en prendre à ces mères, les reprochant de ne leur donner que de la mauvaise nourriture; leur attitude était intolérable; elle ne ressemblait à rien dans l'éducation que j'avais reçue de mes parents! Ces mères étaient effondrées d'entendre les mots durs de ces gamins impolis et mal éduqués, mais la résilience de nos mères est toujours supérieure à nos bêtises! Ce n'était que des enfants affamés, après tout, mais pour moi cette excuse n'était pas suffisante.

À la fin du repas elles nous avaient affectueusement mis en petit cercle autour de Sylvain; elles tenaient à ce qu'on fasse une prière ensemble pour le remercier et remercier le Seigneur qui nous le ramenait, sain et sauf. L'une d'elles avait dirigé cette prière, elle disait des mots émouvants pour glorifier la générosité divine, et l'Esprit Saint qui avait accompagné Sylvain dans ce long et périlleux voyage. Après cette prière, les hommes s'étaient mis à discuter comme d'habitude, mais Sylvain ne semblait pas être d'humeur à se joindre à ces discussions; il était d'un calme plutôt troublant, tout le contraire de son tempérament. Ces mamans n'ont même touché à ce repas; elles avaient seulement bu un peu d'eau en disant qu'elles préféraient mettre de côté leur part pour les enfants, pour les plus mauvais jours; c'était vraiment touchant. Rappelez-vous, ces enfants n'étaient même pas les leurs…!

Quand Sylvain s'était enfin décidé à parler, on avait appris que son voyage avait été très riche en de mauvaises nouvelles, que c'était pour cette raison qu'il avait été en retard, qu'il était de si mauvaise humeur; il avait dit en quelques mots qu'il avait réussi à s'approcher de près des barrières de la mort. Il avait compris que c'était extrêmement risqué de nous aventurer du côté de la ville comme c'était prévu : ceque j'ai vu hier n'est pas seulement décourageant, c'est sans espoir; j'avais été en ville à plusieurs reprises depuis le début du génocide, mais je n'y allais que de nuit; cette fois-ci j'y étais en plein jour et j'ai pu voir l'ampleur des dégâts. C'est tout simplement l'apocalypse ce qui se passe dans notre pays! Ce n'est pas dans mes habitudes d'exagérer, mais je vous affirme que la destruction de l'homme par l'homme a dépassé toutes les limites de ce que l'esprit humain pourrait imaginer sans le voir de ses propres yeux!

Il n'y a pas un seul quartier de la ville qui ne soit jonché de cadavres qui pourrissent au soleil; les vautours du ciel et les renards de la forêt font la fête de la chair humaine, la chair de nos propres familles! Les chiens mangeaient aussi les grand-blessés, encore vivants, car ces derniers n'ont plus la force de se défendre, ni même pas chasser les oiseaux; ils n'espèrent aucun secours!

J'ai vu des bébés pleurer dans le dos de leur mère, alors que celles-ci étaient déjà mortes ou en phase terminale. Les camions des Travaux Publics de l'État chargent les cadavres et les blessés ensembles, qu'ils vont décharger dans des dépotoirs comme de vulgaires déchets. On ne peut pas compter les escadrons de la mort ni le nombre de barrières sur les routes, ils sont partout.

On se croirait dans un film d'horreurs, du genre *alone in the dark,* malheureusement ce n'est pas un film mais une vie réelle que mènent les Tutsi en ce moment. J'ai réussi à me faufiler entre ces dangereuses barrières, rampé comme un serpent dans des chemins à rats, car j'ai l'avantage de connaître très bien la ville et ses *chemins-de-travers*. C'est ainsi que j'ai été capable d'arriver à ce qui fut ma maison; j'ai ététrès étonné de retrouver les restes de mes deux filles et ceux de ma femme, elles avaient été tuées dès le premier jour de ce pogrom mais elles commençaient à peine à se décomposer.

Les chiens errants ne les avaient pas trouvées, elles étaient encore où je les avais laissées, enfermées dans l'une des chambres de notre maison. J'ignore où j'ai trouvé la force de retourner chez-moi, mais je suis fier de l'avoir fait; j'ai réussi à les mettre en terre, toutes les trois dans un même trou! Je les ai enroulées dans un vieux morceau de tapis que j'ai eu la chance de trouver sur les lieux, il a dû échapper à la vigilance des pilleurs; ça m'a fait du bien de pouvoir mettre ma femme et mes enfants en terre, de savoir qu'elles ne seront pas mangées par les oiseaux! J'ai mis du temps avant de revenir en partie à cause de cela, en plus des détours que j'ai dû faire pour éviter les barrières. Je regrette d'avoir vu ce que j'ai vu, je n'aurais peut-être pas dû. Nous devons oublier le plan initial que nous avions imaginé, ça ne vaut pas la peine de continuer la lutte, nous n'avons aucune chance de nous rendre dans la montagne comme nous avions planifié, à moins d'un miracle!

Je ne dramatise pas cette situation, c'est sans issue; les *hutu-tueurs* sont partout avec des machettes et même des fusils, ils tuent tout ce qui bouge; ce ne sont plus des humais qu'on connaissait, mais des monstres d'une barbarie sans pareille.

Nos voisins sont tous aux barrières, j'ai pu les voir de jour, ils ne m'ont pas vu, évidemment, sinon je ne serais pas ici à vous raconter tout ça. Ils tuent sans réfléchir, sans poser de questions, ça m'étonnerait vraiment s'il restait un Tutsi encore vivant, là-bas! Peut-être sommes-nous les derniers prototypes de Tutsi encore vivants à ce jour... Ce qui est vraiment malheureux, ces miliciens n'ont pitié ni pour les enfants ni pour les femmes ou des gens malades, encore moins pour les femmes enceintes. Ils raffolent de ces dernières, car ils ont reçu l'ordre de les violer à tour de rôle avant de les éventrer et jeter leurs cadavres dans des fosses communes. C'est démentiel ce qui se passe dans ce pays en ce moment!

Tous les Hutu du pays, *j'aurais dû dire, du monde,* se sont donné rendez-vous dans la capitale, pour piller d'abord, c'est évident, mais leur objectif principal n'est pas de voler, mais de s'assurer que tous les Tutsi soient exterminés, et que leurs femmes soient violées avant d'être mises à mort! Ils parlent en des langues nouvelles, probablement des langues de l'enfer car je ne comprenaient même ce qu'ils disaient, et ils ne dorment plus; ils sont ivres du matin au soir, ivres d'alcool et de sang des Tutsi, car ils mangent aussi leur chair en brochettes.

Ils vantent leur cruauté à certains endroits, comme s'il s'agissait d'actes de bravoure; on les entend raconter leurs exploits sordides à tour de rôle : *qui, du nombre de Tutsi ils ont tués personnellement, qui le nombre de femmes qu'ils ont violées,* et dire avec enthousiasme les noms de femmes qu'ils recherchent encore pour les violer, *mortes ou vivantes!* Ils disaient les avoir toujours désirées, qu'ils ont la chance de les avoir... Ils sont fiers de leur brutalité et de la quantité des biens qu'ils ont accumulés et tout leur butin. Ils parlent ouvertement de tout ça sans gêne, c'est du jamais vu!

Ô Seigneur, Aies pitié de nous; Aies pitié du Rwanda!

On ne peut pas compter le nombre de cadavres qui pourrissent au soleil et personne ne semble vouloir s'en préoccuper; même l'odeur pestilentielle qui enveloppe la ville n'attire que les charognards, mais pas un seul secouriste! Je ne dis pas ça pour vous faire peur, c'est exactement ce qui se passe en ce moment. Voilà pourquoi je vous disais qu'il ne sert à rien de continuer la lutte, je n'en vois pas l'issue, ni par quelle magie nous pourrions éviter le pire! Si au moins nous pouvions sauver ces pauvres enfants...! Quoi qu'il en soit, oubliez l'idée de vous aventurer vers la montagne; il faudrait traverser la ville et on se livrerait à ces sauvages, car les barrières sont à tous les cent cents mètres les unes des autres.

Voilà, chers amis; je crois vous avoir dit tout ce que j'ai vu ces deux derniers jours; c'est un triste rapport et j'en suis désolé. J'aurais aimé vous donner des nouvelles plus encourageantes, mais il n'y en a pas; je crains même qu'il n'y aura plus du tout de bonne nouvelles dans ce pays de sitôt. Sylvain s'adressait aux adultes et n'avait pas pensé que j'étais à l'écoute; j'étais si malheureuse d'entendre toutes ces mauvaises nouvelles, de voir Sylvain faire une telle mine; je ne l'avais jamais vu à ce point décontenancé depuis le temps que je vivais avec lui. Il avait toujours été optimiste, disant souvent que Dieu nous protégera, mais plus aucun mot positif ne sortait de sa bouche ce soir-là. C'était terrifiant de l'entendre dire de telles choses et sur ce ton-là. J'avais été nerveuse pendant son absence, je l'étais davantage à son retour au lieu de me réjouir; il était de si mauvaise humeur qu'il n'avait même pas voulu me regarder dans les yeux, ni s'approcher de moi, ne fusse que pour me demander comment j'allais. Ses amis auraient voulu faire des commentaires ou poser des questions, mais Sylvain ne semblait pas disposé à les écouter ni s'engager dans aucune forme de discussions de quelque nature que ce soit.

Il s'était finalement avancé vers moi et m'avait prise affectueusement par la main en me demandant si j'avais un peu de force pour aller faire une petite marche ensemble. Il m'a aidé à me lever, puis nous nous sommes éloignés du groupe. Même une fois à l'écart, son humeur maussade ne s'était pas améliorée; il était resté taciturne, j'avais pensé qu'il était en colère ou révolté par tout ce qu'il avait vu là-bas. Je n'avais pas voulu poser de questions de peur de l'exaspérer; on a marché calmement sans rien se dire, on n'entendait que le bruit de ses grosses bottes; moi j'étais toujours pieds-nus depuis le départ de chez-nous. Les autres fugitifs nous regardaient nous éloigner, je me demande ce qu'ils pouvaient penser à ce moment-là, surtout que Sylvain ne voulait pas discuter avec eux.

Je ne comprenais rien à tout ce retournement de situation mais j'étais heureuse qu'il soit de retour malgré son humeur effrayante; ce voyage l'avait complétement transformé, ce n'était plus le même homme que j'avais toujours connu : *un ami, un papa, un ange-gardien*, plus rien de tout ça! J'avais cessé de penser à la mort depuis que je l'avais rencontré, pour moi il était plus fort que tout, la mort inclue, mais voilà qu'il me prouvait à quel point j'avais tort de penser une chose pareille. Je me suis toujours trompé sur les hommes, cela était déjà arrivé avec mon propre père; j'avais toujours cru qu'il ne pouvait pas mourir mais il n'était plus là. Il avait succombé à une lapidation meurtrière.

Ce changement inattendu dans l'attitude de Sylvain avait eu soudainement un drôle d'effet sur ma façon d'appréhender le danger. Pendant que nous marchions en silence, je ne me sentais pas bien; j'avais eu un pré-sentiment que j'allais le perdre aussi, que je risquais de me retrouver de nouveau seule au monde, comme je l'étais avant de le rencontrer. Tout cela me fatiguait, j'avais envie de dormir.

Je ne sais pas s'il avait lu ça dans mes pensées, mais c'est à ce moment-là qu'il décida de m'adresser quelques mots, mais pas pour longtemps; il voulait qu'on retourne au camp, qu'il avait besoin de se reposer. Nous avions fait demi-tour, j'étais quand même contente même s'il ne m'avait qu'à peine adressé la parole, demandé comment je me sentais. Je vais bien, avais-je répondu, mais il savait que je ne disais pas la vérité.

Je ne pouvais pas dormir quand il était en déplacement! J'ai beaucoup pensé à toi ces deux derniers jours, chère Adélaïde, je m'excuse d'avoir traîné mais je n'avais pas le choix. Quand j'ai vu, de jour, ce qui se passait là-bas, j'avoue très honnêtement que je ne sais plus quoi faire. Les tueurs sont partout, chaque nouveau jour devient encore plus dangereux que la veille au lieu de s'améliorer; j'ai peur qu'il n'y ait rien à faire pour échapper à ces tueurs, c'est inouï ce qui se passe là-bas. Les seuls outils de protection qui nous restent sont les prières, les tiennes en particulier, car rappelle-toi : Dieu écoute celles des enfants plus que les autres. On est encore en vie grâce à tes prières, ne lâche pas, moi je n'arrive même plus à me concentrer pour prier; peut-être qu'un bon repos me remettra d'aplomb, je saurais probablement quoi faire demain. La nuit porte conseil.

Je te recommande d'essayer de manger suffisamment s'il reste encore du manioc, et dors bien si tu y arrives, car je sens que la journée de demain risque d'être longue et éprouvante. C'est sur ces mots que nous avions rejoint les autres; il ne voulait toujours pas leur parler, eux qui avaient hâte de savoir ce qu'il avait à leur dire, ce qu'il avait vu... Aujourd'hui quand je repense aux dialogues que j'aie eu avec Sylvain, je réalise à quel point ma vie était arrimée à la sienne; tout me ramène aux bons moments que j'ai passés avec lui.

Je me rappelle un soir, en particulier : j'étais dans un restaurent de New-York, attendant ma commande. Il y avait de la musique qui jouait, une mélodie envoûtante qui avait beaucoup attiré mon attention.

Cette chanson était venue me chercher, *comme on dirait au Québec;* elle m'a transportée sur un nuage euphorisant et m'avait fait faire le tour du monde en quelques moments; elle m'a fait remonter le temps et ramenée dans mon passé déjà lointain, jusqu'à la vallée où j'avais cessé d'être un enfant, alors que je n'avais que sept ans! C'est à cette époque-là que j'avais rencontré Sylvain. Je brossais ce tableau macabre au fond de moi tout en me laissant bercer avec cette mélodie unique, et ses mots qui tuent! C'étaient des mots enivrants dont j'avais l'impression qu'ils s'adressaient directement à moi; j'avais vraiment cru que les paroles de cette chanson ne pouvaient avoir été écrites que pour moi, et je ne pouvais pas en rester là!

Je me suis informée au sujet de son titre et du nom de l'auteur; la serveuse m'avait dit qu'il s'agissait d'une chanson de la veille époque, qui a fait son temps, mais que les gens l'aiment encore et la redemandent souvent. C'était une chanson française, un vrai chef-d'œuvre pour qu'elle soit redemandée dans un restaurent New-Yorkais où peu de gens pouvaient s'exprimer en Français.

La serveuse avait été généreuse avec moi et m'avait dit le nom de l'auteure : *Mme Lys Assia,* et le titre de la chanson est « *L'enfant que j'étais* ». Avec un peu de recherche sur internet, j'avais découvert que Madame Lys était originaire de la Suisse, qu'elle avait même été le premier récipiendaire du trophée, *Eurovision de 1956,* grâce justement à cette chanson. Même aujourd'hui j'en parle avec émotion, pour vous dire combien les paroles de cette chanson m'avaient bouleversée. Les mots sont bons mais cruels aussi, des armes à double tranchant. Ils ont été criminellement exploités dans notre pays pour causer des torts et des dégâts irréparables, c'est encore avec les mots qu'ils ont préparé l'autoroute qui a mené aux génocides systémiques contre des Tutsi, de 1959 à la solution finale de 1994, en passant par le chaos de 1973 qui visait les fonctionnaires les rares étudiants.

On utilisait les mots pour chanter les louanges aux leaders Hutu, mais surtout pour déshumaniser les Tutsi; il ne faut pas jouer avec les mots, leur impact est dévastateur, les architectes du génocide des Tutsi le savaient. Ils choisissaient soigneusement les mots qui diabolisaient la nature humaine de leurs victimes pour leur enlever la valeur humaine, afin que ceux qui devaient les massacrer n'aient aucune culpabilité. Il fallait qu'ils comprennent qu'ils ne tuaient que des serpents, des cafards ou de quelconques bestioles. Dans le sens inverse, qu'est-ce qu'on entend aujourd'hui?

Des mots qui consolent et réconcilient avaient fait place aux mots qui tuent. Les mots se déplacent dans tous les sens, *comme un crabe!* Si vous avez vu comment se déplace un crabe, il peut aller dans toutes les directions. Donc, les mots peuvent tuer comme ils pourraient sauver et rassurer. Les mots *de Mme Lys* dans sa chanson ont eu un double effet sur mon âme, à la fois merveilleux et dévastateur aussi. Bons ou mauvais, les mots laissent toujours des traces, la différence reste justement dans les traces qu'ils laissent, car celles-ci sont indélébiles.

Si j'avais été de la même époque que Mme Lys, j'aurais pensé qu'elle avait chanté ma vie, car sa musique parlait de moi et mon enfance. Cette chanson m'avait forcé de réapprendre la langue française que j'avais perdue en quittant l'Afrique, ma langue de tous les jours était l'anglais; j'ai réappris le français car je voulais comprendre jusqu'à la moindre nuance des mots de cette chanson pour m'imprégner de tous les souvenirs de mon enfance manquée. J'avais pourtant voulu tout oublier du pays d'où je viens, mais les mots de cette chanson sont venus me chercher et m'avaient trouvée au moment où je m'y attendais le moins. Ils m'ont fait comprendre que j'étais dans l'erreur : on naît une seule fois, à un seul endroit!

Voici comme elle va, cette chanson : *l'enfant que j'étais, où joue-t-il aujourd'hui? Les fleurs que j'aimais, qui me les a cueillies? Mon cœur, te souviens-tu des robes blanches sur le chemin perdu de nos dimanches? Des mots pour chanter un visage d'ami, des nuits pour rêver, j'étais riche à l'envie! Quand le cœur aux aguets, la mèche folle s'en allait à l'école, l'enfant que j'étais! Le temps d'un hiver, la ride vous prend, le temps d'un amour et l'on devient grand, il en a coulé de l'eau sous les ponts, rêves oubliés au fil des saisons; le temps d'un sourire on est amoureux, le temps de mentir, déjà l'on est vieux, etc...*

Elle continue ainsi, vous arrache les tripes et vous fait perdre l'appétit, car tu ne peux que l'écouter. Elle m'avait plongée dans un univers à part, je n'arrivais même pas à manger mon souper, pourtant j'avais faim et c'était un restaurent de grande renommée. Je m'étouffais dans mes sanglots pendant que mon repas refroidissait, tous les mauvais souvenirs enfouis dans mon âme remontaient dans ma gorge en même temps que mes angoisses qui me donnaient envie de vomir. J'étais fort mal à l'aise que tout le monde autour de moi l'avait remarqué.

C'était pour cela que la serveuse était venue à ma table pour me demander si tout allait bien, si j'avais besoin d'une ambulance; j'avais répondu que j'allais bien mais elle voyait que je ne disais pas la vérité! Je lui ai dit que l'aide dont j'avais besoin n'était pas médicale, mais qu'elle me rendrait un bon service si elle me disait où je pouvais me procurer une copie de ce disque. Tout savait que cette chanson était introuvable, mais cette gentille jeune fille s'est informé pour moi auprès du propriétaire du *juke-box* pour connaître le nom du magasin qui vendait ce genre de musique. Un peu de recherche sur le web, elle avait obtenu l'adresse de ce fameux disquaire. J'ai pu me procurer ce disque cet après-midi-même; il ne me quitte pas depuis tout ce temps, je ne me lasse pas de l'écouter. La mémoire de notre enfance a des capacités exceptionnelles, j'avais alors compris pourquoi les personnes très âgées ont tendance à redevenir comme des enfants dans leur comportement...

Elles ont parfois les mêmes goûts et les mêmes besoins. C'est ce qui nous reste quand on s'approche de la fin de notre voyage autour de la terre. J'ai compris ce phénomène en écoutant et réécoutant cette chanson de Mme Lyse.

XV

QUE FAIRE QUAND NOTRE DERNIER ESPOIR S'ÉVAPORE

L'eau potable est une denrée incontournable mais on ne s'en rend pas toujours compte, pas quand on n'a jamais eu soif; *je parle de la vraie soif,* celle que j'ai eue au marais de mon refuge! Nous prenons l'eau pour acquis dans notre quotidien, surtout quand nous trouvons du bon côté de la planète-terre, dans des régions qui n'en manquent pas. On n'a tellement pas conscience de sa valeur que ça ne vaut même pas la peine d'expliquer son importance dans notre quotidien. Moi-même ne l'avais compris que quand j'en avais été privée, ressenti ce dessèchement qui vous brûle les poumons, vous cuit la peau et vous calcine les bronches jusqu'à tousser la fumée! Non, vous ne comprendriez pas ce que je veux dire si vous n'avez jamais senti cette douleur causée par la sécheresse de la gorge.

Il m'arrive d'avoir honte au moment quand je prends mon bain, matin et soir, voir disparaître sous mes pieds cette eau potable vers les égouts de la ville, une eau si propre, seulement souillée par quelques bulles de savon! Saviez-vous que juste le temps de prendre une douche, des dizaines de milliers d'enfants des pays du Sahel meurent pendant qu'on se prélasse sous les bienfaits d'une douche et toutes ses vertus? Les rapports des ONG n'ont jamais cessé d'attirer notre attention sur cette triste réalité, mais peu de gens sont ceux qui en ont conscience.

Le manque d'eau potable dans des régions du monde sec est un problème qui devrait attirer l'attention de l'humanité entière, c'est une bombe à retardement, une raison suffisante pour une autre guerre mondiale. On s'en fout aujourd'hui mais demain pourrait être trop tard, l'égocentrisme des pays nantis finira par nous rattraper tous, peu importe de quel côté de la planète où l'on se trouve! Voici ce que disaient ces organismes dans « MONDE », du 19 mars 2015 : *le manque d'eau cause la mort d'environ 2,6 millions de personnes dans le monde, tandis que près de la moitié de la population mondiale boit encore de l'eau dangereuse pour la santé!*

Pourquoi sommes-nous si insensibles à la misère des autres? Le monde entier s'est littéralement moqué du génocide contre les Tutsi; n'eût été l'intervention des forces de libération du FPR, il n'y aurait plus un seul Tutsi au Rwanda au moment où on parle. Parfois on oublie ça, l'homme est fait pour oublier - *Iyo ufite amahoro ntiwongera kwibuka ko wigeze kuyabura, n'uwayaguhaye!* De ce sens de raisonnement, pensez-vous que ces pays qui se disent du nord, qui banalisent et ignorent volontairement les gens qui meurent de soif dans des régions arides, où l'eau est plus précieuse que tout l'or du monde sont moins génocidaires? Non. Peut-être pas des génocidaires selon la définition qui lui a été attribuée, mais génocidaires quand même!

Ils y vont en toutes pompes pour puiser jusqu'à épuisement le pétrole dont ces régions regorgent, pourtant cette ressource naturelle est plus difficile à pomper que l'eau potable! Leur seul souci est de mettre la main sur ces richesses démesurées et tant pis pour la vie des gens locaux. Dans ce processus, ils empoisonnent la terre arable et la nappe phréatique profonde en délaissant des déchets nucléaires sur des sites abandonnés, car il leur suffit de soudoyer les dirigeants locaux corrompus pour faire tout ce qu'ils veulent, quand ils le veulent! Dites-moi comment cela est moins génocidaire? Pourquoi l'Occident continuent-il à se moquer de l'Afrique?

Que se passera-t-il le jour où les leaders Africains, du sud au nord et d'est en ouest travailleront main dans la main pour lutter contre la corruption, qui est la mère de tous les vices qui rongent ce continent? Y aura-t-il une invasion occidentale qui annexera le continent africain? Ou mieux encore, l'Afrique va-t-elle coloniser l'Occident? Et pourquoi pas? S'ils continuent à jouir seuls des ressources naturelles sous le prétexte qu'ils ont la technologie nécessaire pour les exploiter à outrance, gaspiller ce qui ne devrait pas l'être, comme l'eau potable, le prix à payer sera très lourd. Des gestes anodins de tous les jours comme le gaspillage de l'eau potable est un péché mortel; je suis convaincu que les choses se passeraient différemment si les gens étaient mieux informés à cette triste réalité; il y aurait moins de violence et moins de génocides, et les gens vivraient moins malheureux. Le monde moderne dispose de technologies ultra-sophistiquées qu'il pourrait mettre au service de l'humanité, à ces populations démunies. On les aiderait à comprendre comment exploiter leurs ressources, avoir accès au minimum nécessaire, comme l'eau potable, mais ils vont toujours dans le sens inverse.

Ils préfèrent les aider à faire autre chose, les guerres entre-autre, parce qu'elles leur profitent énormément. Il y a d'immenses réserves d'eau propres sous ces montagnes poussiéreuses du Sahel, même des régions cruellement arides emprisonnent des milliards de litres d'eau potable quasiment inépuisables, mais inaccessibles à coup de pioches ou d'autres outils rudimentaires. Certains ONG's, dont certaines gens connaissent mal ou minimisent, font malgré toute une différence dans la vie des citoyens des pays qui comptent peu aux yeux des grands manitous. Ces derniers se prennent pour Dieu le père, et vont jusqu'à traiter les pays du tiers-monde de *trou-de-cul*.

Si vous prenez l'exemple de *Word Vision*, vous allez constater que beaucoup de pays leur manquent d'égard sous prétexte que leur politique n'est pas toujours comprise, pourtant ils font leur part avec les moyens qui sont les leurs; ils utilisent des sous qu'ils collectent de la générosité des gens et des organisations philanthropiques, mais les résultats de leurs œuvres parlent d'eux-mêmes.

Mon but n'est pas de faire l'apologie de leurs œuvres, mais je pense qu'il faudrait reconnaître la différence qu'ils arrivent à faire dans la vie des gens. Si vous en voulez la preuve, allez demander à certaines femmes qui, hier, devaient marcher une journée entière, parfois deux, en quête de l'eau, qui ne pouvaient que ramener de l'eau souillée après 48 heures de marche. Elles témoigneraient si leur village a été béni par la visite de *World Vison,* quand elle leur aurait installé un point de pompage d'eau potable.

Je ne suis pas le porte-parole de WV ni n'insinue pas que l'Afrique devrait rester entre les mains de ce genre de *baby-sitters,* mais des cas d'urgence vitale comme le manque d'eau potable devrait être pris en charge par le monde moderne au lieu de regarder ces gens mourir de soif, leur bétail et leur récoltes se dessécher sans intervenir; c'est irresponsable, c'est criminel selon moi! Si le monde construisait des stations de pompage d'eau au même rythme qu'ils en construisent pour pomper le gaz, le monde s'en porterait bien mieux.

Jusqu'à ce jour, peu de fonds internationaux sont alloués *au bien-être indigène,* pourtant nous savons qu'il y aurait moins de conflits armés si les gens avaient leur minimum vital, et la paix dans le monde serait une réalité, mais plus on s'enrichit, moins on s'intéresse à la vie sociale et ses besoins quotidiens. Les hommes modernes socialisent moins que les animaux de parc, leur fortune ne sert à rien mais ils l'ignorent. On est inutile du moment qu'on vit pour soi, l'homme n'a pas été créé pour vivre seul sur son île. Savez-vous combien de gens rêvent de s'acheter une île perdue dans l'immensité de l'océan?

Au lieu de faire la part des choses, ils ajoutent l'injure à l'insulte en provoquant des guerres pour étendre le marché d'armes toujours plus sophistiquées et plus coûteuses, en milliards de dollars, qu'ils vendent à crédit à des taux d'intérêts exponentiels, au lieu de les apprendre à se prendre en mains... L'Agence France presse, *SPOUTNIK* alerte :
– *Après avoir analysé la situation de l'accès à l'eau potable dans les*

différents pays, des hydrologues et politologues indiquent que certaines régions d'Asie du Sud, d'Afrique et d'Amérique latine risquent de voir éclater des conflits comme on n'en a jamais vus, à cause du manque d'accès à l'eau potable!

Ce raisonnement n'est même pas une projection dans le futur, c'est déjà en cours! Il ne serait pas fou de penser que suite aux conclusions de cette observation de *Spoutnik*, les usines de fabrication d'armes tourneraient en ce moment à plein régime en prévision de ces conflits en vue! Ils planifient toujours longtemps en avance!

La seule chose que l'Occident n'avait pas prévue, qui vient de les surprendre au moment-même où j'écris ces lignes, qui prouvent qu'ils sont quand même encore vulnérables comme nous, gens du Sud, c'est cette explosion endémique d'une maladie nouvelle causée par un virus, qu'ils ont baptisé " *Covid-19* ".

Les gens du Nord meurent en cascade, de vague en vague, ce virus ne connaît pas de frontière, ni de différence en couleur de peau. Il me semble que ce virus soit venu comme un messager, une alarme qui devait réveiller le monde car on s'éloigne de plus en plus loin des réalités de la nature. *Ce n'est pas de gaieté de cœur que je le dise sur ce ton*, mais il fallait que quelqu'un le dise pour informer les générations futures, pour qu'ils changent éventuellement de cap! Jusqu'à ce jour, cette vilaine maladie a fait plus de victimes dans le plus grand pays du monde, en termes de richesses et de technologies que tous les pays du tiers-monde réunis. Étonnant n'est-ce pas?

Ne vous amusez pas à tracer une courbe sur ces chiffres, elle est alarmante et continue à monter qu'à piquer du nez; ce monde arrogant n'a pas encore été capable d'arrêter ce virus ni même ralentir sa frénésie. Si la tendance se maintient, je n'aurai même pas le temps de finir ce livre, même s'il est à plus de ¾ complété, à cette dernière semaine du mois d'août 2020! Ce virus tue, et tue sans distinction. Ceux qui survivront à cette tragédie, *on ne peut pas savoir qui, ni comment*, ils vont devoir vivre différemment, chercher à rebâtir un monde meilleur, fondé sur une société plus solidaire et équitable, car la nature nous a montré nos lacunes; on *s'entre-contamine* les autres les autres parce qu'on est interdépendants à tout point de vue. Riches ou pauvres on respire et expire le même air, car nous vivons sur cette même planète grâce à l'air qu'on y trouve, qui peut nous tuer à tout moment, peu importe le volume de notre compte en banque... Y a-t-il la main de l'homme dans ce qui nous arrive? Je ne suis pas en bonne position pour l'affirmer, mais tout un chacun trouverait de bonnes raisons de le penser...

Quand on en arrive à couper la branche de l'arbre sur laquelle on est assis, comment voulez-vous qu'on puisse prendre soin, les-uns-des-autres? Pire encore, comment prendre bon soin de *mère-nature* et tout ce qu'elle nous donne gratuitement, comme l'air, quand on est occupé à trouver nos différences, les uns dans notre couleur de peau, les autres dans la forme de notre nez, comme le cas des Hutu contre les Tutsi? Si on commençait par prendre soin des biens essentiels qu'on trouve dans la nature, *comme l'eau et l'air,* un petit virus invisible à l'œil nu ne se moquerait pas de l'homme du vingtième siècle. Comment me convaincre que l'homme moderne peut aller sur la lune, fabriquer des robots super-intelligents, mais ne pas être capable de stopper un virus d'à peine quelques micros de diamètre qui tue l'homme en quelques heures, peu importe où il se trouverait sur cette terre?

Dieu a créé l'homme à son image, voir dans la *Bible de Jarusalem*[5] ce que cela veut dire; que nous avons hérité des capacités de tout faire et tout défaire, comme Dieu Lui-même; mais n'oubliez pas : entre faire et défaire, Il nous a donné toute une latitude, qui est le choix! Le choix est un bien gros mot, pourtant peu de gens font attention à lui, alors que c'est lui qui nous gouverne. Pourquoi est-ce que je vous dis toutes ces choses qui n'ont rien à voir avec mon propos? Tout simplement parce que je n'arrive pas à oublier, *un quart de siècle plus tard,* les yeux moribonds de ces enfants qui se desséchaient comme

---

5   https://www.levangile.com/Bible-JER-1-1-27-complet-Contexte-non.htm

du bois dans la vallée où nous étions cachés en fuyant les Hutu. Nous étions provisoirement à l'abri des machettes, mais si proches de mourir de soif...

Je me rappelle les arrivées triomphales de Sylvain chaque fois qu'il revenait de la ville avec ce précieux liquide dont nous avions le devoir, jeunes et moins jeunes, de respecter chaque goutte comme notre prunelle!

Il se passait quelque-chose de magique dans ce camp de fortune chaque fois qu'il revenait : on demandait à tout le monde de s'agenouiller, remercier le Seigneur pour le sacrifice de cet homme qui nous faisait vivre. J'ai encore en mémoire l'image de ces enfants qui se chicanaient pour être chacun le premier à avoir sa petite gorgée au goulot de ce gros bidon, qui était énorme pour leur petite bouche toute fendillée par la chaleur et toutes sortes de carences.

On devait boire sans faire de gaspillage et tout le monde en avait conscience. Pendant qu'ils apprêtaient leur petite main en forme d'entonnoir sous leur menton, les adultes mettaient leurs grosses mains en-dessous de celles de l'enfant qui buvait, car ils devaient récupérer jusqu'à la moindre goutte rebelle qui s'échapperait de ses petites mains maladroites.

Je ne sais pas si vous voyez bien cette image mais elle en dit long sur la vie que nous menions dans cette vallée de tous les malheurs. Pourtant on était pas dans le désert du Sahara ou du Kalahari, mais au bord d'un fleuve qui ne se laisse pas boire! Nous avions même tenté de nous désaltérer aux flaques d'eau acidulée que se laisse piéger dans des creux d'argile, comme font les animaux des marais, mais cette eau est très dangereuse pour l'homme, une seule goutte pourrait vous tuer plus vite qu'un coup de machette. C'était pour cette raison que Sylvain devait risquer sa vie chaque semaine pour aller trouver l'eau au milieu des tueurs, sans lui nous serions tous morts, avant même que les miliciens ne viennent nous trouver. Avec tout ça, comment s'empêcher de penser aux puissants de ce monde qui vont faire du tourisme spatial si dispendieux et en être fier, ignorer la soif du monde comme ils ont ignoré le génocide contre les Tutsi.

Sylvain était un homme vénéré pour son courage et sa générosité de braver tous les dangers pour nous apporter ce liquide; c'est pour ça que tout le monde était dévasté de le voir dans cet état, la nuit de son retour désespéré. L'occupation principale des femmes de notre camp était de lire la Bible et prier pour Sylvain qu'elles comparaient à Moïse lors de la traversée du désert par le peuple d'Israël. Ce peuple fuyait l'oppression des Pharaons d'Égypte, comme les Tutsi fuyaient l'extermination par les Hutu. Le peuple d'Israël a d'étranges ressemblances avec les Tutsi; comme nous ils ont été assoiffés, avec la seule différence que Moïse n'avait pas eu besoin de prendre un bidon jaune, se faufiler dans des chemins à rats pour trouver l'eau à boire pour son peuple; un coup de bâton dans un rocher lui avait suffi pour faire jaillir une source d'eau pure et inépuisable, pour ce peuple et son bétail.... Comme nous encore, ils ont été décimés par millions pour ce qu'ils ont été créés, des Juifs.

Leur souffrance et celle des Tutsi sont très comparables à bien d'égards, elle ne se limite pas à la peur, la soif, la famine, les injustices, mais surtout à la solution finale qui les emportés par millions! Pour ce qui me concerne, je trouve que la vie est quand même bizarre! Comment meurt-on de soif au bord d'un fleuve? C'est quoi l'utilité d'un fleuve s'il ne laisse pas les gens se désaltérer à son eau? Les fleuves du Rwanda ne servaient qu'à charrier des arbres déracinés par le vent, du terrain de jeu pour les crocodiles qui lézardent dans leurs flots en mangeant de la chair fraîche des Tutsi égorgés par les Hutu devenus fous? Pendant que ces fugitifs regardaient Sylvain avec une admiration qu'il avait doublement méritée, sans même réaliser à quel point il était indispensable à ces malheureuses gens.

Cette nuit-là, cependant, il avait eu la tête était ailleurs; je parle de la nuit qui m'avait fait peur, ou Sylvain avait été si amer depuis que je le connaissais. Il n'avait voulu parler à personne, même pas à moi. Il suffisait de le regarder, ses yeux normalement brillants manquaient de leur éclat habituel, disloqués au fond de leurs paupières à cause du manque de sommeil, de fatigue et des soucis; ce dernier voyage avait définitivement changé sa vie, mais la mienne aussi. Pendant qu'il me posait de petites questions de routine, il se fabriquait un nid de feuillage à la manière des gorilles de montagne; si vous l'ignoriez, les gorilles ne dorment jamais deux fois dans le même nid; ils se fabriquent un nouveau nid chaque soir.

Le temps de s'allonger, Sylvain avait dormi et ronflé comme un bébé pendant de longues heures, ce qui ne lui était pas arrivé depuis plusieurs jours, personne ne l'aurait réveillé pour rien au monde, on savait tous qu'il avait besoin de ce sommeil. Les hommes avaient hâte de lui parler pour savoir à quoi s'en tenir, comment préparer la suite des choses. Les enfants qui se plaignaient du manioc crû avaient fini par croquer chacun son morceau et cessé de pleurer; ils semblaient même avoir un peu oublié la rigueur de nos conditions, c'est ça le côté merveilleux d'être un enfant.

Vers la fin de la journée, Sylvain avait dû faire un mauvais cauchemar, car il s'était réveillé un peu troublé, comme si quelquechose l'avait effrayé, mais il s'était apaisé quand il m'avait vue à côté de lui; j'avais été là tout l'après-midi comme si je devais lui faire la garde pendant son sommeil. Il m'avait souri généreusement car il avait compris qu'il avait effectivement fait un mauvais rêve. Tout le monde s'était empressé autour de lui pour tout savoir sur son dernier voyage, malheureusement ce n'était plus le même Sylvain; il ne semblait toujours pas disposé à s'engager dans ce débat, encore ébranlé par ce qu'il avait vu. Si ces fugitifs avaient tenu le coup jusqu'à ce jour, c'était grâce à son courage et sa générosité, tout le monde se demandait ce qu'ils feraient sans lui et sans ses judicieux conseils.

Au tout début tout le monde avait pensé que cette sale guerre serait de courte durée, que tout rentrerait à l'ordre assez vite, qu'ils retourneraient chacun chez-soi, mais cela ne semblait pas être le cas, ni à court ni moyen terme, c'était extrêmement décourageant.

Comme je vous l'avais dit hier avant mon long sommeil, dit

enfin Sylvain, nous n'avons aucune chance de survivre dans cette vallée, et la ville est infranchissable à ce stade-ci. Néanmoins il va falloir qu'on s'y aventure, c'est un risque que nous devons prendre à moins de nous résigner à attendre la mort dans cette vallée, mourir de faim et de soif. Nous devons lever ce camp au plus vite, les hutu-miliciens ne vont plus tarder à venir nous chercher ici; ils ont pratiquement tué tous les Tutsi à la terre ferme et savent que ceux et celles qu'ils n'ont pas encore trouvés sont cachés dans cette vallée. D'entendre ces mots de Sylvain qui était toujours optimiste, tout le monde a été pris de panique, car ils ne pouvaient pas mettre en doute ce que disait Sylvain. L'idée de retourner en ville, traverser les barrières pour se rendre dans la montagne, personne ne semblait croire à ce plan. C'était absolument suicidaire.

D'autre part, Sylvain nous avait précisé que les miliciens arriveraient avec leurs chiens dans la vallée, ils nous cueilleraient comme du petit gibier et sans effort, ce n'était plus qu'une question d'heures, pas de jours! Il les avais entendus discuter de tout ça; il avait même entendu un de ces monstres dire à ses collègues qu'il manquait beaucoup de Tutsi à sa liste; il les avait cherchés partout sans succès, ils ne pouvaient donc être ailleurs que dans la vallée. Ceci dit, ne me demandez pas où nous pouvons aller à présent; même si nous arrivions à traverser la ville, j'ignore si nous pourrions survivre dans la montagne, il reste aucun un endroit qui puisse nous garantir un refuge

Aussi, même si les miliciens ne venaient pas ce soir, ni demain ni jamais, cela ne changerait rien à notre sort; nous mourrions quand même, déshydratés, car il n'y a plus moyen de retourner en ville pour nous ravitailler en eau. Quand l'eau va nous manquer on ne tiendra pas bien longtemps; par conséquent, je propose que nous nous organisions en petits groupes de deux à trois personnes, fermer les yeux et essayer quand même de sortir de cette vallée.

Ce serait une très mauvaise idée de marcher en grand groupe. Pour ce qui me concerne, ma décision est prise, je pars avec ma fille dès cette nuit, car déjà trop tard. C'est tout ce que j'avais à vous dire. Je vous aime, vous le savez, mais on doit se quitter ici, cette-même et je vous demande pardon. Il ne nous reste qu'à nous mettre dans les mains de Dieu, Lui-seul sait ce qui va nous arriver. Restons optimistes malgré tout, Il continuera à s'occupera de chacun de nous; Il l'avait fait jusqu'à présent, ce n'est pas aujourd'hui qu'Il changerait d'avis. La prière est le seul outil qui nous reste à utiliser, exploitez sa force avec foi et confiance, de toute façon nous ne pouvons rien faire d'autre que de nous abandonner sous la protection devine. Par mesure de solidarité, je vais prendre avec nous deux de ces jeunes garçons si vous voulez, car n'oubliez pas, on doit se disperser en petits groupes. Dès que vous sertirez du marécage si vous y arrivez, je vous recommanderais de suivre chacun votre instinct. Ne soyez pas comme des moutons de Panurge, ne faites que ce qui vous semble bon, qui pourrait donner quelques résultats. J'aurais aimé être en mesure de vous être utile plus que ça, vous le savez j'espère, mais je ne sais plus quoi faire moi-même à ce stade-ci.

Ce que j'ai vu hier en ville est plus fort que tout, vous n'avez absolument aucune idée de la cruauté et du désordre qui règne dans notre ville. Les barrières sont partout, d'immenses charniers à ciel ouvert se remplissent de morts et de demi-morts à vue d'œil, c'est l'enfer dans sa définition, au propre et au figuré! Ce qui est vraiment malheureux, hier j'ai vu des fugitifs légèrement blessés ou pas blessés qui se précipitaient dans ces fosses communes pour trouver refuge au milieu des cadavres, pensant que c'était le seul endroit sûr où ils trouveraient la sécurité. Ce n'était peut-être pas un mauvais raisonnement, mais ils n'avaient pas pensé que les miliciens continueraient à remplir ces fosses, qu'ils ne pourraient donc pas se dégager. Pouvez-vous imaginer l'atrocité de cette mort, compressé et suffoqué sous le poids de tous ces corps?

Le ciel de notre ville est noir d'oiseaux, tous les charognards survolent nos montagnes nuit et jour attirés par cette puanteur cadavérique qui empoisonne l'air. Corbeaux et vautours font la fête, nos villes et villages sont des fantomatiques, habités par uniquement par des monstres, nos voisins, d'hier, sont des tueurs, aujourd'hui. On se croirait dans un film d'horreur, il n'y a plus rien de vrai, de réel, dans ce pays! Je voulais vous donner ce schéma pour que vous ne vous fassiez pas d'illusions, et croyez-moi je n'ai rien exagéré.

Si vous avez des questions à me poser, c'est le moment, je verrai si je peux répondre mais j'en doute sincèrement. Personne ne peut comprendre ce qui se passe chez-nous.

Après cette terrible description personne n'avait posé de question; tout le monde était figé, gelés par la peur, même les enfants. Les hommes se regardaient les uns les autres sans rien dire, l'atmosphère était extrêmement angoissante. Ils connaissaient très bien Sylvain, ils avaient compris que l'heure était plus grave qu'ils ne l'avaient imaginé. L'emphase qu'il mettait sur chaque mot qu'il disait en était la preuve, ils se sentaient tous condamnés d'avance.

Il avait conclu sur un certain nombre de recommandations, qu'il jugeait essentielles pour tous : n'empruntez pas la voie du fleuve même si vous étiez un bon nageur, vous ne pourriez pas nager sur de si longues distances, le fleuve a triplé de largeur à cause des crues des dernières semaines, sans oublier le danger que représente les crocodiles surexcités par l'odeur du sang. Il serait préférable de tout essayer pour regagner la montagne, mais ne pensez pas que je vous recommande cette voie parce qu'elle est moins dangereuse, c'est même le contraire, mais il serait plus facile de survivre encore quelques jours, si on arrivait à traverser la ville; on trouverait facilement l'eau à boire. Quoi qu'il en soit, s'il restait une chance à tenter, elle serait du côté de la terre ferme et non du côté du fleuve.

Je vous demande d'écouter votre instinct de survie, on en a tous un! Ne comptez jamais sur les autres, prenez seul votre décision, prenez-la vite et ne marcher que la nuit. Priez, encore et encore, Dieu vous écoutera et guidera vos pas, personne d'autre ne peut être là pour vous, plus maintenant! Comme vous n'avez pas de questions pour moi, il ne me reste qu'à vous souhaiter bonne chance, que Dieu accompagne chacun de nous. Je vous prie de me montrer les deux garçons que vous voulez que j'amène avec moi, car nous serons partis dans moins d'une heure, Adélaïde et moi. Nous voulons enter d'atteindre la sortie de la vallée avant le lever du jour, on va y camper avant de tenter le diable, traverser la ville la nuit suivante...

Je vous demande et insiste, ne cherchez pas à parler à qui que ce soit que vous rencontreriez sur votre chemin, vous couriez à votre perte si vous vous y fiiez; quand bien même il s'agirait d'un ancien ami qui aurait toutes les bonnes intentions du monde, il ne pourrait pas vous aider parce que ses propres *collègues-tueurs* le prendrez à partie, l'accusant d'être de mèche avec le Tutsi-ennemi, et le tueraient avec vous. Je vous invite à vous joindre à moi pour notre dernière prière ensemble avant de prendre chacun sa route. Remettons-nous entre les Saintes mains de Jésus, Lui seul nous dira ce qu'il faut faire.

Ce fut Sylvain lui-même qui dirigea cette prière; c'était un moment très déchirant! Quand il finit de prier, nous nous sommes donnés de chaleureuses accolades d'adieu, tout le monde pleurait, sauf moi! Je ne pleurais pas parce que je n'étais pas si malheureuse de quitter ce groupe qui m'agaçait; j'étais soulagée car je n'avais plus cette appréhension qui me torturait, qu'il prévoyait partir sans moi, ou qu'il se dirigerait du côté du fleuve; vous savez que j'avais peur de grandes étendues d'eau, je ne savais et ne sais toujours pas nager.

Ce fut sur cette note d'adieu que nous avons quittés ces pauvres gens; ils étaient si malheureux de nous voir partir, car ils savaient qu'ils avaient peu de chance de survivre sans l'assistance de Sylvain. Un quart d'heure plus tard, nous plongions comme prévu dans l'obscurité de la nuit chaque groupe de son côté, sans aucun espoir de nous revoir un jour, on était tous nerveux. Sylvain m'avait donné une grosse patate et un énorme tubercule de manioc à emporter; il avait fait la même chose pour les deux gamins qui partaient avec nous; il ne connaissait même pas leur nom et moi non plus, mais cela n'avait aucune importance. Après quelques minutes de marche, Sylvain nous avait dit, sur un ton plutôt militaire, que je ne lui connaissais pas : écoutez-moi bien, les enfants, et retenez ce que je vais vous dire car je n'ai pas l'intention de le répéter.

C'était si terrifiant qu'on ne pouvait que l'écouter.

Vous avez l'obligation de me faire confiance et m'obéir sans discuter; vous ne posez pas du tout de questions, il ne sert à rien de poser des questions qui n'ont pas de réponses; si vous avez peur ou si vous êtes fatigués, ne dites rien, car tout le monde a peur et fatigué aussi; je marcherai toujours devant et vous vous adaptez à mon pas sans vous plaindre; vous vous arrêtez seulement quand je m'arrête et courez si je courais. Est-ce que tout est bien clair?

Ni les garçons ni moi-même, personne n'avait pu ouvrir la bouche pour répondre. Sylvain venait d'adopter une toute nouvelle attitude, il n'avait plus rien d'un homme gentil que j'avais toujours connu dans cette vallée. C'est sur ces mots durs et effrayants que nous avons entamé ce voyage vers l'inconnu. On l'a suivi en silence comme il l'avait exigé; on le voyait quand même assez bien au clair de la lune, la nuit était belle et étoilée, même si par moment la hauteur des papyrus nous cachait la lune et nous plongeait dans le noir.

Quand on arrivait dans une zone comme celle-là, il se retournait fréquemment pour s'assurer que personne n'était resté trop loin. Je savais que cette rigueur était due à l'inquiétude qui avait monté d'un cran, elle n'avait rien à voir avec son caractère. Son optimisme l'avait soudainement quitté depuis son dernier voyage en ville, il avait complètement changé. Il avançait presque comme un robot, conscient que sa décision pouvait tourner en cauchemar à tout moment, car les miliciens-hutu pouvaient surgir de n'importe quel côté et nous dépecer avec leur machette, il ne pouvait rien faire pour nous protéger alors que c'était son but.

Nous avons marché tout le reste de la nuit; ces braves jeunes gens avaient tenu bon tout au long de cette épreuve, sans se plaindre. Nous sommes arrivés à l'orée de la vallée au premier chant de coqs, terrassés par la faim et la fatigue, mais surtout très assoiffés. Sylvain en était conscient et ne pouvait pas continuer à forcer dessus, à ce rythme on ne pouvait pas aller loin, surtout que la chaleur du jour allait en rajouter. Il décida qu'on devait prendre une pause; il avait ciblé un buisson bien touffu en-dessous duquel il creusa un immense trou, suffisamment large et profond pour nous trois; il nous envoya là-dedans en nous recommandant d'essayer de dormir, qu'il allait veiller sur nous. Je ne sais pas comment il faisait, mais cela lui prenait à peine quelques minutes pour creuser ce genre d'abri souterrain… !

On n'y était bien même si nous étions à l'étroit, mais cela avait quelques avantages, *à quelque-chose malheur est bon!* En effet cette promiscuité nous permettait d'inter-changer la chaleur corporelle et nous maintenait au chaud, comme par osmose. On y étions aussi serrés que des sardines dans une boîte de conserve. C'était très tôt le matin, il fait toujours froid aux heures matinales dans la vallée, surtout pour moi qui était si mal habillée depuis plusieurs semaines, ma petite robe n'était plus qu'une guenille en lambeaux.

Avant de rentrer dans ce trou, il nous avait autorisés à manger chacun un peu de notre maigre provision, malheureusement on n'avait plus d'eau du tout. Comme d'habitude, j'avais mis beaucoup de temps avant de trouver le sommeil; je pouvais entendre les pas de Sylvain qui faisait des va-et vient dehors, à n'en plus finir; il était très nerveux, préoccupé par l'issue de notre mésaventure, avec trois enfants sous sa responsabilité. Cela devait être terrible pour lui; cet homme avait perdu ses propres enfants et toute sa famille, mais voilà qu'il était pris avec les enfants des autres, dont il avait l'obligation de protéger!

D'habitude, il ne baissait jamais les bras avant de trouver la solution quel que soit le problème posé, mais ce jour-là, c'était comme si la flamme qui allumait son instinct et qui inspirait confiance à son entourage s'était éteinte. J'étais beaucoup trop jeune pour tout comprendre, mais les temps durs m'avaient appris à lire dans les yeux des adultes et comprendre ce qu'ils voulaient dire, ce qu'ils pouvaient faire ou ne pas faire! La fatigue avait fini par avoir raison de mon corps, et j'étais endormie aussi. J'étais bien serrée entre les flancs de ces deux gamins qui ronflaient comme des loutres et je n'avais pratiquement plus froid. Quand je me suis réveillée, le soleil ne brillait plus haut dans le ciel, c'était le crépuscule; j'avais alors compris qu'on avait dormi toute la journée, je n'en croyais pas mes yeux!

Cela n'était pas de bon augure, je redoutais le pire, on allait marcher encore dans la nuit et elle tombait déjà; c'était probablement ce qu'avait attendu Sylvain. J'avais été la première à sortir de ce trou. Dès qu'il m'avait vue, Sylvain avait réveillé les deux garçons aussi; ils auraient préféré dormir encore un peu plus longtemps mais on n'avait pas ce privilège. Il nous avait brièvement expliqué comment les choses allaient se passer :

Je vous félicite d'abord, les gars, vous avez été formidables; j'espère que vous vous êtes bien reposés, car nous allons entreprendre la partie la plus délicate de notre aventure, c'est elle qui déterminera notre sort. Avant d'entrer dans les détails compliqués pour vous, je vous apprends que je dois aller en ville d'abord, mais sans vous! Ce n'est pas loin à partir d'ici, mais c'est très risqué, ça vous le savez déjà. Néanmoins il faut que j'y aille, je dois m'assurer que le chemin qui mène à la montagne est passante, s'il y aura moyen de contourner la barrière, sans quoi on se jetterait directement dans la gueule du loup. Vous m'attendrez ici et ne bougerez de votre tanière sous aucun prétexte pendant mon absence, et vous n'aurez rien à craindre tant que vous respecterez mes consignes. Si tout va bien, je serais de retour demain avant l'aube, et j'espère que je trouver de l'eau car nous devons boire, sinon nous n'irions pas bien loin.

Rappelez-vous du règlement, il est encore en force; ne faites pas de bêtise et continuez à prier, c'est essentiel. Savez-vous prier, vous les garçons? Ne vous en faites pas si vous ne saviez pas comment faire, Adélaïde est experte, elle priera pour nous tous. Reposez-vous comme il faut, la journée de demain risque d'être encore plus harassante, mais faites-moi confiance. Gardez le calme en attendant mon retour, il n'y a pas de raison que Dieu cesse de veiller sur nous maintenant. Il ne nous abandonnerait pas dans les mains de *ces hutu-miliciens* quand nous étions si près d'atteindre la montagne. Je suis sûr qu'on vous l'aura dit à l'école, Dieu aime les hommes qu'Il a créées, mais les enfants en particulier. Au fait, les gars, êtes-vous frères entre vous, ou seulement des amis?

Non monsieur, répondirent-ils en chœur! On ne se connaissait pas avant la guerre, on s'est rencontré sur le chemin, ces gens nous avaient pris en charge.

Je ne les aimais pas beaucoup ces gamins, mais quand j'ai entendu ça dans leur propre bouche, j'ai été très profondément attristée; comme moi ils n'avaient plus de parents; ils avaient fui seuls et ne savaient même pas ce qui était arrivé à leur famille.

Sylvain nous avait rappelé que de tous les dangers qui nous guettaient, la soif était notre plus grand ennemi, avant même la machette de milicien. Ça fait déjà quelques jours qu'on n'a pas bu, un jour de plus serait fatalement un jour de trop. Nous avons dépensé beaucoup d'énergie en marchant pendant de si longues heures, c'était suicidaire mais il fallait le faire. Avant de partir, je vais chercher quelques plantes à suc moins amer que vous allez sucer en attendant mon retour, j'espère qu'elles pourront vous faire tenir le coup. J'essayerai de trouver de l'eau, c'est absolument crucial.

XVI

L'HOMME ET SON DESTIN (URWANDIKO)

Après avoir entendu ce qu'il venait de dire, je savais que rien n'allait empêcher Sylvain de partir. Il nous avait demandé à plusieurs reprises si nous avions bien compris les consignes; nous répondions oui, il s'éloignait, mais pour quelques raisons, il revenait sur ses pas pour nous reposer exactement la même question, encore et encore! Je trouvais ça curieux qu'il fasse ça, c'était tout le contraire de l'homme que je connaissais. Plus d'une fois il avait forcé aux garçons de sortir du trou, d'aller faire pipi; plus d'une fois encore, il m'avait demandé aussi de sortir pour qu'il me dise au revoir. Il m'avait serrée si fort qu'il me faisait mal aux côtes en me disant combien il m'aimait. J'avais beaucoup de peine à le voir se comporter de cette manière, c'était visible que quelque-chose n'allait, mon petit doigt me disait qu'il allait tout droit à sa perte; la mort l'avait transi, ça se voyait bien, il en avait un pressentiment lui-aussi; j'étais convaincue qu'il ne rentrera pas de ce voyage.

Était-ce une simple prémonition? Un coin de sa conscience lui disait de ne pas faire ce voyage, mais l'autre lui démontrait qu'il n'y avait pas trente-six solutions; il était devant ce dilemme mais n'avait pas le choix que d'y aller, c'était ce genre d'homme qui ne capitule jamais devant ses responsabilités. Il avait finalement réussi à nous dire adieu et disparaître dans la nuit. J'avais tout de suite commencé mon deuil, je savais que je venais de perdre mon deuxième père, j'étais convaincue qu'il ne reviendra pas. En effet Sylvain était devenu mon père au vrai sens du terme. Je n'avais pas pu fermer l'œil cette nuit-là, car j'étais complètement désespérée; les garçons étaient plus vieux que moi mais moins soucieux par cette situations; tout ce qu'ils voulaient, c'était de dormir quand ils pouvaient!

Le temps de voir Sylvain disparaître dans la nuit, ils ronflaient déjà. Il nous avait quitté en nous promettant d'être de retour le lendemain avant l'aube. Je me suis accrochée à sa promesse malgré mon désespoir, mais je devais attendre l'aube pour être sûre qu'il revenait comme promis, ou pas! Je ne pouvais pas mettre la croix sur sa vie, essuyer mes larmes même si je n'étais plus capable de pleurer. J'avais beaucoup prié mais au fond de moi je savais que je priais pour une cause perdue d'avance, nous étions condamnés, tous les signes précurseurs étaient réunis pour le confirmer. Croyez-moi ou non, j'avais tort de douter de la force de la prière et la détermination de Sylvain! *Homes de peu de foi - disait Jésus à ses disciples...!*

Le doute est l'ennemi numéro un dans la vie d'un homme, elle amène la confusion et le désespoir dans notre existence. En dépit de mes angoisses et la mélancolie causées par ce départ un peu inhabituel de Sylvain, il est encore rentré de ce voyage, exactement avant l'aube comme il avait dit; il n'apportait pas bonnes nouvelles mais tant pis, il était revenu et ceci était plus précieux que tout l'or du monde. Après avoir vu ce qu'il avait à voir à travers la ville, il était revenu avec la conviction qu'il était suicidaire pour nous de continuer avec la tentative de nous réfugier dans la montagne. Les barrières ont été renforcées, disait-il, nous n'avons d'autre choix que de retourner vers le fleuve; pour moi c'était une information insupportable. Retourner au fleuve? Plus dévastateur encore, Sylvain disait qu'il savait de source sûre que les miliciens n'allaient plus tarder à venir fouiller la vallée avec leurs chiens; il les avait entendus discuter de ces choses à une barrière dont il s'était approchée pendant la nuit.

Pour ce faire, la décision la plus sage mais non moins dangereuse était de temporiser un peu longtemps dans la vallée, mais le risque de mourir de soif était très grand. Il avait quand même ramené de l'eau à boire, mais on n'en aurait que pour quelques jours à peine. Nous devions reprendre le chemin dans le sens inverse pour nous éloigner de la proximité avec la terre ferme, vers les profondeurs des marécages. C'était terrible d'entendre ça et je n'étais pas sûre si j'y arriverais; franchement c'était trop demander aux enfants de notre âge, aussi fatigués et affamés que nous l'étions! Il était question de choisir entre la mort facile, qui était d'abandonner la lutte et se laisser mourir sur place, ou essayer de retarder la mort de quelques jours, en acceptant de retourner aux abords du fleuve comme le demandait Sylvain. Il s'était excusé de tous ces changements brusques, mais on savait qu'il n'y était pour rien.

Il décida de nous laisser dormir encore quelques heures, mais on devait repartir avant l'aube. Il y a un proverbe en kinyarwanda qui va comme ceci : *le dieu qui veille sur les chiens ne dort point, s'il dormait juste un instant, ils mourraient - imana irebera imbwa ntihumbya, ihumbije rimwe zashira!* Je dis ceci parce qu'il avait plu toute la matinée; cela faisait des jours qu'il n'avait pas plu dans la vallée! Quelle chance, quelle bénédiction d'avoir cette eau de pluie…! Il avait plu toute la journée, mais cela n'avait pas que des avantages; il y avait de sérieux inconvénients aussi. Avantages parce que nous pouvions boire l'eau de pluie avec nos petites mains et remplir notre bidon de réserve d'eau, mais inconvénients aussi parce qu'il y avait un risque réel de tomber malade sous cette pluie continue, sans possibilité de nous abriter. Nous étions très fragiles, ce qui augmentait grandement le risque d'attraper la fièvre.

On avait commencé à grelotter au milieu de la journée, même Sylvain, le dur à cuir, montrait déjà des signes inquiétants. Vers la fin de la journée, on n'était soulagé de voir le soleil réapparaître, malheureusement l'un des deux garçons montrait déjà des symptômes de pneumonie. C'était le pire scénario qui pouvait s'ajouter à la longue liste de nos malheurs; quand il avait constaté l'état de ce jeune homme, Sylvain avait paniqué et se parlait entre les dents, disant qu'*il ne manquait plus que ça!* C'était à lui de trouver des solutions à tout problème qui pouvait surgir, mais celui-ci était très urgent et absolument insolvable. Que pouvait-il faire? En tant qu'urbain, il était, improbable qu'il puisse connaître des plantes médicinales qui pouvaient baisser la fièvre de jeune garçon, il y en a toujours dans les marais mais il faut les connaître. Il y avait donc un risque bien réel de perdre ce garçon dans les quelques heures!

Nous avions paniqué, car nous avions la crainte de tomber malade l'un après l'autre, mais moi je voyais encore plus loin que ça; qu'allait-il se passer si Sylvain lui-même attrapait la pneumonie à son tour? Je savais qu'elle ne pardonne pas s'elle n'est pas correctement traitée. Depuis le jour où j'avais rencontré cet homme, j'avais carrément cessé de penser à la mort; je me disais qu'avec lui, rien de grave ne pouvait nous arriver; c'était pour cela que je priais chaque jour pour lui, pour qu'il reste en santé...

Tout avait brusquement changé cet après-midi-là dans ma tête, la mort était redevenue omniprésente dans ma conscience, j'avais même commencé à m'y préparer mentalement; je nous voyais tomber malades et mourir sans secours, car je connaissais les effets de la fièvre, elle est vraiment expéditive. Mourir lentement en grelottant de froid et de faim en attendant l'arrivée des *miliciens-hutu* avec leurs chiens et leurs machettes me faisait un effet bizarre; mon cerveau était sens dessus-dessous.

Tout l'optimisme que j'avais depuis l'arrivée de Sylvain dans ma vie m'avait quittée, je ne voulais même plus écouter les conseils qu'il essayait de nous donner pour nous encourager; j'avais même refusé de continuer à marcher avec eux. J'étais vraiment fatiguée mais ce n'était pas une excuse, car tout le monde l'était. Je ne voulais tout simplement plus continuer à lutter; pour la première fois je désobéissais aux recommandations de Sylvain; il avait insisté pour que je me lève et suive les autres mais j'avais obstinément refusé. J'avais tellement peur de la fièvre que je ne pensais même plus aux miliciens-hutu qui pouvaient nous tomber dessus à tout moment. Voyant que je ne l'écoutais plus, Sylvain se fâcha pour la première fois contre moi.

Je reconnais que j'étais allée trop loin, c'était ingrat de lui faire ça. Ce trajet de deux jours m'avait vraiment vidée, c'était une torture physique et morale de nous demander de refaire ce chemin en vingt-quatre heures. Il m'avait convaincue et je me suis remise en marche, mais notre patient se portait de plus en plus mal. Pendant que nous nous demandions ce que nous allions faire s'il mourrait, Sylvain devait déjà le porter sur ses épaules, quelque-chose d'inouï, difficile à croire arriva; on vivait dans l'inattendu absolu mais pour moi cette nouvelle rencontre était un vrai miracle. Sylvain qui marchait toujours devant s'était soudainement arrêté et déposé son patient par terre; il venait de percevoir un bruit mais moi je n'avais rien entendu; j'étais devenue sourde! Évidemment on avait pensé que les *hutu-miliciens* arrivaient jusqu'à nous. Sylvain nous dit tout bas de rester calmes, de ne pas bouger.

Il se retourna, scruta les alentours à la recherche de la source du bruit dont il avait été le seul à entendre; apparemment il n'y avait rien de nouveau, que le bruit normal de la jungle! Au bout d'un court moment, quelqu'un siffla avec sa langue et nous nous sommes tous retournés en même temps, très effrayés! Ouf, ce n'étaient pas des tueurs mais d'autres fugitifs désespérés comme nous, errant dans la vallée.

C'était un tout nouveau groupe mais Sylvain les avait reconnus, tout le monde connaît tout le monde au Rwanda. Cet homme nous conduisit à leur camp de fortune; comme Dieu fait bien des choses, il y avait parmi ces fuyards une infirmière qui avait pris les précautions d'amener sa trousse médicale; elle avait des pilules contre le paludisme, elle s'est immédiatement occupée de ce jeune homme qui était sur le point de nous quitter!

Trop de coïncidences diriez-vous? Oui, c'est le cas de le dire, mais c'est arrivé tel que je vous le dis. Ce genre de surprises est difficile à expliquer car elles n'arrivent pas souvent; mais quand ça arrive, c'est une bonne occasion pour nous, *survivants et survivantes de génocide*, de faire un recul chacun sur soi, nous rappeler dans quelles circonstances nous avons survécu, pourquoi nous, mais pas les autres qui étaient avec moi, dans la même maison ou dans un même buisson! Pourquoi ai-je été épargné(e) quand tous les autres tombaient autour de moi?

Il n'y avait aucune formule magique pour survivre au génocide contre les Tutsi; ses planificateurs l'avaient si bien étoffé qu'ils n'avaient laissé aucune porte de sortie, tous les Tutsi devaient mourir jusqu'au dernier. Si les forces de libération du FPR n'avaient pas réussi à stopper les *hutu-miliciens,* on parlerait un autre langage à ce jour... Un autre gouvernement *Parmehutu* aurait fait enlever la mention « *Tutsi* » de tous les registres du pays; il n'existerait plus de trace de l'existence de Tutsi au Rwanda, c'était ça leur objectif de base.

Il n'y avait aucun génie qui aurait pu tracer un schéma à suivre pour échapper à la machette, seule la chance avait opéré dans chaque fugitif, il n'y avait pas de plan de survie. En un moment-donné il faut admettre que tout ce qui échappe à la logique rationnelle de l'homme est impossible. Ce qui nous arrive, arrive parce que cela devait se passer ainsi, à ce moment précis!

C'est ce que nous dit la sagesse amérindienne. Ainsi cette gentille maman s'était empressée d'examiner ce jeune homme qui luttait pour son dernier souffle et lui avait fait avaler quelques pilules; miraculeusement il se portait déjà mieux le lendemain matin. Il y avait beaucoup d'autres enfants dans ce nouveau groupe, aussi affamés que nous; ils pleuraient en même temps que leur mère qui n'avaient rien à leur donner, ce qui rendait les papas très nerveux pour ne pouvoir rien faire pour les aider. Sans nous en rendre compte, nous étions revenus aux abords du fleuve où nous avions campé la semaine d'avant. À force de discuter, les hommes avaient conclu qu'il était impératif qu'il y ait au moins deux d'entre eux qui devaient prendre le risque de retourner en ville coûte que coûte.

Il fallait trouver de l'eau à boire, c'était très urgent. Cette infirmière avait offert de maquiller les deux hommes qui s'étaient portés volontaire; elle les avait vraiment transformés en miliciens-hutu par sa magie de maquillage, elle en avait beaucoup de talent!

Pour retourner en ville à cette étape du génocide, il fallait avoir un tempérament de kamikaze, c'était un voyage extrêmement risqué. Sans surprise, Sylvain était l'un des deux audacieux volontaires qui acceptaient de prendre ce risque. La métamorphose était frappante, pourtant elle avait utilisé des moyens de bord; j'ignore comment elle était arrivée à ces résultats avec de vieux vêtements qu'elle demandait aux gens, qu'elle mélangeait avec des feuilles de plantes adhésives et de l'argile pour en faire de vraies guenilles de miliciens, tel qu'on les voyait sur les collines! Ils ressemblaient *aux fêtards de la cérémonie vodou des îles Caraïbes*. C'était si réussi que moi-même j'avais eu du mal à reconnaître Sylvain. Il n'était pas du tout drôle dans cet affreux costume *d'halloween;* il restait à voir si ce déguisement pouvait réellement lui être d'une certaine utilité contre *la milice-hutu* enragée.

Ils ressemblaient tellement à ces tueurs, il ne leur manquait plus qu'une machette pour ressembler aux véritables miliciens. Je ne sais pas si vous croyez aux prémonitions, mais cette nuit-là, la façon dont Sylvain m'avait regardé avant de partir n'était pas trompeur… Il me disait des mots incohérents, des mots sans suite comme s'il était obligé de justifier ce nième voyage; il avait fait la même chose si souvent depuis qu'on s'était rencontrés et n'avait montré une telle anxiété.

Je dois accompagner cet homme, disait-il, parce que je connais beaucoup mieux les chemins de contournement qui mènent aux points d'eau; tout seul il n'y arriverait pas; je connais aussi toutes les astuces pour tromper la vigilance des gardiens de barrière, sans ça il ne reviendrait jamais. Il ne connaît pas non plus de cachettes sûres pour ne pas se faire repérer par ces tueurs. Ne t'inquiète pas pour moi pendant mon absence, je reviendrai comme je l'ai toujours fait. Puis, le cercle de nouveaux amis s'est agrandi, à deux nous rapporterions suffisamment d'eau et de provisions pour survivre encore quelques jours, d'ici là la guerre sera finie! Je ferai de mon mieux pour te trouver autre chose à manger, différent du manioc, et ce serait formidable si je pouvais trouver quelques couvertures pour te protéger contre le froid, cela t'éviterait de tomber malade. Ne te fais pas trop de soucis, tu es en sécurité avec ces gens, il me semble qu'ils sont plus gentils et relaxes que le groupe précédent, que tu n'avais pas aimé. Il m'avait encore serrée dans ses bras, pour la troisième ou quatrième fois en l'espace de quelques minutes; il avait un comportement vraiment étonnant. Je le sentais distant et froid dans son étreinte, lui qui, d'habitude, était si affectueux! N'oublie surtout pas de prier pour nous, avait-il ajouté; tes prières ont toujours été d'un grand réconfort et de grande efficacité entre mes va-et-vient de la ville à la vallée.

C'est sur ces mots de désespoir inavoué que Sylvain et son compagnon nous avaient quittés, il ne nous restait qu'à attendre leur retour; on espérait tous qu'ils reviennent sains et saufs, les mains chargées de victuailles, d'eau et de couvertures que Sylvain m'avait promises. En effet, il aurait été fantastique s'il me trouvait quelquechose de plus chaud à me mettre sur le dos pour me protéger contre le froid, car j'étais très menacée par la grippe saisonnière, j'étais si mal habillée pour cette saison. Le mois d'avril est la période la plus à risque de toute l'année au Rwanda, parce que l'anophèle prolifère à vue d'œil dans des flaques d'eau laissées par la pluie. C'est justement cette moustique qui est la source du paludisme qui pouvait décimer des milliers de gens, même plus vite que les Hutu contre les Tutsi, même si ces derniers sont imbattables dans ce domaine!

Le but ultime de ce dangereux voyage n'était pas seulement de trouver des choses à manger et de l'eau à boire, c'était principalement pour réévaluer les chances que nous avions de traverser la ville, car il était impératif que sortions de cette vallée avant que les miliciens ne viennent nous cueillir comme des fruits murs. La montagne était le seul refuge qui était susceptible de nous donner de meilleure chance de survie, car le côté sud n'était même plus envisageable, il y avait beaucoup trop de risques dans le fleuve. Ce jour-là avait été le jour le plus long de ma vie, car je sentais d'avance que je redevenais orpheline pour la seconde fois. Orpheline parce que Sylvain était réellement devenu mon père après la mort de mon père biologique et tous les miens. Aujourd'hui j'en parle aussi aisément, cette histoire est un souvenir déjà lointain, mais Sylvain est toujours présent dans ma mémoire, je ne l'oublierai jamais.

Ils sont partis très vite, sans même se retourner, et ils ne sont jamais revenus!

Les câlins de Sylvain m'ont manqués pendant très longtemps, j'ai eu beaucoup de mal à accepter sa mort. Son courage et sa détermination sont aujourd'hui la lumière de mes pas, sa voix résonne toujours dans mes pensées avant de faire quoi que ce soit, et son souvenir me fait chavirer quand je pense à lui. Il avait pressenti qu'il ne rentrerait plus jamais, je l'avais remarqué. On dit que les gens qui vont vers la mort le ressentent, mais ne peuvent pas reculer; je peux l'affirmer car je l'avais lu dans les yeux de Sylvain! Bien sûr que j'avais toujours eu des papillons au ventre à chacun de ses départs, mais il revenait...; je m'étais quasiment résignée à ces pincements au cœur, mais ce n'était pas pareil à ce dernier départ; c'était vraiment le dernier; il m'avait à peine étonné! Les mots d'adieu qu'il m'avait dit ne trompent pas; c'étaient des mots doux et prometteurs, ces mots-là qui confortent, qui apaisent, mais qui font frissonner aussi.

J'en avais eu des sentiments contradictoires mais je devais les assumer et cesser de s'inquiéter. Pendant qu'il me couvrait de caresses et de baisers, son compagnon de voyage était occupé à faire la même chose à sa femme à l'autre bout du camp; il avait aussi embrassé ses propres enfants, loin de se douter que c'était la dernière fois qu'il les serrait dans ses bras, *le pauvre...!*

Il ne savait même pas en quoi il s'engageait, contrairement à Sylvain qui avait déjà effectué plusieurs de ces allers-retours dans cet enfer rwandais. Sylvain avait pensé aussi à dire adieu aux deux jeunes garçons qu'il avait adoptés, mes demi-frères.... Au dernier moment j'avais espéré qu'il changerait d'avis, tellement il n'était pas sûr de lui et c'était nouveau. Il n'avait pas changé d'avis, hélas!

Il n'était pas un homme à changer d'avis, et on n'échappe pas à son destin! L'homme est son destin *(urwandiko)* ou *(agahuru kagusabye amaraso ntuyakarenza – tu ne passes pas le buisson qui veut son sang)!*

Il avait fait très noir après leur départ, dans mon cœur aussi! Sans Sylvain tout était maussade autour de moi. Je me rappelle les avoir suivis des yeux avec beaucoup de chagrin, et j'avais pleuré toute la nuit; c'était énorme pour moi qui ne pleurais plus depuis que j'avais rencontré cet home. Je m'étais habituée aux mêmes angoisses à chacun de ses voyages, je croyais beaucoup en sa force et son intelligence mais c'était complétement différent ce soir-là. Je ne sais pas pourquoi mais quelque-chose me disait qu'il ne rentrerait plus jamais. J'avais même imaginé des scénarios bizarres pour apaiser mes craintes, que son compagnon, *que je trouvais pourtant assez courageux,* serait la cause de leur perte, qu'il ferait une bêtise fatale qui attirerait l'attention des hutu, étant donné qu'il ne connaissait pas grand-chose de ce terrain-là. Son compagnon de voyage était un gars bien bâti, à part qu'il était d'une lenteur déconcertante!

En tout état de cause, il avait été le seul à proposer sa candidature pour ce voyage risqué, pendant que les autres hésitaient... C'était offensant de ma part pour son âme, j'ai longtemps regretté de l'avoir négativement jugé. J'avais beaucoup prié pour eux après leur départ, mais je sentais que ça n'accrochait pas et les mots me manquaient. Des idées noires interféraient dans ma méditation et me distrayaient, je n'arrivais plus à me concentrer sur une chose.

Ils ne sont pas revenus le lendemain, ni le jour suivant, ni jamais...

C'est ainsi que j'ai perdu mon deuxième papa, Dieu ait son âme...! Pour confirmer cette la nouvelle, un de nos hommes avait suivi leur trace, quarante-huit heures après leur départ et avait retrouvé leurs corps démantelés, à quelques mètres de la sortie de la vallée; il avait compris qu'ils avaient été surpris par les tueurs sur leur chemin de retour; celui qui était allé à leur recherche avait ramené le bidon d'eau qu'il avait retrouvé à quelques mètres de ce qui restait du corps de Sylvain! C'était un jour noir pour moi, un jour de tristesse sans comparaison, mais aussi une énorme perte pour ces fugitifs dont la survie dépendait du courage et de la générosité de Sylvain.

L'homme qui avait confirmé cette nouvelle dévastatrice avait précisé aussi que les miliciens-hutu allaient venir jusqu'à nous assez vite, ceci corroborait aux conclusions de Sylvain lors de son avant-dernier voyage. Cela ne m'inquiétait nullement car je voulais mourir aussi, plus rien ne m'intéressait après la mort de Sylvain.

Pas plus tard que le lendemain, c'était vers dix heures du matin : nous avons entendu un déferlement d'une multitude de miliciens-hutu et des aboiements de chiens qui venaient vers nous; c'était la fin, *mais quelle fin...!*

Quand ils avaient trouvé et tué Sylvain et son compagnon, ils avaient compris qu'ils ravitaillaient leurs familles cachées dans la vallée, et n'avaient qu'à suivre les traces que ces martyrs avaient laissés pour arriver jusqu'à nous. Ils le soupçonnaient depuis le début du génocide, mais cette fois-là ils en avaient la certitude.

De les entendre s'approcher du camp en chantant leurs chants peu glorieux dont ils étaient si fiers, ces mêmes chants horribles que je connaissais pour les avoir entendus scander pendant qu'ils lançaient les pierres à mon père, c'était un moment inoubliable. J'avais trop de peine à accepter que je ne reverrais plus Sylvain, de mon vivant, mais l'espoir de le rencontrer dans l'autre vie, *dans quelques instants parce qu'on allait mourir,* était là, vif. Ce pauvre papa m'avait tout donné et m'avait promis de ne pas mourir sans moi; ce fut la seule promesse qu'il n'aura pas tenue avec moi!

Il me disait souvent qu'il resterait auprès de moi jusqu'à la fin, peu importe quelle serait cette fin, mais voilà qu'il était parti sans moi, pour ne plus jamais revenir. Les Hutu étaient à ma porte, mon trou, devrais-je préciser, et Sylvain ne sera pas là pour me rassurer, me dire ce que je devais faire, me protéger contre ces *hutu*! Je l'en voulais pour ça, car il avait manqué à sa promesse; j'estimais qu'il n'avait pas le droit de mourir loin de moi.

Saviez-vous qu'on n'en veuille aux morts? Dans ma tête de lunaute, Sylvain ne pouvait pas se permettre de mourir, il m'avait dit qu'il ne mourra pas, comme mes parents! Je n'avais pas eu la chance de faire son deuil, accepter cette réalité et ses conséquences, il ne me restait pas grand-temps à vivre non plus! J'avais profité de ces quelques moments qui me restaient à vivre pour penser à la mort de mes frères, la lapidation de mon père et le viol collectif de ma mère; j'avais maudit la vie! Je ne voyais pas pourquoi ni pour qui je vivrai, s'il fallait que je vive...

Subitement je me suis sentie sereine à l'idée que j'allais mourir, rejoindre au Ciel tout le monde que j'avais perdu, que j'aimais.... C'était ce qu'on m'avait enseigné, à la maison et à l'école. On entendait déjà les miliciens s'approcher; ils hurlaient comme des monstres et leurs chiens aboyaient à l'unisson; c'était un moment extrêmement terrifiant, mais apaisant aussi pour moi qui souhaitait la mort.

Calme-toi! C'était son refrain quotidien, mais il n'était plus là pour me le redire. Les tueurs s'approchaient mais ils m'inquiétaient pas, j'étais prête, et c'était une belle journée pour mourir; il faisait vraiment beau, ce matin-là. C'était une matinée de ces agréables matinées rwandaises ensoleillées, qui font rêver *(agasusuruko)*!

J'avais réalisé, à ma grande surprise, que j'avais un peu peur d'être tuée... En soi la mort ne me disait rien, mais être mise à mort avec une machette était une toute autre dimension dans mon esprit. Je ne pouvais pas savoir comment ils me tueraient, mais il y avait beaucoup des chances que je sois tuée avec une machette ou une massue *(ubuhiri)*. Allaient-ils commencer par me couper les jambes, les bras, ou la tête? Je ne voulais plus mourir..., pas cette forme de mort! Je me rappelle avoir fait cette prière comme ma dernière demande à Dieu : je Lui demandais de ne pas permettre que les hutu dépècent mon corps en morceaux avec des machettes. Je voyais venir le premier coup de machette qui me couperait un bras, puis un pied, et peut-être me laisser ainsi pourrir au soleil ou être mangée vivante par des animaux de marécages attirés par l'odeur du peu de sang qui restait dans mon corps. Seigneur, quelle mort, quelle fin de vie!

Quand le premier milicien est arrivé à l'entrée de mon trou, il avait crié comme un malade en disant qu'il trouvait un repère rempli de rebelles; on y était à plusieurs enfant….J'ignore pour quelles raisons, mais ces miliciens devaient toujours crier fort, comme s'ils avaient peur. Je les entendais mais je ne les voyais pas, je n'aurais pas osé ouvrir les yeux. Quand les enfants avaient entendu les aboiements de chiens à l'entrée de notre trou, ils s'étaient mis à pleurer en chœur, c'est ainsi qu'ils nous avaient repérés; le tout premier mec qui s'était présenté à l'entrée de mon trou était heureux d'avoir trouvé ses proies, nous n'étions que du gibier. Ils se sont d'abord assuré d'avoir assassiné tous les hommes, l'un après l'autre, et balancé leurs restes aux crocodiles dans la grande rivière, et les enfants ensuite.

La mort que je souhaitais était enfin là, à ma portée; mon seul regret était de mourir loin de Sylvain, j'aurais tellement aimé mourir dans ses bras mais Dieu l'avait décidé autrement; c'est toujours Lui qui a le dernier mot, qu'on le veuille ou non. Ces pauvres hommes n'avaient même pas opposé de résistance, ils étaient tellement affaiblis par la soif, la faim et le manque de sommeil pour se défendre contre ces tabards. Ils se faisaient égorger comme des moutons, sans cris et sans complaintes. Étrangement ces miliciens n'avaient touché à aucune femme, ils ne semblaient pas pressés à le faire.

Comme j'avais vu ce qu'ils avaient fait de ma mère, j'avais compris qu'ils les épargnaient pour les mêmes raisons. Ils allaient les violer avant de les tuer. Les enfants et certaines femmes pleuraient devant l'agonie de ces pauvres papas qu'on égorgeait à tour de rôle. C'était d'une extrême cruauté, les miliciens hutu n'étaient plus des êtres humains mais de vrais monstres des enfers. Quand ils ont assassiné le dernier homme qu'ils étaient revenus à notre trou. Ils nous tiraient, soit par un bras ou un pied, à la manière des trappeurs de rongeurs...! Ils n'attendaient même pas une seconde, tout enfant qu'un milicien sortait du trou, un tueur l'attendait, en position, massue à la main; il l'assénait d'un seul coup de machette à la nuque et on jetait ses restes à la rivière, comme ils avaient fait avec les hommes!

J'avais été la dernière à être sortie du trou. Comme ils avaient fait aux autres enfants, un type m'avait attrapée par les longues tresses de cheveux et m'avait sortie avec une extrême brutalité qu'il avait arraché une touffe de mes tresses. J'avais les yeux fermés; j'étais extrêmement affaiblie par la faim et la soif, mais il me restait assez de force pour terminer ma prière que j'avais commencé depuis un moment. J'étais sereine, j'avais eu assez de temps pour la prière, je sentais que mon âme était pure, prête à rejoindre son Créateur. C'était comme si je recevais un cadeau que j'attendais avec fébrilité, ma délivrance était là, j'étais heureuse!

Le tueur qui m'avait attrapée par les cheveux m'avait instinctivement jetée par terre avec dédain; l'autre s'était avancé et m'avait ramassée par un pied, j'étais suspendue sous son bras comme un rat, ma petite robe était tombée sur mon visage car j'étais à l'envers! Tant mieux, je n'allais pas voir venir la machette, moi qui avais si peur d'être mise à mort avec une machette! Le type qui s'apprêtait à me couper le cou était en position, *comme un joueur de base-ball qui vise un homeland;* j'avais vu son gourdin (ubuhiri), il était truffé de clous.

C'est alors que quelque-chose de très étrange s'est produit. J'ai entendu une voix qui venait du côté gauche, une voix étrange qui disait, à haute voix : *ne faites pas de mal à cet enfant; amène-le-moi ici immédiatement, je la tuerai moi-même!* Le type qui me retenait par une jambe me laissa tomber en me crachant dessus; il m'avait donné un coup de pied très violent au flanc avant de s'éloigner. Il m'avait poussée aux pieds de l'individu qui réclamait mon corps. Cet homme au gourdin s'était vite éloigné, il se demandait pourquoi quelqu'un chercherait à donner une chance à une vermine comme moi! Son collègue avait demandé en ricanant... : *qu'est-ce qu'il compte faire avec un tel déchet?* Ils sont partis à rire mais je crois qu'ils n'avaient pas tout à fait tort, effectivement je n'étais plus qu'un déchet. Je dégageais une odeur d'une moufette, je ne me supportais plus moi-même. Ainsi, la mort montrait encore des signes de ne pas vouloir de moi, même si ce n'était que partie remise!

J'avais cru que j'allais enfin me reposer, que ma peine se terminait là mais voilà, ils ne semblaient pas pressés pour me tuer. J'avais clairement entendu ce qu'avait dit cet ignoble individu qui disait qu'il me tuerait lui-même, mais il n'avait pas précisé quand ni comment il allait à le faire; c'est extrêmement angoissant d'attendre la mort, quand on la voit dans les yeux. Je regrette que je n'eusse pas assez de force pour parler, j'aurais probablement risqué de demander à cet homme de me dire quand il comptait me tuer, c'était mon seul salut! Pourquoi est-ce qu'il remettait mon exécution à plus tard? Plus encore, quelle était la différence entre mourir de sa main ou des autres miliciens? Cela m'intriguait et m'attristait, mais je n'avais pas de choix.

Avez-vous deviné quel était cet homme?

Si-si; vous ne pouvez pas le manquer!

C'était monsieur *Taritari,* Alias monsieur X, évidemment.

Voilà, je vous avais prévenus, ma mésaventure va de droite à gauche comme l'écriture arabe, de la fin au début. C'est ça la seule logique qui caractérise mon histoire. Je vous ai largement parlé de ma vie d'esclave sexuel par cet individu; c'est ce matin-là que tout avait commencé... Voyez-vous, cher Lionel, rien d'étonnant à ce que mon histoire aille de la fin au début, avec vous! Elle n'aurait pas pu commencer autrement vu l'endroit et le contexte de nos retrouvailles. Elles nous ont imposé leur logique et on n'avait qu'à s'y adapter, une étape à la fois...!

C'était donc à partir de ce moment que monsieur Taritari m'avait demandé, presque gentiment, d'ouvrir les yeux, de le regarder;

je l'avais entendu annoncer qu'il me tuerait lui-même; j'avais promptement obéi en pensant que c'était l'heure... Je ne voyais à peine que sa silhouette car je voyais double, j'étais totalement déshydratée. Je voyais flou mais j'avais constaté que c'était un grand gaillard bâti comme un gladiateur romain! Il aurait même été assez sympathique s'il n'avait pas été milicien. Il m'observait de haut en bas comme s'il cherchait à comprendre ce qui le poussait à vouloir me tuer lui-même, mais je n'avais pas osé lever les yeux sur lui; pendant ce même moment, les autres miliciens s'adonnaient au viol de ces pauvres mamans, à qui ils faisaient subir d'extrêmes tortures. C'était une vraie vision d'apocalypse. J'en savais quelque-chose car j'avais vu ce qu'ils avaient fait à ma mère.

Mon cœur battait si faiblement que je m'attendais à ce qu'il arrête à tout moment, mais j'étais encore consciente de ce qui se passait autour de moi. Entendre l'agonie de ces pauvres mères torturées par ces barbares m'avait ramenée à penser à ma mère, un moment encore plus difficile d'attendre sa mort. Je ne pouvais même pas soupçonner à quoi elle ressemblerait, loin de me douter que j'allais subir le même traitement que ma mère, ou ces pauvres femmes. Comment aurais-je pu imaginer que cela pouvait arriver à un enfant de mon âge? Je venais à peine d'avoir sept ans!

Quand ces sauvages ont assouvi leur instinct sexuel bestial, ils ont attaché toutes ces femmes ensembles, par les pieds et par les mains; c'était sur ordre de mon étrange protecteur. Ils les avaient balancées à la mer, encore bien vivantes! Elles ne pouvaient pas se débattre car elles étaient solidement attachées entre-elles. Elles se sont noyées presque instantanément. J'avais toujours craint Dieu, mais à ce moment-là je me suis rebellée! Je ne pouvais pas comprendre comment Il pouvait observer tout ça, du haut de son trône, voir toute la misère de ces pauvres mères sans envoyer ses anges pour nous protéger contre cette milice satanique! Pourquoi? Où était sa miséricorde dont on m'avait toujours parlée? Qu'est-ce que les

Tutsi Lui avaient fait pour mériter un tel traitement? Tout cela était absurde et contradictoire dans mon esprit d'enfant.

En grandissant, je vous l'avais déjà dit, j'ai cessé de me poser ce genre de question au sujet de Dieu. Il est comme Il est et fait ce qu'Il veut, quand Il le veut. Ces femmes avaient subi toute la misère du monde en l'espace de quelques heures, c'était ignoble, inhumain, absolument insupportable.

Je n'oublierai jamais une de ces femmes qui avait essayé de résister au viol; je crois qu'elle ne voulait pas laisser perdurer sa douleur, pensant qu'on la tuerait sans la violer si elle se débattait. Elle avait farouchement lutté avec des coups de pieds et des coups de poing, contrairement à ses copines qui avaient plutôt réagi comme ma mère; elles n'avaient ni crié ni pleuré à aucun moment; encore comme ma mère, elles avaient chanté la louange de Marie tout au long de leurs tortures, mais pas celle-là; je me souviendrai toujours d'elle. Je l'ai vue cracher au visage de l'un de ces crapuleux individus qui essayait de la déshabiller, ses amis riaient aux éclats pour l'humilier; elle était d'une agilité sportive rare chez la femme rwandaise, comme mon père, elle était experte en art de *Taekwondo*; elle sautait haut dans les airs et donnait des coup de pied très violent dans les couilles de plusieurs de ces connards, en même temps!

Ceux-ci s'effondraient dans un râle d'extrême douleur; elle se retournait, en position d'attaque, prête à se battre contre n'importe lequel de ces démons; ils ont pris peur et commencé à reculer; c'était tout un spectacle! C'était une femme d'une grande beauté, elle me rappelait me mère! Oh Seigneur qu'est-ce qu'elle était belle! Mais, où était-Tu Seigneur, pendant tout ce temps?

Vu qu'ils n'arrivaient pas à la dompter, un des tueurs avait pris une hache et lui avait fendu le crâne, de derrière, elle est morte sur le coup; c'était ce qu'elle souhaitait, sa mort a été instantanée. Elle ne voulait probablement pas se laisser violer à tour de rôle par tous ces bandits, prolonger sa souffrance inutilement. Ce fut à ce moment précis que j'avais eu la preuve que ces *hutu-miliciens étaient de vrais monstres* : ils se sont rués sur le corps de cette femme, son cadavre qui était encore chaud et tout ensanglanté, et l'ont violé à tour de rôle comme si elle était vivante!

Violer un cadavre et continuer à vivre parmi les hommes? Comment ces individus parviennent-ils à dormir avec une telle mémoire? Ils ont une conscience quand même, non? Des scènes d'horreurs, j'en avais vu de toutes les couleurs, du purgatoire à la fin du monde selon la prophétie de St-Jean, mais celle-là était la plus horrible de toutes. Je n'avais jamais tant souhaité la mort que ce matin-là, mais la mort n'avait toujours pas d'oreille pour moi!

J'attendais encore la décision de mon tueur potentiel, lui-même faisait partie des violeurs du cadavre de cette brave femme. Ce n'est que vers la fin de cette scène d'apocalypse que monsieur *Taritari* était revenu à moi. Je me voilais la face avec mes petites mains tremblantes pour ne pas voir ce qu'il allait faire avec moi, et je n'avais pas arrêté de prier. J'étais suffisamment préparée pour mon départ dans l'autre monde, elle n'avait jamais été aussi proche, je ne voulais absolument pas qu'elle soit encore retardée après cet instant-là.

Il s'approcha de moi, m'observa encore longuement, m'ordonna de me lever et le suivre. J'avais obéi, malheureusement je pouvais difficilement marcher... Il avait insisté sur un ton cruel que la terreur de sa voie avait eu le dessus sur ma fatigue, et je me suis levée. J'étais debout, mais incapable de mettre un pied devant un autre, mais il le fallait. Ce type me regardait presque avec pitié, je n'y comprenais rien. La pitié dans les yeux d'un homme comme celui-là? Comment est-ce possible? C'était absurde; comment comprendre qu'un homme pouvait, à la fois violer un cadavre et avoir pitié de l'enfant de vermine que j'étais? Ce n'était pas tout...; il m'avait donné sa bouteille d'eau pour que je boive. J'avais longuement hésité avant de saisir cette bouteille, je n'en croyais pas mes yeux mais il insistait. C'était très difficile pour moi de comprendre comment cet individu pouvait être à la fois aussi cruel et généreux.

Qu'est-ce que Dieu a mis dans l'eau quand Il l'avait créée?

C'est très difficile de le savoir, même aujourd'hui je n'arrive pas à comprendre. J'ai commencé à me poser cette question depuis le jour où j'avais tendu ma main et saisi la gourde d'eau des mains de cet individu. Pour être honnête, je ne voyais ni ses yeux rouges ni sa main, mais sa gourde et ce qu'il contenait...

Elle n'était pas transparente, mais même avec les yeux fermés je voyais quand même l'eau dans cette bouteille. L'accepter des mains de cet homme n'était pas moins complice, mais j'avais fini par allonger mon bras et saisir sa gourde; j'avais bu à même le goulot, c'était on ne peut plus vil, mais je pouvais pas refuser; il fallait absolument que je boive, j'étais totalement desséchée.

Dans mon esprit d'enfant en détresse, ce mec n'était qu'un imposteur, qu'il ait pitié de moi ou pas cela ne changeait rien à l'imbécile qu'il était; par contre, l'eau qu'il me donnait était saine et désaltérante, peu importe de quelles mains je la recevais! Cette pensée m'avait aidée à ne pas me culpabiliser d'avoir accepté la gourde d'eau d'un tueur. Je devais me trouver toutes sortes d'excuses pour éloigner toute pensée négative, qui m'éloignerait de cette bouteille d'eau. C'est ainsi que j'avais pris mon courage à deux mains et avalé d'une seule traite le contenu de cette gourde.

Personne ne m'avait touchée, mais je comprenais à peu près pourquoi : soit que j'étais trop répugnante et dédaignable que personne ne pouvait s'intéresser à moi, ou ils ne me touchaient pas par parce qu'ils avaient peur de cet homme qui m'avait placée sous sa garde. Je n'excluais pas non plus que mon âge pouvait jouer un certain rôle.... Il avait dit qu'il me tuerait lui-même, mais je ne savais pas ce que cela voulait dire. J'étais trop affaiblie que mon petit squelette pouvait à peine me porter; mes muscles étaient complètement flétris et je dégageais l'odeur repoussante *(agasamunyiga)*! Était-ce suffisant pour éloigner les prédateurs sexuels? Je n'avais pas pris de bain depuis si longtemps; si on manquait cruellement d'eau à boire, on ne pouvait pas penser à l'eau de bain, même pas partiel. J'avais vidé sa bouteille en un temps-record, des millisecondes; il me regardait, si amusé qu'il avait poussé un long *woooow*, ne comprenant pas comment j'avais été capable de vider cette grosse bouteille en si peu de temps.

Il avait repris et rangé son récipient vide dans son sac, puis m'avait demandé de le suivre et nous avions marché pendant de longues heures. Il marchait assez lentement pour m'attendre jusqu'à ce qu'on arrive dans ce qui semblait être sa demeure; c'était une petite chaumière sans lumière, bâtie entre un grand champ de maïs et une bananeraie. Quand on est entré, je me rappelle que j'avais été frappée par l'odeur de moisi à l'intérieur de cette maisonnette, je me suis demandé comment il pouvait vivre là-dedans. Il avait allumé sa lampe à pétrole, m'avait fait asseoir sur un petit tabouret en paille avant de me faire une étonnante révélation :

"J'ai eu pitié de toi dès que je t'avais vue; quelque-chose me poussait à te protéger contre ces hutu, mais j'ignore pourquoi; j'entendais une voix au fond de moi qui me poussait à agir ainsi; je n'ai fait qu'exécuter un ordre! Je n'avais jamais écouté de voix auparavant; c'est étrange rien"! J'étais abasourdie car j'avais compris qu'il s'agissait de mon ange-gardien qui lui avait chuchoté à l'oreille d'agir ainsi. Je ne lui ai pas dit mais je n'avais pas de doute là-dessus. Pendant qu'il préparait le souper, il m'avait donné encore plus d'eau qu'il avait prise d'une grosse cruche de terre qui était dans un coin de sa maison; elle était beaucoup encore plus fraîche et j'avais bu à ma soif.

Il m'en avait donné assez pour prendre un bain complet; j'étais heureuse de pouvoir me laver même il n'avait pas de savon. Pendant que je me lavais derrière sa maison, je n'avais pas cessé de penser à ce qui m'arrivait. Il avait préparé des patates douces et des haricots verts cuits ensemble et m'en avait servi toute une assiette; pour la première fois depuis que j'avais quitté ma maison, j'allais manger un repas cuisiné. Qu'est-ce qu'il était délicieux ce repas! C'était comme un souper de prince pour moi, pourtant j'avais toujours détesté les patates quand j'étais encore dans ma famille. Même si c'était la fête dans mon cœur, je sentais qu'il y aurait inévitablement un prix à payer.

Après avoir mangé, nous nous sommes mis sur sa petite couchette en paillasson, à même le sol; on s'est recouvert d'une vieille couverture qui sentait la merde, mais je me suis endormie presqu'aussitôt.

À ma grande surprise, il m'avait laissée dormir; il ne m'avait touchée ni cette nuit, ni la nuit suivante ni aucune autre nuit de cette semaine. Pour moi ce ne pouvait être qu'un miracle. Je mangeais à ma faim et me lavais au moins une fois tous les deux jours, mais je restais sur mes gardes; je ne comprenais toujours pas l'objet de toute cette générosité de la part d'un tueur de cette catégorie.

Il me laissait dormir toute la nuit, mais quand je me réveillais, parfois tard au milieu de l'après-midi, j'étais seule dans cette hutte et la porte était toujours fermée de derrière. Pour faire mes besoins, il m'avait montré un morceau de veille cruche qu'il avait placé dans un coin de la maison. C'était un grand défi d'utiliser cette cruche pour faire mes grands besoins, et vivre à côté d'elle dans une maison fermée; elle sentait comme la mort, j'étais intoxiquée par son odeur à longueur de journées. Je ne pouvais l'amener dehors pour la vider que la nuit, quand monsieur X rentrait du travail.

Je la vidais dans son champ de maïs sous son regard, mais sa puanteur revenait avec moi, sans savon il n'y avait pas moyen de la nettoyer convenablement. Sentait-il lui-aussi cette odeur? Je me le demandais souvent mais il ne s'en était jamais plaint. Je crois que nous sentions tous les deux la même odeur mais cela m'étonnait qu'il trouva cela normal; j'avais même fini par m'y habituer, surtout qu'il s'en foutait. Une semaine après mon arrivée dans sa maison, monsieur X a repris le poil de la bête et montré ses vraies couleurs; la récréation était terminée!

Un bon soir, il était rentré tard, ivre-mort; il a allumé le feu, chauffé sa nourriture comme d'habitude, mais pour la première fois il a mangé seul; il m'avait à peine jeté des miettes de son assiette! Il m'avait demandé d'aller vider ma cruche de merde dans le champ mais il n'y avait pas assez d'eau pour la laver. Son odeur empoisonnait la maison si fort que je me disais si son gros nez devait être bouché pour ne pas se plaindre de cette puanteur. Pourtant je l'avais frottée comme j'avais pu, avec des feuilles de maïs, mais cette odeur ne l'avait pas quitté. Le soir suivant, il était arrivé tout recouvert de sang; il s'était mis à poil devant moi et m'avait violemment enlevé ma petite robe; il m'a brutalement renversé par terre et m'avait violée avec une telle violence que je me suis évanouie. À partir de cette nuit-là, il n'avait pas manqué une seule nuit sans me violer; il m'a fait subir toutes sortes de tortures, morales et physiques, je vous ai raconté tout ça et je ne compte pas y revenir; je tenais à vous faire comprendre comment mon aventure avait commencé depuis chez-nous!

Maintenant vous savez tout sur mon passé depuis le 7 avril 1994, vous y teniez, vous savez tout maintenant. Comme vous le savez également, je suis resté dans sa maison pendant tout le temps du génocide jusqu'à ce que les sauveurs de l'armée du Front Patriotique *(FPR-Inkotanyi)* libèrent le pays, que tous les tueurs et violeurs fuient, à leur tour!

Cette partie de mon calvaire a été la plus sombre et la plus cruelle, jamais je ne pourrai oublier ce que j'ai subi dans la maison de cet homme. Nous avions fui ensembles, jusqu'au Zaïre où nos chemins se sont séparés pour toujours, je vous ai raconté ça aussi. Après la mort de mes parents, ma vie a été une suite d'événements tragiques, parfois traversée de moments heureux, mais nos retrouvailles restent un moment unique; c'est un vrai miracle!

J'avais toujours été chanceuse et bénie à de multiples occasions qu'il m'arrivait de me demander pourquoi moi, toujours moi, mais ce miracle de nous retrouver dans cette vallée me semble être l'accomplissement d'une prédilection divine, je ne peux pas le voir autrement. Sylvain m'avait dit que Dieu ne me lâchera jamais parce qu'Il m'aimait sans conditions, qu'Il protégera mes pas peu importe où j'irai, maintenant je crois que tout est accompli. Ce n'est pas moi qui démentirais ces aveux aujourd'hui, au terme d'un si long périple d'incertitudes et de souffrance. Je ne sais pas quel effet ça vous fait, vous, mais moi, de savoir que je viens de retrouver une famille, ma famille, dont j'ignorais l'existence, dépasse tout ce qu'une personne comme moi pouvait espérer dans la vie. J'avais entendu les gens dire que réapprendre à vivre après le génocide, c'est comme apprendre à rouler à bicyclette.

On tombe, on se relève, on retombe encore et encore, jusqu'à ce qu'on rencontre un bon maître qui vous dise de ne regarder que loin devant. Cela vous évite de regarder la roue, car elle vous fait tourner la tête, du coup, vous perdez l'équilibre. C'est ça le plus grand secret de la résilience, la seule qui peut nous maintenir en équilibre. Avant d'avoir compris cela, on traverse toutes sortes de situations, on vit dans une sorte de vallée profonde où règne la peur et subit pressions et dépressions dues au remord d'avoir survécu quand les autres tombaient autour de soi. Pendant que la douleur des blessures visibles et invisibles font des ravages, on s'obstine à vouloir réussir et on oublie de prendre le temps de vivre. Vivre est très différent de survivre, mais on ne comprend pas toujours ce phénomène de la même manière.

Je remercie le Seigneur qui a préservé votre vie et la mienne pour que nos chemins se recroisent, c'était dans son plan pour nous, car rien n'arrive par hasard dans la vie d'un homme. En quittant Wisconsin pour revenir ici, après vingt-six ans d'absence, j'étais loin de m'attendre à une quelconque surprise agréable, moins encore de rencontrer une parenté, proche ou lointaine; j'étais en mission, avec un seul objectif : revoir l'endroit qui fut la maison de mon enfance, marcher ensuite jusqu'à la vallée maudite où tu m'as rencontrée hier! Je l'appelle « *vallée maudite* » parce que c'est à cet endroit- même où mon père a été lapidé jusqu'à ce que mort s'en suive, où mon grand-frère a été décapité, et où je me suis séparée de ma mère pour toujours! Il fallait que je revienne me recueillir-là, exorciser mes vieux démons et boucler la boucle; je devais ensuite retourner en Amérique pour oublier définitivement l'Afrique; c'était ça ma mission, tout avait été calculée au millimètre-près, mais la magie du destin t'avait fait entrer dans mon équation à ton insu. J'avais vraiment besoin de tourner cette lourde page, oublier définitivement ce pays de mon enfance, mais maintenant je me rends compte que j'avais tort d'avoir des idées aussi noires et irresponsables.

J'avais beaucoup lu sur le Rwanda nouveau, il n'a plus rien à voir avec le pays cruel que j'avais quitté en 1994, mais c'était cette image qui était restée figée dans ma tête. On disait dans les media qu'il avait retrouvé son vrai visage et son sourire d'antan, c'est difficile à le croire avant de le voir, mais maintenant je peux moi-même l'affirmer. Avant de me retrouver dans cette vallée, hier, j'avais eu le temps de faire le tour de la ville, et j'avais constaté que mes souvenirs du mois d'avril 1994 étaient restés intacts; le reste m'intéressait fort peu! J'avais facilement retrouvé l'endroit où était bâtie la maison de mon enfance, mais la maison elle-même n'était plus là; il y a, à sa place une énorme bâtisse, je ne me suis même pas attardée à savoir ce que cela pouvait être, car j'avais compris que quelqu'un en avait pris possession, mais tant pis, du moment que ça sert à quelque-chose! J'allais repartir en Amérique avec un seul regret : ne pas avoir pu trouver l'indice que j'avais espéré trouver dans cette vallée où j'avais tout perdu.

Je cherchais n'importe quoi qui aurait appartenu à ma mère, mon père ou mon frère, cela aurait amplement suffi, même un petit lacet du soulier de mon père aurait apaisé mon âme, mais je n'avais rien trouvé de ce genre. J'étais trop naïve d'espérer ça! Comment pouvais-je ignorer que la vie reprend toujours ses droits, peu importe le degré de dévastation? Ce n'était pas raisonnable de ma part de croire qu'on trouverait quoique ce soit à cet endroit, vingt-six ans plus tard! Si j'avais trouvé quelque vestige de cette nature, mon intention était de l'inhumer en mémoire de ma famille éteinte et lui donner une sépulture. Je voulais dédier ce lieu de *"dernière demeure de tous le miens"*! J'étais déçue quand tu m'a interrompue; tu m'as surprise au moment où j'étais sur le point de planter une croix, signer même une épitaphe avec la mention : « *ci-gît la famille Ngabo* »! Je n'avais rien trouvé de ce que j'étais venue chercher, mais finalement j'avais trouvé beaucoup mieux : *toi mon oncle, le frère de ma mère, toi et ta nouvelle famille!* N'est-ce pas extraordinaire? Est-ce une simple coïncidence ou un réel miracle? Croyez-vous aux miracles? Sinon, si ceci n'en était pas un, alors ce serait quoi, un miracle d'après vous? Quand tu es arrivé, j'avais été là depuis plusieurs heures et j'étais vraiment désespérée; j'avais eu le temps de revoir le film de ma vie depuis mon enfance, ce film *en 3 D* que je revoyais pour la énième fois, qui était quasiment tatoué sur mon cœur. C'est *un thriller* dont j'avais toujours été la seule à voir dans cette immense salle sans murs, qui est mon âme; tu es arrivé de nulle part comme un voleur, et tu m'avais demandé ma photo!

Je te l'avais donnée presque sans résistance et ça m'étonne encore de savoir que j'ai pu faire ça à l'inconnu que tu étais à mes yeux! Je ne comprends pas ce qui m'a pris ni comment tu avais réussi à me convaincre de te laisser envahir mon intimité jusqu'à te donner cette photo dont je ne me séparais jamais. Je ne l'avais jamais montrée à personne, et c'est cette photo qui a tout déclenché; sans elle, nous n'en serions pas là! Tant qu'on y est, je ne t'ai pas encore dit comment je l'avais obtenue.

Le général *Fuamba* que tu connais désormais, mon premier père adoptif, avait fait un voyage au Rwanda, longtemps après le génocide; il avait rencontré quelques anciens amis de mon père, l'un d'eux se rappelait de nous et avait trouvé notre album familial dans un dépotoir du quartier et l'avait gardé, au cas où! Il lui avait donné cet album pour moi, car il leur avait dit que je n'étais pas morte, que je vivais aux USA mais que j'avais transité dans sa famille pour quelques temps. Le général me l'avait apporté aux USA à sa première visite; c'est le plus grand cadeau que j'aie jamais reçu de toute ma vie. C'est pour ça que je ne comprends pas comment tu étais arrivé à me convaincre de te la laisser alors qu'on ne se connaissait pas encore. On dirait qu'il y avait une force d'attraction entre toi et moi, ou que tu m'avais mise en état d'hypnose!

Je ne pense pas avoir été sous hypnose ou autre influence maligne, nos étoiles s'étaient alignées pour qu'on commence un nouveau chapitre de notre vie. J'avais été très déçue de ne pas avoir trouvé ce que j'étais venue chercher à cet endroit, je terminais le film de ma vie, il avait tellement remué toute la poussière de ma jeunesse et j'avais réalisé que ma douleur était encore vive, vingt-six ans plus tard. Revoir toutes ces images à cet endroit avait été une épreuve très dure : *les derniers moments de mon père, la mort atroce de mon frère Marc, l'agonie interminable de ma mère qui me suppliait de partir, d'aller le plus possible de cette scène macabre*, etc..., mon âme s'était retournée...

J'ai été chanceuse d'aller très loin comme l'avait souhaité ma mère, *l'Amérique n'est pas à côté de l'Afrique, encore moins du Rwanda*, mais tout ça se passait dans la réalité du temps, mais pas dans ma tête! Tout était comme si c'était hier, pourtant beaucoup d'eau avait coulé sous les ponts. Tu ne me croiras pas peut-être pas, mais je t'apprends que tu m'as sauvé la vie, juste hier.

En effet, après avoir revu toutes ces images à cet endroit précis, tout avait basculé dans mon âme et ma conclusion avait été prise, elle était sans recours. J'étais sur le point sur le point de me jeter dans la grande rivière... Un sentiment bizarre s'était emparé de mon être et soudainement je n'avais aucune envie de vivre, ni la force de continuer à endurer plus longtemps cette torture de mauvaise mémoire.

Mon combat s'arrêtait là, je n'avais plus le courage de persévérer. Il n'était plus même question de retourner à Wisconsin. Je trouvais légitime de mourir à cet endroit où j'avais perdu tous les miens, car je n'avais plus rien à attendre de la vie! Tous mes rêves avaient été accomplis; j'avais connu l'Amérique dont tout le monde rêvait, mais cette Amérique n'avait pas réussi à soigner mes plaies, mon insatisfaction était restée la même et je n'avais plus que faire de la vie! J'étais plongée dans ces pensées morbides et me demandais comment j'allais me tuer quand, de nulle part, tu m'as surprise! Tu as totalement bouleversé mon plan. Nous n'avions pas rendez-vous, on ne se connaissait même pas mais tu es arrivé à t'inviter dans mon espace sans me demander la permission; étonnamment je t'avais facilement laissé t'installer.

En tant que chrétienne convaincue, je vois la mort comme un déménagement; c'est un phénomène naturel qui échappe à notre intelligence, qui nous transpose dans une autre dimension; c'est là où je voulais aller, voir ce qui se passe au-delà de la montagne! J'en avais marre de continuer dans cette vie ingrate; j'étais l'otage de ces idées noires quand tu es apparu comme dans une vision. Si tu étais arrivé une demi-heure de plus tard, tu aurais vu, au large de la grande rivière, un corps de femme flotter, ce corps aurait été le mien! Je n'en pouvais plus et j'étais sûre que je n'allais pas me manquer cette fois-ci, comme par le passé, car je ne sais toujours pas nager! Comme dans le célèbre roman, « *les oiseaux se cachent pour mourir de Colleen McCullough* », cet l'incroyable lyric dont les mots troublants me ressemblent, j'étais convaincue que c'était la seule façon pour moi d'oublier ma peine et toutes mes angoisses. Je me cachais pour mourir à la recherche d'une vie meilleure et éternelle, c'était la seule option qui me restait, car j'avais fait le tour de toutes les souffrances de la terre. Ne pas être capable d'oublier est une arme à double tranchant, une épée de Damoclès qui pend très proche de la nuque de chaque rescapé(e) de génocide, mais étonnamment du génocidaire aussi, *mais quel contraste, et quelle triste vérité!* Le génocidaire et le génocidé dans le même dilemme *(pour ne pas citer Révérien Rurangwa)*? En quelques sortes, oui. Oui, parce que dans les deux cas, ils sont désespérés même si on ne souffre pas de la même manière ni pour les mêmes raisons!

Ils ont de moins en moins le goût de vivre, c'est le cas malgré les apparences trompeuses, qu'ils n'avoueraient jamais. Tiens, encore une coïncidence... Je viens tout juste d'apprendre à France24 une nouvelle extraordinaire qui annonce des noms recherchés trouvés, arrêtés en France... En France? Est-ce qu'ils vivaient pendant ces vingt-six dernières années? C'est à euxc de nous le dire, et ils nous le dironta... Je savais que le monde finira par être trop petit pour les cacher! Je ne compare pas l'incomparable, ne me prenez pas au pied du mot.

Si vous preniez le temps d'y penser, vous verriez que cet argument n'est pas si bête. Je suis sûr que tout génocidaire où qu'il soit est hanté en permanence par la culpabilité d'avoir massacré les innocents, même si rares sont ceux ou celles qui iraient de l'avant pour le dire. Quant aux rescapés, ils sont encore rongés du remord d'avoir survécu, leur vie ne pourra jamais être la même qu'avant 1994; il faut qu'ils regardent loin devant, comme on apprend à rouler à bicyclette, mais ils ne peuvent pas oublier; on n'oublie pas le génocide. Si on faisait un rapprochement de la situation du Tutsi rescapé et du *génocidaire-hutu* repenti, qu'est-ce qu'on verrai, si on ne mettait pas de lunettes déformantes guidées par la tristesse et le chagrin?

En soi nous serions nombreux à dire que c'est inacceptable, que ce serait une nouvelle forme de révisionnisme, pourtant c'est ce que faisaient les juridictions Gacaca. Était-ce du révisionnisme? Bien au contraire, sans *l'impact de gacaca,* notre pays serait encore aujourd'hui en des cycles de violences à n'en plus finir!

Sans le savoir et parfois sans le vouloir, la majorité des Hutu avait été pris en otage par un système politique pourri, 60% de ces individus étaient totalement analphabètes, quand bien même si le système éducatif rwandais leur était acquis. Avec le recul on réalise qu'ils ont été des victimes aussi, même s'ils n'étaient ostracisés et pourchassés comme les Tutsi. Peu importe quelle définition on se fait de la vie, car on a tendance à se faire chacun la sienne, mais elle finit par revenir à la même, on en a qu'une seule! On l'a mais on ignore d'où elle vient, on la perd et ignore encore où elle va... Pourquoi on ne se contenterait pas de la respecter tant qu'on en jouit, au lieu de s'activer à l'enlever aux autres? Au moment-même où j'écris ceci, le terrible *virus,* dénommé *Covid-19* ravage le monde. Il se fout du monde et tue tout homme qui se met sur sa route, qu'il soit Blanc ou Noir. Il circule tellement vite et entre partout, sans même s'annoncer.

Pour une fois le monde a peur de la même chose, *une si petite chose qui n'est même pas visible à l'œil nu* fait trembler la terre entière. Est-ce que les survivants de cette pandémie virale vont-ils essayer d'inventer une nouvelle définition de la vie? Auront-ils compris que *"tout est vanité"* comme il est écrit dans le livre de l'Ecclésiaste? Tout le monde, sur tous les continents, quelle que soit leur couleur ou leur fortune, on vit une fois et on meurt une autre fois! Ce virus a déjà contaminé quelques millions de gens et envoyé dans la mort plusieurs centaines, pourtant nous sommes au vingtième siècle. Comme au temps du génocide contre les Tutsi qui a fait plus de dix milles victimes par jour pendant trois mois, ce virus vient de faire plusieurs centaines de milliers de morts en deux mois, et sa colère ne s'apaise pas. N'est-il pas le moment pour le monde de redéfinir la vie, d'apprendre à l'aimer, et la protéger? On n'en a qu'une seule, c'est un emprunt dont il faut prendre soin, on nous demandera ce qu'on en a fait!

Avant le péché originel, la vie sur terre *(des hommes)* avait été conçue pour être vécue, heureux ensemble, en harmonie. Dès qu'ils ont choisi de désobéir, la colère divine s'est abattue sur la race humaine, de la même qu'elle s'abattra sur les génocidaires, qu'ils soient planificateurs ou exécutants, de père en fils; ce jour-là ne connaîtra pas de circonstances atténuantes dans cette forme de jurisprudences, ce n'est pas moi qui le dis, c'est la Bible!

Je l'avais déjà dit mais il me plaît de le redire. Dès la pacification du Rwanda, le nouveau gouvernement a eu recours aux juridictions gacaca, car tout était urgent, le pays était à terre, il fallait trouver un compromis et le trouver très vite. Les largesses des jurisprudences gacaca étaient le seul moyen de resserrer les coudes, retrousser les manches et redonner une nouvelle image au peuple Rwandais; cela a bien fonctionné.

Il fallait privilégier le vivre-ensemble, comme avant, ce n'était pas une erreur, mais un retour à la source, même si c'était très dur sur le plan émotionnel. Est-ce que cela signifie que même au Ciel, ces mêmes circonstances ont été approuvées? Qui pourrait l'affirmer? Voilà pourquoi j'aime mieux laisser ce soin au gardien du livre du pardon, ce n'est pas à moi d'en juger... Nous avons chacun le devoir non-négociable de respecter la vie d'autrui, c'est la seule façon de garantir et préserver nos droits dans notre société.

On oublie, *sans oublier*, et ainsi va la vie! Voici un bon commentaire des admirateurs de la poésie immortelle, dont Marie-Perreault dans : J'oublierai : *j'oublierai jusqu'aux dernières secondes, j'oublierai tout ce qui de toi m'encombre; j'oublierai même la douleur de l'absence pour qu'aimer retrouve à nouveau un sens; j'oublierai les nuits qui seront trop sombres pour jeter ce qu'il restera de tes ombres, ne jamais regretter ce qui nous attache, libérer notre amour devenu tellement lâche. Désolée de n'être qu'un brouillard, une fumée qui s'évapore au hasard, égarée entre ce monde et nulle part à chercher le chemin pour t'effacer de ma mémoire, etc...*

Comme les fameux oiseaux qui se sont cachés pour mourir, j'étais venue me cacher pour mourir. Mourir à l'abri des regards indiscrets pour circonscrire ma honte dans ses limites, car j'espérais tout oublier dans la mort, je voulais mourir pour vivre en paix! J'étais sur le point de me noyer dans cette rivière, c'était bon pour moi, ce fleuve est endroit qui convenait pour recevoir mon corps, car elle me connaît depuis mon enfance. Il sait tout de ma jeunesse qu'on m'avait volée à sa rive, elle a été témoin de mon désarroi même s'elle n'avait rien fait pour m'aider, *comme tout le monde, tiens*, à l'exception de monsieur Sylvain! Cette rivière est la plus grande confidente de l'innocente petite fille que je fus; c'est pour cela que c'était à elle qu'il convenait de confier mon corps, mais pas mon âme, car elle n'est pas à moi...! Je ne suis pas de nature rancunière, sinon j'aurais aimé lui demander pourquoi elle n'avait pas voulu me donner un peu de son eau, quand j'avais si soif!

Je lui aurais demandé à quoi elle sert dans la vie, si elle ne peut donner un peu de son eau aux assoiffés, quand elle en a par tonnes qui passent par seconde, d'amont en aval, pour rien! Je lui aurais rappelé aussi comment elle se moquait de moi, imperturbable et insensible à ma douleur, moi qui n'avais besoin que de quelques litres de son liquide qui sauve, quand je séchais comme du bois à sa rive. Je l'aurais probablement maudit avant de mourir, comme Jésus avait maudit *un figuier stérile*[6] qui n'avait pas été capable de lui donner le moindre fruit, quand Il avait si faim. Celui-ci avait desséché en moins de vingt-quatre heures, mais je ne suis pas Jésus...! Je l'aurais maudit car c'était de sa faute si mon ami et père, monsieur Sylvain, avait été tué en allant chercher l'eau très loin, au milieu des tueurs, alors qu'elle en avait en grande quantité...

Voyez-vous mon oncle, j'avais essayé assez souvent de m'enlever la vie, mais je me manquais tout le temps; ce n'était pas que je n'étais qu'une gamine idiote qui ignorait comment on se tue, c'était mon destin qui avait le secret de ma vie « urwandiko »! On ne peut jamais dire jamais, mais cette fois-ci je n'allais pas me rater, car cette rivière et ses habitants ne sont plus les mêmes, *vingt-six ans plus tard,* ils sont affamés parce que le génocide est terminé depuis plus d'un quart de siècle, il n'y a plus de corps de Tutsi qui flottent sur l'eau, comme en 1994, on croise les doigts pour qu'il n'est plus jamais de génocide dans notre pays ni ailleurs dans le monde.

Quand tu m'as rencontrée, cher Lionel, j'avoue que j'étais en sérieux conflit existentiel avec moi-même, je ne voyais plus l'importance de continuer à m'accrocher à la vie, moi qui n'étais même pas sûre de comprendre sa définition. J'en étais arrivée à la conclusion de mettre fin à la mienne, pourtant c'est une grosse erreur d'espérer trouver la paix dans la mort volontaire. Je venais de décrocher... Mais dès que tu m'as parlé tout a tout changé, je ne suis plus la même Adélaïde; à présent je veux vivre, vivre à plein régime, auprès de vous. Je n'ai pas l'intention de retourner en Amérique, je ne vous quitterai plus jamais... C'est très étrange comme je me sens bien avec vous,

---

6   Marc 11, 12-14. 20-21

positive et optimiste, un sentiment que je n'avais pas ressenti depuis le sept avril 1994!

J'ai hâte de faire le tour de ce pays avec toi, en commençant par la visite de tous les sites de mémoire du génocide à travers le pays, du nord au sud et d'est en ouest; j'ai besoin de ressentir le vent passer sur mon visage dans chaque coin, respirer l'humus des vastes pâturages de nos troupeaux et communier avec la douceur de son climat; il va falloir que tu m'apprenne à tout apprivoiser, car je ne reconnais plus ce pays. Comme moi, ce pays a beaucoup changé; je n'en ai vu qu'une petite partie depuis mon arrivée, mais le peu que j'ai pu voir depuis l'aéroport est très impressionnant et a aiguisé ma curiosité. Je comprends maintenant pourquoi les gens qui ont visité ce pays après le génocide tiennent toujours à revenir... J'avais entendu souvent dire que le Rwanda est joyau qui faisait rêver, mais moi je ne connaissais que son côté oppressif et ses machettes de génocide! C'était réellement une perle qu'on avait enveloppée dans un linceul d'éternels malheurs, je peux témoigner aujourd'hui, car je vois l'éclat de cette perle pour la première fois.

Elle est si brillante et si invitante, sa terre est très fertile, en partie à cause du sang versé de mes parents et de tous les héros qui ont combattu pour sa souveraineté; cette perle est la plus belle, elle n'a même pas de concurrence sur ce continent. Comment ne serait-il pas fertile si sa terre regorge du sang riche en nutriments, car elle a bu le sang noble des Tutsi et des rares Hutu qui avaient refusé de prendre part à la cruauté génocidaire, ce sang dont on peut encore sentir l'odeur quand on ferme les yeux! Il a été versé au front de libération, il ne faudra jamais l'oublier; il a quotidiennement giclé des artères de mes frères et sœurs tronçonnées à la machette, il a coulé des milliards des veines et artères des victimes de génocide de tous les âges, qui ont péri sans crier comme des Saints, car leur seul péché était d'être nés Tutsi.

Je te remercie mon Dieu, Toi qui a pensé à envoyer Lionel à ma rencontre comme si nous avions rendez-vous, qui est arrivé à temps pour m'empêcher de faire la plus grosse bêtise de ma vie. J'étais sur le point de me livrer aux crocodiles de ce fleuve, j'allais mourir sans avoir vu la splendeur de cette perle, les animaux de ce fleuve auraient fait la fête avec ma chair, ils ne l'auront ni aujourd'hui, ni demain, ni jamais car j'ai décidé de vivre! Ce fleuve pourra hurler comme il a toujours fait, comme il faisait à l'époque où il m'effrayait, mais je ne changerai pas d'avis!

J'ai l'intention de rencontrer ces Hutu; je ferai d'eux mes frères, mais je mentirais si je vous disais que ce sera facile. J'essayerai parce que c'est nécessaire, car je ne veux pas décevoir l'Éternel qui a mis ce défi sur ma route; je vais faire partie de leur quotidien, cheminer avec eux, main dans la main, parce qu'ils sont mes frères malgré notre sombre histoire, mais je me pose une question, elle est probablement bête :

Pour le génocide contre les Tutsi, qui faut-il blâmer? Il faut tout de même qu'il y ait un coupable! Ces gens n'ont pas été emportés par un cyclone, ce n'était pas un cataclysme naturel... Qui faut-il blâmer? *Est-ce la machette qui a coupé le cou? La main qui a pris la manche de la machette? L'église qui a prêché la haine? La politique qui a été complice? L'Occident qui a fermé les yeux et laissé faire le génocide? Le Président François Mitterrand qui avait dit que le génocide dans ces pays-là n'est pas important? Le Président Bill Clinton qui avait interdit d'utiliser le mot « génocide » pour éviter une intervention selon leur convention? Le peuple Rwandais lui-même?* Qui faut-il blâmer, dites-le-moi? Ça prend un coupable!

Je sais que vous êtes plus intelligents que moi, vous qui lisez ces quelques lignes; si vous connaissez la réponse, je vous prie de m'aider à démêler les pièces de mon puzzle car je m'y mêle. Ce que je sais en attendant votre réponse, c'est que le Révérend *Martin Luther King* avait raison, je cite : « *À la fin, nous nous souviendrons, non pas des mots de nos ennemis, mais du silence de nos amis* »! Cher Lionel et chère Denise, j'ai vraiment hâte de visiter ce pays mais j'ai des papillons au ventre; je pense déjà à mon premier *face à face* avec les gens qui ont violé ma mère après avoir tué mon père par lapidation! Comment vais-je les aborder pour les pardonner? Quelles seront nos relations directes et indirectes dès qu'on parlera de tout ça?

Je présume que ce sera dur, même très dur, mais j'espère que j'aurai la force d'accepter ce débat, de dire ce que je pense et pardonner pour vivre!

J'ai hâte de les rencontrer, car je veux leur parler avant de les pardonner, car je ne suis pas de nature rancunière! Le Seigneur Jésus-Christ Lui-même n'avait-il pas dit, sur sa croix avant de rendre l'âme pour nos péchés : *Pardonnez-leur, Père, ils ne savent pas ce qu'ils font*[7] ! Je ne suis pas Jésus, j'essaye seulement de Lui ressembler. Savaient-ils ou ne savaient-ils ce qu'ils faisaient, ces Hutu? Pourquoi avaient-il refusé de peser le pour et le contre? Peu importe ce qu'ils pourront me dire demain, je leur pardonnerai quand même, de bonne foi, non pas parce que je sois plus saint que le Pape, mais parce que je suis fatiguée de porter cette croix. « *Ne pas pardonner, c'est se punir soi-même* », c'est une auto-flagellation en plus d'être une transgression de la loi divine, une entorse grave aux valeurs que nous avons héritées de nos parents perdus, nos aïeuls, nos héros, et c'est mauvais pour le moral.

Il faut pardonner, de toute façon nul ne pourrait nous rendre ce qu'ils m'ont pris! Merci Seigneur de ce précieux cadeau de me rendre Lionel, merci de me donner encore une chance, je compte sur toi de m'aider à ne plus regarder en arrière.

Amen

---

[7] Luc 23:34

POSTFACE

Un baume au cœur

Il y a vingt-cinq ans le génocide contre les Tutsi du Rwanda a eu lieu, dans l'indifférence générale des pays du monde entier, depuis les nations voisines jusqu'aux institutions internationales et régionales. En avril 1994, au début des massacres, le Conseil de sécurité a rappelé les troupes de l'ONU et les pays occidentaux ont envoyé les contingents armés pour rapatrier leurs ressortissants et leurs animaux de compagnie, et laissant les civils Tutsi et les opposants politiques Hutu à la merci des génocidaires. Les massacres dureront trois mois jusqu'à la Libération du pays par l'APR (*Armée Patriotique Rwandaise*), en juillet 1994.

Sous les décombres de ce régime génocidaire, de nombreux écrivains, journalistes, témoins et poètes ont décrit les événements et les atrocités subis par les Tutsi sous le régime du *Hutu Power*. Des écrivains ont discuté de la capacité des récits artistiques ou narratifs à dire l'inhumanité et la barbarie qui ont conduit au génocide des Tutsi. Comment parler de génocide? Telle était la question au lendemain de l'horreur. Au Rwanda après le génocide, une nouvelle vie a commencé sur les ruines de l'ancienne. Telle est la question que pose et à laquelle tente de répondre le livre d'Arthémon Rurangwa, "*Les Angoisses d'Adélaïde.*"

Ce livre et les autres avant lui ont un point commun; d'un côté ils rappellent inlassablement que le génocide est défini par les juristes comme un ensemble des actes commis dans l'intention de détruire, totalement ou partiellement, un groupe national, ethnique, racial ou religieux en tant que tel, sans autres accusations de nature légale. Et de l'autre, ils soulignent que tout génocide découle historiquement d'une situation sociale où les élites au pouvoir, incapables de trouver une juste et équitable réponse au conflit politique complexe, élaborent des mesures discriminatoires contre un groupe comme les Arméniens *(1914-1915)*, les Juifs *(1941-1945)* et les Tutsi *(1990-1994)* avant le génocide.

Les Angoisses d'Adélaïde est à la fois un témoignage et une fiction. Rurangwa raconte l'histoire d'Adélaïde pour que le monde sache que les Tutsi ont été massacrés par le simple fait d'être Tutsi. Le récit est raconté par deux voies narratives. Celle d'Adélaïde, la rescapée, est un témoignage sous forme romancée raconté à la première personne «je». Celle du narrateur principal, à la troisième personne «il», qui raconte des événements ayant précédé le génocide et ceux de la période d'après, adopte tantôt la posture didactique de l'explication, tantôt celle de l'essai lorsque le récit devient commentaire sur les événements. Adoptant le ton de l'historien, le narrateur principal rappelle au lecteur comment des mesures discriminatoires antitutsi ont été mises en place par le système politique au Rwanda depuis les années 1960 jusqu'en 1994. Il ajoute indirectement qu'auparavant, le Rwanda était habité par trois groupes sociaux interdépendants au-dessus desquels régnait le *mwami* ou le roi, considéré comme un être divin.

Dans cette société les groupes se distinguaient par leurs activités économiques. Les Batutsi (Tutsi) se composaient des lignages dont l'activité principale était l'élevage du gros bétail, ceux des Bahutu (Hutu) vivaient d'agriculture alors que les Batwa étaient surtout potiers et chasseurs. Ça c'est le schéma anthropologique; dans la vraie vie, la quasi-totalité des gens vivaient de l'agriculture et du petit élevage. Le statut était ambivalent, car il évoluait selon l'état de la richesse et les termes hutu, tutsi et twa étaient rarement utilisés et définis dans le Rwanda ancien. Cela a duré très longtemps, au cours de 31 règnes de rois du royaume du Rwanda, ancêtre mythique de Gahutu, Gatwa et Gatutsi. Un mythe pour expliquer les alliances pour fonder une communauté : la communauté-monde, le Rwanda, terre maternelle de tous les pays et de tous les humains. Selon le même récit, tous les rois des royaumes du monde, connus à l'époque par les Banyarwanda, sont fils de Gihanga, comme *Kanyandorwa* (fondateur du royaume du Ndorwa), *Kanyabuha* (Buha), *Kanyaburundi* (Burundi), *Gashi* (Bushi), etc... Cela s'appelait jadis le *triple nœud* de l'unité des trois enfants du Rwanda ou *umugozi w'inyabutatu* dont la solidité se trouve dans le renforcement mutuel des éléments.

La colonisation européenne, à la fin du XIXe siècle, s'en mêla mystérieusement et entreprit de mettre de l'ordre dans ces catégories sociales que les Européens considéraient comme floues et ambivalentes. Le régime colonial commença par ériger de nouvelles élites par l'école européenne en définissant de façon raciale les habitant du pays et pour s'y retrouver, décida de donner des pièces d'identité avec mention « raciale » ou « ethnique » de hutu, tutsi et twa. Le piège ethnique était tendu. Dorénavant, les élites allaient se définir selon les nouvelles identités « raciales » ou « ethniques » et rejeter le mythe fondateur de Gihanga. Ainsi furent créés de façon idéologique et identitaire les éléments de l'embrasement ultérieur.

À travers les récits de témoignage, comme celui d'Arthémon Rurangwa, on réalise facilement que le génocide est d'abord une déchéance de la citoyenneté et une mise à mort du citoyen, ensuite. En écrivant sur le génocide, Rurangwa attire l'attention du lecteur sur la trahison de l'État lorsque celui-ci extermine des citoyens qu'il est censé protéger. Ce thème de la trahison de l'État informe les récits de génocide – poèmes, essais, romans, théâtre, etc..., de part en part et décide de leur message. Car le massacre de citoyens innocents par l'État demeure le problème moral majeur du XXe siècle, siècle de trois génocides et de nombreux massacres de masse.

À travers les idées dominantes et consensuelles dans toutes les sociétés – les droits et les devoirs –, Rurangwa, comme tout écrivain sur un génocide, soulève ainsi la question déterminante des droits du citoyen : qu'est-ce que la citoyenneté? En quoi est-elle respectée? A quelles conditions est-elle menacée? L'auteur rappelle indirectement ce qu'est une communauté; c'est-à-dire un regroupement des gens ayant décidé de vivre ensemble pour le bien de tous. Un certain nombre de tâches communes sont confiés à certains groupes d'entre eux pour exécuter des tâches de plus en plus complexes dans les sociétés modernes et surtout avec la naissance de l'État. Quel que soit le régime de leur pays, les citoyens et l'État sont mutuellement liés par les devoirs, qui obligent chacun à faire certaines choses et qui contraignent l'État à d'autres, et dont la première pour ce dernier est de respecter et protéger ses citoyens. Autant pour les citoyens que pour l'État, le devoir est une obligation qui peut être de nature juridique ou morale.

Les devoirs constituent la contrepartie des droits des citoyens, car au sens juridique, le devoir constitue une obligation autant pour les citoyens que pour l'État. Ce devoir comporte également une dimension plus morale, qui doit guider le citoyen dans son comportement dans l'espace public. S'il recouvre des obligations juridiques, il est affirmé comme une obligation plus large pour le citoyen à l'égard des autres. Ce contrat entre les citoyens et l'État sur les devoirs et les droits est régi par un principe de confiance, basé notamment sur les lois justes – non discriminatoires – par l'État et leur respect par le citoyen en guise de protection pour sa personne et ses biens. Tout génocide trouve ses fondements dans ce bri de confiance entre l'État et une partie de ses citoyens. Telle est la pensée profonde à laquelle le livre de Rurangwa invite le lecteur. Ce dialogue avec le lecteur se fait de façon oblique. Il est évoqué comment à la veille de l'indépendance, les élites politiques rwandaises se définissent selon le principe de l'union nationale ou de la haine ethnique.

Avec la fièvre des indépendances africaines, le parti Parmehutu *(Parti du mouvement de l'émancipation hutu)* fondé en 1959 bénéficia du soutien politique de la puissance coloniale – la Belgique – contre les partis nationalistes comme l'UNAR *(Union nationale rwandaise)* et le RADER *(Rassemblement démocratique rwandais)* qui transcendaient les clivages ethniques. Le Parmehutu obtint l'indépendance du pays et le dirigea de 1962 à 1973. Il a pratiqué l'exclusion des élites tutsi et provoqué la guerre civile à l'issue de laquelle plus de trois cents mille Tutsi prirent la route de l'exil, essentiellement dans les pays limitrophes. Issu en 1973 d'un coup d'État, le régime du général Juvénal Habyarimana (1973-1994) a usé de la propagande anti-tutsi selon laquelle tous les Hutu devaient s'unir afin de vaincre les Tutsi. En 1975, ce régime a créé le MRND *(Mouvement révolutionnaire national pour le développement),* parti unique censé restaurer la paix et la concorde, mais dans la pratique l'exclusion et la marginalisation des Tutsi se sont doublées d'une discrimination frappant aussi les élites du sud et de l'est du pays. Ce régime a créé la politique dite des quotas visant à limiter des Tutsi dans les écoles secondaires et supérieures ainsi que dans la fonction publique, la police, l'armée et les sociétés parastatales. Plus tard, cette discrimination s'est étendue même au Bahutu des régions autres que celle de Gisenyi et Ruhengeri. Entre 1990 et 1994, lors du multipartisme, l'esprit du Parmehutu est ravivé par le terme *Hutu Power,* qui est un slogan de ralliement inventé durant la guerre et le génocide par les politiciens hutu radicaux de tous les partis politiques, tandis que beaucoup de politiciens hutu libéraux militaient pour que les Tutsi aient les mêmes droits que les autres citoyens.

Le Rwanda accède ainsi à l'indépendance dans un climat où des chefs de partis n'ont pas d'étoffe de chef d'Etat garantissant les lois justes pour tous. Les fondements d'une citoyenneté dans le Rwanda postcolonial sont vacillants. Pour être vrai citoyen, il fallait être hutu; ce qui légitime ainsi à l'avance le fait qu'aucun Tutsi ne peut être un *vrai* citoyen. Cette haine anti-tutsi connaît son paroxysme absolu avec l'avènement du Parmehutu.

Dans les brochures et discours politiques de ce parti, il est stipulé que les Batutsi sont des étrangers colonisateurs au même titre que les Européens. En 1973, après le putsch du général Habyarimana, durant une vingtaine d'années, le régime dissout le Parmehutu et le remplace par le MRND – Mouvement révolutionnaire national pour le développement – et donne une accalmie aux massacres des Tutsi mais maintient des décrets politiques qui leur réservent le statut de citoyens de second ordre, notamment par les lois de quota dans l'administration publique et privée, l'enseignement secondaire et supérieur.

En évoquant ce temps de l'exclusion et du génocide des Tutsi, *Les angoisses d'Adélaïde* est un récit de mémoire et d'éthique, qui, à travers le dialogue avec le lecteur, nous aide à nous rappeler que vivre, c'est vivre pour l'autre – le survivant – partager sa solitude, ses angoisses, mais aussi ses espoirs. Car parler d'Adélaïde, la rescapée, c'est lui témoigner la solidarité dans la nouvelle communauté post-génocide et lui donner la parole en tant que témoin à la fois narrateur et victime. Adélaïde raconte son passé traumatique pour le dépasser en lui donnant un nouveau sens, celui de la volonté de vivre en allant à la recherche de la famille. *Les angoisses d'Adélaïde* créent une identification entre le lecteur et la protagoniste afin de penser ensemble un monde meilleur où, si le passé n'est pas oublié, du moins l'espoir est permis et la colère dépassée. Adélaïde peut dorénavant faire de projets. Sa vie a trouvé un sens. Elle a su raconter un nouveau récit de vie après le génocide. Car Adélaïde a la confiance dans la nouvelle politique de *« la réconciliation nationale »*, que Arthémon Rurangwa évoque comme garante de la mémoire *exemplaire* du génocide; c'est-à-dire se souvenir du passé pour condamner les politiques de l'exclusions et éviter le piège de la vengeance.

Ce brin de confiance dans l'État a ouvert pour Adélaïde et d'autres rescapés de nouvelles voies sur la route de la vie. Tout est perdu, sauf l'espoir d'une vie *possible* après les horreurs du génocide. Boris Cyrulnik a le mot juste pour décrire le chemin parcouru par toutes les Adélaïde du Rwanda : *« Le malheur n'est jamais pur, pas plus que le bonheur. Un mot permet d'organiser notre manière de comprendre le mystère de ceux qui s'en sont sortis. C'est celui de résilience, qui désigne la capacité à réussir, à vivre, à se développer en dépit de l'adversité ».* Car Adélaïde et d'autres rescapés savent que vivre après le génocide, c'est l'art de ramer à contre courants. Vivre, c'est apprendre à patiner quand on est sur une piste glissante de la mémoire du génocide.

Josias Semujanga
Professeur titulaire à l'Université de Montréal
Littératures francophones d'Afrique et des Antilles.

To order more copies of this book, find books by other
Canadian authors, or make inquiries about publishing
your own book, contact PageMaster at:

PageMaster Publication Services Inc.
11340-120 Street, Edmonton, AB T5G 0W5
books@pagemaster.ca
780-425-9303

catalogue and e-commerce store
PageMasterPublishing.ca/Shop

A PROPOS DE L'AUTEUR

Né au Rwanda avant la tempête orageuse des indépendances qui a balayé l'Afrique noire, je suis témoin et rescapé des cruautés que les régimes issus de la tutelle belge ont fait subir à la minorité Tutsi. Je n'ai connu que marginalisation et exclusion de mon enfance à l'âge adulte. Le peuple Rwandais se noyait dans un océan de la haine du Hutu contre le Tutsi, il ne pouvait qu'en arriver au génocide le plus invraisemblable du vingtième siècle. Le jour du 7 avril 1994 était un jour comme un autre au pays des mille collines, mais il a duré plus de 2 000 heures, au lieu de 24 heures du jour normal.

Ce fut le jour le plus long de tous les temps pour les Tutsi, l'année 1994 restera une année de mauvaise mémoire pour l'humanité entière. Le martyre des Tutsi a été causé en partie par l'introduction d'une identité ethnique issue de stéréotypes coloniaux qui donnaient tous les droits et tous les pouvoirs à la masse populaire hutu. Imbus de leur supériorité numérique, ils s'enlisaient, année après année dans des haines sordides, car le mépris et le crime contre le Tutsi était impuni. Ils s'étaient hautement intoxiqués par des enseignements barbares qu'ils recevaient de leur maître.

J'ai grandi au centre de ce désordre politique et social, cette douloureuse expérience est mon seul CV. Dès l'acquisition de leur fausse indépendance, théoriquement l'envahisseur devait partir mais il était actif à l'ombre, préparant la fin tragique de ceux qui devaient en payer les frais. Les colons nous avaient donné deux outils comme héritage : une machette (umupanga) et une bible.

Ces deux objets sont utiles dans le quotidien rwandais, malheureusement ils se sont retrouvés dans les mains des individus perfides qui en ont fait mauvais usage. J'en ai goûté à toutes les sauces, elles furent chaque jour plus amères. Est-ce derrière nous, à présent? Je le crois.

www.ingramcontent.com/pod-product-compliance
Lightning Source LLC
Chambersburg PA
CBHW050117170426
43197CB00011B/1617